Leviathan

利维坦

[英] **托马斯·霍布斯** 著

段保良 译

中国出版集团 **东方出版中心**

图书在版编目（CIP）数据

利维坦 /（英）托马斯·霍布斯著；段保良译.
上海：东方出版中心，2024.10. -- ISBN 978-7-5473
-2525-4

Ⅰ. D03

中国国家版本馆CIP数据核字第2024Z1X577号

利维坦

著　　者	[英]托马斯·霍布斯	
译　　者	段保良	
责任编辑	陈哲泓	
装帧设计	陈绿竞	

出 版 人　陈义望
出版发行　东方出版中心
地　　址　上海市仙霞路345号
邮政编码　200336
电　　话　021-62417400
印 刷 者　上海万卷印刷股份有限公司

开　　本　890mm×1240mm　1/32
印　　张　18.75
字　　数　430千字
版　　次　2025年1月第1版
印　　次　2025年1月第1次印刷
定　　价　85.00元

中译本说明

这个译本选用维廉·莫斯沃思爵士（Sir William Molesworth）编辑、1839 年出版的《霍布斯英文作品集》第三卷《利维坦》为底本，并主要参考诺埃尔·马尔科姆（Noel Malcolm）编校版。

译文中每段文本前的段落编号和所有脚注，均为译者所加，便于读者查阅和理解文本。原书的所有边注一并译出，用于概括文意的边注，统一置于每章开头并以段落编号标明其在原文中的大致位置。用于提示圣经引文出处的边注，以夹注的形式植入正文的相应位置。

关于圣经各卷和章节编号，若出自霍布斯手笔，则译出其完整的卷名置于正文中，或以通行的卷名缩写加章节编号的形式置于夹注中，章节编号之间一仍原文，以"."连接。译者注明的经文出处，均以卷名缩写的形式置于脚注中，章节编号之间按通行惯例以"："连接。

原文中以大写字母给出的核心概念，在译文中加着重号标出；原文中以斜体字表示强调和引用的文字，在译文中以楷体或者楷体加引号表示。

目录

第四编　论黑暗王国

献　辞

致最尊敬的朋友

戈多尔芬的

弗兰西斯·戈多尔芬先生

尊敬的爵士大人：

令弟西德尼·戈多尔芬先生[①]在世时，欣然嘉许我的研究，以为有所成就，且如您所知，他以真实的赞赏加惠于我，这种赞赏本身重大，更因他本人的卓越才德而愈加贵重。任何使人倾向

[①] 弗兰西斯·戈多尔芬爵士（Sir Francis Godolphin, 1605—1667），康沃尔郡戈多尔芬庄园威廉·戈多尔芬爵士（Sir William Godolphin, 1567—1613）的长子，英国贵族、政治家和国会议员。西德尼·戈多尔芬（Sidney Godolphin, 1610—1643），威廉·戈多尔芬爵士的次子，在 1628 年至 1643 年间担任英国下议院议员；在第一次英国内战期间效力于保王党军队，于 1643 年 2 月 8 日在德文郡查格福德附近的一次小规模冲突中丧生。西德尼曾在遗嘱中提出"赠予两千英镑给我尊敬的朋友托马斯·霍布斯先生"。马尔科姆指出，文中"真实的赞赏"，有别于言辞的赞赏，可能是提醒弗兰西斯，西德尼提出的这笔遗赠。参看 Thomas Hobbes, *Leviathan*, I, *Introduction*, ed. Noel Malcolm, Oxford: Clarendon Press, 2012, 第 93—95 页; Thomas Hobbes, *Leviathan*, II, *The English and Latin Texts* (i), ed. Noel Malcolm, Oxford: Clarendon Press, 2012, 第 5 页注释 d。

于为上帝、国家、文明社会或私人友谊服务的美德，无不在他的言行举止中自然流露，不是被迫习得，也不是一时兴起，而是他自然本性中固有之明德闪耀。是故，怀着对他的敬意和感激，怀着对您的忠诚，谨向您献上这部国家论。我不知道世人会如何接受它，也不知道它会如何影响那些或许会支持它的人。在一条争强好胜之徒充塞的道路上，一方追求过度的自由，另一方追求过度的权威，欲在两端中间穿行而毫发无伤，殊为不易。但我以为，增进国家权力之努力，不应遭到国家权力的非难；私人也不应加以非难，从而表明他们认为国家权力过大。此外，我并非谈论诸公，而是（以抽象的方式）谈论权位（如同罗马卡皮托利山上那些单纯无私的生灵，以其鸣声保卫里面的人①，并非因为它们之所是，而是因为它们之所在），这种论述想必不会冒犯任何人，不过外面那些人或者里面那些支持他们的人（如果有的话）除外。也许最容易引起不满的，是我征引圣经里的某些文本，将其用于和别人的通常用法不同的目的。但我这样做，既抱持应有的顺从，亦（因我的主题之故）不得不然，因为它们是敌人据以向国家权力发起攻击的外围工事。虽然如此，假若您发现我的工作备受诋毁，恳请您宽慰自己，说我是一个爱自己意见的人，并认为我说尊敬令弟，也尊敬您，所言皆为真实，请原谅我（在您不知道的情况下）擅自使用这一名义，即我是

爵士大人

---

① 暗引鹅救罗马的典故。公元前 390 年，高卢人攻入罗马城，一部分罗马人退入罗马内城卡皮托利山。一天夜晚，高卢人偷袭卡皮托利，惊动了山上的鹅群。鹅群的鸣叫惊醒了罗马将士，罗马守军因此得以击退高卢人。事见李维《罗马史》第五卷第47章。

您最谦卑、最恭顺的仆人。

托·霍布斯

巴黎，1651 年 4 月 15/25 日①

① 这封题献书信上标注的日期原文如此。欧洲大陆于 1582 年开始采用现今国际通行的格里高利历，也就是新历，英国直到 1752 年才废弃儒略历，改用新历。两种历法相差十天，儒略历 1651 年 4 月 15 日，即新历 1651 年 4 月 25 日。此外，据文献记载，霍布斯生于 1588 年 4 月 5 日星期五，即新历 1588 年 4 月 15 日；卒于 1679 年 12 月 4 日星期四，新历 1679 年 12 月 14 日。又，在近代早期英国日期标注中，新年通常从 3 月 25 日开始。例如，霍布斯《伯罗奔尼撒战争史》英译本在书业公所登记册上注明日期为 1629 年 3 月 18 日，即新历 1629 年 3 月 28 日。参看 Quentin Skinner, *Visions of Politics*, vol. 3. Cambridge University Press, 2002, 第 xv－xvi 页。

引　言

[0.1] 自然（就是上帝借以制作和统治世界的技艺）[1]，像在很多别的事上一样，在这件事上也被人的技艺模仿，以至其能够制作一个人工的动物。鉴于生命不过是肢体运动，其开端在于体内的某个主要部分，我们为什么不可以说，一切自动物（诸如靠发条和齿轮自行运动的钟表之类的机器）都有人工的生命呢？为什么不可以说，其心脏不过是一个发条，其神经不过是许多游丝，其关节不过是许多齿轮，就像工匠所打算的那样赋予整个身体运动呢？技艺走得更远，还要模仿理性的、最优秀的自然作品，人。伟大的利维坦（LEVIATHAN），即所谓的国家（COMMON-WEALTH 或 STATE，拉丁语为 CIVITAS），正是技艺所创造，它不过是一个人工的人，虽然远比它意在保护和捍卫的自然人身高力大。其中，主权是一个人工的灵魂，赋予整个身体生命和运动；司法和行政的官长和其他官员是人工的关节；奖赏与惩罚（所有关节和肢体因之得以与主权职位紧密连接，并履行其

---

① 古希腊人把世间万物区分为自然物和制作物，自然物是从自然本性（φύσις）而来存在的，诸如动物及其肢体、植物，还有土、火、水、气等简单物体，其本原（ἀρχή）在自身之中；而制作物的本原是工匠的τέχνη（技艺）。基督教创世论认为，上帝是创世的工匠，人既是上帝的制作物，就像一个陶器之是其所是，其本原在于陶工的技艺，人之为人的本原或者说自然本性在于上帝的技艺。正是在这个意义上可以说，"自然是上帝的技艺"。

责任）是其神经，这同自然人体中的情形一样；所有个别成员的财富和资产是其实力；人民安全是其事务；向它提供它需要知道的一切必要事物的顾问是其记忆；公平和法律是其人工的理性和意志；和谐是其健康；叛乱是其疾病；内战是其死亡。最后，原先用来制作这个政治身体的各部分，并把它们组装和统一起来的盟约和信约，类似于上帝在创世中发出的命令，就是我们要造人。

[0.2] 为了描述这个人工人的本性，我将考虑：

> 首先，其物质和工匠，二者都是人。
> 其次，它是如何、以什么信约制作的，主权者的权利、正当权力或权威是什么，维持和瓦解它的是什么。
> 再次，基督教国家是什么。
> 最后，黑暗王国是什么。

[0.3] 关于第一点，有一句近来被滥用的谚语说，智慧并非得自读书，而是得自阅人。因此那些无法证明自己智慧的人，很喜欢互相在背后刻薄地指摘，以显示他们自以为在人身上阅读到的东西。可是还有一句近来尚未为人们理解的谚语，他们若是愿意费心劳神，本该照它来学会互相阅读的，那就是"认识你自己"。这句话不像现在所应用的那样，意味着支持有势力的人对地位卑微者的野蛮做派，也不意味着鼓励下等人对地位比他们高的人莽撞无礼，而是教导我们，由于人的思想和激情与别人的相同，所以每个人反躬自省，考虑当他在思想、作意、推理、希望、恐惧之类时他在做什么，他根据的是什么，他就会由此知道在类似情况下别人的思想和激情。我说激情相同，是说人人身上

都有的欲望、恐惧、希望等相同，而不是说激情的对象，即所欲望、所恐惧和所希望的事物相同。在这些方面，由于各人的体质和教育千差万别，它们很容易不为我们所知。人心的特性，由于掩饰、说谎、作伪及错误的学说而晦暗混乱，唯有探究人心者才能洞明。虽然我们有时确实通过人们的行动发现其意图，但如果那么做而没有把他们与我们自己的行动相比较，没有区分使案情已然改变的所有详情，那就只是不得要领的猜谜，多半会因轻信或多疑而上当受骗，无论阅人者自己是好人还是恶人。①

[0.4] 但我们还是不要完全根据别人的行动去阅人吧，这种办法只适用于熟人，而那是为数不多的。统治整个民族的人必须反躬自省而阅人，所阅的不是个别的人，而是人类。这样做尽管困难，难于学习任何语言或知识，然而，当我条理清晰、明白易懂地写下了我自己的读法后，留给别人的辛苦，就唯有考虑他在自己身上有没有相同的发现了。因为此种学说，别无他法可资证成。

---

① 意思是说，好人易于轻信，恶人易于多疑，所以无论好人还是恶人，在观察别人的言行时，都会发生误判。

第一编　论　人

第一章　论感觉

[1.1] 对于人的思想，我首先要单独地加以考虑，然后在其彼此的相续或依存中加以考虑。单独而言，每一个思想，都是我们身外一个通常称为对象的物体的某种性质或其他偶性的表象或显象。对象作用于眼睛、耳朵和人体其他部分，因各种各样的作用，产生各种各样的显象。

[1.2] 这一切的起源，乃是我们所谓的感觉。（人的心灵中的概念，无不是首先部分地或全部地从感觉器官得来，）其余部分是从这个起源中派生的。

[1.3] 懂得感觉的自然原因，就我们手头的工作而言并非十分必要，我在别处已经就此做了广泛论述。不过，为了充实我当前学术研究的每一部分，我在这里要简要地旧话重提。

[1.4] 感觉的原因是外部的物体或对象，其压迫每一感觉之专属器官，要么直接地压迫，比如味觉和触觉的情形，要么间接地压迫，比如视觉、听觉和嗅觉的情形。这种压力通过身体的神经、其他经络和薄膜，继续内传到大脑和心脏，在那里引起一种阻力或反压力，或者说心脏释放自身的努力。这努力因为是外向的，所以仿佛是某种外在的事物。这种外观或幻象，就是人们所谓的感觉。这在眼睛是有形的光或颜色，在耳朵是声音，在鼻子是气味，在舌头和颚是滋味，在身体的其他部分是冷、热、软、

硬，以及我们通过感受辨识的其他诸如此类的性质。一切所谓可感知的性质，在引起它们的对象中，不过是许多不同的物质运动，对象借之以各种各样的方式压迫我们的器官。在被施压的我们身上，它们也不是别的，而只是各种各样的运动（因为运动只能产生运动）。而它们对我们的显象是幻象，无论我们清醒或做梦时都一样。就像挤压、揉搓、撞击眼睛使我们恍惚看到亮光，挤压耳朵产生鸣声，我们看见或听见的物体，通过它们未被察觉却强有力的作用，也产生同样的东西。假如这些颜色、声音存在于引起它们的物体或对象中，它们就不可能与之分离，而不是像我们在镜子和在回声中通过反射所见到的那样。这时我们知道，我们见到的东西在一个地方，其显象在另一个地方。真正的对象虽在一定的距离之外，可似乎具有它在我们身上引起的幻象。不过无论如何，对象是一回事，形像或幻象是另一回事。所以，在一切情形下，感觉不过是原初的幻象，（如我所说）是由外部的东西对我们的眼睛、耳朵和其他受命专司的器官的压力（也就是运动）引起的。

[1.5] 但是，整个基督教世界所有大学的经院哲学流派，却根据亚里士多德的某些文本，传授另一种学说。他们说，就视力的原因而言，被看见的东西向四周发出可见相①，（用英文说便是）可见的景象、幻影或相状，或所见的存在，眼睛对其接受便是视觉。就听觉的原因而言，被听到的东西发出可闻相，即可闻的相状，它进入耳朵便造成听觉。不仅如此，就理解的原因而言，他们也说，被理解的东西发出可知相，它进入知性便使我们理解。我说这一切，不是要否认大学的用处，而是因为往后我要

---

① 相（species），意为形像、外观、景象、显象、相状，指能表现于外，可由感官察觉的各种特征。

谈到它们在国家里的职分，所以我必须一有机会就顺便让大家看到，它们当中有哪些事情有待改正。无意义的言语频繁出现便是其中之一。

第二章　论想象

[2.3] 记忆。[2.5] 梦。[2.7] 幻影或异象。[2.10] 理解。

[2.1] 一个东西静止时，除非别的什么扰动它，否则将永远静止，这是一条没有人怀疑的真理。可是，一个东西在运动时，除非别的什么阻止它，否则将永远运动下去。这话道理虽然相同（也就是，没有东西能自己变动），却非常不易令人赞同。人们不仅以己度人，还以己度物。因为人们发现自己在运动后容易陷入痛苦和倦怠，就认为其他每一个东西也产生运动厌倦，自行寻求休息，却很少考虑，是否存在某种其他的运动，其中并没有人们在自己身上发现的那种休息欲望。据此，经院学派说，重物下落，是因为它们想要在最适合它们的地方休息和保持其本性。人们荒谬地认为，无生命之物也具有对于有利于自我保全的事物的欲望和知识（这是连人都不具有的）。

[2.2] 一个物体一旦在运动，就永远运动（除非别的东西阻碍它）。无论什么阻碍它，都不能立即使它静下来，只能是过一段时间后逐渐使它静下来。比如我们在水中看到，风虽止而浪经久不息，一个人在观看和做梦时，他体内各部分发生的运动也是

同样情形。东西拿走或者眼睛闭上以后①，我们仍然保留着所见之物的形像，只是比当前看见的时候模糊些。这就是拉丁人所谓的想象，这个词原是从视觉中的形像来的，然后不大恰当地应用于其他所有感觉。而希腊人称之为幻象，指显象，这就对各种感觉都适用。因此，想象无非是正在衰减的感觉，人和许多别的生物不论在清醒和睡眠的时候都有。

[2.3] 人在清醒时感觉的衰减，不是感觉中所发生的运动的衰减，而是它被掩盖了，就像日光掩盖了星光一样。其实众星发挥的作用力，它们因此是可见的，在白天不比在夜晚差。可是因为在我们的眼睛、耳朵和其他器官从外物受到的许多冲击中，只有占优势者才能被感觉到，所以日光占优势时，我们便感受不到众星的作用。任何对象从我们的眼前拿走以后，它在我们身上所造成的印象虽有留存，然而其他更切近的对象继之出现，对我们发生作用，过去的想象就被掩盖，变得微弱，就像一个人的声音处在日间的嘈杂声中一样。由此可知，无论任何对象，看见或感觉之后，经过的时间越久，想象就越微弱。由于人体的不断变化会逐渐破坏感觉中曾经活动的那些部分，所以时间和空间的距离在我们身上具有同一种效果。正如我们眺望远方，但见一片朦胧，较小的部分无从分辨，或者声音愈远愈弱愈模糊。经过一段长时间后，我们对于过去的想象也会变得微弱，（比如说）我们会忘掉我们见过的城市的许多具体街道，以及行动的详情。我们说到正在衰减的感觉的时候，如果说的是这种感觉本身，（我指幻想本身）那么我们称它为想象，上文已经说过。可是如果我们要说它的衰减，指出这个感觉正逐渐消失，已经陈旧，已经过

① 本段及以下 2.3—2.5、8.3—8.5、8.8 中的部分文字，参考了钱锺书先生《外国理论家作家论形象思维·霍布斯》选译的内容，收于《钱锺书集·人生边上的边上》，生活·读书·新知三联书店，2007，第 335—336 页。

去，那么我们就称它为记忆。所以想象和记忆是一回事，因不同的考虑而有不同的名称。

[2.4] 许多记忆，或者说对许多事物的记忆，称为经验。又，想象不过是先前通过感觉被全部一下子或逐步一次次感知的事物。前者（即想象过去呈现在感觉中的整个对象）是简单想象，例如想象以前见过的一个人或一匹马。另一种是复合想象，例如我们有一次看见一个人，又有一次看见一匹马，我们心灵里就构想出一只人头马。一个人如果他对自己本人的想象和他对别人的行动的想象合在一起，例如想象自己是赫拉克勒斯或亚历山大大帝（小说迷往往如此），这就是复合想象，说得更确当些，这只是心灵的虚构。人（在清醒时）也会因为感觉中所造成的深刻印象而产生其他的想象，比如盯着太阳看，经过很长时间后，印象还会在我们眼前留下太阳的形像。一个人长时间聚精会神地注视几何图形，他在黑暗里（虽然清醒），眼前也会有线和角的形像：这种幻象没有特别的名称，通常不属于人们的讨论范围。

[2.5] 睡眠里的想象，我们称为梦。这种想象（以及其他所有想象），以前全部或部分地在感觉里存在过。因为在感觉方面，大脑和神经这些必要的感觉器官在睡眠里是麻木的，不容易被外部对象的作用驱动，所以除了人体内向部分的骚动所引起的东西而外，在睡眠里不可能有想象，就不会做梦。这些内向部分，由于跟大脑和其他器官有关联，当它们骚动不宁时，就使其处于运动状态，于是先前在那里产生的想象，就会像一个人清醒时那样出现，只不过现在感觉器官是麻木的，由于没有新的对象能够以更有力的印象来支配和掩盖它们，在这种感觉的沉寂中，梦必定会比我们清醒时的思想更清晰。这样一来，感觉与梦境就很难区分，很多人认为不可能区分。就我而言，当我考虑到，我在做梦时并不像在清醒时那样，经常想到同一些人物、场所、物件和行

动，也不会像其他时候那样记得一长串连贯的思想，因为我常在清醒时察觉到梦境的荒唐，却从未梦见自己清醒时思想的荒唐，所以我十分满足，在做梦时虽自以为清醒，清醒时却知道自己没在做梦。

［2.6］鉴于梦是由身体的某些内向部分的骚动引起的，不同的骚动就必定会引起不同的梦。因此，睡时受寒会做噩梦，产生关于某种可怕之物的思想和形像（大脑至身体各部分的运动与身体各部分至大脑的运动是可逆的）。又比如，我们清醒时，怒气会导致身体的某些部分发热，所以当我们睡眠时，当一些部分过热就导致怒气，从而在大脑中产生关于敌人的想象。同样地，自然情爱在我们清醒时引起欲望，欲望使身体的另一些部分发热，所以当我们睡眠时这些部分过热，也会在大脑中产生曾经出现过的情爱的想象。总之，我们的梦是我们清醒时的想象的颠倒，这种运动在我们清醒时从一端起始，在我们做梦时从另一端起始。

［2.7］睡梦和清醒时的思想，最难区分的莫过于当我们没有察觉自己已偶然入睡时。这种事容易在一个内心充满恐惧思想、良心扰攘不宁的人身上发生，他没有上床和解衣就直接睡着了，比如坐在椅子上打盹。煞费苦心、殚精劳神要入睡的人，若是来了任何离奇古怪的幻象，很可能就会把它当成一个梦。我们读到，马尔库斯·布鲁图斯（尤利乌斯·凯撒救过他的命，而且见宠于凯撒，却谋杀了凯撒）在腓立比城与奥古斯都·凯撒交战前夜，看到一个可怕的幻影，史家通常讲那是一个异象。不过考虑到事情的原委，可以轻易地断定，那只是一个短梦而已。当时他坐在帐中，由于自己的鲁莽行为而充满恐惧，心烦意乱，郁郁寡欢，在寒冷中沉睡，是不难梦见使他最恐惧的事物的。这种恐惧使他逐渐清醒，也就必定使幻影逐渐消失。因为他不确信自己睡

着了，所以就没有理由认为那是一个梦，或者任何别的东西，而只能认为那是一个异象。这种事情并非罕见。凡是胆小迷信之人，又被可怕的鬼故事缠住了，当他们独处于黑暗时，即使完全清醒，也容易陷入同样的幻想，以为自己看见了精灵和死人的鬼魂在墓地徘徊。其实这不过是他们的幻想而已，要么就是有人的鬼蜮伎俩，这些人利用这种迷信恐惧心理，夜里化装外出，到不易被识破的地方作怪。

[2.8] 以往外邦人的宗教，崇拜林神、牧神、仙女等，绝大部分缘于这种无知，即不知道如何将梦和其他强烈的幻想区别于异象和感觉。现在粗人们关于妖精、鬼魂和妖魔及女巫魔力的意见也是如此。至于女巫，我认为她们的巫术没有任何真实的力量。但她们被正义地惩罚，是因为她们虚妄地相信自己能施法降祸，加上她们蓄意尽其所能地做这种事情。她们的这个行业已近乎一种新的宗教，而不是一门术业。至于妖精、游荡的鬼魂，我认为讲授或不驳斥关于它们的意见，是为了使人相信驱魔术、十字架、圣水和装神弄鬼之徒的其他类似发明的用处。毫无疑问，唯有上帝能够制作非自然的幻影。不过，基督教信仰的要义绝不认为他经常这样做，以至于人们需要恐惧这些事情，胜于恐惧他停止和改变自然进程，后者也是他能做到的。恶人借口上帝无所不能，十分胆大妄为，明知子虚乌有，只要称他们的心意，就什么都说得出来。一个智慧人的本分就在于，对于他们所说的一切，只相信到正确理性能判明其为可信的程度。倘若消除了这种对精灵的迷信恐惧，进而取缔了狡黠的不轨之徒据此搞出来愚弄纯朴人民的占梦术、假预言以及其他事物，人们就会远比现在更加适应于公民服从。

[2.9] 这应当是经院学派的工作，但他们反而滋养这类学说。（由于不知道想象或感觉为何物）他们听受什么，就讲授什

么。有人说想象是自动产生的，并没有原因。还有人说想象通常是来自意志，善念是上帝吹入（默示）给人的，恶念是魔鬼吹入（默示）给人的，或者说，善念是上帝灌注给人的，恶念是魔鬼灌注给人的。有人说，诸感觉接受事物之相，然后将其传给共通感，共通感将其传给想象，想象传给记忆，记忆传给判断，就像一手一手地递东西一样，说了一大堆话，却什么也没有让人明白。

[2.10] 言辞或其他意志征象在人（或其他赋有想象能力的生灵）身上引起的想象，我们一般称为理解，这是人与兽所共有的。一条狗训练习惯之后，会理解主人的呼唤和呵斥，其他很多野兽也是这样。人所特有的理解，不仅在于理解他人的意志，还在于根据事物名称的次第和组织所形成的肯定、否定和其他言语形式，理解他人的概念和思想。我后面要谈的正是这种理解。

第三章　论想象的推演或相续

[3.1] 思想的推演①或相续，意思是一个又一个思想的前后
接续，又称为心灵推衍（以区别于言辞推衍）。

[3.2] 一个人无论在想什么，他的下一个思想绝不是看上去
那样偶然。一个思想不会随便地接续另一个思想而来。对于一个
事物，如果我们先前不曾整体或部分地具有感觉，我们就不会有
想象，我们的想象也不会从一个过渡到另一个，除非我们以前在
感觉中有过类似的过程。其道理是这样的：一切想象都是我们体
内的运动，是感觉中造成的运动的残余。那些在感觉中彼此紧密
接续的运动，在感觉后仍在继续。只要前一个思想再度发生，并
占有优势，后一个思想就会因运动物质的连贯性而随之发生，就
像平坦的桌面上的水，任何部分被手指一引之后，就向导引的方

---

① Consequence（推演）和 Discourse（推衍）在这里是同义词，中文分别译为"推演"
和"推衍"，以示原文用词区别。Discourse 一词在这个意义上使用时，在《利维坦》
拉丁语版中对应的词语是 *Discursus*，不宜解释为"讨论""话语"。在本书中，
Discourse 也在"话语""言说""论述""讨论"等意义上使用，对应的拉丁语是
Sermones、*Dīcō*、*Disserō*。

向流去。但是，因为在感觉中，接续在同一个被感知的事物后面的，有时是这一事物，有时是另一事物。这样一来，经过一段时间以后，我们在想象任何事物时，接下来会想象的事物是什么并不确定。唯一可确定的是，那是以前某时与之接续的某个事物。

［3.3］这种思想相续或心灵推衍有两类，一类是无导引的、无意图的、变化无常的，其中没有任何激情思想作为某种欲望或其他激情的目标或宗旨，去支配或引导后续的思想。在这种情形下，思想可以说是在漫游，就像在梦里一样互不相干。这通常就是人们离群独处且不关心任何事物时的思想。可是即便当时，人们的思想也像在其他时候一样忙碌，只是失去了和谐，就像人们去弹一把走音的鲁特琴，或琴不走音但操琴者不善弹奏时的情形。然而，即使在心灵狂奔滥驰时，一个人往往也会察觉思路之所在，以及思想之间的相互依存。在谈到我们当前的内战时，还有什么比问一个罗马银币价值几何似乎更不相干呢（就像有人问过的那样）？但在我看来，其连贯性十分明显。关于这次内战的思想，引出关于国王被出卖给敌人的思想，这一思想又引出关于基督被出卖的思想，这又进一步引出关于三十块钱的思想，就是那次背叛的价码，随之就很容易提出那个恶毒的问题。这一切都是瞬间出现的，因为思想非常快捷。

［3.4］第二类思想由于受某个欲望或意图轨制，要更为恒定。比如我们所欲望或恐惧的事物造成的印象强烈而持久，或者（即使暂时中断也）会迅速回来，其强烈程度有时足以妨碍或打断我们的睡眠。欲望使我们想到我们见过的、产生我们所追求的那种东西的手段，关于这种手段的思想，又引起关于达到该手段的手段的思想，像这样连续不断，直到我们抵达我们力所能及的某个开端。由于目标给人以强烈的印象而常常出现于心灵，所以一旦我们的思想开始漫游，就会被迅速拉回原路。七贤中的一人

就察觉到这一情形，向人们提出一句如今已陈腐的诚言：
Respice finem［谨始虑终］。就是说，在一切行动中，你都要经常注意你要得到什么，在达成目标的途中用它来指导你的全部思想。

[3.5] 有定轨的思想相续有两种，一种是对于一个想象的结果，我们去探寻使它产生的原因或手段，这是人与兽所共有的。另一种是对于所想象的任何事物，去探寻可能产生的所有结果，换言之，当我们想象有这种事物时，我们可能会怎样使用它。这除了在人身上之外，我从未见过其存在的征象，这种好奇心是仅有饥、渴、情欲、怒气等肉体激情的任何生物的本性难以具有的。总之，受某种意图支配时，心灵推衍不过是探查力或发明能力，拉丁人称之为 *Sagacitas*［聪慧］或 *Solertia*［机敏］，就是为现在或过去的某个结果探索原因，或为现在或过去的某个原因探索结果。有时候一个人寻找丢失的东西，他的心灵会从他惦记它的那个时间和地点开始，从一个地点到另一个地点、从一段时间到另一段时间追溯，以找出自己在何时何处还有这件东西，也就是要找出某个有把握的、确定的时间和地点，由此开启寻找之途。然后他的思想又由此开始，搜寻上面的那些时间和地点，以便找出什么行动或其他情形可能使他丢了这件东西。这就是我们所谓的回忆或想起，拉丁人称之为 *Reminiscentia*［回想］，因为这是对我们以往行动的计算。

[3.6] 有时候一个人知道他寻找范围之内的一个确定地点，然后他的思想搜寻那里的所有部分，就像一个人清扫一间屋子寻找珠宝，或者一只猎犬遍寻一片原野，直到找出野兽的气味，或者一个人遍寻字母表起一个韵。

[3.7] 有时候一个人想知道一个行动的事态，他便思考过去某个类似行动，及其一个又一个的事态，设想类似的事态会随着

类似的行动而来。比如他为了预知一个罪犯将面临什么,便计算他以前见过的类似罪行随后发生了什么,其思想的次序是,罪行、衙役、监狱、法官和绞架。这种思想称为预见、明智或神虑,有时又称为智慧,尽管这种推测因难于察觉所有详情而十分虚妄。但有一点是确定的,对于过去的事情,一人比别人多几分经验,就比别人多几分明智,其预测也就少几分失算。唯有现在的事物存在于自然,过去的事物只存在于记忆,而将来的事物根本不存在。未来不过是心灵的虚构,是用过去行动的次第来推测现在的行动。经验最多的人,其推测最为确定,亦非完全确定。尽管当事态与预期相符时就称为明智,然就其性质而言,明智不过是推定而已。对未来事物的预见即神虑,只有未来事物必须因其意志而产生的上帝才具有。唯有他才能以超自然的方式发出预言。最好的先知当然就是最好的猜测者,而最好的猜测者是对其猜测的事物最精通、研究最多的人,因他掌握的用来猜测的征象最多。

[3.8] 征象是后果事态的前因事态,反过来说,若类似的推演以前已被察觉,则是前因事态的后果事态。已察觉的类似推演越多,征象就越少不确定性。因此,在任何事务中,经验最多的人,对用来猜测未来的征象掌握得最多,所以是最明智的。他比该类事务中的新手远为明智,这是自然的、临机应变的才智的优势所无法匹敌的,尽管许多年轻人对此不以为然。

[3.9] 不过,人之有别于野兽,却不在于明智。有些一岁的野兽比一个十岁的孩童能察觉更多东西,而且为了自身的好处,能更明智地进行追踪。

[3.10] 明智是根据过去的经验对未来的推定,还有一种对过去事物的推定,根据的是同属过去(而非未来)的其他事物。一个人见过一个繁荣的国家经过什么样的过程和步骤,即先是陷

入了内战，然后毁灭，当他看到其他任何国家的废墟时，他会猜测那里也发生过类似的战争和过程。但这种推测几乎和对未来的推测一样不确定，二者都只是根据经验作出的。

［3.11］就我记忆所及，人的心灵活动，唯有这些是与生俱来的，所以无需他物便可进行，只要生而为人，在生活中运用五种感觉即可。其他那些能力，就是我下面马上要谈到的、似乎唯独人特有的能力，是获得的，因学习和勤劳而得以增进，在绝大多数人身上是凭借教诲和规训而习得的，而且都是从词语和言说的发明中产生的。除了感觉、思想和思想的相续以外，人的心灵并没有其他运动。尽管借助言语和学术，这些能力可以高度提升，以至于人有别于其他所有生物。

［3.12］我们想象的任何事物都是有限的。因此，不存在关于我们称为无限的任何事物的观念或概念。任何人都不可能在心灵中有一个无限大的形像，也不可能构想无限的速度、无限的时间、无限的力量。当我们说任何事物是无限的时，我们表达的仅仅是，我们无法构想所说事物的终点和界限，对该事物没有概念，只知道我们无能为力。因此，使用上帝这个名称，不是使我们想象上帝（他是不可思议的，他的伟大和力量是不可想象的），而是使我们尊敬上帝。同时，因为（如我所说）我们构想的任何东西，都已经事先经过感觉被全部或部分地感知，所以一个人不可能具有代表任何没有经过感觉的事物的思想。因此，任何人构想任何东西，必须构想它是在某一地点，具有确定大小，可分成许多部分，而不能构想它全部在这一地点，同时又全部在另一地点，也不能构想两个以上的东西能同时存在于同一地点。这些东西从来没有，也不可能出现在感觉中，它们不过是由于某些骗人的哲学家和骗人或被骗的经院学者的信誉而被接受的（没有任何意义的）荒谬言语。

第四章　论言语

［4.1］印刷术的发明尽管巧妙，可是同文字的发明相比，也不足为奇。而究竟是谁最先发现了文字的用法，却不得而知。首先把文字传入希腊的，据说是腓尼基国王阿戈诺尔之子卡德摩斯。这项发明，有利于延续往昔的记忆，使散布在地上为数众多、相距遥远的各处人类互相联络。这十分不易，因为这是出自对舌、腭、唇及其他发音器官的运动的悉心观察，由此造出许多不同字形来记住这些运动。但在一切发明中，最高贵和最有益的是言语的发明。言语由名称及其连接构成，人们借此记录自己的思想，当思想逝去时把它们回想起来，而且为了彼此的利益和交往，向别人宣布自己的思想。没有言语，人群中就不会有国家、社会、契约、和平，正如狮子、熊和狼群中没有这一切。言语的原初作者是上帝，他指教亚当怎样为他给亚当看的生物命名。圣经在这个问题上仅止于此。但这足以指导亚当在对这些生物的经

验和使用中有机会增加更多名称，并把它们连起来，逐渐使自己的意思能被理解。这样日积月累，或许就得到他要用的许多语言，只是没有演说家或哲学家需要的那样丰富。我在圣经里找不到任何东西，能直接或通过推演得出，亚当被教授了所有图形、数字、度量、颜色、声音、幻象和关系的名称，更不用说诸如普遍、特殊、肯定式、否定式、疑问式、祈愿式、不定式等很有用的词语和言说的名称，特别是实体、意向性、实质以及经院学派的其他无意义的言辞。

［4.2］可是，亚当及其后裔获得和扩充的这种语言，又在巴别塔全部失去了。当时，由于上帝的作为，每个人都因自己叛逆而遭到打击，忘掉了原先的语言。从此，人们被迫分散在世界各地，现存的各种方言，必定是这样在人们中间逐渐产生的，需要（一切发明之母）教会了人们，随着时间的流逝，在各地变得越来越丰富。

［4.3］言语的一般用处是将我们的心灵推衍转化为言辞推衍，或者说将我们的思想相续转化为言辞相续。这样做有两个便利，一是记录我们的思想推演，它们很容易从我们的记忆中溜走，让我们重新花工夫，而凭借这种用来标记它们的词语，它们就可以被重新想起来。所以名称的首要用处是作为记忆的标记或记号。另一个便利是，当许多人使用同一些言语时，他们可以（通过其连接和次序）向彼此表达他们对于每个事物想到什么，他们欲求、恐惧或其他激情的对象是什么。在这种用法里，它们被称为征象。言语的特殊用处是：第一，记录我们通过思考所发现的现在或过去的任何事物的原因，以及现在或过去的某些事物可能产生的结果，总之就是获得学问。第二，向别人展示我们所获得的知识，就是互相劝诫，彼此教导。第三，让别人知道我们的意志和目的，以便互助。第四，自娱和娱人，为了娱乐或炫

耀，无害地玩弄辞藻。

[4.4] 相应于这些用处，言语也有四种滥用：第一，人们以意义不定的词语，错误地记录自己的思想，人们用这些词语把自己从未构想过的事物记录为概念，因而欺骗了自己。第二，人们以隐喻的方式使用词语，即不按规定的意思，因而欺骗别人。第三，用言语把并非自己意志的事物宣布为自己的意志。第四，用言语互相伤害。自然既使生物具有利齿、犄角或双手去伤害敌人，因此以口舌伤人就是对言语的滥用，除非是加之于我们有义务管辖的人，那便不是伤害，而是纠正和改造。

[4.5] 以言语来记忆因果推演的方式在于名称的施加和它们的连接。

[4.6] 名称中有些是专有的，只为某一事物所特有，诸如彼得、约翰、这人、这树。有些是许多事物共有的，诸如人、马、树，其中每一个虽然只是一个名称，却是许多不同的个别事物的名称，就其全体而言，称为共相。世界上除了名称之外，没有什么是普遍的。被命名的事物，每一个都是个体的、唯一的。

[4.7] 给许多事物施加一个普遍名称，是因为它们在某种性质或其他偶性方面的相似性。一个专名仅使我们想到一个事物，而共相却让我们想起许多事物中的任一个。

[4.8] 普遍名称中有些范围较大，有些范围较小，较大的包含较小的，还有一些范围相等，互相包含。比如，物体这个名称比人一词意义更广，并包含后者。人与有理性者这两个名称范围相等，互相包含。但这里我们要注意，一个名称不能总是像在语法中那样理解为只有一个词，有时候由于婉转曲折的表述，是很多词合在一起。在行动上遵守祖国法律，所有这些词仅组成一个名称，相当于正义一词。

[4.9] 施加意义大小不等的名称之后，我们就把对我们心灵

中想象的事物之推演的计算转化为对名称推演的计算。例如，一个完全不能使用言语的人（比如一个天生聋哑、后来一直处于聋哑状态的人），如果他把一个三角形摆在眼前，旁边摆两个直角（比如说一个正方形的两个角），他会通过沉思加以比较，发现这个三角形的三个角等于旁边的两个直角。但如果拿另一个形状不同的三角形给他看，他要是不重新花工夫，就不能知道它的三个角是否也等于那两个直角。但一个使用言语的人，当他看到这种相等不是由于边长造成的，也不是由于他那个三角形的其他特殊之处造成的，而仅仅是由于三条边是直的，角是三个，这正是他把它称为三角形的全部条件，他便会大胆地作出普遍结论说，这种角的相等在所有三角形中都存在，并用如下普遍措辞记录他的发现：三角形的三角之和等于两直角。这样一来，从一个特殊事物中发现的推演，就会作为一个普遍法则被记录和记住，使我们内心不必再计算时间和地点，除了第一次之外，摆脱所有的心灵劳动，从而使得在此时此地发现为真的东西，在一切时间和地点都是真的。

[4.10] 用词语记录我们的思想，最明显的莫过于数数。一个从来记不住比如一、二、三之类的数词顺序的天生傻子，或许每听见钟敲一下，就点头一次，或口里念叨一、一、一，但永远不可能知道钟敲的是几点。想必曾有一个时代，数的名称尚不通行，人们不得不用他们一只手或双手的手指来点他们想要计数的事物。因此，如今在几乎所有民族中，数词都只有十个，在有些民族中只有五个，数完就得从头起。一个能说出十个数词的人，若不按顺序背诵，就会把自己搞迷糊，不知道自己何时已数完，更不能进行加减及其他算术运算。所以没有词语，便不可能计算数目，更何况大小、速度、力，等等，这类计算对于人类的生存或福祉而言是必需的。

［4.11］当两个名称结合成一个推演或断言时，比如像这样，人是生物，或者像这样，如果他是人，那么他是生物。如果后一名称生物所指包含前一名称人所指的一切，那么这个断言或推演就为真，否则就为假。真和假是言语的属性，而不是事物的属性。没有言语，便没有真和假。错误倒是可能有，比如当我们期待某种事情不会发生，或怀疑某种事情不曾发生时。但无论是哪一种情况，都不能指责一个人不真。

［4.12］鉴于真理在于我们断言中的名称的正确次序，一个寻求精确真理的人，就需要记住他所用的每一个名称代表什么，并将其放在相应的位置上。否则，他会被词语缠住，像陷入罗网的鸟儿，越是挣扎就缠得越紧。因此，在几何学（这是迄今为止上帝眷顾而赐给人类的唯一科学）中，人们从设定词语的意义开始，意义的设定即所谓的定义，并把定义置于计算的开端。

［4.13］由此可见，对于任何渴求真正知识的人来说，去检讨先前作者的定义是多么必要。它们若设定得粗疏，他要么加以纠正，要么自己设定。因为随着计算的进行，定义的错误会成倍地增加，使人陷入他们最终看到却无法避免的荒谬，除非从含有他们的错误之基础的开端处重新计算。于是就会发生这样的事情，相信书本的人，就像有些人一样只把很多小的总数合计成更大的总数，却不考虑这些小的总数合计得对不对，最终发现错误显著，却并不怀疑他们最初的基础，不知如何去纠正，而是把时间浪费于翻找书本。就像一些从烟囱进来、被困在房间里的鸟儿，由于缺乏头脑，想不出自己是从哪条路进来的，于是对着玻璃窗透进来的虚假光线乱扑。所以言语的用处，首先在于名称的正确定义，这是知识的收获。言语的滥用，首先在于错误的定义或无定义，一切虚假和无意义的信条都是从这里来的，这使得那些依据书本的权威而不是从自己的沉思中获得训诲的人赶不上无

知的人，其程度恰如拥有真正知识的人优于无知的人。无知处于真正知识与错误学说之间。自然的感觉和想象并不易陷于荒谬。自然本身不可能犯错，人们在语言方面越是丰富，就比普通人越是智慧，或者越是疯狂。不识字的人，不可能特别地智慧，或者特别地愚蠢（除非他的记忆由于疾病或器官构造的病态而受到伤害）。言辞是智慧人的筹码，智慧人只用它们来计算，却是愚蠢人的金钱，愚蠢人根据亚里士多德、西塞罗、托马斯或其他任何圣师的权威，只要是个人就行，来评估它们的价值。

[4.14] 名下之物①，是能够进入计算或纳入考虑，彼此相加成为和，相减剩下差的任何东西。拉丁人把金钱账目称为 *Rationes*，把金钱的计算称为 *Ratiocinatio*［推理］，我们在账单或账簿中称为名目的，他们称为 *Nomina*，也就是名称。随后的情形似乎是，他们把 *Ratio*［理性］一词延伸到其他一切事物中的计算能力上。希腊人说到言语和理性都用一个词，就是λόγος［逻各斯］，这不是说，他们认为没有理性便没有言语，而是说，他们认为没有言语便没有推理。他们把推理活动称为三段论，意思是把一句又一句言说构成的推演加总在一起。因为同一些事物会因各种偶性而进入计算，它们的名称就有各种扭曲和变化（以显示这种多样性）。名称的这种多样性可归为四大类。

[4.15] 第一，事物会因物质或物体而被纳入考虑，诸如有生命的、有知觉的、理性的、热的、冷的、运动的、静止的，有了这一切名称，物质或物体一词就得以理解，这些都是物质的名称。

[4.16] 第二，事物会因我们构想它们具有的某些偶性或性质而被纳入考虑，诸如在动的、如此长的、热着的等，然后只要

---

① Subject to Names，意为隶属于名的事物，被命名的事物。

对这种东西本身的名称稍加改变或扭曲，我们就制作出用来表示我们所考虑的偶性的名称，比如有生命的将生命纳入考虑，运动的将运动纳入考虑，热的将热度纳入考虑，长的将长度纳入考虑，等等。所有这样的名称都是一种物质或物体借以与其他物质或物体相区分的偶性和属性的名称。这些被称为抽象名称，因为它们是从对物质的说明中（而不是从物质中）抽取出来的。

[4.17] 第三，我们把自己身上据以作出上述区分的属性纳入考虑，比如当我们看见某个事物时，我们不是去计算该事物本身，而是去计算它在想象中的景象、颜色和观念，我们听到某个事物时，我们不是去计算它本身，而只是去计算听觉或声音，就是我们通过耳朵对它的想象或概念。这些是想象的名称。

[4.18] 第四，我们把名称和言语本身纳入考虑并加上名称。一般、普遍、特殊、歧义等，是名称的名称。肯定、疑问、命令、叙述、三段论、讲道、演说及其他诸如此类的名称，是言说的名称。这就是所有种类的肯定名称，它们用来标记自然中存在的或人心中虚构的任何东西，即物体之所是或被想到的情形，或者用来标记物体具有的属性或被虚构的属性，或者用来标记词语和言说。

[4.19] 另有一类被称为否定名称，它们是一些记号，用来表示一个词语不是所说事物的名称，比如无物、无人、无限的、不可教的、三减四，等等，虽然这些不是任何事物的名称，但因为它们使我们否定用得不正确的名称，所以在计算、纠正计算或回忆以往的认识时仍然有用。

[4.20] 其他一切名称都只是无意义的声音，又分两类。一类是新名称，意义还没有由定义加以解释。经院学者和糊涂的哲学家锻造了大量的这类名称。

[4.21] 另一类是人们用两个意义矛盾和不一致的名称造出

一个名称。诸如无形体的物体或无形体的实体（二者其实是一回事），还有很多诸如此类的名称。当一个断言为虚假时，把构成该断言的两个名称合起来形成一个名称，就不可能表示任何事物。例如，如果四角形是圆的是一个虚假断言，那么圆的四角形一词就不可能表示任何事物，而只是一个声音。同理，如果德性可以被倾注或吹上吹下的说法是虚假的，那么倾注的德性、吹入的德性这些言辞就和圆的四角形一样荒谬而无意义。因此，你们碰到无意义的词语很少不是由某些拉丁语或希腊语名称组成的。一个法国人很少听到我们的救主被称为 *Parole*，而是经常听到他被称为 *Verbe*，然而 *Verbe* 和 *Parole* 并没有区别，只不过一个是拉丁语，一个是法语而已。

［4.22］当一个人听到任何言语而具有其中诸词语及其连接被规定和构造来表示的思想时，他就可以说是理解了它，理解不过是由言语引起的概念。因此，如果言语是人所特有的（据我所知是这样），那么理解也是人所特有的。因此，就许多荒谬和虚假的断言来说，即便它们是普遍的，也不可能有人理解，虽然有很多人自以为理解，其实他们不过是轻声地学舌或默默地记诵而已。

［4.23］哪一种言语用来表示人的心灵中的欲望、憎恶及种种激情，它们的用处和滥用，我会在讲完激情以后讲。

［4.24］至于影响我们的情感、让我们快乐或不快的事物，因为同一个事物不可能使一切人发生同一种情感，也不可能使同一个人在一切时间发生同一种情感，所以这些东西的名称在人们的共同话语中具有不恒定的意义。鉴于一切名称都是用来表示我们的概念，而我们的情感又都是概念，所以当我们各自构想同一些事物时，我们就不可避免地对它们予以不同命名。尽管我们构想之物的性质相同，但因为体质的不同和意见的偏执，我们对它

的接受却不一样，这就给每一个事物染上我们的不同激情之色彩。所以在推理中，人们必须注意言辞。言辞除了具有表示我们构想之物的本性的意义之外，还具有表示言说者的本性、性情和兴趣的意义。诸如德性与恶之类的名称就是这样。一个人所谓的智慧，另一个人称之为恐惧；一个人所谓的残酷，另一个人称之为正义；一个人所谓的浪费，另一个人称之为豪迈；一个人所谓的庄重，另一个人称之为蠢笨；等等。因此，这类名称从来不能作为任何推理的真正基础。比喻或隐语也是这样，但它们的危害更小，因为它们已公开表明自身的不恒定，前者却没有。

第五章　论理性和知识

〔5.1〕当一个人进行推理时，他所做的不过是构想几个部分相加所得的总和，或总和减另一个部分所得的差，这个过程（如果是用词语进行的），就是构想所有各部分的名称到整体名称的推演，或者从整体名称和一部分的名称到另一部分的名称的推演。尽管在某些事物中（就像在数字中一样），除了加减以外，人们还提出乘除等其他运算，然而这些运算是同一回事。乘法不过是把许多相等的事物加起来，除法不过把一个事物减去许多次。这些运算不仅仅限于数字，而是适用于一切可加减的事物。正如算术家讲授数字的加减一样，几何学家讲授线、（立体和平面）图形、角、比例、倍数、速度、力等的加减。逻辑学家讲授言辞推演的加减，把两个名称相加成一个断言，把两个断言相加成一个三段论，把许多三段论相加成一个证明，以及从一个三段论的和或结论中减去一个命题，得出另一个命题。政治作家把契约相加，得出人们的责任。法律家把法律和事实相加，得出哪些

私人行动是正当的，哪些是错误的。总之，不论在什么事物中，只要有加减的地方，就有理性的用武之地，而没有加减的地方，也就与理性全然无关。

［5.2］根据这一切，我们可以界定（即确定），当我们把理性算作一种心灵能力时，理性一词是什么意思。在这个意义上，理性就是对于用来标记或表示我们思想的公认的普遍名称之推演的计算（即加减）。我所谓的标记是我们自己计算时的说法，而表示是我们向他人证明我们的计算时的说法。

［5.3］正如在算术中，不熟练的人必然出错，教授们也常常出错，合计出错误结果，在其他推理问题上，最精明、最细心、最熟练的人也会陷入自欺，推导出虚假的结论。虽然理性本身始终是正确理性，正如算术是一门确定的、绝不谬误的学问，但没有任何一个或任何数量的人的理性具有确定性，就像一份账目并不因为很多人一致认可就合计得好。因此，正如当一份账目中存在争议时，双方必须按他们自己的协商，把双方将一致支持其判决的某个仲裁者或判断者的理性设定为正确理性，否则他们的争议就会因缺乏自然赋予的正确理性而发展为斗殴，或得不到解决。无论在何种争论中，情形都是这样。当自以为比别人更智慧的人叫嚣和要求判断者要有正确理性时，他们所追求的不过是事物应该由他们自己而非别人的理性来裁定。这在人们的社会里，就像在打牌时主牌定了以后，有人却每次都把自己手里最多的那副牌当作主牌一样，是令人无法容忍的。他们所做的，不过是在他们自己的争议中，要使自己身上占支配地位的每一种激情被当作正确理性。提出对正确理性的要求，恰恰暴露出他们缺乏正确理性。

［5.4］理性的用处和目标，不是去找出一个或多个跟名称的初始定义和设定的意义相去甚远的推演的总和与真理，而是从这

些定义和意义开始，由一个推演推进到另一个推演。最终的结论，假如其自身据以被推导出来的所有肯定断言和否定断言不确定，就不可能有任何确定性。正如一家的主人算账，把所有支出账单上的总数加成一个总数，而不管每张账单是如何由那些给他账单的人加总的，也不管他花钱买到什么，他这样做，并不比他出于对每个出纳的技能和诚实的信任，把账目一揽子接受下来更好。在其他一切事物的推理中也是这样，一个人若是出于对作者的信任而拾起许多结论，而不去从所有计算的起手处（即由定义所设定的名称意义）出发推导出它们，他就会白费工夫，一无所知，而唯有相信。

[5.5] 当一个人不用言辞进行计算的时候，这在个别事物中是可以进行的（比如说当看见某个事物时我们推测以前发生过什么，或什么会继之而来），如果他认为会继之而来的并没有继之而来，或者他认为以前发生过的并没有发生过，就被称为错误，这是连最明智的人也在所难免的。但是，如果我们用普遍意义的言辞推理而得出一个虚假的普遍推论，它尽管通常被称为错误，实际上是荒谬，或无意义的言语。错误只是在设想过去和未来的某个事物时的虚妄，该事物虽然在过去不存在，或将来没出现，却找不出任何不可能的地方。但是，当我们作出一个普遍论断时，除非这个论断为真，否则它的可能性是不可想象的。我们用于构想、却不过只是声音的许多言辞，我们称之为荒谬、无意义和胡话。因此，如果一个人跟我谈圆的四角形、奶酪中的面包偶性、非物质的实体，或者自由的臣民、自由意志，或除了不受对立物阻碍这个意义上的自由以外的任何自由，那么我不会说他陷入错误，而是会说他的说法没有意义，也就是荒谬。

[5.6] 我在前面（第二章）已说过，人有一种优于其他动物的能力，就是人在构想任何事物时，往往会探寻其推演，以及自

已能够用它得出什么效果。现在我要补充这种优越性的另一个层次，就是人能够用言辞把自己发现的推演化约为普遍法则，即所谓定理或格言，换句话说，人不但能够在数字方面进行推理或计算，还可以在其他一切可以加减的事物方面进行推理或计算。

[5.7] 可是，这种特权却因另一种特权而被削弱，就是荒谬之特权。只有人容易陷入荒谬，其他生物却不会。人们之中最易陷入荒谬的，是以哲学为业的人。西塞罗有一处谈到他们时说，世上没有任何事物，竟会荒谬到在哲学家的书中也找不到。这话说得再真实不过。道理显而易见。没有哪位哲学家从他们使用的名称的定义或解释开始其推理，这种方法只是在几何学中被用过，其结论也因此无可争辩。

[5.8] 荒谬结论的第一个原因，我归结为缺少方法。人们不是从定义开始其推理，也就是说，不是从他们词语的设定意义开始。这就好比他们不知道数词一、二、三的值而能算账一样。

[5.9] 由于所有物体因不同考虑而被纳入计算（我在上一章已提到这一点），这些考虑被以不同方式命名，其名称的混淆和不恰当的连接形成论断，导致各种各样的荒谬。因此，荒谬论断的第二个原因，我归结为把物体的名称给予偶性，或把偶性的名称给予物体。比如有人说，信仰是被倾注或默示的，其实除了物体之外，没有任何东西能被灌入或吹入另一个东西，还有人说，广延就是物体，幻影是精灵，等等。

[5.10] 第三，我归结为把我们身外物体的偶性的名称给予我们身体的偶性。比如有人说，颜色存在于物体中，声音存在于空气中，等等。

[5.11] 第四，把物体的名称给予名称或言说。比如有人说，有许多普遍事物，一个生物是属或者一个普遍事物，等等。

[5.12] 第五，把偶性的名称给予名称和言说。比如有人说：

一个东西的本性就是它的定义,一个人的命令就是他的意志,等等。①

[5.13] 第六,使用隐喻、比喻或其他修辞格而不使用本义词。(例如)尽管在日常讲话时我们可以合法地说,这条路走到或通往这里或那里,俗话说这个或那个。然而路不能走,俗话也不能说。而在计算和探寻真理时,这样的说法是不允许的。

[5.14] 第七,无意义的名称。这些名称是从经院学者那里靠死记硬背学到的,比如实体、圣体转化、同质共在、永恒的现在以及经院学者的类似黑话。

[5.15] 能避免这些东西的人就不容易陷入荒谬,除非计算太长,他或许忘记之前进行的事情。就本性而言,若是掌握了良好的原理,人人都能同样而出色地推理。谁会那么笨,在几何学中犯了错误,当别人向他指出之后,他还要坚持错误呢?

[5.16] 据此可以看出,理性不像感觉和记忆那样与生俱来,也不像明智那样只由经验得来,而是由勤劳得来的,其首先在于恰当地施加名称,其次在于运用良好有序的方法,从基本元素即名称开始,到名称与名称连接形成的论断,再到论断与论断连接形成的三段论,直到我们获得有关当前主题的全部名称之推演的认识,这就是人们所谓的知识②。感觉和记忆不过是对事实的认识,是一种过去的、不可改变的东西。知识是关于事实与事实的推演和依存关系的认识。凭借知识,我们就可以根据我们目前能

---

① 第三、四、五种荒谬的原因,按照所举的例子,应该是"把我们身体偶性的名称给予我们身外物体的偶性","把名称或言说的名称给予物体","把名称或言说的名称给予偶性"。

② 这里的"认识"与"知识",原文分别是 Knowledge 和 Science。在霍布斯的用法中,Knowledge 对应两个拉丁语单词,*Cognitio* 和 *Scientia*,前者宜译为"认识",后者宜译为"知识",比如第九章标题和开篇第一句话的情形。Science 对应的拉丁语是 *Scientia*,视上下文语境译为"知识"或"科学"。

做的事，知道在自己愿意的时候如何做其他事，或在其他时候如何做同一件事。因为如果我们知晓一个事物如何而来，基于何种原因，靠何种方式，那么当同样的原因开始在我们的能力之内时，我们便知晓如何使之产生同样的结果。

[5.17] 因此，孩童在不会运用言语以前完全不具有理性。他们被称为理性的生灵，是因为他们将来显然能够运用理性。绝大部分人虽能稍微运用推理，比如在一定程度上计数，可是，理性在他们的公共生活中并没有多大用处。他们对自身的统治有好有坏，取决于他们经验的多寡，记忆的敏捷与否，以及在追求目的方面的不同倾向，而尤其取决于运气的好坏，以及彼此的错误。至于人们行动的*知识*或确定法则，他们与之相去甚远，以至于根本不知道那是什么。几何学，他们以为是法术，而对于其他科学，他们既未发蒙，也未稍事精进，不知道它们是如何产生和得来的。在这方面他们就像孩童一样，对于生育完全莫名其妙，妇人便让他们相信，他们的兄弟姐妹不是生出来的，而是从园子里捡来的。

[5.18] 不过，缺乏知识的人，凭借他们的自然明智，情况还比较好，比较高尚，更糟糕的是有些人由于错误推理，或者由于相信进行错误推理的人，陷入了虚假和荒谬的普遍法则。因为对原因和法则的无知，并不像信赖虚假法则、把相反的原因当作自己所渴望的东西的原因那样，使人严重地误入歧途。

[5.19] 总而言之，人类的心灵之光是清晰的言辞，但首先要通过精确界定涤除歧义，理性是其步伐，*知识*的增长是其道路，人类的利益是其归宿。相反，隐喻、无意义和含混的言辞，像是 *Ignes fatui* [鬼火]，根据它们进行推理，就是在无数的荒谬中游荡，其归宿是争斗、叛乱和藐视。

[5.20] 富于经验是明智，富于知识是智慧。尽管对于二者，

我们通常都称为智慧，可是拉丁人对 *Prudentia*［明智］与 *Sapientia*［智慧］始终加以区别，他们把前者归因于经验，后者归因于知识。为了使二者的差异更加清楚，我们不妨假设一个人天生十分善用武器，身手敏捷；而另一个人除了敏捷之外，又有后天获得的知识，知道在一切可能的招式中，他可以从哪里进攻敌手或被敌手进攻，从哪里防御。前者的能力相对于后者的能力，就相当于明智与智慧的关系，二者都是有用的，而后者是绝不谬误的。但那些只信赖书本的权威，闭着眼睛跟瞎子跑的人，像是信赖击剑师的虚假法则的人，他冒冒失失地冲向对手，不是被杀死，就是名誉扫地。

［5.21］知识的征象，有些是确定的，绝不谬误的，有些是不确定的。如果一个人自称懂得某种事物的知识，且能进行讲授，也就是清晰地向他人证明其真理，那便是确定的。如果只有某些个别事态同他的声称相符，他所说的必然出现的情形很多时候并不出现，那便是不确定的。明智的征象都是不确定的，因为不可能凭借经验，察觉到会改变成败的所有详情，且记住它们。不过，在缺乏绝不谬误的知识可循的任何事务中，一个人若舍弃自己的自然判断，而把他从许多作者那里读到的例外重重的普遍格言作为导引，那便是愚蠢的征象，一般被嘲笑为迂腐。就连那些喜欢在国务会议中展示自己饱读政治与历史书籍的人，也极少在与他们个别利益相关的家庭事务中这样做。他们在自己私人事务方面具有足够的明智，而在公共事务中，他们更在意自己才智的声誉，而不是他人事务的成败。

第六章　论意愿运动的内在开端，即通常所谓激情；及表达激情的言语

[6.1] 生命运动与元气运动。努力。 [6.2] 嗜欲。欲望。饥。渴。厌恶。[6.5] 藐视。[6.7] 善。恶。[6.8] 令人愉快。有益。令人不悦。无益。[6.9] 愉快。不快。[6.10] 快乐。恼怒。[6.12] 肉体之乐。心灵的快乐。愉快。痛苦。悲伤。[6.14] 希望。[6.15] 绝望。[6.16] 恐惧。[6.17] 勇敢。[6.18] 怒气。[6.19] 自信。[6.20] 疑心。[6.21] 义愤。[6.22] 仁慈。善良本性。[6.23] 贪欲。[6.24] 野心。[6.25] 卑怯。[6.26] 豪迈。[6.27] 英勇。[6.28] 慷慨。 [6.29] 可怜。 [6.30] 友善。 [6.31] 自然情欲。[6.32] 色欲。 [6.33] 爱情。醋意。 [6.34] 报复欲。[6.35] 好奇心。[6.36] 宗教。迷信。真宗教。[6.37] 惊怖。[6.38] 羡慕。[6.39] 荣耀。虚荣。 [6.40] 沮丧。[6.42] 突然的荣耀。笑。[6.43] 突然的沮丧。哭。[6.44] 羞愧。脸红。[6.45] 无耻。[6.46] 怜悯。[6.47] 残忍。[6.48] 争胜。嫉妒。[6.49] 权衡。[6.53] 意志。[6.55] 表达激情的言语形式。[6.57] 表面的善与恶。[6.58] 幸福。[6.59] 称赞。颂扬。μακαρισμός。

[6.1] 动物身上有两种特有的运动：一种称为生命运动，从出生起就开始进行，且终生不断，诸如血液流通、脉搏、呼吸、消化、营养、排泄等过程，这些运动，无需借助想象。另一种是元气运动，又称为意愿运动，诸如按照我们心灵中事先想象的方式行走、说话、移动肢体等。感觉是人体诸器官和内在部分的运动，是由我们看见、听到……的事物的作用引起的，想象不过是该运动在感觉后所留存的残余，这在第一、二章已讲过。因为行走、说话等意愿运动始终有赖于事先关于去哪里、走哪条路、说什么的思想，所以显而易见，想象是一切意愿运动最初的内在开端。虽然，如果正在运动的事物不可见，或其运动空间（因狭小）不可感知，不学无术的人便以为那里根本没有任何运动。但是，这并不妨碍这些运动真实存在。假设一个空间微小至极，是一个较大空间的部分，那么任何事物穿过该较大空间，必须首先穿过该微小空间。运动在人体内部的这些微小开端，在它们表现为行走、说话、击打和其他可见的行动之前，通常称为努力。

[6.2] 这种努力，当它趋向某个使它产生的事物时，就称为嗜欲或欲望，后者是普遍名称，前者往往限于用来表示对食物的欲望，亦即饥渴。当它在逃避某个事物时，一般就称为厌恶。欲望与厌恶这两个词来自拉丁语，都表示运动，一个是趋近的运动，一个是逃避的运动。希腊语也有两个词表示同样的意思，即ὁρμή［冲动］和ἀφορμή［怨恨］。自然本身经常给人们强加某些真理，对于这些真理，人们事后若于超自然中寻求，就会摔跟头。经院学派在单纯的行走或移动的欲望中全然看不到任何真实的运动，可是因为他们不得不承认其中有某种运动，所以称之为隐喻性的运动。这不过是一种荒谬的说法，言语可以被称为隐喻性的，物体和运动却不能。

[6.3] 人们欲求某物，就是所谓的爱；厌恶某物，就是所谓

的恨。因此，欲望和爱是一回事，只是我们总是用欲望表示对象的不在场，而通常用爱表示对象的在场。同理，厌恶表示对象的不在场，恨表示对象的在场。

[6.4] 欲望与厌恶，有些是与生俱来的，比如对食物的欲望，排泄和释放的欲望（或许可以更准确地称之为对体内感觉到的某些事物的厌恶），以及为数不多的其他几种欲望。其余的欲望，即对个别事物的欲望，来自人们对于个别事物在自己和他人身上的效果的经验和尝试。对于我们全然不知道的事物，或不相信其存在的事物，我们除非进行尝试，就不可能有进一步的欲望。但我们对事物的厌恶，不仅包括我们知道伤害过我们的事物，还包括我们不知道是否会伤害我们的事物。

[6.5] 既不欲求又不憎恨，称为藐视，藐视不过是心脏在忍受某些事物作用时的不动或顽固抗拒，缘于心脏因更有力的其他对象而他移，或者对它们缺乏经验。

[6.6] 因为人的体质始终在不断变化，所以同一些事物，不可能总是在一个人身上引起同一些欲望或厌恶，更不可能一切人对任何同一个对象都有相同的欲望。

[6.7] 不过，任何一个人的欲望对象无论是什么，在他而言都谓之善，其憎恨和厌恶的对象，都谓之恶，其藐视的对象，则谓之无价值和不足道。善、恶、令人藐视等词语，其用法总是与使用它们的人相关。没有任何事物单纯地、绝对地如此，从对象自身的本性中，也得不出任何共同的善恶法则，这种法则（在没有国家的地方）是从各人身上得出的，或者（在国家里）是从国家代表身上得出的，或者是从争议各方同意设立并以其裁决作为他们法则的仲裁者或判断者那里得出的。

[6.8] 拉丁语有两个词，其意义接近于善与恶的意义，但也不完全相同，那就是 *Pulchrum* ［美］与 *Turpe* ［丑］。其中前者

表示其表面征象预示是善的事物，后者表示其表面征象预示是恶的事物。而在我们的语言中，还没有类似的普遍名称来表达它们。关于 *Pulchrum* 〔美〕，我们在一些事物上说美好，在另一些事物上说美丽、俊美、华美、光荣、标致、可爱等等。关于 *Trupe* 〔丑〕，我们说恶浊、畸形、丑陋、卑鄙、令人作呕等等，用法视需要而定。这一切词语，若用得恰如其分，所表示的不过是表征着善与恶的容貌或表情。所以，善有三种，表征方面的善，即所谓 *Pulchrum* 〔美〕；效果方面的善，比如可欲的结果，即所谓令人愉快；作为手段的善，即所谓有用、有益。同样，恶也有三种，表征方面的恶，即所谓 *Turple* 〔丑〕；效果和结果的恶，即所谓恼人、可厌或令人厌烦；手段方面的恶，即所谓无用、无益或有害。

〔6.9〕正如我前面说过，在感觉方面，真正存在于我们体内的，不过是外部对象的作用引起的运动而已，其呈现于视觉就是光和色，呈现于听觉就是声音，呈现于嗅觉就是气味，等等。所以，当同一个外部对象的作用从眼睛、耳朵和其他器官持续内传到心脏时，其在那里的真正效果不过是运动或努力，包括趋向运动对象的欲望，或逃避运动对象的厌恶。而该运动的显象或感觉，就是我们所谓心灵的愉快或烦恼。

〔6.10〕这种运动，即所谓的欲望，就其显象而言即愉快或快乐，似乎是对生命运动的加强和帮助。因此，那些引起愉快的事物，由于其辅助和加强，被恰当地称为有助益，相反的事物，则因阻碍或烦扰生命运动而被称为令人苦恼、令人恼怒。

〔6.11〕因此，快乐（或愉快）是善的显象或感觉，苦恼或不快是恶的显象或感觉。所以，一切欲望和爱，多少会伴随某种愉快，一切憎恨和厌恶，多少会伴随某种不快和恼怒。

〔6.12〕快乐或愉快，有些是由对现成对象的感觉引起的，

或许可以称为肉体之乐（肉体一词，只是那些谴责它们的人使用，所以在有法律以前不宜出现）。这类快乐，包括身体的一切摄入和释放，以及色、声、香、味、触方面的所有愉快的事物。另一些是由对许多事物的结局或后果的预见所造成的预期引起的，不管那些事物在感觉方面是否令人快乐，这就是描绘那些后果的人所谓的心灵的快乐，一般称为愉悦。同理，不快有些是肉体方面的，称为痛苦，有些是关于后果的预期方面的，称为悲伤。

[6.13] 这些被称为欲望、嗜欲、爱、厌恶、恨、愉悦、悲伤等单纯的激情，由于不同的考虑，其名称也不同。当它们一个接续一个出现时，之所以有不同的名称，一是由于人们对达成欲望的可能性有不同意见，二是由于所爱与所恨的对象不同，三是由于许多激情合在一起考虑，四是由于变动或连续过程本身。

[6.14] 欲望，加上会达成所愿的意见，称为希望。

[6.15] 没有这样的意见，称为绝望。

[6.16] 厌恶，加上对象会造成伤害的意见，称为恐惧。

[6.17] 厌恶，加上通过抵抗免除伤害的希望，称为勇敢。

[6.18] 突如其来的勇敢，称为怒气。

[6.19] 持续不断的希望，称为自信心。

[6.20] 持续不断的绝望，称为自疑心。

[6.21] 若我们看到他人遭受巨大伤害，认为那是因侵害造成的，所以产生的怒气就是义愤。

[6.22] 对他人好的欲望称为仁慈、善意或仁爱，若是普遍地对人好，就称为善良本性。

[6.23] 对财富的欲望称为贪欲，这个名称总是在谴责的意义上使用，因为竞求财富的人，在别人获得财富时是不快乐的，尽管这种欲望本身该受谴责还是被允许，须视追求财富的手段

而定。

〔6.24〕对官职或权位的欲望称为野心，这个名称也由于前述原因而在贬义上使用。

〔6.25〕对几乎无助于我们目的的事物的欲望，以及对几乎无害于我们目的的事物的恐惧，称为卑怯。

〔6.26〕对小的帮助和小的妨害的藐视，称为豪迈。

〔6.27〕面临死亡或受伤的危险时的豪迈，称为英勇、毅勇。

〔6.28〕在财富使用方面的豪迈，称为慷慨。

〔6.29〕这方面的卑怯，人们根据自己对之喜欢不喜欢，称为卑微、可怜或吝啬。

〔6.30〕为了社交之故而对人的爱，称为友善。

〔6.31〕单纯为了感官的愉悦而对人的爱，称为自然情欲。

〔6.32〕同一种爱，若是通过默想即想象往昔的快乐获得，称为色欲。

〔6.33〕专爱一人，加上想被其专爱的欲望，称为爱情。专爱一人，加上对其不回报以专爱的恐惧，称为醋意。

〔6.34〕想伤害他人从而使之为其所做之事遭受惩罚的欲望，称为报复欲。

〔6.35〕想知道为何和如何的欲望，称为好奇心。这是唯独人才具有的，所以人之区别于其他动物，不仅在于人有理性，还在于这种独特的激情。在其他动物身上，对食物及其他肉体之乐的欲望占支配地位，使之不注意探知原因。这是心灵的一种爱欲，因持久地耽于不断和不知疲倦地从事知识生产的愉快，优于任何短暂而热烈的肉体之乐。

〔6.36〕对心灵虚构的或从公认传说中想象出的不可见力量的恐惧，称为宗教；所根据的若不是公认的传说，就称为迷信。如果所想象的力量，真如我们想象的一样，就称为真宗教。

［6.37］不知晓原因和状况的恐惧，称为惊怖，这个名称来自神话，里面说牧神潘是它们的制作者。然而，其实第一个发生这种恐慌的人，内心对原因总是有某种理解的，虽然其余人跟着一哄而散。人人都以为旁人知道为什么，因此这一激情只在乌合之众中存在。

［6.38］对新奇事物的知晓所产生的愉悦，称为羡慕，这是人所特有的，因为它激起探知原因的欲望。

［6.39］一个人因对自身力量和能力的想象而产生的愉悦，这种心灵的得意，称为荣耀。若根据自己以往行动的经验，就与自信心相同。若根据他人的奉承，或者只是他自己聊以自娱的推演，就称为虚荣，这个名称起得很恰当，因为有根据的自信心产生努力，而自以为有力量却不会产生努力，所以被正确地称为虚荣。

［6.40］自以为缺乏力量而产生的悲伤，称为心灵的沮丧。

［6.41］很多能力，我们明知道自己没有，却假想或以为自己具有，这种虚荣最容易在年轻人身上发生，且因英雄人物的历史和故事而受到滋养，又往往因年龄和工作而得到矫正。

［6.42］突然的荣耀，是造成被称为笑的面相的激情，其原因要么是自己的某种突然的动作令自己欣喜，要么是知晓他人有什么缺陷，相比之下突然的自我欣赏。这种激情最容易在那些知道自己极其无能的人身上发生，他们为了让自己喜欢自己，只好去观察别人的弱点。因此，多笑别人的缺陷是卑怯的征象。伟大人物的一个本分就是去帮助别人，使之免于耻笑，而且只与最能干的人相比较。

［6.43］相反，突然的沮丧是造成哭的激情，其原因是某些意外事件，比如突然失去某种强烈的希望或力量后盾。主要依靠外部帮助的人，如女人和孩童最易受制于这种激情。所以，有人

因失去朋友而哭，有人因朋友刻薄寡恩而哭，有人因报复的思想在和解下突然受阻而哭。但在所有情形中，笑与哭都是突然的动作，习惯之后就会消失。没有人因老掉牙的笑话而笑，或为过去已久的祸患而哭。

[6.44] 因发现自己的某种能力缺陷而悲伤，便是羞愧，也就是表现为脸红的激情，这种激情存在于知晓某种不光彩的事情。在年轻人身上，这是喜爱声誉的征象，值得称道。在老年人身上，这同样是喜爱声誉的征象，但因为来得太晚，便不值得称道。

[6.45] 藐视声誉，称为无耻。

[6.46] 因他人的祸患而悲伤，是怜悯，这是因想象类似的祸患会降临到自己头上而引起的，所以又称为同情，现在的说法是同胞之情。因此，对于大恶所招致的祸患，最好的人极少怜悯。对于这种祸患，认为自己绝不会可恶到遭受同样处境的人，是不愿怜悯的。

[6.47] 藐视他人的祸患或对之无动于衷，是人们所谓的残忍，这是由于自己的幸运有保障而产生的。任何人对别人的严重灾祸感到快乐，却不抱有自身的其他目的，我认为是不可能的。

[6.48] 因竞争者在荣华富贵或其他好事方面取得成功而悲伤，加上自强以图追赶和超越的努力，称为争胜，而加上排挤和妨碍竞争者的努力，称为嫉妒。

[6.49] 人的心灵中对于同一事的欲望与厌恶、希望与恐惧交替发生，去做或不做该事的各种好与坏的推演在我们思想中交替发生，以至于有时我们对之抱有欲望，有时对之抱有厌恶，有时希望有能力去做，有时对之感到绝望或恐惧，而直到该事完成或被认为不可能为止的一切欲望、厌恶、希望与恐惧的总和，我们称之为权衡。

［6.50］因此，对于过去的事，不存在权衡，因为显然已不可能改变。对于明知不可能或以为不可能的事，也不存在权衡，因为人们知道或者认为这权衡是徒劳的。但对于绝无可能而我们却以为可能的事，则可以权衡，因为我们不知道这权衡是徒劳的。它之所以被称为权衡，是因为它使我们不再有自由根据我们的欲望或厌恶决定去做或不做①。

［6.51］这种欲望、厌恶、希望与恐惧的交替接续，在其他生物身上也像在人身上一样存在，因此野兽也会权衡。

［6.52］当所权衡的事情已告完成或被认为不可能时，权衡便到了终点，因为迄今为止，我们始终保有根据我们的欲望或厌恶去做或不做的自由。

［6.53］在权衡中，直接与行动或不行动相连的最后的欲望或厌恶，就是我们所谓的意志，即意愿之动作（而非能力）。具有权衡的野兽，想必也具有意志。经院学派通常给出的意志定义是，意志是一种理性的欲望，这个定义不好。假如它是理性的欲望，就不会有任何违背理性的意愿行为。因为意愿行为不是别的，而是发自意志的行为。但是，如果我们不说意志是一种理性的欲望，而说意志是一种从先前的权衡中产生的欲望，那么其定义便和我在这里给出的相同。因此，意志是权衡中的最后那个欲望。尽管我们经常在日常谈话中说，一个人有意志要去做某件事情，而他却没有去做；但严格来讲这仅仅是一个倾向，倾向并不使任何行动成为意愿行动。因为行动并不取决于倾向，而是取决于最后的倾向或欲望。因为假如这些中间的欲望使任何行动成为意愿行动，那么同理，所有中间的厌恶也使其成为非意愿行动，那么同一个行动就会既是意愿的又是非意愿的。

---

① 权衡，英文为 Deliberation，字面意思为"去除自由"。

[6.54] 据此显而易见，始于对有关事物的贪欲、野心、情欲或其他欲望的行动，与始于对不作为之后果的厌恶和恐惧的行动，都是意愿行动。

[6.55] 表达激情的言语形式与我们用来表达我们思想的言语形式有一部分相同，有一部分不同。首先，一般来讲，所有激情都可以用陈述式表达，比如我爱，我恐惧，我乐意，我权衡，我意愿，我命令。但有些激情有其本身特定的表达，然而这些表达却不是断言，除非它们不仅表达它们据以产生的激情，还用来作出其他推论。权衡用虚拟式表达，这种言语专门用来表示假设及其推演，例如：如果做这个，那么这个将随之出现。这和推理的语言没有区别，只是推理是用一般性的词语，而权衡大部分用特殊的词语。欲望与厌恶的语言是命令式，比如做这个、不许做那个，当对方有义务去做或不做时，这便是命令，否则便是祈求或建议。虚荣、义愤、怜悯和报复的语言是祈愿式。求知的欲望有特别的表达，称为疑问式，比如这是什么、何时会、如何做、为什么如此。除此而外，我看就没有表达激情的其他语言了：诅咒、起誓、辱骂等并不像言语那样表意，只不过是舌头的习惯性动作而已。

[6.56] 我认为，这些言语形式就是对于我们激情的表达或意愿表示，但它们不是确定的征象，因为它们可以被任意武断地使用，无论使用它们的人是否具有这些激情。当下激情的最好征象在于人体表情和动作、行动以及我们以其他方式知道一个人抱有的目的或目标。

[6.57] 因为在权衡中，欲望与厌恶出自关于我们所权衡的那个行动的善恶的推演和次第的预见，所以其善或恶的结果取决于对一长串推演链条的预见，对此很少有人能看到尽头。但就一个人所能看到的范围而言，如果在那些推演中，善大于恶，那么

整个链条就被作家们称为表面的或貌似的善。相反，当恶超过善时，整个链条就被称为表面的或貌似的恶。因此，凭借经验或理性对于推演具有最多和最确定的预见的人最善于权衡，他若是愿意，就最能为别人提出最好的建议。

〔6.58〕在获取时时欲求的事物方面持续不断的成功，也就是说，持续不断的发达，就是人们所谓的幸福。我说的是此生的幸福。心灵的永久安宁这种事物，在我们生前并不存在，因为生命本身就是运动，不可能没有欲望，也不可能没有恐惧，正如不可能没有感觉一样。至于上帝赐予虔诚地尊敬他的人以何种幸福，人在享受前是不知道的，这种愉悦，如今就像经院学者的荣福直观这个说法一样，是不可理喻的。

〔6.59〕人们用来表示他们对任何事物之善的看法的言语形式，是称赞；用来表示任何事物之力量和伟大的言语形式，是颂扬；用来表示他们对一个人之幸福的意见的言语形式，在希腊语中称为μακαρισμός〔祝福〕，在我们的语言中没有名称。就当前目的而言，关于激情问题，以上所说就已足够。

第七章　论推衍的终点或决断

[7.2] 判断，或最终判决。怀疑。　　[7.4] 意见。良心。
[7.5] 信念。信仰。

[7.1] 所有由求知欲望主宰的推衍，要么因达成所欲，要么因放弃所欲，而最终有一个终点。在推衍的相续中，无论其在何处被中断，中断之时就有一个终点。

[7.2] 如果推衍只是心灵推衍，它就是由关于某事物将会存在或不会存在、已经存在或尚未存在的交替的思想构成。所以无论你在什么地方打断一个人的推衍相续，你就会使他置身于一个推定中，就是关于某事物将会存在或不会存在、已经存在或尚未存在的推定。这一切都是意见。权衡善恶时交替出现的欲望，就是权衡过去与未来的真理时交替出现的意见。正如权衡中最后的欲望叫作意志，对过去与未来之真理的探索中最后的意见，叫作推衍者的判断或决议，最终判决。正如关于善恶的整个交替的欲望相续称为权衡，关于真假的整个交替意见的链条称为怀疑。

[7.3] 无论任何推衍，都不可能终结于对过去与未来的事实的绝对认识。对于事实的认识，它原本是感觉，而以后一直是记忆。对于推演的认识，就是我在上文中所谓的知识，不是绝对的，而是有条件的。任何人都不可能通过推衍绝对地知道，这一

事物或那一事物存在过、正在存在或将存在；而只能通过推衍有条件地知道，若这一事物存在，那一事物就存在，若这一事物存在过，那一事物就存在过，若这一事物将存在，那一事物就将存在；他知道的不是一个事物和另一个事物的推演，而是同一个事物的一个又一个的名称的推演。

[7.4]因此，当推衍被转化成言语时，若是开始于词语的定义，然后把词语定义连接成普遍断言，又把普遍断言连接成三段论，其终点或最后的总和就称为结论，该推衍所表示的心灵的思想是有条件的认识，或者说关于言辞推演的认识，通常称为知识。但是，如果这种推衍的初始根据不是定义，或者如果诸定义没有正确地连接成三段论，那么其终点或结论就是意见，即关于所谈到的某个事物的真理的意见，尽管有时候表现为荒谬的、无意义的言辞，绝不可能被理解。如果两个以上的人知道同一个事实，就可以说他们彼此意识到该事实，这就相当于他们都知道该事实。因为这些人对于彼此或第三方的事实都是最好的见证人，所以任何人违背其良心说话，或者威逼利诱他人这样做，古往今来都被视为一种极其恶劣的行为，是故良心的要求历来都被人们认真地倾听。后来，人们以隐喻的方式使用这个词语，用它来指对他们自己的私密事实或私密思想的认知，从而以修辞的方式说，良心是千万个见证人。最后，有些人狂热地喜爱自己的新奇意见（不顾其荒谬透顶），固执地加以坚持，也给他们的那些意见加上良心这一崇高的名称，就好像在他们看来，改变或反对它们就是犯法，而且他们妄称知道这些意见是真确的，其实他们充其量不过是知道他们认为如此而已。

[7.5]当一个人的推衍不是从定义开始时，它便是从他自己的某些其他的思考开始，这时它依然被称为意见，或者是从另一个人的言说开始，绝不怀疑其人认识真理的能力和不行欺诈的诚

实，那么其推衍就不是与事物相关，而是与其人相关，其决断就被称为信念和信仰。信仰是就其人而言，信念是就其人与其言说的真实性而言。因此，在信念中包含两种意见，一是关于其人之言说的意见，一是关于其人之德性的意见。信仰、信任或相信某人，表示同一回事，也就是对于其人诚实与否的意见。但相信所说的话，不过是表示对于该话真实与否的意见。但我们将会看到，我信奉这一说法，除了在神学著作中是从来不用的，拉丁语中的 *credo in* 和希腊语中的 πιστεύω είς 都是这样。在其他著作中，用的是我相信他；我信任他，我对他有信心，我信赖他；在拉丁语中则为 *credo illi, fido illi*；在希腊语中为 πιστεύω αύτώ。教会方面对这一词语的奇怪用法，使人们对于基督教信仰的正确对象发生了许多争议。

[7.6] 不过，信奉一语在其信条中，意思不是对其人的信任，而是对教义的认信和承认。因为不仅基督徒，而且形形色色的人都是这样信奉神，就是坚持认为，他们听到的神所说的一切就是真理，不管他们理解与否，人们对无论任何人的信仰或信任最多不过如此，但他们并不都相信其信条的教义。

[7.7] 从这里我们可以推论，如果我们相信无论任何言说为真理，所基于的证据不是得自事物本身或自然理性的原理，而是得自言说者本身的权威以及我们对他的好感，那么，我们信仰的对象是我们信奉或信任的言说者其人，就是其言辞被我们采信的那个人，信仰的荣誉专归于他一人。因此，当我们在没有任何来自上帝本身的直接启示的情况下相信圣经是上帝之言时，我们所信奉、信仰和信任的便是教会，就是其言辞被我们采信并默认的教会。人们若是相信一个先知以上帝的名义给他们讲述的东西，不管他是真先知还是假先知，当触及他讲述的东西的真理时，他们都是采信该先知的言辞，向他表示敬意，信任和信奉他。在其

他所有历史中，情形也是这样。假如我不相信历史学家撰写的亚历山大或凯撒的辉煌事迹，那么我并不认为，亚历山大或凯撒的鬼魂有任何正当理由觉得受到冒犯，或者除了该历史学家之外，任何人有理由这样。假如李维说神曾让一头母牛作人言，而我们不相信，那么我们在这里并非不信任神，而是不信任李维。所以显而易见，无论我们相信什么，如果依据的理由只不过是人的权威以及他们的著作，那么不管他们是不是神派来的，这信仰都只不过是对人的信仰而已。

第八章　论通常所谓的智识德性；
及其相反的缺陷

[8.1] 智识德性的界定。[8.2] 才智，自然的或获得的。自然的才智。[8.3] 优良的才智，或善于想象。善于判断。明辨。[8.11] 明智。[8.12] 狡黠。[8.13] 获得的才智。[8.16] 轻浮。疯狂。[8.19] 愤怒。[8.20] 抑郁。[8.27] 无意义的言语。

[8.1] 在所有各类主题中，德性普遍来讲就是以杰出而见贵之物，且存在于比较中。假如人人在一切方面平等，就没什么是可贵的了。智识德性，总是被理解为人们称赞、珍视并希望自己具有的心灵能力，通常称为优良的才智，不过才智一词也被用来指一种有别于其他能力的特定能力。

[8.2] 这些德性有两类，一类是自然的，一类是获得的。所谓自然的，我指的不是一个人生来就具备的，唯有感觉是这样。在这方面，人们彼此之间几乎毫无差别，与野兽亦相去不远，所以不被视为德性。我指的是那种不靠学术、文化和训诲，全凭运用和全凭经验而获得的才智。这种自然的才智，主要由两种东西构成：一是想象的敏捷（也就是一个思想与另一个思想迅速接续），一是稳定指向某个已认定的终点。与此相反，迟缓的想象

造成的心灵缺陷或毛病，通常称为迟钝，蠢笨，人们有时也用表示运动迟缓或难以被感动的情形的其他名称来称之。

[8.3] 这种迟速之别，起因于人们的激情不同。有些人爱这个不爱那个，有些人爱那个不爱这个，因此，有些人的思想驰于这一途，有些人的思想驰于另一途，就这样分途异向，并以不同方式观察经其想象的事物。在人们思想的这一接续中，人们观察的不是他们所思考的事物，而是事物之间有什么相似之处，或有什么不同之处，或它们有什么用处，或它们如何服务于这么一个目的。有时候，事物之间相似之处是常人观察不到的，谁能观察到，人家就说他有优良的才智，这在此处的意思是善于想象。观察事物之间的差异和不同之处，叫作辨别、明辨和判断。有时候事物之间的不同之处不容易看出来，谁能看出来，人家就说他善于判断，特别是在交往和办事中，分得清时间、地点和人物，这种德性叫作明辨。想象没有判断的帮助，就不是值得赞扬的德性；而判断和明辨无须想象的帮助，本身就值得赞扬。善于想象者，需明辨时间、地点和人物，除此之外，还需经常顾及思想的最终应用，也就是拿它们来做什么用。做到这一点，具有这种德性的人就很容易广引博喻，言谈议论，不仅会提出大量例证，以新颖恰当的比喻来加以装点，还会用难能可贵的创意，令人心悦神怡。但若是缺乏对某个终点的稳定指向，富于想象便是一种疯狂。有的人只要一说话，思想上出现的任何事物都会使他脱离目标，一再叉入旁文，喋喋不休，以至于不知所云。这种愚蠢，据我所知还没有专门的名称。究其原因，有时是缺乏经验，旁人觉得平淡无奇的事，他却觉得新奇；有时是卑怯，旁人认为琐屑之事，他却以为重大。他认为值得津津乐道的新鲜重大的东西，使他逐渐离题失旨。

[8.4] 好的诗歌，不论史诗或戏剧，不论十四行诗，讽刺短

诗，或其他体裁，里面判断和想象二者都是必需的。可是想象应该更重要些，因为狂放的想象能讨人喜欢，但是不要狂放得没有分寸以至讨厌。

［8.5］好的历史里应该是判断更重要，因为历史的好处在于它的条理，真实，能选出知道了最有益的行动。这里想象是没用的，除非作为词藻。

［8.6］赞颂之辞和诋呵谩骂，则要以想象为主，因为其意图不在于求真，而在于褒贬毁誉，应以堂皇或恶毒的比附来实现。判断只能提示什么情况使一种行动值得赞扬或应受谴责。

［8.7］在劝诫和诉状中，要么真相最有利于眼前的意图，则最需要的是判断，要么伪饰最有利于眼前的意图，则最需要的是想象。

［8.8］论证、建议及一切严格的真理探讨，全凭判断进行，除非有时需要用适当的类比来启发知性，那才需要想象。至于隐喻，这里应当完全禁用。因为它公然以欺骗为目的，在建议和推理的时候运用隐喻是要上当的。

［8.9］无论任何推衍，如果明显缺乏明辨，那么不管想象如何狂放，整个推衍仍会被视为一种缺乏才智的征象，如果明辨显而易见，则无论想象如何平庸，都绝不至如此。

［8.10］人的隐秘思想翱翔于万物，或神圣或凡俗，或圣洁或淫秽，或庄重或轻佻，莫不尽有，无愧无尤，其言谈议论，则不能超出判断所允许的时间、地点和人物。解剖学家或医师可以谈论和撰写其对于污秽事物的判断，因为这不是为了取悦于人，而是为了有利于人。而其他人若是就这类事物援笔著述，驰骋其狂放和愉快的想象，便如失足污泥之中的人去见贵客一样。造成其间差别的，正是缺乏明辨。又，人在心境轻松的情况下与熟友闲谈时，不妨玩弄谐音和多义词的把戏，很多时候还可以比赛谁

的想象超乎寻常。但在布道时，在公共场合，在不认识的人面前，或在应当敬重的人面前，玩弄谐音就要被视为愚不可及。其间的差别，唯在于缺乏明辨。所以，缺乏才智，所缺的是明辨，而不是想象。有判断而无想象是才智，有想象而无判断则不是。

[8.11] 当一个人抱有某种意图，其思想穿行于众多事物之中，观察它们如何有助于该意图，或它们有助于何种意图，如果他的观察是难能鲜见的，那么他的这种才智就称为明智，这有赖于对以往相同事物及其推演的丰富经验和记忆。人们在这方面的差别，并没有在想象和判断方面那样大。因为年龄相等的人，其经验在数量上不会相差甚远。差异在于不同的场合下，每个人都有私人意图。治理好一家与治理好一国，不是不同程度的明智，而是不同类型的事务。正如画一幅小于原物、等于原物或大于原物的绘画，不是程度不同的技艺。一个平常的农夫对于自己的家务，要比一个枢密大臣对于旁人的家务更明智。

[8.12] 若在明智之外，又加上不义或不诚实的手段，比如恐惧或贫困往往促使人们去干的那样，就是阴险邪恶的才智，称为狡黠，这是卑怯的一种表征。豪迈是藐视不义或不诚实的手法。拉丁人所谓的 *Versutia*［狡赖］（译成英文是 *Shifting*［善变］），也就是为了规避眼前的危险或不利，而陷入更大的危险或不利，就像抢劫一个人来偿付另一个人，不过是目光短浅的狡黠，这就叫 *Versutia*［狡赖］，是从 *Versura* 一字而来的，意思是借高利贷偿还当下的利息。

[8.13] 获得的才智（意思是通过学术和训诲所获得），唯有理性，其根据是言语的正确运用，所产生的是知识。而关于理性和知识，我在第五、六章已经说过了。

[8.14] 才智的这种差异，其原因在于激情。激情的差异，一是缘于体质不同，一是缘于教育不同。因为假如这种差异是缘

于大脑、内部或外部感觉器官的特性，那么人们在视觉、听觉或其他感觉方面的差异，就不会小于人们在想象和明辨方面的差异。因此，这种差异缘于激情。激情之不同，不仅缘于人们的气质不同，也缘于人们的习惯和教育不同。

[8.15] 最能引起才智差异的激情，主要是对力量、财富、知识和荣誉的不同程度的欲望，这些或许都可以化约为第一种欲望，也就是对力量的欲望。财富、知识和荣誉，不过是几种不同类型的力量而已。

[8.16] 因此，一个人对这些事物没有很大激情，就是人们所谓的淡泊，尽管他或许不失为好人，可以不冒犯旁人，不过他却不可能有杰出的想象或多少判断。对于欲望来说，思想就像侦察兵或间谍一样，四出窥探，以发现通往所欲事物的道路，心灵运动的稳定和敏捷均缘于此。正如没有欲望，乃是死亡，只有虚弱的激情，乃是迟钝，对一切事物无差别地抱有激情，是轻浮或散漫，对任何事物抱有的激情，比在其他人身上通常见到的更有力、更热烈，是人们所谓的疯狂。

[8.17] 疯狂的种类几乎和激情本身的种类一样多。有时候，超乎寻常、狂放不羁的激情是缘于身体器官的病变或受伤；有时候，器官受损或病变又是起因于激情过于热烈或持续过久。而在两种情形下，疯狂都属于同一种性质。

[8.18] 那过于热烈或持续过久而造成疯狂的激情，要么是心灵的极度虚荣，即通常所谓的骄傲和自负，要么是心灵的极度沮丧。

[8.19] 骄傲使人易怒，过度的骄傲，就是所谓的愤怒或狂怒这种疯狂。因此，过度的报复欲成为习惯，就会伤害器官而变成愤怒。过度的爱情再加上醋意，也会变成愤怒。一个人在默示、智慧、学识、仪表等方面过度的自我欣赏，会变成散漫或轻

浮，加上嫉妒就会变成愤怒。对任何事物的真理具有强烈的意见，遭到别人反对时，也会变成愤怒。

［8.20］沮丧使人陷入无端的恐惧，这是一种疯狂，通常被称为抑郁，其表现也有种种不同，比如流连于荒野和墓地，有迷信行为，以及害怕某些特定的事物。总之，一切导致奇异和反常行为的激情，统称为疯狂。至于疯狂的种类，只要肯下功夫，就可以数出一大批来。如果激情过度是疯狂，那么毫无疑问，各种激情本身只要趋于邪恶，就是不同程度的疯狂。

［8.21］（举例来说）虽然在深信自己受到默示的人当中，其愚蠢的效果，并不总是能通过这种激情在一个人身上产生的任何十分狂放的行动中看出来，可是当他们许多人沆瀣一气时，整个群体的愤怒就变得十分明显。有什么疯狂的证据，能比对着我们最好的朋友吼叫、击打和投石头更充分呢？但这也比不上这样一群人所做的事。他们对那些一直在保护他们、使他们免受侵害的人，发出鼓噪、加以打击和毁灭。如果这在群体是疯狂，那么在每一个别的人身上也同样如此。就像在大海中，一个人尽管察觉不到他身旁那部分海水的声音，可是他十分肯定，这部分海水跟其他任何等量的海水一样，对构成大海的咆哮起着同等作用。所以，在一两个人身上，我们尽管察觉不到很大的骚动不宁，可是我们可以十分肯定，他们每个人的激情，是一个陷入内乱的国家里的叛乱性咆哮的构成部分。就算没有其他事情暴露出他们的疯狂，他们冒称自己受到这种默示，便是十足的证明。如果疯人院①里的一个人以沉稳的言谈令你开心，临别时你想知道他是什么人，以便下次回报他的礼待，而他告诉你，他是父上帝，我想

---

① Bedlam（贝德兰），得名于伦敦伯利恒皇家医院（Bethlem Royal Hospital），该医院前身为始建于 1247 年的圣玛丽伯利恒修道院（Priory of St. Mary of Bethlehem），是世界上最古老的精神病院之一。

你就无须期待他作出什么狂放的行动来证明他的疯狂。

[8.22] 这种对于默示的意见，通常称为私人的灵，常常是由于幸运地发现了其他人普遍抱有的错误而来的。他们由于不知道或忘记了他们以什么理性方法得出这么一个独特的真理（他们自信如此，其实很多时候他们所见到的往往是非真理），于是马上便自命不凡，以为获得了全能上帝的特别恩典，是上帝通过圣灵向他们超自然地启示了这一真理。

[8.23] 又，疯狂不过是激情表露过甚，这一点可以从酒的效果中推论出来，酒的效果与器官失调的效果相同。饮酒过量者的种种行为正和疯子相同，有些人狂怒，有些人狂爱，有些人狂笑，全都是循着当时支配他们的几种激情狂放地表露出来。酒的作用去除了一切掩饰，使人看不到自己激情的丑态。（我相信）一个最清醒的人，在悠闲自在、无忧无虑地独自散步时，是不会让人公开看到自己思想上的浮夸和狂放的。这就等于承认，无导引的激情大部分仅仅是疯狂而已。

[8.24] 古往今来，关于疯狂的原因，世人有两种意见。有些人以为疯狂缘于激情，有些人以为缘于或善或恶的魔鬼或精灵，他们认为魔鬼或精灵会进入一个人，附缠其身，使他的器官像疯子常见的情形一样发生奇特而怪异的运动。所以，前者把这种人称为疯子，而后者称之为 *demoniacs* [鬼附之人]，有时又称之为 *enurgumeni*（就是因精灵而躁动不安的人）。在今天的意大利，他们不仅被称为 *Pazzi*，即疯子，也被称为 *Spiritati*，即中邪的人。

[8.25] 从前，有一天非常热，希腊人的城邦阿布德拉的人民聚在一起观看《安德洛墨达》这部悲剧演出。然后，许多观众都发起烧来，这个意外是天热和悲剧共同造成的。他们除了念抑扬格诗以及珀耳修斯和安德洛墨达的名字之外，什么都不做，直

到冬天来临，疯狂和发烧才一起平息下去。有人认为，这疯病是由于这部悲剧印下的激情造成的。还有另一个希腊城邦也发作过一阵类似的疯狂，那次发疯的只有少女，她们很多人因此自缢死了。当时大多数人认为，这是魔鬼作祟。而有一个人怀疑，她们对自己生命的藐视或许是缘于心灵的某种激情，并认为她们不会连自己的荣誉也藐视，于是向官长们提出建议，把自缢的人剥光衣服，赤裸裸地挂在外面示众。据说这样就把这疯病治好了。但是这些希腊人，往往把疯狂归因于欧墨尼得斯或弗里斯作怪，有时又归因于克瑞斯、福玻斯①或其他神灵作怪。当时人们十分相信这是由幽灵造成的，以至于他们认为幽灵是无形体的活物，一般称之为精灵。罗马人在这方面和希腊人持有同样的意见。犹太人也一样，他们把疯子称为先知或鬼附之人（根据他们认为精灵是善的还是恶的），有些人把先知和鬼附之人都称为疯子，有些人把同一个人既称为鬼附之人，又称为疯子。但是，就外邦人而言，这没有什么可奇怪，因为疾病与健康，恶行与德性，以及许多自然的偶性，他们都称之为魔鬼而加以崇拜。因此他们所谓的魔鬼，可理解为一种鬼，（有时）也可理解为疟疾。可是就犹太人而言，这种意见很奇怪。无论摩西还是亚伯拉罕，都没有自称是圣灵附体而发出预言，而只说是得自上帝的声音，或得自异象或梦境。摩西教给他们的律法，不论是道德律法还是礼仪律法，其中并没有任何诸如此类的神灵附体或神附鬼缠之说。《民数记》11.25 记载，人们说上帝从摩西身上取灵分赐七十长老，上帝的灵（可认为是上帝的实体）并未分割。圣经所谓在人身上

---

① 欧墨尼得斯或弗里斯，即希腊神话中复仇三女神厄里倪厄斯（Ἐρινύες，意为"愤怒"），人们举行祭祀仪式时不直接提到这些女神的名字，而使用其别名欧墨尼得斯（Εὐμενίδες，意为"善良"）。克瑞斯（Ceres），罗马神话中的农业和丰收女神。福玻斯（Phoebus），罗马神话中的太阳神。

的上帝之灵，意思是这种倾向于神性的灵。《出埃及记》28.3说"我用智慧的灵所充满的，给亚伦作衣服"，这话的意思不是放进他们身中的灵可以作衣服，而是他们自己在这种工作方面的灵的智慧可以作衣服。在同样的意义上，人们的灵产生卑污行为时，通常称为不洁的灵，其他的灵也是这样，尽管情形并非总是如此，可是当所称的德性或恶行超乎寻常、显著特出时，则经常是这样。《旧约》中的其他先知也没有自称神灵附体或上帝在他们体内说话的，而只说上帝以声音、异象或梦境临到他们。"上主的重担"不是附体，而是命令。那么，犹太人又怎么会陷入这种鬼神附体的意见中呢？我能想象的唯有一切人共同的理由，那就是缺乏探究自然原因的好奇心，并且把幸福视为获得粗鄙的肉体之乐以及那些最能直接导致这种快乐的事物。人们若是在一个人的心灵中看到任何奇异和不寻常的能力或缺陷，除非同时看到它可能的原因是什么，否则很难认为那是自然的。若不是自然的，他们必定会认为是超自然的。既然如此，若不是上帝或魔鬼附体又是什么呢？因此就出现这一情形，当我们的救主被众人围住时（可 3.21），他的亲属怀疑他疯了，出来就要拉住他。文士却说他是被别西卜附体，又说他是靠着鬼王赶鬼，意思仿佛是大疯子摄服了小疯子。其中有好些人说（约 10.20）："他是被鬼附着，而且疯了。"而另有一些人认为他是先知，说："这不是鬼附之人所说的话。"在《旧约》中，给耶户施膏礼的人虽是先知（王下 9.11），却有一些人向耶户说："这狂妄的人来见你有什么事呢？"总之显而易见，任何人行为异乎寻常时，犹太人都认为是有善灵或恶灵附体。唯有撒都该人不这样看，他们朝相反的方向走得很远，以至于不相信有任何精灵（这十分接近于直截了当的无神论）。因此，把这种人称为鬼附之人，而不称为疯子，或许就更加激怒其他人了。

［8.26］但既然如此，为什么我们的救主为人医病，其情形就仿佛他们是魔鬼附体，而不是他们发了疯呢？关于这一点，我能提出答复，不过是给予那些强调圣经同样反对地动说的人士的那种答复。圣经之写作，仅仅是为了向人们昭示上帝的国，俾使人们做好心灵的准备，以便成为他的忠顺的臣民。至于世界及其哲学，则留给人们去争论，以便锻炼其自然理性。不论地球转动还是太阳转动造成白昼与黑夜的交替，不论人们的出格行动是缘于激情，还是缘于恶魔（以使我们不崇拜上帝），这对于我们服从和臣服于全能上帝来说完全一样，圣经之写作正是为了这一点。至于我们的救主对疾病讲话就像对人讲话，基督所讲的话不过是那些光靠言辞来治病的人的通常用语，巫师不论是不是对魔鬼说话，表面上总要这样做的。不是说基督还斥责过风么（太8.26）？不是说他还斥责过热病么（路4.39）？但这并不证明热病就是一个魔鬼。据说许多魔鬼还曾向基督忏悔，其实这些地方无需另作解释，而只需解释为那些疯子向他忏悔。我们的救主还讲到（太12.43）一个污鬼离了一个人，在无水之地过来过去，寻求安歇之处，却遍寻不着，于是便回到原先那个人里，另带了七个比自己更恶的鬼去。这显然是一个隐喻，讲的是一个人稍作努力捐弃情欲后，又被情欲之力击败了，而且变得比以前更坏了七倍。所以我在经上看不出有任何东西要求我们相信鬼附之人不是疯子而是别的什么。

［8.27］有些人的言谈议论中还有一种毛病，也可以列为一种疯狂，就是滥用词语，我在前面第五章中已说过，称之为荒谬。也就是说，人们讲那些连在一起根本就没有任何意义的言语。有些人这样做是由于误解了自己死记硬背下来的言语，另一些人是故弄玄虚以欺骗世人。发生这种情形的人，唯有那些谈论不可理解的问题的经院学者，或谈论深奥哲学问题的人。普通人

很少会讲无意义的言语，因而被那些孤芳自赏的人视为白痴。不过，为了证明他们的言语在自己心灵中根本没有对应的事物，需要举几个例子。任何人若是觉得有必要，不妨拉住一个经院学者，看看他是否能把涉及诸如三位一体、神性、基督的本性、实体转化、自由意志之类的任何要义的任何章节翻译成任何现代语言，使人能懂，或者翻译成生活在拉丁语已通俗化的时代的人们所熟悉的任何还算过得去的拉丁语。请看下面这些言辞究竟有什么意义呢："第一因并不必然凭借它借以使之发生作用的第二因的本质从属而将任何事物流入第二因"？这是苏亚雷斯《论上帝的协同、运动与协助》第一卷第六章标题的译文。当人们连篇累牍地撰写这种胡言乱语时，他们难道不是发了疯或者企图使别人发疯吗？尤其是在实体转化的问题上，他们说了几句开场白之后就接着说，白性、圆性、量值、性质、可腐败性等无形体的东西从圣餐面包里出来进到我们蒙福的救主里。像这样说，他们岂不是要把这许多的性、值、质等当成附缠圣体的许多魔鬼吗？因为他们所谓的魔鬼始终是指没有形体、却能从一个地方运动到另一个地方的东西。因此，这种荒谬当然可以列为众多疯狂之一。他们除了神志清醒的间歇以外，凡是在受到明显的尘世情欲思想导引时，就会容忍这样论辩或写作。关于智识的德性与缺陷的讨论就到此为止。

第九章　论各科知识

[9.1] 认识有两种，一是关于事实的认识，一是关于一个断言到另一个断言的推演的认识。前者不过是感觉和记忆，是绝对认识，比如当我们看见一个正在进行的事实，或想起一个已经完成的事实。这是见证人需要具有的认识。后者称为知识，是有条件的认识。比如当我们知道，如果所示图形是一个圆，那么通过它的中心所作的任何直线都将其分成两等分。这是哲学家，即以推理自命的人需要具有的认识。

[9.2] 对事实认识的记录称为历史。历史有两种：一种叫作自然史，是不以人的意志为转移的自然事实或自然效应的历史，诸如金属志、植物志、动物志、地理志。另一种是人文史，也就是国家里人的意愿行动的历史。

[9.3] 知识的记录，是包含关于从一个断言到另一个断言的推演之证明的书，通常称为哲学书，其种类繁多，根据所论的不同事物，可像我这样，把它们划分为以下列表。

1　科学，就是关于推演的知识，也称为哲学

1.1　自然物体偶性的推演，称为自然哲学

1.1.1　一切物体共有的偶性即数量与运动的推演

1.1.1.1　不确定的数量和运动的推演，即哲学的原理或第

一根据，称为第一哲学——第一哲学

1.1.1.2 确定的运动与数量的推演

1.1.1.2.1 确定的数量与运动的推演——数学

1.1.1.2.1.1 凭借图形——几何学

1.1.1.2.1.2 凭借数字——算术

1.1.1.2.2 特定物体的运动与数量的推演

1.1.1.2.2.1 世界上较大部分如地球与星球的运动与数量的推演——宇宙学

1.1.1.2.2.1.1 天文学

1.1.1.2.2.1.2 地理学

1.1.1.2.2.2 特种形状物体运动的推演——力学及重学

1.1.1.2.2.2.1 工程学

1.1.1.2.2.2.2 建筑学

1.1.1.2.2.2.3 航海术

1.1.2 物理学，或者说关于性质的推演

1.1.2.1 暂存物体即有时出现有时消失的物体性质的推演——气象学

1.1.2.2 持存物体性质的推演

1.1.2.2.1 星体性质的推演

1.1.2.2.1.1 星光的推演，据此及太阳运动所形成的科学——星影计时学

1.1.2.2.1.2 星体影响的推演——星象学

1.1.2.2.2 充满星际空间的流体物质诸如空气或以太实体的性质的推演

1.1.2.2.3 地球物体性质的推演

1.1.2.2.3.1 地球无感觉部分的推演

1.1.2.2.3.1.1 石头、金属等矿物性质的推演

1.1.2.2.3.1.2　植物性质的推演

1.1.2.2.3.2　动物性质的推演

1.1.2.2.3.2.1　一般动物性质的推演

1.1.2.2.3.2.1.1　视觉的推演——光学

1.1.2.2.3.2.1.2　听觉的推演——音乐

1.1.2.2.3.2.1.3　其他感觉的推演

1.1.2.2.3.2.2　人特有的性质的推演

1.1.2.2.3.2.2.1　人的激情的推演——伦理学

1.1.2.2.3.2.2.2　言语的推演

1.1.2.2.3.2.2.2.1　毁誉——诗学

1.1.2.2.3.2.2.2.2　说服——雄辩术

1.1.2.2.3.2.2.2.3　推理——逻辑学

1.1.2.2.3.2.2.2.4　契约——关于正义或不义的科学

1.2　政治体偶性的推演；称为政治学或公民哲学

1.2.1　从国家创建到政治团体或主权者的权利和责任的
　　　推演

1.2.2　从国家创建到臣民的责任和权利的推演

第十章　论力量、身价、尊严、荣誉和资质

[10.1] 力量。[10.17] 身价。[10.19] 尊严。[10.20] 尊敬与不尊敬。[10.38] 光荣的。[10.39] 可耻的。[10.51] 纹章。[10.53] 荣誉封号。[10.54] 资质。本领。

[10.1] 一个人的力量，（普遍来讲）是他获取某种未来的表面善的现有手段，力量要么是原初的，要么是工具性的。

[10.2] 自然的力量，是杰出的身体或心灵的能力，诸如超乎寻常的气力、美貌、明智、技艺、辩才、慷慨、高贵出身。工具性的力量，是以这些优势或幸运而获得的力量，是获得更多力量的手段和工具，诸如财富、声誉、朋友，以及上帝的暗中帮助，即人们所谓的好运。在这方面，力量的性质就像名声，愈发展愈大，或者像重物运动，愈行愈快。

[10.3] 人类的力量中最大的，是由经过同意而统一于唯一的自然人格或政治人格中的大多数人的力量所合成的力量，对于他们的全部力量，该人格要么可以依据他自己的意志使用，国家的力量就是这样；要么可以依据各分子的意志使用，党派或党派联盟的力量就是这样。因此，仆人众多就是力量，朋友众多就是力量，他们都是联合起来的实力。

[10.4] 同样，财富加上慷慨就是力量，因为这样会获得朋

友和仆人。没有慷慨则不然，因为这种情形下财富并不能保护人，而只能使人遭到嫉妒和掠夺。

[10.5] 力量的声誉就是力量，因为这会吸引需要保护的人前来依随。

[10.6] 爱国的声誉（所谓的众望）也是力量，理由同上。

[10.7] 受人爱戴与恐惧的任何品质，或这些品质的声誉，也是力量，因为这是获得很多人帮助或服务的手段。

[10.8] 成功就是力量，因为这会造成智慧或幸运的声誉，使人们要么害怕，要么依赖。

[10.9] 当权者的亲和力是力量的增进，因为这会赢得爱戴。

[10.10] 在经营和平或战争方面的明智的声誉就是力量，因为我们更愿意把我们自己的统治委托给明智的人。

[10.11] 高贵的出身就是力量，但不是所有地方都如此，而唯有在贵族有特权的国家里如此，他们的力量就在于这种特权。

[10.12] 辩才就是力量，因为这是貌似的明智。

[10.13] 美貌就是力量，因为这是善的表征，可使人赢得女人和陌生人的青睐。

[10.14] 知识就是力量，却甚为微小，因为这在任何人身上都不显著，因而不被承认，而且除了在少数人身上以外，连微小的力量都不是，在这些人身上也只限于少数事物。知识具有这样的性质，就是只有在很大程度上已经掌握它的人，才能理解它是什么。

[10.16] 公用事业的技艺，比如修筑防御工事、制作机械和其他战具的技艺，因为有助于防御和取得胜利，所以是力量。虽然它们的真正母亲是科学，即数学，但由于它们是由工匠之手呈现出来的，因此被认为是工匠的子嗣（就像愚众把接生婆当成产妇）。

［10.17］一个人的价值或身价，同其他一切事物的价值一样，就是他的价钱，也就是使用他的力量时，将付与他多少，所以不是绝对的，而是取决于他人的需求和判断。一个出色的军队指挥官，在战争当前或即将来临时，具有极高的价钱，在和平时期则不然。一个博学且廉洁的法官，在和平时期价值极高，在战争时期却未免逊色。就人而言，同其他事物一样，决定价钱的不是出售者，而是购买者。不妨让一个人（像很多人所做的那样）尽可能地把自己的价值标榜为最高等级，但其真正的价值却不能超过他人对他的评价。

［10.18］我们彼此设定价值的表示，通常称为尊敬和不尊敬。对一个人高度评价就是尊敬他，低估就是不尊敬。这里的高低，要理解为相对于每个人对自己的估价而言。

［10.19］一个人的公共价值，即国家给他设定的价值，通常称为尊严。国家赋予他的这一价值，意味着发布命令、判断诉讼、公共服务的官职，或为区分这种价值所提出的名称和封号。

［10.20］向他人祈求帮助就是尊敬，因为这表明我们认为他有力量提供帮助。帮助的难度越大，尊敬的程度就越高。

［10.21］服从就是尊敬，因为人们不会服从他们认为没有力量帮助或伤害自己的人。因此，不服从就是不尊敬。

［10.22］对人赠予厚礼就是尊敬，因为这是购买其保护，承认其力量。赠予微物则是不尊敬，因为这只是略施小惠，表明自己认为所需求的只是小的帮助。

［10.23］尽心促进他人的利益以及阿谀奉承就是尊敬，因为这表明我们寻求他的保护或帮助。反之，忽视其利益则是不尊敬。

［10.24］在任何便宜方面对人退让就是尊敬，因为这是承认对方的力量超过自己。反之，擅越占取则是不尊敬。

〔10.25〕对人显示爱或恐惧的任何征象都是尊敬，因为爱与恐惧是高估其价值。藐视他或爱与恐惧达不到他期望的程度则是不尊敬，因为这是低估其价值。

〔10.26〕称赞、夸奖或称道其幸福就是尊敬，因为唯有善、力量和幸福值得珍视。反之，诟骂、嘲笑或怜悯则是不尊敬。

〔10.27〕对人说话带着敬意，或在其面前庄重有礼就是尊敬，这表明害怕冒犯他。与人说话莽撞轻率，在人面前行事淫秽下流、孟浪无礼则是不尊敬。

〔10.28〕对人相信、信任和信赖就是尊敬，因为这说明自己重视其德性和力量。反之，对人不信任和不相信则是不尊敬。

〔10.29〕倾听一个人的任何建议或议论就是尊敬，因为这说明我们认为他智慧、雄辩或有才。反之，打瞌睡、走开或胡扯则是不尊敬。

〔10.30〕对人做他以为尊敬或法律和习惯视为尊敬的事情就是尊敬，因为认可别人所尊敬的，就是承认众人所承认的力量。反之，拒绝这样做则是不尊敬。

〔10.31〕同意别人的意见就是尊敬，因为这表明认可他的判断和智慧。反之，持异议则是不尊敬，是对其谬误的谴责。若在很多事情上执异，便是谴责他愚蠢。

〔10.32〕效法就是尊敬，因为这是热烈地赞同。反之，效法其仇敌则是不尊敬。

〔10.33〕尊敬别人所尊敬的人就是尊敬他本人，这表明赞成他的判断。反之，尊敬他的仇敌，则是不尊敬他。

〔10.34〕聘用人出谋划策或解决困难就是尊敬，这是表明认可他的智慧或其他力量。在同样的情形下，若别人要求而拒不聘用是不尊敬。

〔10.35〕所有这些尊敬的方式都是自然的，不论在国内或国

外都一样。但在国家里，握有最高权威的人可以任意把任何事物定为荣誉之征象，因而还有其他的荣誉。

[10.36] 一个主权者可以用封号、官职、任用或行动等他自己认为是其意愿征象的任何事物来尊敬一个臣民。

[10.37] 波斯国王对末底改表示尊敬，就安排他身着王袍，头戴王冠，骑上御马，走遍街市，一位王子引路，宣告说："王所喜悦尊荣的人，就如此待他。"① 但另一位波斯国王，也可能是这位国王在另一个时候，对一个因功请穿王袍的人，准许他穿上之后，却加上一句，说他是作为国王的弄臣来穿王袍的，因之这就成了不尊敬。所以，国家荣誉，其根源在于国家人格，取决于主权者的意志，因而是属世的，称为国家荣誉，诸如官爵、官职、封号以及某些地方的纹章和盾徽等。人们对拥有它们的人加以尊敬，认为这是多具国家恩宠的征象，国家的恩宠就是力量。

[10.38] 无论何种占有、行动或品质，只要是力量的证据和征象，便是光荣的。

[10.39] 因此，被很多人尊敬、爱或恐惧是光荣的，这是力量的证据。鲜有人尊敬或不受人尊敬是可耻的。

[10.40] 支配权和胜利是光荣的，因为是以力量获得。因需要和恐惧而受奴役是可耻的。

[10.41] 幸运若长久不变，便是光荣的，这是上帝恩宠的征象。厄运和损失是可耻的。财富是光荣的，因为财富就是力量。贫穷是可耻的。豪迈、慷慨、希望、勇敢、自信是光荣的，它们缘于对力量的意识。卑怯、吝啬、恐惧、疑心是可耻的。

[10.42] 当机立断、雷厉风行是光荣的，这是藐视微小的困难和危险。犹豫不决是可耻的，这是对小利小害过于重视的征

---

① 斯 6：1—12。

象。当一个人在时间允许的限度内长时间掂量事物而不能决断时，利害分量的差别便只微不足道。因此，他若不作出决断，就是过分重视小事，而过分重视小事乃是卑怯。

[10.43] 一切出自或者看起来出自丰富的经验、知识、明辨或才智的行动和言语都是光荣的，因为这些都是力量。出自谬误、无知或愚蠢的行动或言辞是可耻的。

[10.44] 庄重只要看起来是出自内心别有所思，便是光荣的，因为有所用心是力量的征象；但若是出自故作沉着之意，便是可耻的。前一种庄重像是一艘船满载货物的稳重，而后一种像是一艘船以砂石或其他破烂压舱的稳重。

[10.45] 闻名遐迩，即因财富、官职、伟大的行动或任何杰出的善而著名，是光荣的，这是他因之闻名的力量的征象。相反，暗弱不彰是可耻的。

[10.46] 出身于显赫门第是光荣的，因为更容易获得祖先的庇荫和世交。相反，出身寒微是可耻的。

[10.47] 出于公平而蒙受损失的行动是光荣的，这是豪迈的征象，而豪迈是力量的征象。相反，狡黠、善变、无视公平是可耻的。

[10.48] 对荣华富贵的贪欲和野心是光荣的，因为这是获得这一切的力量的征象。对小小的收益或升迁的贪欲和野心是可耻的。

[10.49] 行动只要伟大而艰难、因而是巨大力量的征象，便是光荣的，无论它是否正义，情况都不会改变，因为荣誉唯在于对力量的意见。因此，古代的异教徒在诗歌中描绘诸神的强暴、盗窃和其他伟大而不义或污秽的行为时，并不认为自己不尊敬神灵，而是认为自己非常尊敬神灵；所以在朱庇特身上，最值得歌颂的是他的奸淫；而在墨丘里身上，最值得歌颂的是他的欺诈和

盗窃。在荷马的一首赞美诗中，对他最大的颂扬，就是说他早晨出生，中午发明了音乐，在夜幕降临前从阿波罗的牧人那里偷走了牛羊。

[10.50] 在大型国家建立以前，人们并不以做海盗和剪径贼人为耻，反而以为那是合法的行业，不仅希腊人如此，其他所有民族也一样，这在古代史书中是显而易见的。时至今日，在世界的这片地方，私人决斗虽不合法，却一直是光荣的。除非哪天正式规定，对拒绝决斗的人授予荣誉，对挑起决斗的人予以羞辱，否则将永远如此。因为决斗往往也出于勇敢，而勇敢的基础始终是力气或武术，这些都是力量。不过在绝大部分情形中，决斗却是由于其中一方或双方出言不逊以及害怕耻辱造成的，人们鲁莽性发而不能自持，终于被迫进行决斗，以免蒙受侮辱。

[10.51] 世袭的盾徽和纹章，在其具有任何显著特权的地方是光荣的，反之则不然，它们的力量在于这些特权、财富或在其他人身上同样受到尊敬的东西。这种荣誉，通常称为贵族门第，起源于古代日耳曼人。这种事物，在不知道日耳曼人习俗的地方是闻所未闻的。在日耳曼人没有居住过的地方，也并不通用。古希腊的将帅出征时，会在盾牌上绘制自己喜欢的图案，以至于未绘制图案的圆盾成为贫穷和普通士兵身份的标志，但这种盾牌并不世袭下传。罗马人的家族标志是传袭的，但这种标志是祖先的形像，而不是祖先的纹章。亚洲、非洲和美洲的民族中从来没有这种东西。只有日耳曼人有这种习俗，至于英格兰、法兰西、西班牙、意大利等地，则是日耳曼人大批出动去帮助罗马人征服或自己去征服这些西方地区时带进去的。

[10.52] 日耳曼在古时也像所有其他地方一样，起初由无数的小领主或族长割据，彼此征战不已。这些族长或领主将他们的甲胄、盾牌或战袍画上野兽的图形，同时还在盔顶加上显著易见

的标志，主要是为了披甲带盔时可以被自己的士卒认出来，另一方面也是为了装饰。这种甲胄和盔顶的装饰后来遗传给子孙，嫡长如其式，庶幼则略加变化，由族长（也就是德语中的 *Here-alt*［纹章官］）决定。但是，当这样的多个家族联合成一更大的君主国时，族长区分盾徽的责任就成了一种独立的非官方职分。这些领主的后裔成了高门旧族。他们大多用寓意勇气和掠夺的鸷禽猛兽作徽记，或者用城堡、墙垒、绶带、武器、栅栏和其他战争标志作徽记，因为当时尊崇的只有武德。后来，不仅国王，就连平民国家也对出征或凯旋的人颁发各种盾徽，以鼓励或报答他们的服务。关于这一切，细心的读者在古希腊和罗马的史籍中提及当时日耳曼民族及其风俗习惯的地方都可以看到。

　　［10.53］公爵、伯爵、侯爵、男爵等荣誉封号是光荣的，这表示国家主权者权力对他们赋予的价值：这些封号在古时候是官职或令长的名称，有些来自罗马人，有些来自日耳曼人和法国人。公爵（Duke）在拉丁语中是 *Dux*，意为战争中的将军。伯爵（Count）则是 *Comes*，意为因友谊跟随将军出征、并留下来统治和防守被征服与被平定的地方的人。侯爵（Marquis）为 *Marchion*，就是统治帝国边境（march）的伯爵。公爵、伯爵和侯爵等封号大约在君士坦丁大帝时传入罗马帝国，来自日耳曼人的军队习俗。至于男爵（Baron），曾经似乎是高卢人的一个封号，表示大人，诸如国王或君主在战争中所用的侍从，这个词似乎是先从拉丁语 *Vir*（士兵）一字变成 *Ber* 和 *Bar*，后面两个字在高卢人的语言中，其意义和拉丁语 *Vir* 相同，再从 *Ber* 和 *Bar* 变成 *Bero* 和 *Baro*。所以这种人就称为 *Beron*，后改为 *Baron*，在西班牙人中则称为 *Varon*。想知道荣誉封号源流详情的人，可以同我一样去参看塞尔登先生关于这个主题的杰作。经过一段时期以后，这些荣誉职位，由于容易酿成战乱，为了维持优良承平

的统治，都变成纯粹的封号，大部分用来区别国家里臣民的座次、地位和品级。公爵、伯爵、侯爵、男爵封赐后既不能占有其地，也不能发号施令，为了同一目的，后来还添设了其他封号。

［10.54］资质不同于一个人的身价或价值，也不同于他的应得之分，而是在于他因此被人认为有价值的某种特殊能力。这种特殊能力，一般称为本领或才能。

［10.55］最配担任将帅、法官或其他任何职务的人，是最具有适合出色地执行这些职务所需之品质的人。最配拥有财富的人，是最具有善用财富所需之品质的人。一个人若缺乏这类品质，仍然可以是值得尊敬的人，因为其他事物而有价值。又，一个人配拥有财富、职位和被任用，却不能要求有权优先于他人获得，因此不能说是应得。因为应得预设一种权利，该得的事物是凭着承诺而成为应得物的。这一点在我谈到契约时还会更详细地讨论。

第十一章　论品行的差异

[11.1] 何谓品行。[11.2] 一切人永不停歇的对力量的欲望。[11.3] 爱争斗，缘于竞争。[11.4] 公民服从，缘于爱安逸。缘于对死亡和伤痛的恐惧。 [11.5] 缘于爱技艺。[11.6] 爱德性，缘于爱赞誉 [11.7] 恨，缘于难以回报的巨大利益。[11.8] 缘于意识到自己应该被恨。[11.9] 抢先发难，缘于恐惧。[11.10] 缘于不信任自身才智。[11.11] 虚浮行径，缘于虚荣。[11.13] 野心，缘于对自身能力的看法。[11.14] 优柔寡断，缘于过分看重枝细末节。[11.16] 对他人的信心，缘于对智慧和仁爱的标志的无知。[11.17] 缘于对自然原因的无知。[11.18] 缘于缺乏知性。[11.21] 遵循习惯和成例，缘于对正当与错误的无知。[11.22] 依附私人，缘于对和平原因的无知。[11.23] 轻信，缘于对自然的无知。 [11.24] 求知的好奇心，缘于对未来的忧虑。[11.25] 自然宗教，亦缘于此。

[11.1] 所谓品行，我在这里不是指行为的得体，诸如怎样对人致意，在别人面前如何漱口或剔牙等小德细行，而是指那些关乎人们在和平与统一中共同生活的人类品质。为此目的，我们需要考虑，此生的幸福，不在于内心的安宁得以满足。古代道德

哲学家的书中所谓的 *Finis ultimus*（终极目的）和 *Summum Bonum*（至善），并不存在。无论何人，只要其欲望到了尽头，就无法继续活下去，就像一个感觉和想象停顿的人无法活下去一样。幸福，是欲望从一个对象到另一个对象的持续推进，实现前者只不过是为通往后者的途径。其原因在于，人的欲望对象并不是仅仅享受一次或一瞬间，而是要永远确保通往未来欲望的途径。因此，一切人的意愿行动和倾向，不仅是为了获得，而且是为了确保满意的生活，所不同者只在于途径。途径的差异，部分缘于不同人的激情各有不同，部分缘于每个人对于产生所欲之结果的原因具有不同认识或意见。

[11.2] 所以，我首先认为，全人类的一个普遍倾向是永不停歇、至死方休的对力量的欲望。这并不总是因为一个人希望获得比他当前已拥有的更强烈的快乐，或者他无法满足于一种适度的力量，而是因为他若不获取更多的力量，就无法确保他当前已有的、使他生活得好的力量和手段。因此，握有极大力量的国王们奋起努力，对内通过法律、对外通过战争来确保其力量，一旦做到这一点，新的欲望又继之而起，有人追求由新的征服得来的名声，有人追求安逸和肉体之乐，有人想在学问或其他心灵能力方面出类拔萃，以博得人们的羡慕或奉承。

[11.3] 财富、荣誉、命令权或其他力量的竞争，使人们倾向于争斗、敌对和战争：因为竞争的一方达成其欲望的途径，是杀害、制伏、排挤或驱逐另一方。特别是，为赢得赞誉的竞争使人们倾向于尊崇古代。因为人们与生者竞争而不是与死者竞争，对死者给予过当之誉，就可以使别人的荣耀相形失色。

[11.4] 对安逸和肉体之乐的欲望，使人们倾向于服从一个共同力量，因为这样的欲望使人放弃有望通过自己的辛劳得到的保护。同理，对死亡和伤痛的恐惧也使人如此。反之，贫困、偏

强的人，因不满足于现状，正如所有热衷于兵权的人也一样，倾向于使战争的原因持续存在，并挑起事端和叛乱，因为军事的荣誉，唯有通过战争来获得，而挽回败局的希望，唯在于造成新一轮洗牌。

[11.5] 对和平的知识与技艺的欲望，也使人们倾向于服从一个共同力量。这种欲望包含着对闲暇的欲望，从而使人们想获得他人力量的保护。

[11.6] 对赞誉的欲望，使人倾向于做出值得称赞的行动，比如让自己看重其判断的人感到喜悦的行动。我们所藐视的人，我们亦藐视其赞誉。对死后名声的欲望也往往使人如此。虽然我们在死后无法感知世人对我们的赞誉，因为这些愉悦，要么因难以言喻的天堂之乐而淹没，要么因极度的地狱之苦而消灭；然而这种名声却不是虚的，因为人们预想这种名声以及由此给自己的子孙后代增加的利益，就可以获得一种当前的愉快。这种利益，人们现在虽无法见到，却可以去想象。任何事物对感觉来说是快乐，便在想象中也是快乐。

[11.7] 从我们认为与自己平等的人那里接受不期回报的巨大恩惠，往往使人抱有虚假的爱，实则隐恨在心，这使人陷入一个绝望的欠债人境地，由于不愿意见到债主，暗地里希望债主去到一个再也见不着的地方。恩惠宜以回报为务，恩义乃是羁轭，无法回报的恩义是永久的羁轭，对地位平等的人而言是可恨的。而接受自己所承认的尊长的恩惠，使人倾向于爱，因为这种恩义不是新的负担，心甘情愿的接受，（人们所谓的感恩）是对施惠者表示的一种敬意，一般被视为回报。接受同侪或下级的恩惠，只要有望回报，也使人倾向于爱：因为在受惠者的意向中，这种恩义是一种互惠互助，从而造成在施惠上互相超越的争胜。这是一种最高贵、最有益的竞争，其中胜利者为自己的胜利感到喜

悦，另一方则报之以承认。

［11.8］伤害他人超出能够或愿意补偿的程度，使伤害者恨受害者。伤害者只有等着被报复或被宽恕，这二者都是可恨的。

［11.9］对压迫的恐惧，使人预为之计或寻求结社以相助。一个人要保障自己的生命和自由，没有其他途径。

［11.10］不信任自身智谋的人，比自以为有智慧或权术的人，在动乱中更易取胜。后者喜欢商量计议，而前者（因害怕中圈套）先发制人。在动乱中，始终在战区内结集并利用一切武力优势，胜过任何智谋所能策划出的战略。

［11.11］虚荣之人，比如那些自知能力不高，却喜欢假想自己是英雄豪杰的人，往往只是虚张声势，而不实际动手。因为一旦面临危险或困难，他们所能指望的就只是暴露自己的无能而已。

［11.12］虚荣之人，比如有些人仅根据他人的奉承或侥幸成功的前事来评估自己的能力，而不是从自知之明中找出希望的可靠根据，往往会鲁莽行事，而一旦面临危险或困难，就会尽其所能地退却。他们因找不到安全之道，宁肯失去荣誉，而不肯失去生命。荣誉可以找借口挽回，生命却无可挽回。

［11.13］坚信自己有政治智慧的人往往有野心。因为若不在议会或政府中担任公职，其智慧的荣誉就会丧失。因此，能言善辩的人往往有野心，因为无论在他们自己还是在别人看来，辩才仿佛就是智慧。

［11.14］卑怯使人优柔寡断，因而坐失行动的最佳机会。如果人们遇事权衡，行动时刻临近之际，究竟如何是好，依旧暧昧不明，那就说明无可无不可，其间的差异无关宏旨。因此，这时犹豫不决，便是斤斤计较，坐失时机，而这就是卑怯。

［11.15］节俭（在穷人虽是一种美德）使人不易完成同时需

要多人协力的行动。节俭会削弱他们的努力，这种努力，需要以报酬来滋养和保持活力。

[11.16] 辩才加逢迎，往往使一个人获得人们的信心，因为前者是貌似的智慧，后者是貌似的仁爱。他若是再有善于用兵的声誉，就会使人们依附和臣服。前两者使人们以为不会受他威胁，后者使人们以为不会受别人威胁。

[11.17] 缺乏知识，也就是对原因的无知，迫使人依赖别人的建议和权威。关心真理的一切人，若是不依赖自己的意见，就要依赖别人的意见，就是他们认为比自己更智慧、却不知会欺骗他们的人。

[11.18] 对词语意义的无知，即缺乏知性，不仅使人们相信他们所不知晓的真理，也使人相信谬误，乃至相信他们所信任的那些人的胡话。若缺乏对词语的良好理解，便无法看穿谬误，也无法看穿胡话。

[11.19] 这种无知，使人们根据各自激情的不同，对同一事物给予不同的名称，比如赞成某种私人意见的人，称之为意见，而厌恶它的人称之为异端。然而异端不过是指私人意见，只是含有一种较大的怒斥之意而已。

[11.20] 这种无知，还使人们若不进行研究和深刻理解，就无法区分多人的统一行动和一个群体的多头行动，例如，全体罗马元老院议员杀掉喀提林的统一行动，与元老院多位议员杀掉凯撒的多头行动。因此，他们往往把或许是由一个人的说服力所导致的一群人的多头行动，当成人民的行动。

[11.21] 对权利、公平、法律和正义的原因和原初构造的无知，使人倾向于把习惯和成例当作自己的行动法则，以至于认为习惯所惩罚的事就是不义的，而自己能够举出成例或（那些蛮横运用这种虚假正义尺度的法律家所谓的）先例，说明那是习惯而

免于惩罚或加以称誉的事就是正义的。这正像孩童一样，除了从父母和师傅那里得来的教训外，没有其他的善恶品行法则。只不过孩童坚守其法则，成人则不然，因为长大成人和变得固执以后，他们或背离习惯而诉诸理性，或背离理性而诉诸习惯，只看怎样对自己合适。当自己的利益需要时，他们会放弃习俗，而理性对自己不利时，他们又反对理性。这就是为什么关于正当与错误的学说永远争论不休，有时见诸笔墨，有时诉诸刀枪，而关于线和图形的学说却不然，因为人们并不关心在这个主题中什么是真的，这种东西对任何人的野心、利益和情欲都没有妨碍。我毫不怀疑，假如三角形三角之和等于两直角与任何人的支配权相违背，或与当权者的利益相违背，那么这一学说即便不遭到驳斥，也会因有关人士尽其所能地把几何学书籍通通烧掉而遭到压制。

[11.22] 对远因的无知，使人们把所有事态归于直接因和工具因，这些就是他们知道的原因。于是在所有地方，苦于赋税的人们便把自己的怒气发泄给公务人员，也就是包税人、税吏和其他负责公共税收的官员，并依附那些跟政府过不去的人。这样一来，当他们弄到没有希望申诉正当理由时，由于害怕惩罚或羞于接受宽恕，也开始攻击最高权威。

[11.23] 对自然原因的无知使人轻信，以至于很多时候相信不可能之事。这种人看不出其不可能性，只知道它们可能是真的，而不知道任何相反的情形。因为人们喜欢在人面前受到倾听，所以轻信又往往使人撒谎，以至于本身并无恶意的无知，能够使人相信谎言，传播谎言，有时甚至编造谎言。

[11.24] 对未来的焦虑，使人探究事物的原因。因为这种知识使人能以最有利的方式对现在作出安排。

[11.25] 好奇心或爱认识原因，吸引一个人从考虑结果而去探寻原因，接着又去探寻原因的原因，直到最后他必然会想到，

必有某个原因是永恒的，不再有其前因，这就是人们所谓的上帝。因此，深入研究自然原因，就不可能不使人相信有一个永恒的上帝，尽管人们在自己的心灵中不可能拥有任何符合其本性的上帝观念。就好像一个天生的盲人，听到人说烤火取暖，自己也被领去烤火取暖，他很容易认识并确信有某种东西就是人们所谓的"火"，而且是他所感受到的热的原因，不过他却想象不出那是什么样子，他在心灵中也不可能拥有见过它的人的那种观念。因此，由于此世的可见事物及其令人惊异的秩序，一个人或许会想到它们有一个原因，这就是人们所谓的上帝，然而他在心灵中却没有上帝的观念或形像。

[11.26] 那些很少或根本不探究事物的自然原因的人，不知道究竟是什么力量给他们造成那么多的祸福，这种无知本身产生的恐惧，使他们设想并虚构出若干不可见的力量，并对自己想象的东西保持敬畏，急难时求告，称心遂意时感谢，把自己想象的造物当成神灵。这样一来，人们因数不胜数的想象，在世上就创造了数不胜数的神灵。这种对不可见事物的恐惧，就是所谓的宗教和迷信的自然种子，在每个人自己身上便谓之宗教，在以别的方式崇拜和恐惧该力量的人们身上便谓之迷信。

[11.27] 宗教的这一种子，已经被很多人察觉，其中一些人察觉之后，往往对它加以滋养和装饰，使其成为法律，并加入他们自己的发明，即关于未来事态之原因的意见，他们因此认为，他们最有能力统治别人，并最充分地利用其力量为自己谋取利益。

第十二章　论宗教

[12.1] 宗教只存在于人类中。[12.2] 首先，缘于人想要知道原因的欲望。[12.3] 缘于对事物开端的考虑。[12.4] 缘于对事物次第的观察。[12.5] 宗教的自然原因，对未来的焦虑。[12.6] 是什么使人们恐惧不可见的力量。[12.7] 设想它们是无形体的。[12.8] 却不知道它们如何作用于事物。[12.9] 却以尊敬人的方式尊敬它们。[12.10] 把一切超乎寻常的事态归于它们。[12.11] 宗教的自然种子在于四种东西。[12.12] 因培育而变得不同。[12.13] 外邦宗教的荒谬看法。[12.20] 异教徒宗教创立者的意图。[12.22] 真宗教与上帝国的法律是一回事。　[12.23] 宗教衰替的原因。[12.25] 令人相信不可能之事。[12.26] 行事有违他们创立的宗教。[12.28] 缺乏奇迹的证据。

[12.1] 鉴于宗教的征象或果实只存在于人身上，因此没有理由怀疑，宗教的种子，唯有人身上才有；而且在于某种特有的性质，或者至少是这种性质突出到一定程度，这在其他任何生物身上都是没有的。

[12.2] 人特有的本性，首先是喜欢探究所见事态的原因，这在人们身上多多少少都有；但在一切人身上，其分量都多得足

以使他们去探究自己的好运与厄运的原因。

[12.3] 其次是看到任何有开端的事物，就会思考它有一个原因决定它在那时开始，而不是更早或更迟。

[12.4] 复次，野兽因对其所看到的事物的顺序、推演和依存关系缺乏观察和记忆，对未来极少或没有预见，所以除了享受日常的饮食、安逸和情欲之乐，便没有其他的幸福。人观察一个事态如何从另一个事态产生，记住它们的前因后果，而当他无法确定事物的真正原因时（因为好运与厄运的原因大部分是不可见的），他就设想出一些原因来，根据的要么是自己的想象，要么是对他人权威的信任，比如他认为比自己更智慧的朋友。

[12.5] 前两种性质，使人产生焦虑。既然确信过去与未来的万事万物都有原因，那么一个不断努力避免所恐惧之恶、追求所欲求之善的人，就不可能不处在对未来的持久的忧虑中。所以每个人，尤其是对未来过分深谋远虑的人，便处于普罗米修斯所处的那种状态。就像普罗米修斯（这个名字的意思是明智的人）被钉在视野辽阔的高加索山，一只鹰啄食他的肝脏，夜间长出多少，白天就吃掉多少，一个关注未来、目光长远的人，他的心也成天被死亡、贫困和其他祸患的恐惧啮噬，除了在睡觉时，始终无休止地焦虑，不得安宁。

[12.6] 这种持久的恐惧，始终伴随着对原因愚昧无知、仿佛处于黑暗中的人类，必定需要以某种东西作为对象。因此，当什么东西都看不到时，人们唯有将祸福归于某种不可见的力量或动因。或许正是在这个意义上，某些古代诗人说，诸神最初是由人类的恐惧创造出来的。谈到诸神（也就是外邦人的诸神），这个说法是非常正确的。但认识到唯一永恒、无限、全能的上帝，这更有可能是源于人们想知道自然物体的原因及其各种特性和作用的欲望，而不是源于人们对未来可能降临到他们头上的事物的

恐惧。如果一个人看见任何结果发生，便从这结果开始推理其直接原因，由此进一步推理原因的原因，以至于深深地卷入对原因的探索中，那么他最终会得出，（这是连异教哲学家也承认的）必然存在唯一的第一推动者，即万事万物的初始、永恒的原因，人们用上帝这个名称来表示这个意思。这一切并没有关于人们的命运的思想，对命运的忧虑既使人产生恐惧，也妨碍人探寻其他事物的原因，从而导致有多少的人虚构，就虚构出多少的神灵。

[12.7] 关于这样想象出来的不可见动因的物质或实体，人们不可能通过自然的认识得出其他任何的想法，而只能认为与人的灵魂的实体相同，人的灵魂则与人睡时在梦中显现的、或者清醒时在镜中显现的东西具有同一个实体。人们不知道，这种幻影不过是想象的产物，反而认为是真实的和外部的实体，于是便称之为鬼神。拉丁人称之为影像或幻影，认为它们是精灵，也就是一种无形的物体。他们认为自己所恐惧的那些不可见的动因与它们相似，只是它们可以任意显现和消失。不过认为这些精灵是无形体的或非物质的，这种意见不可能自然地进入任何人的心灵，因为尽管人们可以把精灵、无形体的等意义互相矛盾的词语组合在一起，却无法想象任何与之相对应的事物。因此，那些根据自己的沉思认识到唯一无限、全能和永恒的上帝的人，宁肯承认上帝是不可思议的，超出了自己的知性，而不愿把上帝的本性界定为无形体的精灵，然后承认自己的定义是不可理解的。或者说，即使他们给予上帝这样一个名义，也不是为了在教义上使神性被人理解，而是为了虔诚地以某些在意义上尽可能远离有形物体之粗陋性的属性去尊敬上帝。

[12.8] 其次，关于人们认为这些不可见的动因以什么方式产生作用，也就是说，它们通过什么直接原因使事物出现，不懂得我们所谓的"因果"的人（也就是几乎所有的人），无法根据

其他法则去猜测，而唯有通过观察并记住他们在其他时间看到过的类似后果的先前事物去猜测，完全看不出前因后果之间的任何依存或关联。因此，人们根据以往的类似事物预期未来会出现类似事物，并以迷信的方式根据与祸福的原因毫无关系的事物盼求好运或厄运：就好像雅典人在勒班陀海战中呼唤另一个福耳弥俄；庞培党人在非洲之战中呼唤另一个西庇阿；后来其他人在许多情形下所做的事情都是这样。人们同样把自己的命运归因于旁观者，归因于地方的吉利与不吉利，归因于说出来的话，当话里包含着神灵之名时尤其如此，就像施魔法和行法术（女巫作法），甚至认为这一切有一种力量，可以把石头变成面包，把面包变成人，或是把任何东西变成任何别的东西。

[12.9] 再次，至于人们对不可见的力量自然地表现出来的崇拜，只可能是他们对人表达尊敬的那些方式，诸如献礼、陈情、致谢、归服、尊称、肃敬、典言、发誓（在彼此承诺中称其名以昭信）等。理性所提示的不过如此，人们要么到此为止，要么依赖他们相信比他们自己更智慧的人，习得更多仪式。

[12.10] 最后，关于这些不可见的力量如何向人们昭告未来会发生的事情，尤其是他们的总体祸福或在任何特定事业中的成败，人们自然无从捉摸；但是人们习惯于根据过去推测未来，因而往往不仅根据一两次的经历，将偶然发生的事情看作以后类似事情的预兆，还相信从他们曾经对其有好感的旁人那里得来的类似预兆。

[12.11] 宗教的自然种子就在于这四种东西：对鬼神的意见，对第二因的无知，对人们对所恐惧之事物的敬拜，把偶然的事物当作预兆。这一切由于不同的人各有不同的想象、判断和激情，形成了千差万别的仪式，以至于一个人所用的仪式大部分都被别人认为是荒谬可笑的。

[12.12] 这些种子受到两类人的培育。一类人根据他们自己的发明，对之加以滋养与整理。另一类人这样做，则是根据上帝的诚命和指示。但二者都抱有一个目的，就是要使依附于他们的人更倾向于服从、法律、和平、友爱，以及文明社会。因此，前一类人的宗教是人类政治的一部分，讲授地上的国王要求其臣民应尽的部分责任。后一类人的宗教是神权政治，其中包含的是许身为上帝国臣民的那些人的诚言。所有外邦人的建国者和立法者都属于前一类，而向我们昭示上帝国律法的亚伯拉罕、摩西和我们蒙福的救主属于后一类。

[12.13] 至于因对不可见力量的本性的意见所形成的那部分宗教，几乎只要是有名称的事物，都曾被某个地方的外邦人当成鬼神敬拜过；或者是被他们的诗人假想为被某种精灵赋予生命、栖居或附缠。

[12.14] 世界未成形的物质被认为是一种神，名为混沌。

[12.15] 天空、大海、行星、火、土、风等等莫不是神。

[12.16] 男男女女、鸟、鳄鱼、牛犊、狗、蛇、圆葱、韭葱都被奉为神。此外，他们几乎认为一切地方都充满精灵，名为魔鬼；平原有潘神和小潘神，或萨提尔；森林有牧神和仙女；大海有特里顿和其他仙女；每一条河流和泉水都有同名的仙女；每户人家都有其家神；每个人都有其护身神；地狱中有无数的鬼和卡隆、塞博琉斯和弗里斯等灵官；夜间则到处充满了怨鬼冤魂和一大群妖魔鬼怪。此外，他们对单纯的偶性和性质如时间、黑夜、白天、和平、和谐、爱情、竞争、德性、荣誉、健康、迟钝、热病等也赋予神性，筑庙祀奉；当他们祈求或祈免这些东西时，就好像有相应名称的鬼神在他们头上，可以施与或免除他们所祈祷的祸福似的。他们还以缪斯之名为自己的才智祈祷，以福尔图娜之名为自己的无知祈祷，以丘比特之名为自己的情欲祈祷，以弗

里斯之名为自己的愤怒祈祷，以普里阿普斯之名为自己的阴茎祈祷，并将其污秽邪气归之于男女邪魔英科比和萨可布。举凡诗人在诗中加以人格化的所有东西，无不被他们当成了鬼神。

[12.17] 外邦人的这些宗教创造者，看到宗教的第二个基础是人们对原因的无知，以及他们因此倾向于把幸运归于一些与之完全没有明显关系的原因，便乘机利用他们的无知，不提出第二因，而是提出第二级掌职之神；他们把受胎归于维纳斯，把艺术归于阿波罗，把智谋和狡黠归于墨丘里，把风暴归于伊阿鲁斯，其他现象则归于其他神，以至于在异教徒中，几乎有多少种事务，就有多少种神。

[12.18] 至于崇拜，除了人们自然地认为适用于神的崇拜方式，如祭献、祈祷、致谢以及先前所举的其他各项之外，外邦人的这些立法者又加上了绘制和雕刻的偶像，俾使愚蠢无知的人（即大部分人或平民）认为这些偶像所代表的神真正存在于其中，就好像居住在里面一样，因此对之更觉得恐惧，此外还为诸神分田立庙、设官祀奉，拨给专款，使之从其他人类用途中分离出来，也就是说，将其祝圣并奉献给这些偶像，比如说洞穴、林园、森林、山岳乃至整个岛屿。不仅赋予诸神以人、兽或怪物的形像，还赋予他们以感觉、言语、性、情欲、生育等人和动物的官能与激情（不仅把神与神相配而生出神，而且把神与男男女女相配而生出半人半神，这些半人半神也居住在天上，如巴库斯、赫拉克勒斯等），除此之外，还赋予诸神以怒气、报复和生物的其他激情，以及由此产生的种种行为，诸如欺诈、盗窃、通奸、淫乱，还有可以被认为是力量的结果或享乐的原因的任何恶行，以至于在人们中间认为是违背法律而不是违背荣誉的一切恶行。

[12.19] 最后，关于未来的预兆，这从自然而言是基于往昔经验的推测，从超自然而言是神的启示，外邦人的这些宗教创造

者部分地根据假冒的经验，部分地根据假冒的启示，增加了无数其他的迷信占卜术。他们叫人从德尔斐、提洛斯、阿蒙的祭司或其他著名神谕的模棱两可或无意义的答复中探寻自己的命运，这种答复被故意弄得模棱两可，以便两头都可以说得通，要不然就被那些场所（往往在硫矿洞）令人昏迷的烟雾弄得荒唐可笑。有人叫人在西比拉的书里探寻，在罗马共和国时代有许多这样的著名预言书（大致类似于诺查丹玛斯的预言，现存的残篇似乎是后来伪造的）。有时叫人从被认为有神灵附体即所谓神托的疯子的无意义的言语中探寻，像这样预言的事态则称为神谕或预言。有时叫人从出生时的星位中探寻，就是所谓的星座学，被认为是占星术的一部分。有时叫人从自己的希望与恐惧中探寻，称为反身征兆术或预兆术。有时叫人从自称可以和死人交谈的女巫的预测中探寻，称为关亡术、作法事或巫术，其实不过是欺骗和串通作弊而已。有时叫人从鸟类无意识的飞翔或啄食中探寻，称为灵雀验征术。有时叫人从祭祀牺牲的内脏中探寻，称为肠卜术。有时叫人圆梦，有时叫人听鸦鸣或鸟叫，有时叫人看面貌特征，称为相面术。还有些时候是看手纹，一般称为手相术。有时叫人从怪兽或不常见的事件中探寻，如日月蚀、彗星、罕见的流星、地震、洪水、怪胎等，称为灾异占验术或灾异征兆术，因为他们认为这些事物预示着有灾难来临。有时则是单纯地看彩头，如扔钱币看正反面，数筛眼，用荷马或维吉尔的诗抽签，以及其他无数这类徒劳的牵强附会。人们很容易被那些已取得他们信任的人引导去相信任何事情，这些人能够以温和与巧妙的方式利用他们的恐惧和无知。

[12.20] 因此，外邦人中那些仅仅旨在使人民服从与和平相处的最初的国家创建者和立法者，在所有地方都特别留意，第一，要在人民在头脑中铭刻一种信念，使人民相信，他们提出的

宗教诚言不是出自他们自己的设计，而是出自某个神灵或其他精灵的指令；否则就是，他们自己赋有一种比凡人更高级的本性，从而使他们的法律更容易被接受。所以，努马·庞皮利乌斯自称他在罗马人中建立的那些仪式是从仙女埃格利亚那里得来的。秘鲁王国的开国君主自称他和王后是太阳的子女。穆罕默德创立其新宗教时，自称与化身为鸽的圣灵交谈过。第二，他们留意使人民相信，法律所禁止的事情就是诸神所不悦的事情。第三，规定仪式、祈祷、牺牲和节日，使人民相信这一切可以平息诸神的怒气，战败、大疫、地震和个人灾祸缘于诸神的怒气，诸神的怒气缘于礼拜不勤，或者遗漏或弄错了某个必要的仪式。古罗马人尽管不禁止人们否认诗人所写的关于身后苦乐的说法，而且很多位高权重的政治人物在他们的演讲中公开地嘲笑这些说法，然而这种信念仍比其反面的看法更受珍视。

[12.21] 通过这些以及其他类似制度，他们为了他们的目的（即国家的和平），达到了让平民在遭受不幸时归咎于其仪式中的疏忽或错误，或是归咎于自己不服从法律，从而不会轻易地起来反抗统治者，而且为敬神所举办的节日的盛典、消遣活动和公共赛会使平民享受声色之娱乐，因而只要有饭给平民吃就可以消除平民对国家的不满、抱怨和暴乱。因此，征服了当时已知世界绝大部分地方的罗马人，毫不犹豫地对罗马城中的任何宗教采取宽容态度，除非其中有某种成分和他们的政治统治不能相容。我们从史籍上也看到，除了犹太人的宗教以外，没有其他任何宗教遭到禁止，因为犹太人（专属于上帝国的人民）认为，臣服于任何人间的王和国家都是不合法的。如此你就明白，外邦人的宗教怎样成为他们政务的一部分。

[12.22] 不过，在上帝亲自以超自然的启示创立宗教的地方，他也为自己制作了一个特殊的国，他不仅为人面对上帝的行

为制作了法律，而且为人们彼此之间的行为制作了法律。因此，在上帝国中，政务和国法是宗教的组成部分，属世与属灵的支配权之间的区分并不存在。诚然，上帝是全地上的王，但他也可以是一个特殊的、蒙拣选的民族的王，这就像指挥全军和指挥自己专辖的一个团或连一样，并不矛盾。上帝是全地上的王，依据的是他的力量；而他是他的选民的王，依据的是信约。对于依据自然与依据信约的上帝国，我已在接下来的论述中另辟专章（第三十五章）作了详细说明。

[12.23] 从宗教的产生中，不难理解其消解为其最初的种子或本原的原因，这些种子不过是对神和不可见的超自然力量的一种意见，永远无法从人性中根除，而是会因为深孚众望之人的培育，产生出许多新的宗教。

[12.24] 鉴于一切已形成的宗教，最初都是建立在一个群体对某个唯一人格的信仰之上；他们相信，他不仅是一个智慧的人，不辞劳苦地为他们谋快乐，而且是神灵恩准其以超自然的方式宣布神灵意志的圣人。由此必然得出，当宗教掌管者的智慧、诚笃或仁爱受到怀疑时，或者不能显示神的启示的任何可能的表征时，他们想要维持的宗教，就必然会遭到怀疑（若不以政治武力使人们恐惧），就会遭到反对和弃绝。

[12.25] 令人相信矛盾的说法，使宗教的创立者或光大者失去智慧的声誉，因为矛盾的双方不可能同时为真，所以，令人相信它们便是无知的明证，使其创造者因此露馅，并使他们提出的得自超自然启示的其他所有事物变得不可信。一个人对于许多上面的事，或许会有这种启示，但对于任何违背自然理性的事，却不会有。

[12.26] 本身的言行表现出他们要求别人相信的事自己倒不

相信，使他们失去诚笃的声誉，所有这类言行因而被称为恶表①，因为它们是使人在宗教道路上跌倒的绊脚石，比如说不义、残忍、低俗、贪婪和色欲。有谁能相信，一个经常从事来自任何这种根源的行动的人，相信存在着他在别人犯了较小过失时拿来吓唬人家的任何令人恐惧的不可见力量呢？

［12.27］暴露自私的目的，使他们失去仁爱的声誉。比如说，如果他们要求于别人的信念，仅仅使得或似乎仅仅使得他们自己获取支配权、财富、地位或享乐，情形就是这样。他们为了自己得到利益所做的事情，被认为是为自己做的，而不是为了爱别人。

［12.28］最后，对于神的呼召，人们能给出的证据唯有奇迹的运作，或真实的预言（这也是一种奇迹），或超乎寻常的幸福。因此，在那些从行过奇迹的人那里得来的宗教要义之上，由那种没有凭借某种奇迹证明其得的呼召的人们所增加的那些东西，不会比他们受教育的地方的习惯和法律在他们身上造就的东西，能赢得更多的信念。正如有判断力的人，在发自内心地同意以前，在自然事物方面，要求有自然的征象和证据，在超自然的事物方面，同样要求有超自然的征象，也就是奇迹。

［12.29］削弱人们信仰的这一切原因，在以下事例中表现得淋漓尽致。首先，我们要举出以色列子民的例子。摩西曾以奇迹和成功引导他们出埃及的事实向他们证明了他得的呼召，可是他离开四十天后，他们就背叛了他教给他们的真神崇拜，立金牛犊为神（出 32.1，2），回复到自己刚刚摆脱其束缚的埃及人的偶像崇拜。又，摩西、亚伦、约书亚以及见过上帝在以色列中的大

---

① 恶表（Scandal），意为坏榜样，陷人于不义的不良示范。希腊语为 σκάνδαλον，拉丁语作 Scandalum，直译为罗网、陷阱、绊脚石、绊脚之事。另见本书 45.27 注。

作为的那代人去世后，另一代人兴起，敬奉巴力（士 2.11）。所以说，奇迹止则信仰终。

[12.30] 又，撒母耳的儿子在别是巴由撒母耳立为士师以后，收受贿赂，枉屈正直（撒上 8.3），以色列人民于是拒绝上帝以不同于他作列国的王的那种方式，作他们的王，因此对撒母耳申述，要他为他们立一个王治理他们，像列国一样。所以说，正义毁则信仰绝：他们竟至于抛弃上帝，不要上帝作他们的王。

[12.31] 尽管在基督教创立期间，罗马帝国各地的神谕已销声匿迹，而基督徒人数因使徒和福音传道者的宣讲而在各地每天都惊人地增长；但这个成就在很大程度上可合理地归因于当时人民对外邦人祭司的藐视，这是他们卑污贪婪，在君王中玩弄诈术的结果。罗马教会的宗教在英格兰和基督教世界的许多其他地方被废除，在很大程度上是由于同样的原因，其牧师们的道德败坏动摇了人民的信仰；还有一部分原因是，经院学者将亚里士多德的哲学和学说掺入宗教，由此引起了不可胜计的矛盾和荒谬，为教士带来了无知和蓄意欺诈的名声；使人民要么违背国王的意志而背离他们，要么得到国王的同意而背离他们；法兰西与荷兰属于前一种情形，英格兰属于后一种情形。

[12.32] 最后，罗马教会宣布为得救所必需的要义中，有许多显然是为了教宗的利益以及为了居住在其他基督徒君主领地中的教宗的属灵臣民的利益。假如不是这些君主互相争胜，他们本来无需动干戈，也不致有变乱，就可以轻易地排除一切外来的权威，就像英格兰那样。试问有谁看不出这究竟是为了哪些人的利益呢？罗马教会要人相信，国王若不由主教加冕，他的权威就不是来自基督；国王如果是祭司就不能结婚；王子是否为合法婚姻所生，要由罗马的权威判断；国王若被罗马教廷判为异端人，臣民就可以解除效忠；一个国王（比如法兰西的希尔佩里克），可

以无缘无故地被一个教宗（比如匹加利亚）废黜，其王国被交给他的一个臣民；教士和修士的刑事案件不论在哪个国家都被排除在国王的管辖权之外。试问谁看不出，私人弥撒费、现世炼狱费究竟归了谁的腰包呢？此外还有许多其他营私利的征象。如果（像我说过的那样）政治官长和风俗习惯并不支持比他们对教师的圣洁、智慧和正直的任何看法更多的东西，这一切就足以扼杀最富于生命力的信仰。所以，我把世界上所有宗教的衰替归于同一个原因，那就是许多可厌的祭司。不仅天主教是这样，甚至在自以为主张宗教改革最有力的教会中也是这样。

第十三章 论关乎人类幸福与苦难 的自然状态

［13.1］人在自然上是平等的。 ［13.3］平等引起疑忌。
［13.4］疑忌引起战争。［13.8］在政治国家之外，总是存在
着每个人对每个人的战争。 ［13.9］这种战争的不便。
［13.13］在这种战争中，没有任何事是不义的。［13.14］使
人们倾向于和平的激情。

［13.1］自然使人们在身体和心灵的能力方面都十分平等，
尽管有时一个人身体明显比他人强壮，或心灵比他人敏捷，但若
是把一切人都纳入考虑，则人与人之间的差异就没有那么可观，
以至于一个人能够据此声称他人不能像他那样声称的任何利益。
就体力而论，最弱者通过密谋或与处于同样危险的其他人联合，
也有力量足以杀死最强者。

［13.2］至于心灵的能力（暂且不论以词语为基础的技艺，
尤其是那种基于普遍的、绝不谬误的法则进行推导的技能，即所
谓的知识，知识为少数人所掌握，且仅限于少数事物，因为知识
既不是一种与生俱来的天赋能力，也不像明智那样是在我们观察
其他事物时得到的），我发现人与人之间有一种与体力相比更大
的平等。明智不过是经验，相等的时间使人们在同样从事的事物

中获得相等的分量。如果说有什么会使这种平等变得不可信，或许就是对自己智慧的虚妄自负吧，在这方面，几乎人人都以为自己胜过俗人，就是除了他们自己以及少数因名声或因和他们自己同声相应而得到他们推崇的人之外的人。人的本性如此，不论人们承认有多少人比自己更有才，更善辩，更博学，却绝不会相信有很多人像自己一样智慧。人们看自己的才智，是从近处看的，而看他人的才智，则是从远处看的。这倒证明人们在这一点上是平等的，而不是不平等。通常，任何东西分配平均时，最大的征象莫过于每个人都满足于自己的那一份。

[13.3] 能力的这种平等，引起在达到目的方面的希望的平等。因此，若任何两人欲求同一物，却又不能共享，他们就会成为敌人；在通往目的的道路上（这个目的主要是自我保全，而有时仅仅是自己的享乐），他们会努力毁灭或制伏对方。这样一来，在一个侵犯者只需恐惧他人的单独力量的地方，若一个人栽植、耕种、建设或占一块便利的土地，其他人可能就会以联合的武力有备而来，不仅要霸占他的劳动果实，还要剥夺他的生命或自由。而侵犯者也面临着别人所面临的同样危险。

[13.4] 因为人们这样互相猜疑，所以对于任何人而言，最合理的自保之道就是预为之计，也就是以强力或计谋主宰他能主宰的一切人，直到他看到没有其他力量足以危害他为止。这不过是他自我保全所要求的，且通常是允许的。又因为有些人，喜欢以沉思他们在征服行为中追求的超过他们安全所需要的力量为乐，其他本来乐于安分守己的人，如果不以侵略增大其力量，就不能长期只靠防御而生存下去。结果是，对人的支配权的这种扩张，如果是一个人的保全所需要的，就应当允许。

[13.5] 又，如果没有力量能够慑服所有人，人们相处时就不会有快乐（而是相反，会充满痛苦）。因为每个人都期待同伴

对他的评价与他给自己设定的价值相同，遇到藐视或低估其价值的征象时，人自然就会努力尽自己的胆量，（人们之中没有共同力量使大家和平相处，这就足以使人们互相毁灭，）通过损害而迫使藐视者作出更高的评价，通过惩一儆百从其他人那里得到同样结果。

[13.6] 所以在人的本性中，我们发现争斗的三种主要原因：一是竞争，二是疑忌，三是荣耀。

[13.7] 第一种原因使人们为了利益相侵，第二种使人们为了安全相侵，第三种使人们为了声誉相侵。在第一种情形下，人们使用暴力去奴役他人及其妻子、儿女和牲畜。在第二种情形下是为了保卫这一切。在第三种情形下，则是由于一些鸡毛蒜皮的小事，如一言一笑，一点意见上的分歧，以及其他任何轻视的征象，要么是直接低估他们本人，要么是间接低估他们的朋友、民族、职业或名誉。

[13.8] 所以显而易见，当人们生活在没有一个共同力量使他们所有人畏服时，人们便处于所谓战争的状态，这一种战争，是每个人对每个人的战争。因为战争不仅存在于战斗或争斗行为中，而且存在于以战斗去竞争的意志被人充分知晓的时间中。因此，就战争的本质而言，正如就气候的本质而言，需要考虑时间概念。就像恶劣气候的本质不在于一两阵暴雨，而在于一连许多天下雨的倾向，同样，战争的本质不在于实际的争斗，而在于在整段没有和平保障的时间里人所共知的好斗性情。其他一切时间则是和平。

[13.9] 因此，无论人人相互为敌的战争时间的后果是什么，如下时间的后果也就是什么，即人们生活在除了自身的实力和发明之外，便没有其他任何安全保障的情况里。在这一状态下，绝不会有实业，因为实业的果实是不确定的。这样一来，举凡土地

的栽培、航海、外洋进口商品的运用、宽敞的建筑、移动与卸载须耗费大力的物体的工具、地貌的知识、时间的记载、艺术、文学、社会等，统统都不存在。最糟糕的是，人们持续不断地处在暴死的恐惧和危险中，人的生活既孤独，贫穷，肮脏，又愚顽而短促。

[13.10] 如果有人没有好好地衡量过这些事情，可能会觉得奇怪，人的本性竟然使人们彼此之间这样疏离，而且易于互相侵犯和摧毁；他由于不相信根据激情得出的这种推论，或许想通过经验加以证实。那么，我们不妨让他考虑一下自己的情形，当他外出旅行时，他会带上武器并设法结伴而行；就寝时，他会把门闩上；甚至就在屋子里面，也要把箱子锁上；他做这一切的时候，自己分明知道有法律和武装的公共官员，会为对他做出的所有侵害进行报复。试问当他带上武器骑行时，他对他的国人是什么看法？把门闩起来时，对他的同胞是什么看法？把箱子锁起来时，对他的子女和仆人是什么看法？他在这些地方用行动谴责人类的程度，不是正和我用言辞谴责的程度相当吗？但我们这样做都没有谴责人的本性。人的欲望和其他激情本身不是罪。出自这些激情的行动同样不是罪，除非人们知道法律禁止它们，这在未制作法律之前，人们不可能知道，而在人们就将来制作法律的人格达成一致之前，又不可能制作任何法律。

[13.11] 有人或许认为，这样一段时间和这种战争状态从未存在过，我也相信，绝不会全世界普遍如此：但有许多地方的人现在却是这样生活的。美洲很多地方的野人，除了小家族以外根本没有政府，而小家族中的协同又完全取决于自然情欲；他们如今还生活在我前述的那种愚顽习气中。不论如何，从先前在一个和平政府下生活的人们往往会在一次内战中退步到何种生活方式，或许就可以看出，若没有使人们恐惧的共同力量，会有何种

生活方式。

[13.12] 尽管并不存在哪段时间，其中各人都处于一种彼此为战的状态；然而在一切时间里，国王和主权人格因其独立地位，却处在持续的醋意中，保持着角斗士的状态和姿态；他们把自己的武器指向对方，使自己的眼睛盯着对方；也就是说，他们在国土边境上建筑碉堡，部署守军和枪炮；不断向邻国派遣间谍；这是一种战争姿态。但因为他们借此维持其臣民的实业，所以没有导致随个人的无限自由而来的那种苦难。

[13.13] 这种每个人对每个人的战争，还有一个结果，即没有任何事会是不义的。对与错、正义与不义的观念在这里不存在。没有共同力量，就没有法律，没有法律，就没有不义。武力和欺诈是战争中的两种主要德性。正义与不义既不是身体的能力，也不是心灵的能力。假如它们是这种能力，那么它们就存在于一个独立于世的人身上，就像他的感觉和激情那样。它们是与社会中的人们相关的品质，而不是独处者的品质。这种状态还有如下结果，那就是没有所有权、没有支配权，没有你的、我的之分；每个人能得到的东西，只要他能长久保住就是他的。以上所说的，就是人们由于纯粹本性实际所处的恶劣状态，然而这是有可能摆脱的。这种可能性，部分在于人的激情，部分在于人的理性。

[13.14] 使人们倾向于和平的激情，是对死亡的恐惧，对舒适生活所必需的事物的欲望，以及通过实业取得这一切的希望。理性提示出人们或许会同意的方便易行的和平条款，这些条款，也称为自然法。在接下来两章，我会更具体地加以探讨。

第十四章　论第一和第二自然法，论契约

［14.1］何谓自然权利。［14.2］何谓自由。［14.3］何谓自然法。权利与法律的区别。［14.4］就自然而言，每个人对每一事物有权利。基本自然法。　［14.5］第二自然法。［14.6］何谓放弃权利。［14.7］何谓否弃和转让权利。义务。责任。不义。　［14.8］并非一切权利都是可转让的。［14.9］何谓契约。［14.11］何谓信约。［14.12］自由赠礼。［14.13］表达契约的征象。承诺。［14.14］推断的契约征象。［14.15］通过现在时和过去时的词语表达的自由赠礼。［14.16］契约的征象是过去时、现在时及将来时的言辞。［14.17］何谓应得。［14.18］互相信任的信约，何时是无效的。　［14.21］对于目标的权利包含着对于手段的权利。［14.22］不可能与野兽订立信约。［14.23］没有特殊启示，不可能与上帝订立信约。［14.24］唯有可能履行和未来的事物才是信约。［14.26］如何使信约无效。［14.27］出于恐惧的信约是有效的。［14.28］前约使后约无效。［14.29］不保卫自己的信约是无效的。　［14.30］人没有义务控告自己。［14.31］誓约的目的。誓约的形式。［14.32］唯有以神起誓的才是誓约。［14.33］誓约不会给义务添加任何东西。

［14.1］自然权利，作家们通常称之为 *Jus Naturale*，是每个人拥有的，为了保全自己的本性即自己的生命，以自己愿意的方式，运用自己力量的自由；因此，就是凭自己的判断和理性以为最合适的手段去做任何事情的自由。

［14.2］所谓自由，根据该词的本义，可理解为没有外部障碍，这些障碍往往会夺去一个人做自己想做的事情的部分力量；却不能妨碍他按照自己的判断和理性的指令运用剩余的那部分力量。

［14.3］自然法（*Lex Naturalis*）是理性发现的诫言或普遍法则，它禁止一个人去做损毁自己的生命或剥夺他保全其生命的手段的事情，并禁止他不做他认为最有利于他保全其生命的事情。尽管谈论这一主题的人们往往混淆 *Jus* 和 *Lex*、权利和法律，但它们应当有所区别。因为权利在于去做或不做的自由，而法律则规定和约束人们去做或不做，所以法律和权利的区别，就像义务和自由的区别一样，二者在同一件事上是不一样的。

［14.4］因为人的处境（正如上一章所表明的），是每个人对每个人的战争状态。在这种情形下，每个人都受自己的理性统治，凡是可以有助于他抵抗敌人、保全其生命的事物，没有他不能运用的。这就得出，在这一处境中，每个人对每一事物都有权利，甚至对别人的身体也有权利。因此，只要这种每个人对每一事物的自然权利持续存在，那么任何人（无论多么强壮或智慧）都不能安全地活着走完自然大抵允许人们活着的时间。所以，理性的一个诫言或普遍法则是，每个人只要有希望取得和平，就应当努力寻求和平；当他不能取得和平时，他可以寻求并利用战争的一切助力和有利条件。这个法则的第一部分包含第一和基本自然法，那就是，寻求和平，信守和平。第二部分是对自然权利的总结，那就是，利用一切可能的手段保卫自己。

〔14.5〕从这条命令人们努力寻求和平的基本自然法，得出第二条自然法：为了和平与保卫自己的目的，一个人应甘愿弃置这种对一切事物的权利，只要他认为这样做是必要的，而且别人也愿意这样做；并满足于他对别人的自由，与他允许别人对他的自由一样多。只要每个人都保有做自己喜欢的任何事情的权利，一切人就都处于战争状态。但是，如果别人不放弃权利，那么任何人都没有理由舍弃权利，因为这就等于自取灭亡（没有人必须如此），而不是使自己倾向于和平。这就是福音书的那条法律，"你们愿意人怎样待你们，你们也要怎样待人"，也是一切人的法律，"己所不欲，勿施于人"。

〔14.6〕弃置一个人对任何事物的权利，就是舍弃自己妨碍别人对同一事物享有其权利的自由。否弃或让出自己权利的人，并未给予别人以其原先没有的权利，因为每个人对每一事物莫不自然地拥有权利。他不过是退让开来，让别人享受其原初的权利而不受他妨碍，而不是不受其他人妨碍。所以，一个人因另一个人缺失权利得到的结果，不过是他运用其原初权利的障碍减少而已。

〔14.7〕弃置权利，要么是单纯的否弃，要么是转让给别人。单纯的否弃，是指一个人不关心放弃权利的利益归于何人。转让，是指一个人有意把放弃权利的利益给予特定的人。一个人不论以何种方式捐弃或让渡其权利，可以说他就有义务或受约束，不妨碍被授予该权利的人从其中获益，他应当不使自己的意愿行为归于无效，这是他的责任。这种妨碍就是不义或侵害，因为 *Sine Jure*〔无权〕，该权利先前已被否弃或转让。因此，世人争议中的侵害或不义，有点像经院哲学家辩论中所谓的荒谬。其中所谓的荒谬，就是与自己一开始所坚持的主张相矛盾。在世人中，所谓的不义和侵害，就是愿意取消自己一开始已愿意去做的

事情。一个人单纯否弃或转让权利的方式，是以某种意愿而充分的征象，宣布或表明他这样做是对权利的接受者放弃或转让、或已放弃或转让该权利。这种征象要么仅仅是言辞，要么仅仅是行动，要么（最常见的是）既有言辞又有行动。使人们受约束或有义务的合约就是这样，合约之所以具有约束力，不是由于合约的本质（因最容易违背的莫过于人们的言辞），而是由于对毁约的某种恶果的恐惧。

[14.8] 一个人转让或否弃自己的权利，要么是为了某种出于互惠而被转让给他的权利，要么是为了他希望由此得到的某种别的好处。因为这是一种意愿行为，任何人的意愿行为的对象，都是某种对他自己的善。因此，有些权利，无论凭什么言辞或其他征象，都不能认为任何人会捐弃或转让。首先，一个人不能放弃抵抗的权利，抵抗那些以武力袭击他、要夺去他生命的人，因为无法理解，他放弃抵抗的权利对他自己有任何好处。同样的道理也适用于伤害、桎梏或监禁，既因为遭受这种事情不会带来任何利益，不像使别人遭受伤害或监禁会带来利益；又因为当一个人见到人们以暴力对待他时，他无法料定他们是否打算置他于死地。最后，这种否弃和转让权利的动机和目的，无非是为了人身之安全，保障其生命以及使他既可以保全生命而又不对之感到厌倦的手段。因此，如果一个人通过言辞或其他征象，似乎放弃了这个目的，即那些征象所要追求的目的，那就不能认为他似乎本意就是如此，或者那就是他的意志；而只能认为他不知道这种言行会被人怎样解释。

[14.9] 权利的互相转让，就是人们所谓的契约。

[14.10] 转让对事物的权利与转让或移交事物本身是不同的。因为事物可以随权利的转移一起交付，比如在以现金买卖、物物交换或土地交换中就是如此，也可以迟些时间交付。

［14.11］又，立约者的一方可以将约定之物先自交付，而让另一方在以后某个确定的时间履约，同时信任另一方，那么，这一契约在他这一方就称为协约或信约。或者双方都可以现在立约而以后履约，在这种情形下，未来履约的人便受到信任，他之履约，称为信守承诺或守信，（若是自愿地）不履约，称为背信。

［14.12］如果权利的转让不是相互的，而是一方转让，希望借此获得另一方或友人的友谊或服务，或希望获得仁爱或豪迈的声誉，或免除心灵的同情之苦，或希望获得天堂之报等，这就不是契约，而是赠礼、自由赠礼、恩惠，这几个词指的是同一回事。

［14.13］契约的征象要么是明确的，要么是推断的。明确的征象，是按其所指来理解的说出来的言辞。这种言辞要么是现在时，要么是过去时，如"我给予""我授予""我已给予""我已授予""我愿意把这个给你"等，要么是将来时，如"我将给予""我将授予"等；将来时的言辞，称为承诺。

［14.14］推断的征象，有时由言辞得出，有时由沉默得出，有时由行动得出，有时由不行动得出。通常来讲，任何契约的推断征象，是足以充分证明立约者意志的任何事物。

［14.15］言辞本身若是将来时，且包含一个单纯的承诺，就是自由赠礼的不充分的征象，因此没有约束力。因为言辞若是将来时，如"明天我会给予你……"，就表示我还没有给予，所以我的权利还没有转让，在我以某种其他行为转让前，仍由我保留着。但言辞若是现在时或过去时，比如"我已给予"或"我给予并于明日交付"等，那么我明天的权利在今天已让出，所根据的就是这些言辞，即便没有关于我的意志的其他证据。*Volo hoc tuum esse cras* 与 *Cras dabo*，也就是，"我愿意这个明天是你的"（I will that this be thine tomorrow）和"我会明天给予你"（I will give it thee tomorrow）这两句话区别是很大的。在前一句话中，"I will"（我愿意）表示现在的意愿行为，而在后一句话中，"I will"（我会）表示对未来意愿行为的承诺。因此，前者为现在时，转让了一种未来的权利，后者为将来时，没有转让任何东西。但是，如果除了言辞以外，还有其他转让权利的意愿征象，那么尽管这赠礼是自由的，该权利却可以理解为已经因将来时的言辞而被让出了。比如说，如果一个人为赛跑第一名悬奖，这赠礼是自由的，尽管他的言辞是将来时，但权利却已让出。因为假如他不愿意他的言辞被这样理解，他就不应该让他们赛跑。

[14.16] 在契约中，权利之让出，不仅存在于言辞为现在时或过去时的地方，而且存在于言辞为将来时的地方。因为一切契约都是权利的互相转移或交换，因此，仅只作出承诺的人，因为已因承诺而获得利益，就会被理解为他要让出其权利，除非他先前已愿意他的言辞被这样理解，否则另一方就不会首先履约。由于这一原因，在买卖及其他契约行为中，承诺就相当于信约，因而具有约束力。

[14.17] 就一个契约来说，首先履约的一方，可以说应得他因另一方履约而要得到的东西，那是他的应得物。如果对许多人悬奖，而奖品仅给予获胜者，或如果在许多人中抛撒钱币，而钱币让抢到者享有，尽管这是自由赠礼，但获胜或抢到就是应得，所以那是获胜者和抢到者的应得物。权利在悬奖和抛撒钱币时就已转让，尽管没有确定归谁，这要视竞争情况而定。但是，这两种应得是有区别的。在契约中，我之应得是因我的力量和订约对方的需要；而在这种自由赠礼的情形中，我之能够应得，不过是由于赠予者的善举而已。在契约中，我应得的是订约对方应当放弃其权利；在这种赠礼的情形中，我应得的却不是赠予者应当放弃其权利，而是当他放弃时，它就应当归我而不归别人。我认为

这就是经院学派在"相宜的功绩"（*meritum congrui*）与"相当的功绩"（*meritum condigni*）之间所作区别的含义。全能上帝应许那些（受肉体欲望蒙蔽，却）能遵从他规定的诫言与限制走过此世的人，进入天堂，他们说，像这样走过此世的人，将"由于相宜"（*ex congruo*）而应得天堂。但是，因为任何人都不可能因其自身的正直，或其自身的其他任何力量，要求有权进入天堂，而只是由于上帝的自由恩典，才有这种权利，所以他们说，没有任何人能"由于相当"（*ex condigno*）而应得天堂①。我认为这就是那种区别的含义所在，但因为争论者只在对自身有利时才同意他们自己的术语的意义，所以我便不准备对它们的含义予以任何肯定，我所要说的只是，当赠礼像竞争获取的奖品那样以不确定的方式赠予时，获胜者就应得，可以声称奖品是他的应得物。

［14.18］如果一个信约订立之后，双方当下不立即履约，而是互相信任，那么在纯粹的自然状态下（即每个人对每个人的战争状态），基于任何合理的怀疑，它都是无效的。但如果在双方之上设有一个共同力量，有权利和强力足以迫使他们履约，它就不是无效的。因为若是没有对某种强制力量的恐惧，言辞的约束过于软弱无力，不足以束缚人们的野心、贪欲、怒气和其他激情，所以首先履约的人，无法保证另一方后来也会履约。而在纯

---

① 关于"相当的功绩"和"相宜的功绩"，阿奎纳在《神学大全》第二集第一部第114题中说："可以从两方面去看人的功行：一是根据自由意志，一是根据圣神的恩宠。若看出于自由意志的行为本身，则没有'相当'之可言，因为非常不相等。但那里有一种适宜性，由于比例的关系：因为人尽其力而为，则似乎天主也宜尽其力给予报酬。但是若从圣神之恩宠方面去看功行，则是以相当方式挣得永生。因为这时功绩之价值，是根据推动我们追求永生的圣神之德能。"又说："我们的善行之能有功绩之意义在于两点：第一在于天主的推动，这时人立功是由于'相当'（*ex condigno*）；第二是因为出于自由意志，即是出于情愿的事。这方面的功绩是'相宜的'（*ex congruo*），因为人既尽力而为，天主也宜尽力而为。"阿奎纳：《神学大全》第六册，刘俊余译，中华道明会、碧岳学社，2009，第358、363页。

— 105 —

粹的自然状态下，人人都是平等的，都自行判断他们自己的恐惧的正当性，是不可能假设这种强制力量存在的。因此，首先履约的人就是自弃于敌人，与他绝不能放弃的权利即保卫自己生命和生存手段的权利相违背。

[14.19] 但是，在政治状态下，已建立起一个力量来约束否则便会背信弃义之人，这种恐惧就不再合理，由于这个原因，根据信约应首先履约的人就有义务首先履约。

[14.20] 使这种信约无效的恐惧，其原因始终是该信约订立后出现的某种东西，比如说足以表明不履约之意志的某种新的事实或其他征象，否则它便不能使该信约无效。不能妨碍一个人作出承诺的东西，就不应当成为履约的妨碍。

[14.21] 转让任何权利的人，也转让在他的力量范围内享受该权利的手段。比如卖地的人，可理解为转让地上长出的牧草和其他一切；出售水磨的人，也不能引走推磨的溪流。给予一个人主权的统治权利，可理解为给予他征税养兵和任命官员维护正义的权利。

[14.22] 不可能与野兽订立信约，因为它们不理解我们的言语，所以既不能理解又不能接受任何权利的转移，同时不能将任何权利转移给另一方，没有相互的接受就没有信约。

[14.23] 不可能与上帝订立信约，除非借助于这样的中介，上帝要么以超自然的启示对之说话，要么通过在他之下以他名义统治的副手对之说话，否则我们便不知道自己的信约是否被接受。因此，人们以违背任何自然法的任何事物发誓，都是徒劳的，因为为这种誓言付出代价是一件不义的事情。如果那是自然法所命令的事情，那么约束他们的就不是誓言，而是自然法。

[14.24] 信约的内容或主题，总是属于权衡中的事物（订立信约是意志之行为，亦即最后的权衡行为），因此也总是被理解

为某种未来的事物，也是订立信约的人判断为能够履行的事物。

[14.25] 因此，对明知其为不可能的事物的承诺便不是信约。但是，假若后来证明不可能的事物此前以为是可能的，那么信约是有效的，其约束事项不在于该事物本身，而在于其价值；如果这样仍不可能，那么他必须以真诚的努力尽可能履约；超出此限，便没有人能够负担义务。

[14.26] 人们解除信约有两种方式，履约或被宽免。履约是义务的自然终结，被宽免是恢复自由，即对构成该义务的那项权利的再转让。

[14.27] 在纯粹的自然状态下，出于恐惧订立的信约是有约束力的。例如，如果我与敌人立约向他支付赎金或服务以换取我的生命，我就受它约束。因这是一个契约，其中一方得到的利益是生命，另一方将获得为此支付的金钱或服务，所以，只要没有其他法律禁止履约（比如在纯粹的自然状态下），该信约就有效。因此，战俘如果受到信任将支付赎金，就有义务支付。如果一个弱小的君主出于恐惧，与一个比他强大的君主缔结一个不利的和约，那么他必须遵守，除非（如前所述）出现了新的引起恐惧的正当原因而重新开战。甚至在国家里，如果我被迫承诺支付赎金从盗贼那里赎身，那我也必须支付，直到国法为我免除义务。我可以不受义务约束而合法地去做的任何事情，我都可以出于恐惧而合法地立约去做；我合法地立约要做的事情，我不能合法地毁约。

[14.28] 前约使后约无效。一个人在今天把权利转让给某人，明天就不再有这种权利可转让给另一个人，因此，后来的承诺便没有转让任何权利，而是无效的。

[14.29] 不以强力保卫自己免遭强力侵犯的信约永远是无效的。（如上所述）任何人不能转让或放弃他免遭死亡、伤害和监

禁（避免这类事情，乃是放弃任何权利的唯一目的）而自救的权利。因此，不抵抗强力的承诺，在任何信约中既没有转让任何权利，也没有约束力。尽管一个人可以这样立约："除非我如此这般，否则杀我"，却不能这样立约："除非我如此这般，否则你来杀我时我不抵抗你"。因抵抗而死的危险是更小的恶，不抵抗势必立刻就死是更大的恶，人根据本性会两恶相权取其轻。这是人人都承认的真理，所以人们会以武装人员把罪犯押赴刑场或监狱，尽管他们被判刑后已经服法。

[14.30] 未获得宽恕的保证而控告自己的信约同样无效。在自然状态下，人人都是法官，无所谓控告，而在政治状态下，控告伴随着惩罚，惩罚既是强力，人就没有义务不抵抗。控告父亲、妻子或恩人，致使他们被定罪，本人就会陷入苦难，道理也一样。因为这种控告者的证词，如果不是自愿提供的，那就要被推定为在性质上不可靠，因而也就不足为据。而当一个人的证词不可信时，他就不必提供。基于酷刑的控告不可称为证词。酷刑只能在进一步查究和探寻真相时，用作推测与指引的手段。在那种情形下所坦白的东西，只能给受刑者减轻痛苦，而不能给施刑者提供信息，所以不能当作充分的证词来相信，无论他通过真实还是虚假的控告使自己获得解脱，他这样做，都是出于保全自己生命的权利。

[14.31]（先前已提到）言辞的力量过于软弱，不足以使人们履行信约；在人的本性中，只有两种可想象的助力能增强其力量。一是对食言之后果的恐惧，一是因表现得无需食言所感到的荣耀或骄傲。后者是一种极少见而不能作为依据的豪气，在追求财富、命令权和感官之乐的人当中尤为罕见，而这种人占人类的绝大部分。可靠的激情是恐惧。恐惧有两种十分普遍的对象，一是不可见神灵的力量，一是他们会冒犯的那些人的力量。就这

二者来说，虽然前者是更大的力量，但对后者的恐惧通常是更大的恐惧。对前者的恐惧就每个人而言是他自己的宗教，这在文明社会之前就寓于人的本性里。后者却并非如此，至少不足以使人信守承诺。因为在纯粹的自然状态下，力量的不平等除了通过斗争的结局以外，是无法看出的。所以在文明社会出现以前，或在战争打断文明社会期间，没有任何东西能巩固人们达成的和平信约，使其免于贪婪、野心、情欲或其他强烈欲望的诱惑之害；除了对那人人将其当神来崇拜、唯恐其报复他们的背信弃义的无形力量的恐惧。不受制于政治权力的两人所能做的一切，就是互相使对方向其恐惧的神灵起誓：这种起誓或誓约是一种附加在承诺之上的言语形式；承诺者借此表示，除非他履约，否则就将否弃他的神的慈爱，或者请求他对自己进行报复。异教徒的誓约形式是这样：“否则就请朱庇特杀死我，就像我杀死这畜牲一样。”我们的誓约形式是这样：“我将如此这般行事，愿上帝佑我。”像这样起誓，再加上各人在自己的宗教中使用的各种仪式，对违背信约的恐惧就会越发强烈。

［14.32］由此可见，一个誓约，若起誓的人不是用他自己的形式或仪式来起誓，则是徒劳的，就不是誓约，起誓者不能向他不认为是神的任何事物起誓。尽管人们往往出于恐惧或奉承而以他们的国王起誓，然而他们是想借此表明，他们将神的荣耀归于国王。因此，不必要地向神起誓是亵渎神明，而像人们在平时谈话中那样，用其他事物起誓，则根本不是起誓，而是由于说话太激烈养成的一种不虔诚的习惯。

［14.33］显而易见，誓约不会给义务添加任何东西。信约若是合法，就不论有没有誓约，在上帝面前都有约束力；若是不合法，则纵有誓约来加以巩固，也完全没有约束力。

— 109 —

第十五章　论其他自然法

[15.1] 第三自然法，正义。　[15.2] 何谓正义与不义。[15.3] 正义和所有权始于国家建构。[15.4] 正义并不与理性相违背。　[15.9] 信约不因立约对方的过错而被解除。[15.10] 何谓人的正义与行动的正义。[15.12] 品行的不义与行动的不义。[15.13] 对一个人做的基于他同意的任何事，并不构成侵害。　[15.14] 交换正义与分配正义。[15.16] 第四自然法，感恩。[15.17] 第五，相互适应或随和。[15.18] 第六，宽恕。[15.19] 第七，施加报复，唯应顾及将来之善。[15.20] 第八，不得轻侮。[15.21] 第九，不得骄傲。[15.22] 第十，不得傲慢。[15.23] 第十一，公平。[15.25] 第十二，对共享物的平等使用。[15.26] 第十三，关于抽签。[15.27] 第十四，关于长子继承与首先占有。[15.29] 第十五，关于调解人。[15.30] 第十六，关于提交仲裁。[15.31] 第十七，任何人都不应是自己的判断人。[15.32] 第十八，任何人若有偏袒某方的自然原因，就不得充当判断人。[15.33] 第十九，关于作证。[15.35] 自然法可精简为一条简易的法则。[15.36] 自然法在良心中始终有约束力，但在现实中，只在有保证的情况下才有效。[15.38] 自然法是永恒的。[15.39] 却易于遵行。[15.40]

这些法律的科学是真正的道德哲学。

　[15.1] 根据这一自然法，我们有义务把那些保留给自己就妨碍人类和平的权利转让给其他人，从中得出第三自然法，那就是，人们应履行自己订立的信约。没有这一条，信约就是徒劳的，而仅只是空言，一切人对一切事物的权利就仍然留存，我们仍然处于战争状态。

　[15.2] 这一自然法，包含着正义的源泉。因为若是先前没有信约，就不会有权利被转让，每个人对每一事物都有权利，于是就没有任何行动会是不义的。但是，当一个信约已经订立时，违背信约便是不义的。不义的定义就是不履行信约。任何事物若非不义，就是正义的。

　[15.3] 但是，因为互相信任的信约，只要任何一方有对另一方不履约的恐惧（正如上一章所说的），便是无效的，所以，尽管正义源于信约的订立，但在这种恐惧的原因被消除以前，实际上就不会有不义，而当人们处于自然的战争状态时，这是做不到的。因此，在正义与不义这些名称能够有其位置以前，必须先有某种强制力量，迫使人们因恐惧违背信约的惩罚大于其预期的利益，而平等地履行信约，并利用由于相互的契约而获得的所有权，作为他们抛弃的普遍权利的补偿，这种力量在国家建立以前不存在。这一点也可以从经院学派关于正义的通常定义中总结出来，他们说："正义是给予每个人以他自己的部分的恒定意志。"因此，若是没有"自己的部分"，即没有所有权，就没有不义。而若是没有建立强制力量，即没有国家，就没有所有权，一切人对一切事物都有权利。因此，若是没有国家，就没有任何事物是不义的。所以，正义的本性在于遵守有效的信约，而信约的效力始于建构足以强迫人们守约的政治权力，而所有权也始于此时。

[15.4] 愚蠢人在心里说，没有正义这回事，有时嘴上也这么说，并一本正经地断定，既然每个人的保全和满足都归各自操心，就没有理由说，每个人不可以做自己认为有益于此的事情，因此，无论订立或不订立、遵守或不遵守信约，只要有助于自己的利益，都不违背理性。他在这里并不否认有信约，以及信约有时被违背，有时被遵守，以及违背信约可称为不义，遵守信约可称为正义。但他反问道，去掉对上帝的恐惧（愚蠢人在心里说，没有上帝）以后，不义有时难道不是与指示给每个人其自身利益的理性相一致吗？特别是当不义带来这样的利益，使一个人置身于一种处境，不仅可以无视他人的谴责和辱骂，而且无视他人的力量。上帝国是以暴力取得的，① 但如果它可以用不义的暴力取得呢？当不可能因此受到伤害时，这样取得上帝国难道违背理性吗？若不违背理性，便不违背正义，否则正义就是不值得赞许的。根据这种推理，成功的恶行就得到了德性之名。有些人不容许在所有其他事情上背信，却容许背信以窃国。异教徒相信，萨图恩是被他的儿子朱庇特废黜的，却又相信这位朱庇特是报复不义之神。这种情形有点像柯克《评利特尔顿》中的一条法律，他在那里说，如果王位的正当继承人因叛国罪被褫夺公权，而王位仍要传给他，那么自继承王位时起，褫夺公权即无效。根据这些例证，人们很容易做出推论说，当一个王国的当然继承人杀死在位者时，尽管那是他的父亲，你可以称之为不义，或用你愿意用

---

① 暗引《马太福音》11：12：And from the days of John the Baptist until now the kingdom of heaven suffereth violence, and the violent take it by force. 其字面意思为，天国不断遭受暴力攻击，强暴的人以武力取之。霍布斯引用这段经文来说明其反对者（愚蠢人）的立场：如果说上帝国也可以通过暴力得来，只要不造成伤害，便不违反理性，那么通过篡夺、暴力夺取世间的国，就更不违背理性。换言之，道德和正义并不存在，人们唯一关心的是个人利益，只要某种行为有助于个人利益，无论是否遵守信约，都不违背理性。霍布斯在下文中对此予以反驳。

的其他任何名词，但这绝不可能是违背理性的。鉴于人的一切意愿行动都倾向于自己的利益，那么最有助于达到其目的的行动就是最合理的行动。不过，这种似是而非的推理却是虚妄的。

［15.5］问题不在于相互的承诺，其中各方都没有履约的保证，正如当没有建立起作出承诺的各方之上的政治权力时就是这样，这种承诺并不是信约。问题在于，如果其中的一方已经履约，或存在着一个使他履约的力量，那么另一方履约是否违背理性，换言之，是否违背其自身的利益。我认为这并不违背理性。为了证明这一点，我们应当考虑，首先，当一个人去做一件事情时，尽管能预见和指靠的一切，都倾向于使他自己毁灭，那么，无论有什么他所不能预料的意外出现，使这件事情有利于他，这种事态都不能使他做这件事情变得合理或智慧。其次，在战争状态下，由于缺少一个共同力量使所有人畏服，每个人对每个人都是敌人，任何人都不能希望依靠自己的力量或才智，保卫自己免遭毁灭，而无需盟友帮助，每个人都希望通过联盟得到共同防御。因此，如果有一个人宣称他认为欺骗那些帮助他的人是理性的，那么他能合理地期待的安全手段，便只是从他一己之力中所能获得的手段而已。因此，违背信约后又宣称自己认为这样做合理的人，便不可能被任何联合起来谋求和平与防御的社会接纳，除非是接纳他的人们犯了错误。而就算被接纳，他也不可能留在社会里而看不到他们的错误中所蕴含的危险，一个人不能合乎理性地指靠这种错误作为保障自身安全的手段。因此，如果他被遗弃或逐出社会，他就会灭亡；如果他活在社会里，只是由于他既不能预见又不能指靠的别人的错误，这是违背他自我保全的理性的。这就好比说，所有没有促成他毁灭的人，不过是出于不知道什么对他们自己有利，才容纳了他。

［15.6］至于以任何方法获得天国的可靠、永久的幸福，这

种情况是无所谓的：可想象的方法唯一有一个，那就是不违背信约，而遵守信约。

[15.7] 至于另一种情况，以叛逆取得主权，显而易见的是，即便可以这样取得主权，可是因为这是无法合理预期的，毋宁说情形正好相反。而且因为这样获得主权后，其他人会起而效尤，所以这种企图是违背理性的。因此，正义，即遵守信约，是一条理性法则，它禁止我们去做任何摧毁自己生命的事情，因而是一条自然法。

[15.8] 有些人更进一步，不是把自然法视为有助于人在地上的生命之保全的法则，而是把它视为有助于取得死后的永恒幸福的法则。他们认为，违背信约或许会有助于取得永恒幸福，因而是正义且合理的（这种人认为，杀戮、废黜或叛逆依他们同意而建构的、在他们之上的主权者是一种功绩）。但是，因为对于死后的状况，人们并没有自然知识，更没有对于到那时会对背信给予什么回报的自然知识，而只有一种信念，其根据是听别人说，他们以超自然方式知道此事，或者他们知道的一些人知道另一些人，这另一些人知道另一些以超自然方式知道此事的人，所以，背信并不能称为理性或自然的诚言。

[15.9] 还有一些人承认，守信是一条自然法，却认为对某些人可以例外，比如说对异端人以及一贯不履行信约的人等，而这也是违背理性的。因为如果一个人的任何毛病足以使我们解除已订立的信约，那么这种毛病就理所当然足以阻碍我们去订立信约。

[15.10] 正义与不义这两个名称，它们被当作人的属性时，表示的是一回事，被当作行动的属性时，表示的是另一回事。用于人时，表示的是品行是否符合理性；而用于行动时，表示的却不是品行或生活作风是否符合理性，而是个别的行动是否符合理

性。因此，一个正义的人，是费尽心思使自己的行动完全合乎正义的人；一个不义的人，是忽视这一点的人。在我们的语言中，把这两种人称为正直与不正直，比称为正义与不义更常见，但意思是一样的。因此，一个正直的人，不会因突发的激情，或是弄错了人或事，做出了一两次不义行动，而失去其称号。一个不正直的人，也不会因恐惧而做出或不做出的行动，而失去其性格，因为他的意志不是根据正义形成的，而是根据他所要做的事情的明显利益形成的。使人的行动具有正义色彩的，是某种（罕见的）高贵或侠义的勇气，一个人因之而不屑让别人看到自己为了生活的满足而进行欺诈或违背承诺。这种品行的正义就是以正义为德、以不义为恶时所指的那种正义。

［15.11］不过，行动的正义，并不能使人称为正义，而是可以使人称为无罪。行动的不义（也称为侵害），则使人获得有罪之名。

［15.12］又，品行的不义，是进行侵害的性情或居心，在做出行为以前就是不义，而不须有任何个人受到侵害。但行动的不义（也就是侵害）则须有受到侵害的个人，就是订立信约的一方。因此，在很多时候，受侵害的是一个人，损害则落到另一个人头上。比如说，主人命令仆人把一笔钱交给一个陌生人，如果仆人没有给，那么受侵害的便是主人，即仆人以前立约要服从的人，但损害却落到该陌生人头上，仆人对他并没有义务，因而不可能侵害他。所以在国家里，私人可以赦免彼此的债务，却不能赦免使他们受损害的抢劫或其他暴行。因为不追讨债务是对自己的侵害，而抢劫和暴行是对国家人格的侵害。

［15.13］对一个人做的任何事，若是符合他向行为者表示的意志，对他就不构成侵害。因为如果行为者没有凭先前的信约，放弃其为所欲为的原初权利，就无所谓违背信约，因此不对他构

— 115 —

成侵害。如果行为者已订立信约，那么他让其做该事的意志一经表示，就是对该信约的解除，所以还是不存在任何对他的侵害。

[15.14] 行动的正义，被许多作家划分为交换正义与分配正义。他们说，前者在于算术比例，后者在于几何比例。因此，他们认为交换正义在于用以立约的事物价值相等，分配正义在于给应得相等的人分配相等的利益。似乎是说，贱买贵卖是不义，给一个人多于其应得的东西也是不义。所有用以立约的事物，其价值都依据立约者的欲望来衡量，因此，正义的价值是他们乐意给予的价值。而应得（信约规定的应得则不在此例，在此种情形下，一方履约应得另一方履约，属于交换正义而不是分配正义）并不是依据正义，而只不过是恩惠的回报。因此，这种区分在通常理解的意义上是不正确的。确切来讲，交换正义是立约者的正义，也就是在买卖、雇佣、借贷、交换、以物易物和其他契约行为中履行信约。

[15.15] 分配正义是仲裁者的正义，换言之，是规定什么是正义的那个行为。其中，（那个因受信托而成为仲裁者的人）若是履行其信托，就被称为给每个人分配各人自己的部分，这其实就是正义的分配，也可以被称为分配正义（尽管并不确切），更确切地说是公平。这也是一条自然法，在适当的地方我会加以说明。

[15.16] 正如正义取决于先前的信约一样，感恩取决于先前的恩惠，即先前的自由赠礼。第四自然法可以用这一形式来表述：一个人接受他人单纯恩惠所施予的利益时，应努力使施惠者没有合理的原因为自己的善意感到后悔。因除非为了自己的善，否则没有人会给予。因为赠礼是自愿的，而一切意愿行为，就每一个人而言，其对象都是他自己的善，人们如果看到自己会在这方面吃亏，仁慈或信任就不会发生，相互帮助和人际间的协调也

就不会发生，因此，人们便仍然会留在战争状态下，这就与命令人们寻求和平的第一和基本自然法相违背。违反这条法律就称为忘恩，它与恩惠的关系，相当于不义与信约义务的关系。

［15.17］第五自然法是随和，每个人应力图使自己适应其余的人。为了理解这一点，我们可以这样考虑，人们的合群倾向由于感情的不同而有本性的不同，其情形就像许多堆积在一起用来建造一座大厦的石头。如果有一块石头形状粗糙，凹凸不平，安下去时要多占其他石块的地方，又坚硬难平，有碍建造，这块石头就会因建造者认为无益且麻烦而遭到抛弃。同样，一个人如果本性粗糙，力图保留对自己不必要、而对他人却必需的东西，而且他又性情顽固，无法被纠正，这个人就会因拖累社会而遭到抛弃或驱逐。鉴于每个人不仅根据权利，而且根据本性的必然性，都应当尽一切可能，努力取得其保全所必需的一切，所以为了不必要的东西而反对这一点的人，就对随之而来的战争负有罪责，因此，他所做的事情也就与命令人们寻求和平的基本自然法相背。遵守这条法律可以称为合群（拉丁人称之为 Commodi），相反的情形称为顽固、不合群、乖戾和桀骜不驯。

［15.18］第六自然法是，基于对将来的保证，一个人应当宽恕那些悔过且想要得到宽恕的人的冒犯。宽恕就是给予和平。尽管把和平给予坚持敌意的人并非和平，而是恐惧，但不把和平给予那些就将来作出保证的人，是厌恶和平的一个征象，因而违背自然法。

［15.19］第七自然法是，在报复（亦即在以恶报恶）中，人们不应看过去的恶之大，而应看将来的善之多。这条自然法禁止我们以其他意图施加惩罚，除非为了纠正冒犯者和儆诫其他人。这条自然法得自上一条自然法，即命令人们基于对将来的保证而宽恕。此外，不顾示例和将来利益的报复，是对无目的地伤害他

— 117 —

人感到得意或荣耀（因为目的永远属于将来），无目的的荣耀是违背理性的虚荣，无理由地进行伤害趋于引发战争，是违背自然法的，一般称之为残忍。

[15.20] 因为一切仇恨或藐视的征象都会激起争斗，这是由于大部分人宁可选择冒生命危险而不选择不报复，所以，我们便定下这一诫言作为第八自然法，任何人不得以行为、言辞、表情、姿态宣示仇恨或藐视他人。违反这条法律，通常称为轻侮。

[15.21] 在纯粹的自然状态下（如前所述），人人都是平等的，谁是更好的人的问题并不存在。如今的不平等源于国法。我知道，亚里士多德在《政治学》卷一中提出以下看法作为他学说的基础，人类就本性而言，有些更宜于命令，就是较为智慧的一类人（比如他认为由于他的哲学，自己就属于这类人）；另一些人更宜于服役（就是身体强壮而不像他那样是哲学家的人）。仿佛是说，主人与仆人之分不是源于人们的同意，而是源于才智的差异。这种说法不仅违背理性，而且违背经验。世间很少人会愚蠢到不愿自己统治自己，而宁愿受他人统治。当智慧者满心自傲地与不相信自己智慧的人以力相争时，也不能始终或经常获胜，甚至几乎在任何时候都不能获胜。因此，如果自然已使人们平等，这种平等就应当予以承认。或者说，如果自然已使人们不平等，然而因为人们认为他们都是平等的，除非基于平等的条件，否则他们就不会缔结和平条款，所以，这种平等也必须得到认可。因此，第九自然法是，每个人应承认他人与自己在本性上是平等的。违反这一诫言就是骄傲。

[15.22] 根据这条法律，得出另一条法律，缔结和平条款时，任何人都不得要求为自己保留他不愿其余每个人为自己保留的任何权利。正如所有寻求和平的人都必须弃置某些自然权利，也就是说，不具有为所欲为的自由，人们必须为了自己的生命而

保留某些权利，如支配自己的身体，享受空气、水、运动、道路通行，以及其他一旦缺乏就无法生活或活得不好的一切事物。在这个问题上，人们在建立和平时，如果为自己要求他们不会授予别人的东西，他们就有违前一条命令人们承认自然平等的法律，因而违背自然法。遵守这条法律称为谦虚，违反这条法律称为傲慢。希腊人把违反这条法律的事称为πλεονεξία，意为逾越本分的欲望。

[15.23] 还有一条自然法诫言是，如果一个人受到信任，在人与人间施行判断，那么他应在他们中间平等地处理。倘若做不到这一点，人们的争议就只能以战争解决。因此，在判断中有偏私的人，滥用对他的信任而妨碍人们任用法官和仲裁者，因而（违背基本自然法）是战争的原因。

[15.24] 遵守这条法律，即给各人平等地分配理应属于他的东西，称为公平，即（我前面所说的）分配正义。违犯这条法律，称为προσωποληψία［偏心］。

[15.25] 从中得出另一条法律：不能分割之物，若能共享，就应共享；若该物数量允许，则不应限制；否则，应根据有权利分享者的数量按比例分享。若非如此，分配就会不平等，有违公平。

[15.26] 但是，有些事物既不能分割，又不能共享，那么，规定公平之理的自然法便要求全部权利或（若是轮流使用）先占权应以抽签来决定。平等分配是一条自然法，其他平等分配的方法是无法想象的。

[15.27] 抽签的方式有两种，任意的和自然的。任意的方式，由竞争者共同议定。自然的方式，则以长嗣继承（希腊人称之为Κληρονομία，指命运所赐）或首先占有来决定。

［15.28］因此，那些不能共享也不能分割的事物，应当判给先占者，在某些情形下则应当作为命运所得判给长嗣。

［15.29］还有一条自然法是，凡调解和平的人，应给予其安全通行的保证。自然法既命令以和平为目的，也命令以调解为手段，而安全通行是达到调解的手段。

［15.30］又因为，人们虽然极愿遵守这些法律，但涉及一个人的行动，仍然可能产生问题，一是行动是否已做出，二是行动（若已做出）是否违法。前者称为事实问题，后者称为权利问题。因此，除非相关各方相互立约遵守第三方的判决，否则他们仍然得不到和平。他们提交问题给其判决的第三方，称为仲裁者。因此就有这条自然法，争议各方应将其权利提交给仲裁者判断。

［15.31］鉴于每个人做任何事情都被认为是为了自己的利益，因而任何人都不适合充当自己讼案的仲裁者。即使他十分适合，但由于公平的原则要求双方得到平等的利益，若一方被接受为判断人，另一方也应被接受。这样一来，争议（即战争的原因）便仍然存在，违背自然法。

［15.32］同理，在任何讼案中，如果一个人在一方获胜时显然比在另一方获胜时所得的利益、荣誉或快乐更多，他就不应当被接受为仲裁者。因为他已接受了一笔贿赂（尽管无可避免），任何人就没有义务信任他。这样一来，争议和战争状态便仍然存在，有违自然法。

［15.33］在有关事实的争议中，判断人因对一方的信任不能大于另一方（若无其他证据），必须信任第三方，或第三方和第四方，或者更多方。否则，问题就会悬而不决，留待武力解决，有违自然法。

［15.34］这些就是指令人们以和平为手段在人群中保全自己的自然法，且只与文明社会的学说相关。此外还有许多其他的事

情，往往会毁灭个别人，如酗酒和其他一切放纵行为，因而可列入自然法禁止的事情，却没有必要在这里提出，亦非特别相关。

[15.35] 尽管这种关于自然法的演绎，或许在所有人看来都过于微妙，他们大部分人忙于生计，其余的人则因过于粗心而不理解，然而为了使所有的人都无可辩解，它们已被浓缩为一条简易的总则，甚至连资质最平庸的人也能理解，这就是，己所不欲，勿施于人。这条总则表明，认识自然法时只需要做到这一点，当一个人把他人的行动和自己的行动放在天平上加以衡量，发现他人的行动总显得太重时，就把他人的行动换到自己的这一边，再把自己的行动换到他人的那一边，俾使自己的激情和自爱不为自己的行动增加重量。这时，上述自然法就没有哪一条在他看来不是十分合理的了。

[15.36] 自然法在内心法庭（*in foro interno*）中有约束力，也就是说，自然法关联着一种它们应当起作用的欲望，但在外在法庭（*in foro externo*）中，也就是把它们付诸行为时，却并非总是如此。一个持身谦恭温良且履行自己的所有承诺的人，在别人本应履约却不履约的时间和地方，他就让自己沦为别人的猎物，无疑会导致自己毁灭，这有违一切自然法的根基，即自然本性的保全。同理，假若一个人有充分的保证，知道别人对他会遵守这些法律，而他自己却不遵守它们，那么，他就不是寻求和平，而是寻求战争，因而寻求让暴力毁灭其自然本性。

[15.37] 在内心法庭中有约束力的任何法律，都有可能因与之相违背的事实，或与之相符但一个人认为与之相违背的事实，而遭到违反。在这种情况下，他的行动尽管符合这一法律，然而他的目的与之相反，假如义务是内心法庭的，这便是对义务的违反。

[15.38] 自然法是永恒不变的。不义、忘恩、傲慢、骄傲、

不公平、偏心等都绝不可能成为合法的。绝不可说,战争会保全生命,和平却消灭生命。

[15.39] 这些法律,因为仅只责成一种欲望和努力,我是说一种真诚的、永久的努力,所以易于遵守。既然它们所要求的不过是努力,努力履行它们的人就成全它们,成全律法的人是正义的。

[15.40] 研究自然法的科学,是唯一真正的道德哲学。道德哲学不过是研究人类社会和交往中何谓善、何谓恶的科学。善与恶是指称我们的欲望与厌恶的名称。由于我们的脾性、习惯和教义不同,欲望与厌恶也就不同。不同的人,不仅对什么令其味觉、嗅觉、听觉、触觉和视觉感到愉悦与不愉悦的判断不同,而且对共同生活的行动中什么令其感到合乎理性与不合乎理性的判断也不同。甚至同一个人在不同时间也会有不同的感觉,他此时所贬斥为恶的,彼时又赞扬为善。由此引发纠纷和争议,最终酿成战争。因此,只要私人欲望是善恶的尺度,人们便处于纯粹的自然状态(即战争状态)。于是一切人便都同意,和平是善,因而达成和平的方式或手段,即(我在前面所说的)正义、感恩、谦虚、公平、宽恕以及其他自然法,也是善,换句话说,它们都是道德德性,而其反面的恶行则是恶。既然关于德性与恶行的科学是道德哲学,因此真正的自然法学说就是真正的道德哲学。但是,道德哲学的作家们虽认识到这些德性与恶行,却没有看到这些德性的善何在,也没有看到它们是作为取得和平、合群和舒适的生活的手段而受到称赞。他们认为德性就是激情的中庸,仿佛毅勇不在于无畏的原因,而在其程度;慷慨不在于赠礼的原因,而在其数量。

[15.41] 理性的这些指令,人们一向称之为法律,但这是不确切的,它们不过是有关哪些事物有助于自我保全和防御的结论

— 122 —

或定理。确切来讲，法律是有权对他人发布命令的人的言辞。可是，如果我们认为，这些定理是由有权命令万物的上帝之言所给予的，那么它们就是在确切意义上被称为法律。

第十六章　论人格、授权人和被代表的事物

[16.1] 何谓人格。[16.2] 自然人，人工人格。[16.3] 人格的词源。[16.4] 行为人，授权人，权威。[16.5] 依据权威订立的信约对授权人构成约束。[16.7] 但不对行为人构成约束。[16.8] 权威要有显示。[16.9] 被代表的物，无生命的。[16.10] 非理性的；[16.11] 假神；[16.12] 真神。[16.13] 一群人，如何成为唯一人格。[16.14] 每个人都是授权人。[16.15] 行为人可由多人组成，凭多数声音而为一个行为人。　[16.16] 若代表的人数为偶数就是无益的。[16.17] 否定的声音。

[16.1] 一个人格是这样的，其言行要么被认为是他自己的言行，要么被认为是代表其他人或其他物的、被真实地或虚拟地归属于他的言行。

[16.2] 当它们被认为是他自己的言行时，他便是所谓的自然人格；当它们被认为是代表他者的言行时，他便是一个虚构的或人工的人格。①

————————

① 按照昆廷·斯金纳的看法，霍布斯在这里关于人格的定义以及把人格等同于表演员/行为人/代表者，实际上是错误地表述了自己的论证。霍布斯在《论人》中说："关于人格这个术语的政治用法可界定如下。所谓人格，就是人们言行的　(转下页)

[16.3] 人格（Person）一词是拉丁语。与之相当，希腊人有πρόσωπον一词，表示面目，就像拉丁语中 *Persona*，表示舞台上装扮出来的一个人的扮相或外观，有时特指掩饰脸部的面具或面甲。后来，这个词从舞台用语，被移用于法庭和剧院中言行的代表人。所以，无论在舞台上还是在日常交往中，人格与表演员／行为人（Actor）的意思是一样的，扮演／代表（*personate*）就是饰演（*act*）或代表（*represent*）自己或他者，饰演他者就是承担其人格，或以其名义行事。（正是在这个意义上，西塞罗说：*Unus sustineo tres personas; mei, adversarii, et judicis*〔我承担着三重人格：我自己、我的对手和裁判者〕。）人格在不同场合有不同名称，如代表人、代表、副官、代理主教、代诉人、代议员、公诉人、行为人等。

[16.4] 至于人工人格，有些使其言行被其代表的人所主有（*Owned*）。那么，该人格就是行为人（Actor），主有（owneth）其言行的人就是授权人（Author），在这种情况下，行为人凭权威行事。因为就财货和占有物而言的所谓物主（Owner），即拉丁语的 *Dominus*，希腊语的κύριος；若就行动而言，就是所谓的授权人（Author）①。正如占有物的权利称为所有权（Dominion），

（接上页）被归属者，无论其为他自己的或他者的言行。若是他自己的言行，则该人格是自然人格，若是他者的言行，则该人格是人工人格。"根据这个定义，当甲是言行的被归属者，而且乙做出的言行被归属于甲时，甲是人工人格／被代表者。这表明人格不是代表者，而是被代表者。参看 Quentin Skinner, *Visions of Politics*, vol. 3. Cambridge University Press, 2002, pp. 177－208。值得一提的是，在本书42.3，霍布斯明确地说"人格／位格是被代表者"（a person ... is he that is represented）、"人格／位格的本义是指被他者所代表者"（the proper signification of persons; which is, that which is represented by another）。另，当论及"三位一体"教义及上帝的 Person 时，Person 译作"位格"，不是"人格"，参看本书42.3注释。

① Author 一词，其本义是指言语行动的原初发动者、始作者，或许亦可译为"事主"，就像财货的主人称为"物主"一样。所谓"权威"，就是凭借始作者的身份去行事的正当理由。获得授权的行为人亦具有这种行事的理由。当一个人凭（转下页）

做出行动的权利则称为权威（Authority）。因此，所谓权威，总是被理解为行事的权利，凭权威行事，就是根据有这种权利的人的委托或许可行事。

［16.5］由此得出，当行为人凭权威订立一个信约时，他便因此使授权人就像其亲自定约一样，受它约束，且须承担它的一切后果。因此，先前（第十四章）就人与人之间在其自然能力范围内订立的信约之本性的所有论述，同样适用于行为人、代表者或公诉人订立的信约，只要他们从授权人那里获得权威而不逾越其委托范围。

［16.6］因此，与行为人或代表人订立信约的人，若不知道他有什么权威，就要自担风险。任何人若不是一个信约的授权人，或一个信约违背或超出他给予的权威，他就不对之负有义务。

［16.7］当行为人根据授权人的命令去做违背自然法的任何事时，如果他根据先前的信约有义务服从授权人，那么违背自然法的就不是他，而是授权人，该行动尽管违背自然法，却不是他的行动。相反，他若是拒绝去做，便违反禁止违背信约这条自然法。

［16.8］一个人以行为人为中介与授权人订立信约，不知道行为人有什么权威，只是听取行为人的言辞，倘若这一权威没有得以按要求向他说清楚，他就不再有义务。与授权人所订立的信约，若没有授权人的相应保证，就是无效的。但如此订立信约的

（接上页）被授予的权威行事时，"主有"其言行的不是该行为人本身，而是授权该行为的始作者。Author 一词，当用来指存在明确授权关系的言行的始作者时，可暂且译成"授权人"。不过严格来讲，"授权人"相当于英语中的 Authorizer 而不是 Author。"授权人"的存在，须以授权关系为前提，而 Author 却是授权关系的前提，其存在要比授权关系更为本原。因为 Author 可以自己行事，当 Author 自己行事时，是谈不上授权关系的。

人，若事先知道，他有望取得的保证只是行为人的言辞，信约就是有效的。因为在这种情形下，行为人使自己成了授权人。因此，如果权威是明确的，那么信约就约束授权人而非行为人，如果权威是虚构的，信约就只约束行为人，因为除他本人以外并没有授权人。

［16.9］不能通过虚拟的方式被代表的物是很少的。无生命之物，诸如教堂、医院、桥梁等，可以被神父、院长或监督者代表。但是，无生命之物，不能成为授权人，因而不能给予它们的行为人权威，而行为人仍然可以根据这些物的所有者或统治者给予他的权威来加以维护。因此，在出现某种政治统治状态以前，这些事物是不能被代表的。

［16.10］同理，不能运用理性的孩童、愚蠢人和疯子，可以被监护人或监管者代表，但（在此期间）不能成为他们做出的任何行动的授权人，直到（当他们恢复对理性的运用时）他们会判断这些行动是合理的。而在他们处于愚蒙期间，有权管辖他们的人，可以把权威给予监护人。但这种事情只有在政治状态下才会发生，因为在这一状态以前，并不存在对人的支配权。

［16.11］偶像或头脑中纯属虚构之物可以被代表，如异教徒的诸神就是这样，他们被国家任命的官员代表，并持有人们时不时向他们奉献和祝圣的财产、其他财货和权利。但偶像不能成为授权人，因为偶像什么也不是。这种权威来自国家。因此，在政治统治开始以前，异教徒的诸神不可能被代表。

［16.12］真神可以被代表。他首先被摩西代表，摩西对于以色列人（他们并非他的人民，而是上帝的人民）不是以自己的名义（以"摩西这样说"）来统治，而是以上帝的名义（以"上帝这样说"）来统治。第二，被人子、他自己的儿子、我们蒙福的救主耶稣基督代表，就是那前来教犹太人归回、接引所有民族进

入他父的国的；他不是自己来的，而是从他父那里派来的。第三，被在使徒身上说话和做工的圣灵或保惠师代表，圣灵不是自己降临的保惠师，而是从圣父圣子那里发出并派来的。

[16.13] 一群人被一个人或唯一人格代表时，他们就被制作成唯一人格，这样做是经过每个人个别地同意的。使得该人格成为唯一的，是代表者的统一，而不是被代表者的统一。承担该唯一人格的正是代表者：统一，在人群中只能如此理解。

[16.14] 因为该群体自然地不是一而是多；所以就他们的代表以他们的名义说的每一句话或做的每一件事而言，他们不能被理解成一个授权人，而只能被理解成多个授权人，每个人个别地把他自己的权威给予他们的共同代表。如果他们给予他权威而不加限制，那么每个人都主有该代表做出的所有行动。相反，如果他们对于他在什么问题上和在什么程度内可代表他们加以限制，那么他们当中就没有任何人，主有超出他们委托他行动的范围之外的行动。

[16.15] 如果代表由多人组成，那么，多数人的声音，就必须被视为他们所有人的声音。比如说，如果少数人发声赞成，而多数人发声否定，那么否定声音在抵消了赞成声音之后还有多余，于是多余的否定声音便无人反对，而成为代表的唯一声音。

[16.16] 一个代表，若其人数为偶数，特别是在人数不多时，对立的声音经常相等，因而经常是沉默无声的，不能有所行动。不过在某些情形下，对立的声音数量相等时，也可以决定问题。比如在判罪还是宣布无罪的问题上，票数相等即不判罪，所以就是宣布无罪，却不能反过来说，不宣布无罪就是判罪。因为当一个案子在听审之后，不判罪就是宣布无罪，但如果反过来说，不宣布无罪就是判罪，那就不对了。在审议立即执行还是暂缓执行的问题时，情形也是这样，当两种声音相等而不判定执行

时，就是判定暂缓执行。

［16.17］若其人数是奇数，比如三个或更多（人或会议），其中每个都有权威以一否定声音取消其余所有赞成声音的效力，这个人数就不成其为代表。因为它经常以及在具有极重大后果的情形中，会因人们的看法和利益的分歧而成为一个无声的人格，所以就像不适于其他事情一样，也不适于统治一个群体，在战时尤其如此。

［16.18］授权人有两类。第一类是单纯被这么称的人，我在前面已作出界定，是单纯地主有另一人的行动的人。第二类是这样的人，他有条件地主有另一人的行动或信约，也就是说，如果另一人在某时或在某时以前不做某事，他保证自己去做。这种有条件的授权人，一般称为担保人，即拉丁语的 *Fidejussores*［担保人］，*Sponsores*［中保］；专门用于债务时，称为 *Praedes*［保证人］；指出席见法官或行政长官时，称为 *Vades*［保人］。

第二编　论国家

第十七章　论国家的原因、产生和定义

[17.1] 国家的目的，各人的安全；[17.2] 这不是通过自然法得到的；[17.3] 也不是通过少量的人或家族的联合；[17.4] 也不是通过一个大的群体，除非该群体受一个判断的指挥；[17.5] 而且始终受其指挥。[17.6] 为什么某些生物尽管没有理性和言语，却仍然无需强制力也过着群居生活。[17.15] 国家的产生。国家的定义。[17.14] 何谓主权者，何谓臣民。

[17.1]（本性热爱自由、热爱支配他者的）人们引入对自身的限制（生活在国家里），最终的原因、目的和意图，是预见到由此获得自我保全和更满意的生活，也就是说，使自己脱离悲惨的战争状态。（如上所述）当没有可见的力量使他们所有人畏服，并借助对惩罚的恐惧约束人们履行信约，遵守第十四、十五章列出的自然法时，战争状态乃是人们的自然激情的必然结果。

[17.2] 自然法（诸如正义、公平、谦虚、宽恕，一言以蔽之就是"己所不欲，勿施于人"）本身，若没有某种力量的威慑，使它们受到遵守，是与我们的自然激情相违背的，这些激情驱使我们走向偏袒、骄傲、报复等等。若没有武力，信约便只是言辞，完全无力保障人的安全。因此，尽管有自然法（每个人只

— 133 —

是在有遵守的意志并在遵守后可保安全时，才会遵守），假如没有任何已建立的力量，或其不足以保障我们的安全，那么每个人将会合法地依靠自身的实力和计谋，提防其他所有人。在人们靠小家族生活的一切地方，互相抢劫和掠夺是一个行业，绝没有被当成违背自然法的事情，以至于他们抢得的赃物越多，其荣誉就越大。其中，人们不遵守其他任何法律，唯遵守荣誉法则，也就是不得残忍，不得夺人性命和农具。城邦和王国不过是大家族而已，先前小家族所做的一切，它们现在如法炮制，在危险临头、害怕入侵或有人可能协助入侵者等借口下，（为了自身的安全）扩张领地，尽其所能地努力以公开的武力或秘密的计谋，制伏或削弱邻邦，由于缺乏其他保障，这样做是正义的，还因此被后世称道。

〔17.3〕少量的人联合，也不能使人们得到这种安全。因为在少量的人中，某一方人数稍微增加，就可以使实力的优势大到足以决定胜负的程度，因而就会鼓励人们进行侵略。足以使我们确信能保障安全的群体，不是取决于任何确定的人数，而只取决于与我们所恐惧的敌人的比较；只有当敌人的数量优势不是显著到足以决定战争事态并促动其进攻时，这个群体才是足够的。

〔17.4〕一个群体纵然再大，如果他们的行动由他们的个别判断和个别欲望来指挥，就无法指望防御共同的敌人，或保护他们免于互相侵害。因为如果对于怎样最好地运用他们的实力，他们意见分歧，就不会彼此协助，反而互相妨碍；并由于互相对立，使他们的实力化为乌有。这样一来，他们不仅容易被协同一致的少量人制服，而且在没有共同敌人时，他们也会为了个别利益相互为战。因为如果我们可以假定，一大群人无须有任何使他们都畏服的共同力量，就能同意遵守正义和其他自然法，我们可以同样假定，在全人类中也会出现同样的情形，那么，世上根本

就不会有、也不需要有任何政府或国家，因为不需要臣服就会有和平。

[17.5] 就人们想要的持续终生的安全而言，如果他们只是在有限时间中，比如在一次战役或一次战争中，受唯一判断的指挥和统治，也是不够的。虽然他们因为一致努力对付外敌而取得一次胜利，可是后来当他们没有共同的敌人时，或者当一部分人视为敌人的人被另一部分人视为朋友时，他们就必然会因利益的分歧而解体，重新陷入彼此的战争。

[17.6] 诚然，某些生物比如说蜜蜂、蚂蚁等，能够彼此群居共处（因而被亚里士多德列为政治动物），而它们却只受它们的个别判断和欲望指挥，且没有言语能用来相互表达自己认为怎样才有利于共同利益，因此，有人或许想知道人类为什么不能这样。对此，我答复如下：

[17.7] 第一，人们不断竞求荣誉和尊严，这些生物则不然。在人们中间因此而引发嫉妒和仇恨，最终引发战争，而在这些生物中却没有这种情形。

[17.8] 第二，在这些生物中，共同利益与私利没有差异，它们因本性而趋于私利，由此达成共同利益。人的愉悦却在于拿自己和他人相比较，唯有出人头地才觉得受用。

[17.9] 第三，这些生物由于不（像人一样）运用理性，看不到、也不认为自己看到共同事务管理中的任何缺陷。而在人们中间，有很多人认为自己比其他人更智慧，更有能力统治民众，于是一些人奋力朝这一方向改革，另一些人奋力朝那一方向改革，从而使民众陷入分裂和内战。

[17.10] 第四，这些生物尽管能够运用声音，使彼此知晓各自的欲望和其他情感，可是它们缺乏那种言辞技艺，有些人借助这种技艺，能够对他人混淆善恶，夸大或缩小明显的善恶程度，

任意挑起人们的不满情绪，扰乱和平。

[17.11] 第五，无理性的生物不能区分侵害和损害，因此，只要它们身处安闲，就不会因同伴而生气。而人一旦身处安闲，则是最烦人的，因为这个时候，人喜欢卖弄自己的智慧，控制国家统治者的行动。

[17.12] 最后，这些生物的协同一致是自然的。人们的协同一致，却唯有通过人工的信约。因此毫不奇怪，（除了信约以外）还需要某种其他的东西，使他们的协同一致恒定而持久，那便是使他们畏服、把他们的行动引向共同利益的共同力量。

[17.13] 要建立这样一个共同力量，使他们能够抵抗外敌入侵和彼此之间的侵害，从而保障他们能够以实业和土地的果实为生，并生活得满意，只有一条路，那就是把他们的一切力量和实力，赋予一个人或一个多人会议，这个人或会议，把他们以众多声音表达的多个意志，化约为一个意志。这就等于说，指定一个人或一个会议来承担他们的人格，每个人都主有这个承担他们人格的人在有关公共和平与安全方面做出的任何行动，或使他人做出的任何行动，承认自己是这些行动的授权人。在这些方面，每个人都使自己的意志服从他的意志，使自己的判断服从他的判断。这不仅仅是同意或协同，而是他们所有人真正统一于唯一人格中，这个人格是通过每个人与每个人的信约制作的，就仿佛每个人对每个人说，我授权并放弃统治自己的权利给这个人或这个多人会议，条件是你同样地放弃你的权利给他，授权他的一切行动。做到这一点，该群体像这样统一于唯一人格中，就称为国家，拉丁语中称为 Civitas。这就是那伟大的利维坦的诞生，或者（以更虔敬的方式讲）那有朽的上帝的诞生，我们在不朽的上帝之下的和平与防御，全都归功于他。凭借国家里的每个人给他的这种权威，他得以运用赋予他的极大力量和实力，以至于凭他

的威慑，能够使他们所有人的意志保持一致，致力于国内和平，并互相帮助以抵御外敌。正是在他身上，具有国家的本质，（可以把国家界定如下）国家是一大群人通过彼此相互立约已使他们自己都成为他行为的授权人，以便他可以按他认为有利的方式运用他们一切人的实力和手段来维护他们的和平与共同防御所形成的唯一人格。

[17.14] 承担这一人格的人被称为主权者，并被说成拥有主权者权力，其余每个人都是他的臣民。

[17.15] 这一主权者权力以两个途径取得：一是凭自然的强力，比如一个人使其子孙服从其统治，因为他们若是拒绝，他能够毁灭他们；或者通过战争使敌人屈从其意志，以此为条件给予他们生命。另一个途径是，人们因自信被他保护以防御其他一切人，自愿地达成一致，服从一个人或一个多人会议。后者可以称为政治的国家或创建的国家，前者可以称为获得的国家。我首先要讲创建的国家。

第十八章　论创建的主权者的权利

[18.1] 何谓创建一个国家。[18.2] 这一创建的推论是：[18.3] 一、臣民不得变更政体。[18.4] 二、主权者权力不得被剥夺。[18.5] 三、任何人不得反抗大部分人所宣示的主权者。[18.6] 四、主权者的行动不得被臣民正义地指控。[18.7] 五、主权者的任何行动不得被臣民惩罚。[18.8] 主权者是关于何谓臣民的和平与防御所必需事项的判断者。[18.9] 六、是关于何种学说适于教导臣民的判断者。[18.10] 七、制定法规的权利，每个臣民通过法规可知道什么是他自己所有的，其他臣民不得从他手中夺走而不违背正义。[18.11] 八、司法和裁决争议的权利属于主权者。[18.12] 九、按照他认为最好的方式发动战争与缔结和平的权利。[18.13] 十、遴选和平与战争时期的所有顾问、臣工、官长和吏员的权利。[18.14] 十一、赏罚的权利，（在事先没有法律规定赏罚方式的地方）任意赏罚的权利。[18.15] 十二、规定荣誉与品级的权利。[18.16] 这些权利是不可分割的。[18.17] 主权者权力若未被直接否弃，就不得被让出。[18.19] 在主权者权力面前，没有臣民的权力与荣誉。[18.20] 主权者权力不如没有这种权力所带来的伤害大，这种伤害绝大部分是出于不甘心服从少数人。

[18.1] 所谓国家之创建，就是一群人协同一致，每个人与每个人立约，无论任何人或会议被大部分人赋予承担他们所有人之人格的权利（也就是说，成为他们的代表），每个人无论赞成还是反对，都同样地授权该人或会议为了他们和平生活与防御他人而做出的一切行动和判断，就仿佛那是自己的行动和判断。

[18.2] 从国家的这一创建中，可得出因聚集之人民的同意而被赋予主权者权力的个人或会议的所有权利和职权。

[18.3] 第一，因为他们订立信约，这应该理解为他们不再有义务受先前信约的约束去做与此相冲突的事，所以，已经创建了一个国家的人们，既由此受到信约的约束，主有一人的行动和判断，若没有他的允许，就不得合法地在他们自己中间订立新的信约，在任何事情上服从其他任何人。因此，已成为一位君主的臣民的那些人，若没有他的许可，就不得抛弃君主制，返回乌合之众的混乱状态；也不得把他们的人格从他这个承担者转给另一个人或其他会议。因为他们每个人与每个人立约，主有已成为他们主权者的人做出的一切以及他认为适于做出的一切，并被认为是这一切的授权人。所以，当任何一个人不同意时，其他一切人就会违背他们与该人订立的信约，这就是不义。既然他们所有人都已经把主权赋予那个承担他们人格的人，因此如果他们废黜他，他们就从他身上夺走他的东西，这也是不义。此外，如果企图废黜其主权者的人，因这种企图而被主权者杀死或惩罚，那么他也是自己所受的惩罚的授权人，由于这一创建，他是其主权者做的一切事情的授权人。因为就一个人而言，去做任何一件事，他会因此被自己的权威惩罚，去做这件事就是不义，他也要被扣上不义之名。尽管有些人对于自己不服从主权者一事所提出的借口是，他们与上帝而不是与人订立了新的信约，但这也是不义

的。不通过某个代表上帝的人作为中介，就不可能与上帝立约，而这只有在上帝之下拥有主权的上帝之副手才能做到。但是，这种与上帝立约的借口显然是谎言，甚至在那些骗子的良心中也是如此，所以这种行为不仅具有不义的倾向，而且具有恶毒的、缺乏男子气概的性质。

[18.4] 第二，因为承担他们所有人的人格这项权利，仅仅是通过他们彼此的信约而不是主权者与他们任何人的信约被赋予他们所确立的主权者的，所以主权者一方就不可能违背信约。因此，他的任何臣民不得以剥夺他的主权为借口而解除对他的臣服。成为主权者的人没有预先同他的臣民订立任何信约，这是显而易见的，因为他要么必定与整个群体立约，以之为信约的一方，要么必定与每个人分别立约。与全体为一方立约是不可能的，因为他们在那时不是唯一人格。如果有多少人他就与多少人分别立约，那么在他有了主权以后，那些信约就无效了，因为他的任何可能被他们任何人妄称为违背信约的行为，都是该人和其余一切人的行为，因为这是以他们每个人的人格、并根据他们每个人的权利做出的。此外，如果他们中的一个人或多个人妄称主权者违背创建时订立的信约，而他臣民中的其他人或主权者自己又声称没有违背，在这种情况下，就没有任何判断者来解决这一争议，因此便会重新诉诸武力，每个人都恢复以各自的实力保护自己的权利，这有违他们在建立国家时抱有的意图，因此通过事先订立信约的方式授予主权就是徒劳的。有人认为，任何君主取得其权力都是凭借信约，也就是说是有条件的，这种意见源于不理解这条简单的真理：信约不过是言辞和气息，无力约束、遏制、强迫或保护任何人，除非从公共的武力取得力量，也就是说，从一个拥有主权的人或会议的不受束缚的手中取得力量，这个人或会议的行动得到因他而统一的他们所有人的担保，并以他

— 140 —

们所有人的实力来执行。但是，当一个会议成为主权者时，没有人会认为在创建时有过这种信约。例如，没有人会迟钝得竟然说，罗马人民与罗马人订立了一个信约，规定根据某某条件保有主权，这种信约若是没有履行，罗马人就可以合法地废黜罗马人民。人们之所以看不到君主制与平民政体的道理相同，是由于某些人有野心，他们偏爱自己有望参加的会议政体，而对君主制感到灰心绝望。

［18.5］第三，因为大部分人通过同意的声音宣示了一个主权者，所以，持异议的人这时必须赞同其余的人，也就是说，他必须心甘情愿地承认主权者要做的一切行动，否则就要被其余的人正义地消灭。如果他是自愿地加入他们组成的集体，他就因此充分地宣示了自己的意志（因而以默示的方式订立信约），愿意遵守大部分人所规定的事情。因此，他若是拒绝遵守或声言反对他们的任何法令，便是违背自己的信约，因而是不义的。无论他是否属于该集体，无论是否征求了他的同意，他要么必须服从他们的法令，要么留在他以前所处的战争状态下，任何人都可以消灭他而不为不义。

［18.6］第四，因为每个臣民因这一创建而成为所创建的主权者的一切行动和判断的授权人，所以，他做任何事都不可能对其臣民构成侵害，也不应当被他们中的任何人指控为不义。一个人根据另一个人的权威做出任何事情，在该事情上不可能对授权人构成侵害。而由于国家的这一创建，每一个别的人都是主权者所做的一切的授权人，所以抱怨主权者进行侵害的人，就是抱怨自己所授权的事情，因此他应当指控自己而非别人，他甚至不应当指控自己进行了侵害，因为一个人要对自己进行侵害是不可能的。诚然，拥有主权者权力的人会有失公平，但其行事不会构成严格意义上的不义或侵害。

[18.7] 第五，由上一点得出，拥有主权者权力的人不得被臣民正义地处死，或以任何方式加以惩罚。鉴于每个臣民都是其主权者行动的授权人，那样就是为自己做出的行动去惩罚另一个人。

[18.8] 因为这一创建的目的，是为了他们所有人的和平与防御，而任何对目的拥有权利的人，也拥有对手段的权利，所以，拥有主权的任何人或会议，有权判断和平与防御的手段，判断对和平与防御的阻碍和妨害，做他认为对维护和平与安全有必要的任何事情，以预先阻止内部纷争和外部敌意，以及在和平与安全已失去时加以恢复。

[18.9] 因此，第六，附属于主权的有，判断哪些意见和学说违背和平，哪些有益于和平，因而在对民众讲话时，哪些人在什么场合和什么程度内应受到信任，以及在每本书出版前由谁来审查其学说。因人们的行动发端于其意见，为了他们的和平与和谐起见，良好地管控意见就是良好地管控人们的行动。尽管在学说问题上，应当考虑的唯有真理，但这与根据和平对之加以管制并不冲突。与和平相冲突的学说不可能成其为真理，正像和平与和谐不可能违背自然法一样。诚然，在一个国家里，由于统治者和教师们的疏忽或颟顸，错误的学说逐渐被普遍接受，各种互相对立的真理通常令人恼怒。而一种新真理突然大行其道，却从来不会破坏和平，只是有时会唤醒战争。因为那些受到极其懈怠的统治，以至于敢用武力保卫或引入一种意见的人们，仍处于战争之中，他们的处境并非和平，而只是因互相恐惧而造成的暂时停战，他们就像是持续地生活在战场中一样。因此，拥有主权者权力的人，有权担任或任命意见和学说的判断者，这是和平所必需的事情，以借此防止纷争和内战。

[18.10] 第七，附属于主权的有，制定法规的全部权力，每

— 142 —

个人通过法规知道，哪些财物是他可以享有的，哪些事是他可以做的，其他任何臣民同胞不得妨害：这就是人们所谓的所有权。（如上所述）在建构主权者权力之前，一切人对一切事物都有权利，这必然引起战争。这种所有权既为和平所必需，且取决于主权者，所以必须由主权者来规定，以便维护公共和平。这些有关所有权（也就是你的与我的之分）与臣民行动中的善、恶、合法与非法的法规，就是国法，也就是说，每个国家各自的法律，尽管国法一词如今只限于用来指古罗马城邦的国法，当时罗马城邦是世界很大一部分地区的领导者，其法律当时在那些地区就是国法。

[18.11] 第八，附属于主权的有司法权，也就是听审并裁决一切争议的权利，即关于国法或自然法的争议，或关于事实的争议。因为不裁决争议，就不能保护臣民，使他们免受他人的侵害，关于你的与我的之分的法律就形同虚设，每个人出于自我保全这一自然、必要的欲望，就仍保留以私人之力保护自己的权利，这乃是战争状态，有违每一国家创建之目的。

[18.12] 第九，附属于主权的有，与其他民族和国家进行战争与缔结和约的权利，也就是判断为了公共的善，何时招募、武装和供养多大军队的权利，以及向臣民征收金钱以支付战争费用的权利。人民借以获得防御的力量在于军队，而军队的实力在于其实力联合于唯一的指挥权之下，因此，创建的主权者拥有这种指挥权，因为无需其他制度，军队的指挥权就可使其拥有者成为主权者。因此，军队的将领不论由谁担任，拥有主权者权力的人始终是最高统帅。

[18.13] 第十，附属于主权的还有，遴选战争与和平时期的所有顾问、臣工、官长和吏员的权利。鉴于主权者负责共同和平与防御，这就意味着他有权运用他认为最适合于完成其职分的

手段。

[18.14] 第十一，委托给主权者的还有，根据他事先制定的法律对每个臣民赏赐财富或荣誉的权力与施加体刑、罚金或羞辱的权力，或者若先前没有制定法律，则根据他认为最有助于鼓励人们为国家服务或阻止人们危害国家的方式，施行赏罚的权力。

[18.15] 最后，考虑到人们自然地倾向于给予自己的评价，以及希望从他人那里得到的尊重，同时又考虑到他们对他人的评价是如何之低，由此会不断地引发争胜、吵闹、党争，最终酿成战争，以至于互相摧毁，并削弱他们针对共同敌人的实力，因此，必须有规定荣誉的法律和一个公开的价值标准，衡量已经或有能力为国家立功的人，此外还要有某些人掌握武力，使这些法律付诸实施。但上文已经说明，不仅国家的全部军队或武力，而且连一切争议的司法权都附属于主权。因此，主权者有权授予荣誉封号，规定每个人据有的品级和尊位，以及在公私应酬中他们应给予他人何种尊重的征象。

[18.16] 正是这些权利，构成主权的本质，也是借以识别主权者权力被置于和存在于哪个人或哪个会议手中的标志。这些权利是不可转让、不可分割的。铸造货币的权力、处置未成年继承人的家产与人格的权力、优先采购权以及其他法定的特权，可以被主权者移交出去，而保护臣民的权力却仍留在其手中。但是，如果他交出军队，他保留的司法权就形同虚设，因为法律将无法执行。如果他让渡出征税的权力，军队也就形同虚设。如果他放弃对学说的管控，人们就会因对幽灵的恐惧而被吓得起来作乱。因此，我们若是考虑以上任何一项权利，就会立即看出，若不保有其中任何一项，那么即使保有其余一切权利，在维持和平与正义方面也不会产生任何效果，而这是所有国家创建的目的。这种分裂就是所谓的"若一国自相分裂，那国就站立不住"：因为除

非先有这种分裂，否则就不会有分裂成对立阵容的情形。如果英格兰绝大部分人当初没有接受一种意见，认为这些权力在国王、贵族、平民院之间相分裂，那么人民便绝不会因分裂而陷入内战，首先是政见不同者之间的战争，后来是在宗教自由上各持异议者之间的战争，内战使人们在主权者权利的问题上获得极大教训，目前（在英格兰）很少有人看不出，在下次恢复和平时，这些权利不可分割且会被普遍承认，还会持续如此，直到人们忘记了苦难，除非民众得到比迄今更好的教导，否则这种情形将不再持续。

[18.17] 因为这些都是本质性的、不可分离的权利，所以必然得出，其中任何权利不论根据什么言辞似乎被让渡了，然而如果主权者权力本身并没有被明确的措辞放弃，而且主权者的名义也并非不再被受让人给予让渡者，那么这种让渡是无效的。因为当他让渡了他能让渡的一切时，如果我们回授以主权，那么一切权利又都不可分离地附属于主权而得以恢复。

[18.18] 这一巨大的权威是不可分割的，不可分离地附属于主权，所以有些人的意见是没有根据的，他们说，主权国王尽管大于个体（*singulis majores*），拥有比每一个臣民更大的权力，却小于全体（*Universis minores*），拥有比全体臣民更小的权力。如果他们所谓的全体，不是指作为唯一人格的集合体，那么全体和每一个人所指的就是一回事，这种说法是荒谬的。但是，如果他们把全体理解为唯一人格（就是主权者所承担的人格），那么全体的权力和主权者的权力就是一回事，在这种情形下，这种说法也是荒谬的。这种荒谬，当主权在一个人民会议时，他们看得很清楚，可是当主权在一个君主时，他们却看不到，而主权者权力不论被置于谁手中都是一样的。

[18.19] 与这种权力一样，主权者的荣誉也应当高于任何一

个臣民或所有的臣民。因为荣誉的源泉在于主权。勋爵、伯爵、公爵和亲王这些尊位都是他的创造物。正如在主人面前，仆人们都是平等的，没有任何荣誉可言，臣民们在主权者面前也一样。尽管不在主权者面前时，他们有些人较为闪耀，有些人较为晦暗，然而在主权者面前，他们就像太阳照临时的众星，不再闪耀。

[18.20] 但是，有人在这里或许要反驳说，臣民的处境太悲惨了，要受那个或那些手中握有无限权力的人的情欲和其他不正常激情摆布。通常来讲，在一个君主之下生活的人认为这是君主制的毛病，在民主政府或其他主权会议之下生活的人，则把这一切不便归于他们自己的政体，而一切政体中的权力，只要完善到足以保护人们，都是一样的。人们从不考虑，人类事务绝不可能没有这样或那样的不便。一般来说，在任何政体中可能发生的对人民的最大不便，比起伴随内战而来的苦难和可怕灾祸，或比起无主无君的人们因不服从法律，缺少强制力量束缚他们的掠夺和复仇之手而陷入的放纵状态，几乎是微不足道的。人们也从不考虑，主权统治者的极度压迫，绝不是缘于他们乐意损害或削弱臣民，也不是缘于他们这样做可望获得任何利益，臣民的活力是他们的实力和荣耀所在，而是缘于臣民自身的桀骜不驯，他们不愿为他们自己的防御做贡献，这就使得他们的统治者必须在平时尽量从他们身上征敛，以便在任何紧急情况或突然有需要时御敌制胜。人人都有自然赋予的一副高倍放大镜（即他们的激情和自爱），透过这种放大镜，支付每一笔微小的款项都像是巨大的冤屈，却缺少一副望远镜（即道德和政治科学），从远处瞭望笼罩在他们头上、不靠这种款项就无法避免的苦难。

第十九章　论几种创建的国家以及
主权者权力的继承

[19.1] 只有三种不同的政体。[19.2] 僭主制和寡头制不过是君主制和贵族制的不同名称。[19.3] 下属代表是危险的。[19.4] 君主制与主权会议相比较。 [19.14] 论继承权。[19.18] 现任君主有权处置继承事宜。[19.20] 根据明确言辞的继承权。[19.21] 根据不审正惯例的继承权。[19.22] 根据自然情感推断的继承权。[19.23] 即便将继承权授予一个外族的国王，也并非不合法。

[19.1] 国家的不同，在于主权者的不同，或者说群体的全部和每个人的人格代表的不同。因为主权要么在一个人，要么在一个多人会议；而这种会议，要么人人有权进入，要么并非每个人、而是某些与其余的人有区别的人才有权进入；所以显而易见，国家只可能有三种。代表必定是一人或多人，若是多人，要么是全部人的会议，要么是一部分人的会议。代表若是一人，国家就是君主制，若是全部人都可参加的会议，国家就是民主制或平民国家；若是仅仅一部分人的会议，国家就称为贵族制。除此而外，便没有其他的国家。因为不管是一人、多人还是全部人，都必须掌握完全的主权者权力（我已表明，这种权力是不可分割

— 147 —

的）。

[19.2] 在历史和政务书籍中，还有其他的政体名称，如僭主制、寡头制，但它们并不是其他政体的名称，而是同一些政体遭到厌恶时的名称。在君主制下感到不满的人就称之为僭主制，不喜欢贵族制的人就称之为寡头制，在民主制下感到愤懑不平的人就称之为无政府状态（意思是没有政府），而我想没有人会相信，没有政府也算一种新的政体。同理，人们不应当在他们喜欢时认为其政府是某一种类型，而在他们厌恶或受到统治者压迫时又认为它是另一种类型。

[19.3] 显然，处于绝对自由的人们，只要他们乐意，可以把权威赋予一个人来代表他们每一个人，也可以把这种权威赋予任何一个多人会议，所以他们如果认为有好处，可以绝对地臣服于一个君主或其他任何代表。因此，如果已设立了一个主权者，人民就不可能有其他代表，仅为了某些特定目的、受主权者限制的代表除外。因为假如设立了两个主权者，每个人就让自己的人格由两个行为人来代表，在他们彼此对立时就必须分割那个不可分割的权力（如果人们想过和平生活的话），因而就使该群体重回战争状态，有违一切主权之创建的目的。因此，认为一个主权会议若是邀请其领地的人民派遣有权呈述人民的建言或愿望的代议员，就应当把这些代议员、而不是把他们自己当成人民的绝对代表，这是荒谬的。在一个君主国中这么认为，同样是荒谬的。我真不知道，像这样一条明显的真理，近来为什么如此不被人注意，以至于在一个君主国中，一个根据六百年的家世拥有主权的人，而且唯有他被称为主权者，被他的每个臣民尊称为陛下，被他们毫无疑问地当作他们的国王，尽管如此，他却不被认为是他们的代表，代表这一名称竟然毫不矛盾地与那些人的称号相混淆，就是奉他的命令被人民派来呈递请愿书，（在他的许可下）

向他提出建言的人。对于那些是人民真正的、绝对的代表的人来说，这可以作为一个警示，如果他们想要履行他被委托的信任，就要教导人们认识该职位的性质，并提防人们在任何情形下接受任何另一个总代表。

[19.4] 这三种国家的不同，不在于权力的不同，而在于在造就人民的和平和安全方面具有不同的便利性或倾向，国家之创建正是为了这一目的。以君主制与其他两种政体相比较，我们可以看到：第一，无论谁承担着人民的人格，或作为承担该人格的会议的一员，其也承担着自己的自然人格。尽管他会在政治人格中留心谋求共同利益，但也会更多地或同样地留心谋求自己及其家族、亲属和朋友的私利，而且在大多数情况下，如果公私利益碰巧发生冲突，那么他会首先顾及私利，因为人们的激情通常比他们的理性更有力。由此得出，在公私利益结合得最紧密的地方，公共利益能得到最大的促进。在君主制下，私人利益与公共利益是一回事。一个君主的财富、力量和荣誉，全都来自其臣民的财富、实力和声誉。臣民若是穷困或令人藐视，或因贫乏、分裂而积弱，以至于不能作战御敌，国王就不可能富裕、荣耀和安全。而在民主制或贵族制下，公共的繁荣对于腐败或野心之人的私人财富，所给予的往往不如奸诈的建议、叛逆的行动或内战那样多。

[19.5] 第二，一个君主可以任意在任何时候、任何地点听取任何人的建议，因此，对于他所权衡的事务，他可以听取专家的意见，不管他们的等级和地位是什么，而且只要在他行动前都可以听取，要多保密就多保密。但是，当一个主权会议需要听取建议时，唯有自始就有权利的人才可参与会议，这些人大多数精于谋财而拙于求知，发表建言时长篇大论，其建言通常确实鼓舞人们行动，却无法从中加以支配。激情之火只能使知性迷乱，却

— 149 —

不能使人眼明。一个会议因为其本身人数众多，所以不可能有任何时间与地点秘密地听取建议。

[19.6] 第三，一个君主的决断仅只受制于人性的变化无常，但在一个会议中，除人性的变化无常以外，还有人数所产生的变化无常。一些会继续坚持、本来可使决断形成的人（因安全、疏忽或私事缠身）缺席，或者一些持反对意见的人起劲地出席，就会使昨天达成的一切决议今天又被撤销。

[19.7] 第四，一个君主绝不会由于嫉妒或利益而与自己意见不一致，但一个会议却会这样，甚至达到可引起内战的程度。

[19.8] 第五，在君主制中有一种不便，就是任何臣民的全部财产都可以被一人的权力剥夺，以养肥受宠者或谄佞人物。我承认，这是一个很大的、不可避免的不便。但是，同样的事情在主权者权力由一个会议握有的地方也会发生，因为他们的权力是同样的。他们一样受制于恶劣的建议，并受演说家引诱，就像一个君主听信谄佞一样。他们还会互相奉承，狼狈为奸，以各遂其贪欲与野心。君主的受宠者为数甚少，而且除了自己的亲属以外，不需要拔擢其他任何人，而会议的受宠者却为数甚多，其亲属远多于任何君主的亲属。此外，一个君主的受宠者无不既能伤害他的敌人，也能救助他的友人。而演说家亦即主权会议的受宠者，虽然有极大的权力来进行伤害，却没有什么权力来援救别人。（就人性而言）指控比辩护所需要的辩才更少，而谴责比赦免更像是正义。

[19.9] 第六，君主制还有一个不便，就是主权者权力会传到一个幼主或一个不能分辨善恶的人手中。这样一来，其权力的运用必须假手另一人或某种多人会议，作为他的人格和权威的监护人和管理人，根据他的权利并以他的名义统治。但如果说把主权者权力之运用假手于一人或一个多人会议有不便，这就等于

说，一切统治比混乱局面和内战更加不便。因此，一切能够妄称的危险，必然是由那些可以成为这个有巨大荣誉和利益的职位的竞争者的斗争引起的。为了表明这种不便不是从我们所谓的君主制这一政体中产生的，我们将考虑，假如前任君主已通过遗嘱明确地指定，或通过不审正公认的既定惯例默许地指定，谁将享有对其幼年继承人的监护权，那么这种不便（如果发生），就不能归咎于君主制，而只能归咎于臣民的野心和不义。这在所有的政体中，只要臣民在有关自己的责任和主权的权利方面没有受到良好的教育，都是一样的。或者，假如前任君主完全没有就这种监护权做出安排，那么，自然法已规定了这条充分的法则，就自然本性而言，监护权应当归于那个保全幼主的权威对之最有利，而幼主死亡或地位削弱对之最不利的人。鉴于每个人在本性上都谋求自己的利益和升迁，把幼主交给那些因其陨灭或损害而能够得到升迁的人手中，就不是监护，而是窃国。因此，在对有关孩童统治问题的一切正当争执作了充分的规定以后，要是再发生任何斗争，扰乱公共和平，就不能归咎于君主制，而只能归咎于臣民的野心和他们对自身责任的无知。另外，任何一个大国，若其主权在一个大会，关于和平、战争和立法的商讨，就处在与孩童统治一样的处境。正如孩童缺乏判断力，无法反对对他提出的建议，因而必须接受他们的建言，一个会议也缺乏自由，无法反对大部分人的建议，无论建议是好是坏。正如孩童需要一个监护人或保护者来维护他的人格和权威：（在大国中）主权会议遇到一切重大危机和动乱时，也需要自由监护主（*custodes libertatis*），也就是独裁官，或权威保护人。这种人相当于临时君主，在一个时期内，他们会委托他运用他们的一切权力，在这个时期结束时，他们的权力被剥夺的情况比幼年国王的权力被保护人、摄政者或其他任何监护人剥夺的情况更常见。

[19.10] 正如我已表明的，主权的类型只有三种：君主制，一人拥有主权；民主制，臣民大会拥有主权；贵族制，被指定的部分人或比其余人卓著的部分人组成的一个会议拥有主权。然而，人们若是考察古往今来世界上的各个国家，或许难以把它们化约为三种，因而会倾向于认为还有这些政体混合而成的其他政体。例如，选举制王国，在那里国王只是在一个时期内拥有主权者权力；还有一种王国，其国王的权力是有限的。不过，这些政体仍被大多数作家称为君主制。同样，如果一个平民国家或贵族国家制服了敌国，派一个总督、节度使或其他官长进行统治，这乍一看似乎是一种民主政体或贵族政体。但并非如此。一个选立的国王并不是主权者，而是主权者的臣仆，一个权力有限的国王也不是主权者，而是拥有主权者权力的那些人的臣仆。臣服于另一个民主制国家或贵族制国家的行省，其统治方式不是民主制或贵族制，而是君主制。

[19.11] 首先，关于选立的国王，其权力要么仅限于本人终身拥有，像现在基督教世界中的许多地方那样，要么仅限于若干年或若干月拥有，像罗马人的独裁官的权力那样。如果他有权指定继承人，他就不再是选立的国王，而是世袭的国王。但是，如果他没有权力选择继承人，那么就有另一个众所周知的人或会议在他死后选立一个新国王，否则国家就会随着他的死亡而解体，复归于战争状态。如果已经知道谁有权力在国王死后授予主权，那也就知道主权原先就在他们手中。没有人有权把他们自己无权占有和保留的东西授予别人，哪怕他们认为那东西是好的。但如果在原先选立的国王死后没有人能够授予主权，那么人们为了不至于陷入内战的悲惨处境而委以统治的那个人就有权力，而且根据自然法有义务确定继承人。由此可见，他被选出时就是一个绝对的主权者。

— 152 —

［19.12］第二，权力有限的国王，其地位不高于有权力限制其权力的某个人或某些人，而地位不高于他人的人就不是地位最高的人，也就不是主权者。因此，主权便始终存在于有权限制他的会议之中，这样一来，其政府就不是君主制，而是民主制或贵族制，古代的斯巴达就是这样，两个国王有率领军队的特权，主权却在监察委员会。

［19.13］第三，尽管此前罗马人民以总督统治（比如说）犹太地，但犹太并不因此是民主制，因为他们不是被一个他们任何人都有权参与的会议统治，也不是贵族制，因为他们不是被一个他们任何人能够通过选举参与的会议统治。他们实际上是被唯一人格统治，对罗马人民来说，该人格是一个人民会议，或民主政体，但对完全无权参与统治的犹太人来说，该人格却是一个君主。尽管如果一国人民被一个由他们从自己当中选举产生的会议统治，其统治就称为民主制或贵族制，但如果他们被一个并非由他们选举产生的会议统治，其统治却是君主制，不是一个人统治另一个人的君主制，而是一国人民统治另一国人民的君主制。

［19.14］就这一切政府形式而言，物质终将消亡，非但君主会死，全部会议成员也会死，为了维持人们的和平，正如有必要遵命制作一个人工的人，也有必要遵命制作人工的永恒生命。没有人工的永恒生命，被一个会议统治的人们，每一个时代都会复归于战争状态，被一人统治的人们，在他们的统治者死后同样如此。这种人工的永恒生命，就是人们所谓的继承权。

［19.15］没有哪一种完美政体，对继承权的处置不是由现任主权者掌握的。假如它是由其他个别人或私人会议掌握，那就是由臣民人格掌握，主权者可以任意取得，因此这项权利仍是由他自己掌握。假如它不是由任何个别人掌握，而是有待重新选举，那么国家就解体了，这项权利就归于能够把它夺到手的人，这有

违为了永久安全而非暂时安全创建国家的意向。

[19.16] 在民主制中，除非被统治的人群都被消灭，否则人民会议不可能消灭，因此，继承权问题在这一政体中完全不存在。

[19.17] 在贵族制中，会议的任何成员死亡后，补缺选举事宜属于作为主权者的会议，所有顾问与官员的选任事宜都属于该会议。因为代表作为行为人所作的事，就是每一个臣民作为授权人所作的事。主权会议虽然可以将权力授予他人，以选出新任者补充其议员人选，但选举仍然是根据他们的权威进行的，（当公众有要求时）也可以根据他们的权威予以撤销。

[19.18] 有关继承权的最大疑难，发生在君主制中。这种疑难源于，乍一看由谁来指定继承人，并不明确，许多时候，他已指定谁为继承人，也不明确。在这两种情况下，需要一种比每个人习惯于运用的更精确的推理。关于谁来指定有主权者权威的君主的继承人的问题，也就是说，继承权由谁来决定的问题（选立的国王和王侯之拥有的主权者权力，并不是所有权，而只是使用权），我们要考虑的是，要么在位的国王有权处置继承事宜，要么这种权利又归于已瓦解的该群体。拥有主权者权力的所有权的人死后，根本没给该群体留下任何主权者，也就是说，没有给他们留下任何他们应借其得以统一、因而能够作出统一行动的代表，因此他们不能选举任何新的君主，每个人都有平等的权利服从他认为最能保护他的人，只要他能够，他也有权力用自己的武力保卫自己，这就重回混乱状态，回到每个人对每个人的战争状态，有违君主国一开始创建的目的。因此显而易见，根据君主国之创建，继承人的安排，总是交给当前在位者根据自己的判断和意志处置。

[19.19] 至于在位君主曾经打算让谁为其权力继承人的问

题，要根据他明确的言辞和遗嘱或其他充分的默会征象来决定。

〔19.20〕根据明确的言辞或遗嘱，是指他在世时以 *口谕*（*viva voce*）或文书宣布过决定，比如罗马最初的几位皇帝宣布过谁是其继承人。继承人一词本身并不意味着一个人的子女或近亲，而只是指一个人以任何方式宣布的将继承其地位的任何人。因此，如果一个君主以讲话或文书明确地宣布某某人将成为其继承人，那么该人在前任死后就立即拥有当君主的权利。

〔19.21〕但如果没有遗嘱或明确的言辞，就要遵从其意志的其他自然征象：其中之一是惯例。因此，如果惯例是完全由其近亲继承，那么其近亲就有继承权，因为假如在位者不愿如此，他在世时是很容易宣布这一点的。同理，如果惯例是由男性近亲继承，那么继承权就落到男性近亲身上。如果惯例是先女后男，情形也一样。因为无论什么惯例，人们都可以用言辞加以审正，假如他没有这样做，那便是他承认该惯例的自然征象。

〔19.22〕但是，如果事先既没有惯例，又没有遗嘱，就应当这样理解，第一，一个君主的意志是政体要保持君主制，因为他本人一直赞成这种政体。第二，他本人的子女优先于其他任何人，因为可以认为，就本性而言，人们更愿擢升自己的子女而非别人的子女，而在他们本人的子女中，更愿擢升男性而非女性，因为就本性而言，男子比女子更适宜于从事辛苦和危险的活动。第三，如果他本人没有子嗣，其兄弟就优先于外人，以此类推，总是血缘较近的人优先于较远的人，因为总是可以认为，亲属愈近，感情也愈厚，且显而易见，一个人总是因最近亲属的崇高地位，间接地获得极大的荣誉。

〔19.23〕可是，如果说一个君主以契约的言辞或遗嘱处理继承权问题是合法的，那么人们可以提出一个很大的不便来加以反对：他可以把他的统治权卖给或授予一个外国人，因为外国人

（也就是不习惯在同一个政府之下生活，不是说同一种语言的人）通常彼此轻视，所以有可能转而压迫其臣民，这诚然是一个很大的不便，但它并不必然是缘于臣服于一个外国人的统治，而是缘于统治者们不善执政，不懂得真正的政治法则。因此，罗马人在制服了许多民族之后，为了使人们接受他们的统治，往往尽他们认为必要的程度消除这种怨恨，其方式是，不仅将罗马人的特权有时赋予被征服的每个民族全体，有时赋予其中的主要人物，还称之为罗马人，甚至请他们许多人到罗马城中担任元老院议员和要职。正是出于这个目的，我们最智慧的詹姆斯王努力使他的两个王国英格兰与苏格兰合并。假如他达成了这一点，很可能就阻止了目前使这两个王国陷入悲惨境地的内战。因此，一个君主按其意志处置继承权，并不对其人民构成任何侵害，尽管由于许多君王的过失，这有时被认为是不便的。关于其合法性，还有一个论据是，不论把王国给予一个外国人会引起怎样的不便，和外国人结婚也会引起同样的不便，因为在这种情形下继承权会落到他们身上：然而人人都认为这种婚姻是合法的。

第二十章　论家长的支配权与专制的支配权

[20.1] 获得的国家。　[20.2] 与创建的国家有何不同。[20.3] 在两种国家里，主权的权利相同。[20.4] 家长的支配权如何获得。不是由生育，而是由契约；[20.5] 由教育；[20.6] 或父母一方对另一方先前的臣服。[20.9] 其继承权遵循占有权的法则。　[20.10] 专制的支配权如何获得。[20.11] 并非来自胜利，而是来自战败者的同意。[20.15] 家族与王国的不同。　[20.16] 由圣经得出的君主权力。[20.18] 主权者权力在所有国家里都应当是绝对的。

[20.1] 获得的国家，就是主权者权力是以武力获得的国家。当人们出于对死亡或禁锢的恐惧，单独或许多人一起以多个声音，授权握有他们生命和自由的人或会议的一切行动时，主权者的权力便是以武力获得。

[20.2] 这种支配权或主权，与创建的主权的不同仅仅在于，在后者那里，人们选立其主权者，是出于他们相互之间的恐惧，而不是出于对所立之人的恐惧；而在这里，他们臣服于他们害怕的那个人。但在两种情形下，人们这样做都是出于恐惧。这一点值得有些人注意，他们认为，出于对死亡或暴力的恐惧的信约是无效的。假如这是正确的，那么任何一种国家里的人都不会有义务服从

了。诚然，国家一旦创建或被获得之后，出于对死亡或暴力的恐惧的承诺，就不是信约，当所承诺的事物违背法律时，也没有约束力。但其理由不是因为它是出于恐惧做出的，而是因为作出承诺的人，对他所承诺的事物没有权利。此外，当他可以合法地履约而没有履约时，不是该信约无效，而是主权者的判决使他获得赦免。否则，一个人不论何时合法地作出承诺，违背承诺就是不合法的。但是，当主权者亦即行为人解除了他的义务时，他就被那个逼他作出承诺的人亦即这种赦免的授权人解除了义务。

[20.3] 不过，在两种国家里，主权的权利和推论是一样的。主权者的权力，非经他同意不得转移给他人，不得剥夺他的这种权力。他不得被任何臣民控诉其侵害，他不得受他们惩罚。他是和平必需事项的判断者，是学说的判断者。他是唯一的立法者，是争议的最高判断者，是和平与战争的时间和时机的最高判断者。属于他的权利还有，遴选官长、顾问、将帅以及其他一切官员与臣工，决定奖赏、惩罚、荣誉和品级。其理由与上一章关于创建主权的同一些权利和推论所提出的理由相同。

[20.4] 支配权之获得有两种方式，一是由生育，一是由征服。由生育获得的支配权是父母对其子女拥有的权利，称为家长的支配权。它不是来自生育，仿佛父母因生育了子女就对子女拥有支配权似的；而是来自子女的同意，即明确表达的或以其他充分证据宣布的同意。关于生育，上帝为男子规定了一个协助者，父母双方始终平等。因此，对子女的支配权应该平等地属于双方，子女应该平等地臣服于双方，而这是不可能的，因为没有人能服从两个主人①。尽管有些人将这种支配权只归属于男子，原

---

① 一人不能事二主，出自《马太福音》6：24，原文为："一个人不能侍奉两个主；不是恶这个、爱那个，就是重这个、轻那个。你们不能又侍奉神，又侍奉玛门。"另见本书29.15、42.102、42.123。

因是男性更优越，但他们这种想法是错误的。因为男女之间在体力和明智方面并不总是有那么大的差别，以至于这种权利无需战争就能定下来。在国家里，这一争议是由国法决定的，其中大多数判决（并非永远如此）有利于父方，因为大多数国家是由家族中的父亲建立的，而不是由母亲建立的。不过现在问题在于纯粹自然状态，其中既没有婚姻法，也没有子女教育的法律，而只有自然法，与两性彼此之间及其对子女的自然倾向。在这种纯粹自然状态下，父母双方要么通过契约来处置对子女的支配权，要么完全不加处置。如果他们加以处置，那么这种权利就根据契约转让。我们在历史上看到，亚马逊人与她们赖以传嗣的邻国男子订约，生男送归该国，生女则留归她们自己，所以对女性的支配权属于母亲。

〔20.5〕若是没有契约，支配权就属于母亲。因在纯粹自然状态下，没有婚姻法，除非母亲宣布，否则就不知道孩子的父亲是谁。因此，对子女的支配权利取决于母亲的意志，所以归属于母亲。又，鉴于婴儿最初处于母亲的权力之下，母亲既可加以养育，也可加以抛弃。如果她加以养育，婴儿就从母亲那里获得生命，因此有义务服从她而不是服从其他任何人，所以对婴儿的支配权属于母亲。但是，如果她加以抛弃，另一个人捡到并加以养育，那么其支配权就归于养育者。婴儿应当服从自己赖以得到保全的人。因为，一个人臣服于另一个人的目的是保全生命，每个人对掌握其生杀之权的人都应该承诺服从。

〔20.6〕如果母亲是父亲的臣民，那么子女就处在父亲的权力之下：如果父亲是母亲的臣民（比如当一个主权女王与她的一个臣民结婚时的情形），那么子女就臣服于母亲，因为父亲是她的臣民。

〔20.7〕如果男女双方是两个不同王国的君主，生育子女并

— 159 —

订立契约规定谁对子女有支配权，其支配权便由该契约让渡。如果他们没有订立契约，其支配权就取决于子女住处的支配权。因为每个国家的主权者对于境内所有居民都有支配权。

[20.8] 对子女有支配权的人，对子女的子女及其子女也有支配权。因为对一个人的人格有支配权，便对他的一切都有支配权，否则，支配权便徒有虚名而无实效了。

[20.9] 家长支配权的继承权，其处置方式与君主继承权相同，对此我在上一章已作了充分说明。

[20.10] 由征服或战争胜利所取得的支配权，就是有些作家所谓的专制的支配权，这个词来自希腊语Δεσπότης，意思是主人，这是主人对其仆人的支配权。这种支配权是胜利者所获得的，当战败者为了避免眼前的死亡之祸，以明确的言辞或其他充分的意愿征象订立信约，只要允许他保全生命和人身自由，胜利者便可以对之加以任意使用。这样立约之后，战败者就成为仆人，但订约之前不是。因为仆人（Servant）一词（不论是来自Servire，服役，还是来自Save，赦生，这一点我留给文法家去争论）不是指俘虏，即关在监狱或禁锢中，等待俘获他的主人或从俘获者那里购买他的主人考虑对其要如何处置的人（这种人通常称为奴隶，根本没有任何义务，而是可以正义地破坏禁锢或监狱，杀死或俘获其主人），而是指被俘获后承诺不逃跑，也不对其主人使用暴力，因而被允许有人身自由，受其主人信任的人。

[20.11] 因此，对战败者的支配权并非来自胜利，而是来自他自己的信约。他受义务约束，不是因为被征服，也就是被打败、被抓住或被打跑，而是因为他迁就并服从胜利者。胜利者在没有承诺赦生之前，也不因敌人投降就有义务因此使其屈服免受裁断，投降一事，胜利者只有以自己的明辨认为适宜才受义务约束。

[20.12] 当人们要求（如今所谓的）饶命（希腊人称之为

Ζωγρία，生擒）时，他们之所为，是通过服从来避免胜利者当下的暴怒，并议定以赎金或服役换取生命。因此，获得饶命的人并没有被免死，只是暂时保住生命，以待进一步权衡。因为这不是以保全生命为条件的屈服，而是有待辨别。唯有当胜利者给他人身自由之时，他的生命才获得保障，他的服役才是应当的。在监狱里或带着镣铐劳作的奴隶，不是出于义务而劳作，而是为了避免监工的虐待。

［20.13］仆人的主人，也是仆人所拥有的一切的主人，对之可以随时索用。也就是说，仆人的财货、劳动、仆人、子女，只要主人认为适合，就可以随时索用。因为他保有其主人给予他的生命，乃是通过立约服从，也就是主有并授权主人会做出的任何行动。假如主人在他拒不服从时杀死他，或把他禁锢起来，或以其他方式惩罚他，那么仆人自己就是这一切的授权人，不能指控其主人侵害。

［20.14］总之，无论家长的支配权还是专制的支配权，其权利和推论与创建主权者的这一切完全相同，所根据的理由也相同，这些理由已在上一章提出。所以，一个人若是多个民族的君主，他在一个民族中拥有主权，是由聚集之人民的创建，而在另一个民族中拥有主权，是由征服得来，即因每一个别人为了避免死亡或禁锢而服从，如果他因征服的名义，把后者视为被征服民族，对之提出多于前者的要求，那就是不懂得主权权利的行为。主权者对于两个民族来说都是绝对的，否则便没有主权，以至于每个人只要办得到，就可以合法地用自己的武力保卫自己，而这便是战争状态。

［20.15］由此看来，一个大的家族，如果不是某个国家的一部分，就主权的权利而言，其自身就是一个小君主国，不论该家族是由一个人及其子女构成，还是由一个人及其仆人构成，抑或是

由一个人及其子女和仆人构成。在里面，父亲或主人就是主权者。不过，一个家族严格来讲并不是国家，除非它因其自身的人数或其他机缘而具有一种力量，以至于不冒险开战就不会被制伏。因为如果一些人显然太弱，不足以联合自卫，那么每个人在危险时刻，都可以运用自己的理性来挽救自己的生命，或是逃走，或是服从敌人，看他自己认为什么最好而定，其情形就像一小队士兵被一大队人马袭击时，可以放下武器求饶或逃走，而不被置身于刀剑之下。关于我根据人们出于其本性、需要和意图建立国家、将其自身置于被托付了足够力量保护他们的君主或会议之下，通过思辨和演绎所发现的有关主权者权利的一切，说这么多就够了。

[20.16] 现在，让我们来考虑圣经在这一点上有什么教诲。以色列的子民对摩西说："求你和我们说话，我们必听；不要神和我们说话，恐怕我们死亡。"（出 20.19）这是对摩西的绝对服从。关于王的权利，上帝凭借撒母耳的口，说："管辖你们的王必这样行：他必派你们的儿子为他赶车、跟马，奔走在车前；又派他们作千夫长、五十夫长，为他耕种田地，收割庄稼，打造军器和车上的器械；必取你们的女儿为他制造香膏，做饭烤饼；也必取你们最好的田地、葡萄园、橄榄园赐给他的臣仆。你们的粮食和葡萄园所出的，他必取十分之一给他的太监和臣仆；又必取你们的仆人婢女，健壮的少年人和你们的驴，供他的差役。你们的羊群他必取十分之一，你们也必作他的仆人。"（撒上 8.11，12 以下）这是绝对的权力，最后一句对此作了总结："你们也必作他的仆人。"又，当以色列人民听到他们的王将拥有什么样的权力时，他们仍然同意，并像这样说："使我们像列国一样，有王治理我们，统领我们，为我们争战。"（撒上 8.19）[①] 这里肯定

---

① 正确出处，撒上 8：20。

— 162 —

了主权者在军事和司法方面拥有的权利，其中包含着一个人可能转让给另一个人的绝对权力。又，所罗门王对上帝的祷告是这样："求你赐我智慧，可以判断你的民，能辨别是非。"（王上3.9）因此，成为法官和规定辨别是非的法则的权利属于主权者，这种法则就是法律，所以立法权力属于主权者。扫罗要害大卫的性命，可是，当大卫能杀掉扫罗，而且他的仆人本来要去做的时候，大卫却禁止他们，说："我在耶和华面前万不敢伸手害他，因为他是耶和华的受膏者。"（撒上24.9）关于仆人的服从，圣保罗说："你们作仆人的，要凡事听从你们肉身的主人。"（西3.20）又说："你们作儿女的，要凡事听从父母。"（西3.22）① 这里面有那些受制于家长或专制支配权的人的完全服从。又，"文士和法利赛人坐在摩西的位上，凡他们所吩咐你们的，你们都要谨守遵行"（太23.2，3）。这又是完全服从。圣保罗说："你要提醒众人，叫他们顺服作官的、掌权的，遵他的命。"（多3.2）这种服从也是完全的。最后，我们的救主自己承认，人们应当缴纳国王征课的赋税，他说，"凯撒的物当归给凯撒"，而且他自己缴纳了这种税。有必要时，凭国王的话就足以从任何臣民那里取走任何东西，而有没有必要由国王判断。因为耶稣本人，作为犹太人的王，就命令过门徒去取驴和驴驹，送他到耶路撒冷去，说："你们往对面村子里去，进去的时候，必看见一匹驴驹拴在那里，是从来没有人骑过的，可以解开牵来。若有人问为什么解它，你们就说：'主要用它。'那人必立时让你们牵来。"（太21.2，3）他们不问他的需要是不是一个充分的理由，也不问需要是不是由他判断，而只是默认了主的意志。

[20.17] 除了这些地方，还可以补充《创世记》的一个地

---

① 这两句引文标注的出处有误。正确出处依次为，西3：22，西3：20。

方："你们便如神能知道善恶。"（创 3.5）以及"谁告诉你赤身露体呢？莫非你吃了我吩咐你不可吃的那树上的果子吗？"（创 3.11）因为对善恶的审理或裁断，已经凭借知识树的果子这个名称被禁止，这是对亚当服从与否的考验。可是，魔鬼煽动那女人的野心，她看那果子是美丽的，魔鬼对她说，尝了它之后，他们便像上帝一样能知善恶。于是，他们两人都吃了之后，的确承担了上帝的职分，就是裁断善恶，却没有获得新的能力，正确地分辨善恶。据说吃了之后，他们就看见自己是赤身露体。对于这处经文，没有人这样解释说，他们先前一直眼盲，看不见自己的肤体。其意思显而易见，那就是他们到这时才第一次判断出自己的赤身露体是不优美的（正是上帝有意把他们创造得不优美）。他们感到羞耻，就在暗地里指责上帝。于是，上帝说："莫非你吃了……"这仿佛是说，你这应当服从我的人，竟敢判断我的诫命吗？这话虽然是隐喻式的，却说得很清楚，其意思是，有权命令的人，其命令不得由臣民加以指责和争议。

[20.18] 因此，根据我的理解，从理性和圣经来看都很清楚，主权者权力不论寄于一人，比如君主国的情形，还是寄于一个多人会议，比如平民国家和贵族国家的情形，都是人们能够想象得到使它有多大，它就有多大。像这样一个无限权力，人们也许认为它有很多恶果，但缺乏这种权力的后果，是人人长久相互为战，更比这坏多了。人们此世的处境不会没有不便，而任何国家里最大的不便，却是缘于臣民的不服从，以及违背国家赖以存在的那些信约。无论是谁，若是认为主权者权力过大，要设法使它减小，他就必须臣服于一个能够限制它的权力，也就是说，臣服于一个更大的权力。

[20.19] 最大的反对理由是实践方面的理由。有人会问，这种权力，何时何地被臣民承认过呢？不过，可以反问他们，何时

— 164 —

何地有哪个王国长期没有叛乱和内战呢？在有些民族中，其国家长期存在，非经外患，不曾毁灭，其臣民从未对主权者权力有过争议。但无论如何，从这样一些人的实践中提出的论据是不真确的，对于国家的原因和本性，他们从未穷究根底，不以严格的理性加以衡量，而且每天都遭受那些缘于对此无知的苦难。纵使世界各地的人都把屋基打在沙滩上，也不能由此推论说，屋基应当这样打。制作和维持国家的技巧，就像算术和几何一样，在于一定法则，而不像打网球一样，全在于实践。对于这些法则，穷人没有闲暇去探究，有闲暇的人却迄今为止没有好奇心或方法去探究。

第二十一章　论臣民自由

[21.1] 何谓自由。[21.2] 何谓自由的。[21.3] 恐惧与自由是相容的。[21.4] 自由与必然性是相容的。[21.5] 人工的禁锢，或信约。[21.6] 臣民自由不在于不守信约的自由。[21.7] 臣民自由与主权者的无限权力是相容的。[21.8] 作家们所称颂的自由是主权者的自由，而非私人的自由。[21.10] 臣民的自由，如何衡量。[21.11] 臣民有自由保卫自己的人身，甚至针对那些正义地侵犯他们的人亦然；[21.12] 没有义务伤害自己；[21.16] 不参与战争，除非自愿。[21.18] 臣民的绝大部分自由，取决于法律的沉默。[21.21] 臣民在什么情况下解除对其主权者的服从。[21.22] 被俘虏。[21.23] 主权者放弃他自己及其继承人的统治。[21.24] 被放逐。[21.25] 主权者臣服于他人。

[21.1] 自由，（严格来讲）是指没有阻碍的状态（所谓阻碍，意思是运动的外部障碍），这对于无理性、无生命的造物和对于有理性的造物同样适用。无论何物，如果因受束缚或被包围而只能在一定的空间之内运动，而这一空间又取决于某种外物的阻碍，我们就说它没有越出这一空间的自由。因此，一切生物，当它们被墙壁或锁链拘禁或限制时，或者当水被堤岸或器皿挡

— 166 —

住，而不挡住就会流入更大的空间时，我们通常说，它们不像没有这些外部障碍那样自由地运动。可是，当运动的障碍存在于其物自身的构成中时，我们通常不说它缺乏自由，而只说它缺乏运动的力量，比如一块石头静止在地上，或一个人因病被困在床上时的情形。

[21.2] 根据该词的这种严格的、被普遍接受的含义，自由人是指在其实力和才智所能及事情上，不受阻碍地做其愿意做的事情的人。但是，自由被运用于除了物体以外的任何事物，是对词语的滥用；不受运动影响的事物就不会受到障碍。因此，（例如）人们说这条路是自由的，所指的不是这条路的自由，而是指在这条路上行走的人不受制止。当我们说一个赠礼是自由的，意思不是说该赠礼有什么自由，而是说赠予者的自由，即在赠予一事上，他不受任何法律或信约的约束。所以，当我们说"自由发言"时，这也不是指声音的自由或吐字的自由，而是指说话者的自由，没有法律限制他要以其他方式说话。最后，从自由意志一词的用法中，也无法推论出意志、欲望或倾向的自由，而只能推论出人的自由，这种自由就在于，他在从事自己有意愿、欲望或倾向要做的事情时没有受到制止。

[21.3] 恐惧与自由是相容的。比如，当一个人恐惧船沉而把货品抛入大海时，他是十分情愿这样做的，如果他愿意，他也可以拒绝这样做。因此，做这件事的人是自由的。同样，一个人有时仅仅是出于对监禁的恐惧而还债，由于没有人阻止他赖账不还，所以，这样做的人是自由的。一般来讲，人们在国家里出于对法律的恐惧而做的一切行动，都是行动者有自由不做的行动。

[21.4] 自由与必然性是相容的：比如水顺着河道往下流淌，其中不仅有自由，而且有必然性。人自愿作出的行动亦如此。因为它们缘于人们的意志，所以缘于自由。因为人的每个意志之动

作，每个欲望和倾向，都缘于某种原因，而这种原因又缘于因果链条中的另一原因（其第一环存在于所有原因的第一因上帝），所以缘于必然性。所以，在能够看到那些原因之关联的人眼里，人的一切意愿行动的必然性是显而易见的。因此，察看并处置万事万物的上帝，必使人类行自己所愿之事的自由，正好伴随着行上帝所愿之事的必然性。虽然人可以做出的很多事情，上帝没有命令过，因而不是其授权人，但是，人对任何事物的激情或欲望，无不以上帝的意志为原因。假如上帝的意志不保证人的意志的必然性，从而保证取决于人的意志的一切事物的必然性，那么人的自由就会成为对上帝的全能和自由的一种否定和障碍。（就目前的问题而言）以上所写的一切已足以说明，唯有那种自然自由，才是严格意义上的所谓自由。

[21.5] 正如人们为了取得和平、借此保全自己的生命，因而制作出一个人工的人，就是我们所谓的国家，他们也制作出人工的锁链，就是所谓的国法。他们相互订立的信约，将其一端系在他们赋予了主权者权力的那个人或会议的嘴唇，另一端则系在他们自己的耳朵。这些禁锢，从其性质来讲尽管脆弱，却得以维持不坠，不在于其难以违背，而是在于违背之后的危险。

[21.6] 现在我要谈的臣民自由，只是相对于这些禁锢而言的自由。鉴于世界上没有哪个国家，能够制订出足够的法则来管控人们的一切言行，这样就必然得出，在法律未加规定的一切行动中，人们都有自由去做他们自己的理性认为最有利于他们自己的事情。因为如果我们在严格意义上，把自由看作身体的自由，也就是免于锁链和监禁的自由，那么人们像现在这样叫嚷着争取这种他们显然享有的自由，是非常荒谬的。又，如果我们把自由看作不受法律的束缚，那么，人们像现在这样要求这种自由，根据这种自由，其他一切人都可以成为他们生命的主宰，这同样是

荒谬的。不过，这虽然荒谬，却是他们要求的。他们并不明白，若没有一个人或一群人掌握武力，使法律得以执行，法律便无力保护他们。因此，臣民的自由，只有在主权者对他们的行动未加规定的事物中才存在，诸如相互之间买卖或订立其他契约的自由，选择自己的住所、饮食、生业，以及按照自己认为适宜的方式教导子女的自由，等等。

[21.7] 不过，我们不要以为，生杀予夺的主权者的权力由于这种自由而被取消或受到限制。我们已经表明，主权代表不论在什么口实之下对一个臣民做任何事情，都不能在严格意义上被称为不义或侵害；因为每个臣民都是主权者所做的每一行为的授权人，因此他除了自己是上帝的臣民，因而必须遵守自然法以外，对其他任何事物都不缺乏权利。因此，在国家里，一个臣民可以而且往往根据主权者的命令被处死，然而双方都没有错待对方。当耶弗他使自己的女儿作为牺牲被献祭时，在同类事例中，这样死亡的人有自由去做那种他会因此被处死、但处死他却并不对他构成侵害的行动。① 当一个主权君主处死一个无辜臣民时，同样的道理也可以成立。尽管这种行动因有违公平而违背自然法，（像大卫杀死乌利亚就是这样，）然而这不是对乌利亚的侵害，而只是对上帝的侵害。不是对乌利亚的侵害，因为为所欲为的权利，是乌利亚自己给了大卫的；却是对上帝的侵害，因为大卫是上帝的臣民，自然法禁止他做一切不公平的事：这一区别，

---

① 耶弗他献祭女儿，见《士师记》11：30—40：以色列的士师耶弗他为了赢得对亚扪人的战斗，向上帝许下誓言，若战胜敌人，他将把第一个从家门出来迎接他的人献为燔祭。战胜后，迎接他的是他的独生女儿。耶弗他痛苦万分，但最终遵守誓言，将女儿献祭。耶弗他的女儿得知父亲的誓言后，自愿接受这个命运，表达了对父亲和上帝的忠诚和顺从。霍布斯认为，即使在如此极端的情况下，接受献祭的命运仍是耶弗他的女儿的自由选择。因她自愿同意这一行动，所以处死她并不构成对她的侵害。

大卫自己显然是坚信的，他对此事忏悔时说："我向你犯罪，惟独得罪了你。"（诗 51.4）① 同样，当雅典人民把国内最有势力的人放逐十年时，他们并没有犯不义之罪。他们从来不问他犯了什么罪行，而只问他会造成什么伤害。不仅如此，他们甚至下令放逐他们不认识的人。每个公民都把自己想要放逐的人的名字写在贝壳上带到市场，并不进行实际的控诉，有时放逐阿利斯泰德之类的人物，因为他具有正义的声誉，有时放逐粗鄙地开玩笑的海帕波罗斯之类的人物，就是为了给他开玩笑。但人们不能说，主权者雅典人民无权放逐他们，或者雅典人没有开玩笑的自由或做一个正义的人的自由。

[21.8] 古希腊罗马的历史和哲学书中以及从他们那里获得自己全部政治教诲的人的著作和议论中经常推崇的自由，不是具体个人的自由，而是国家的自由：这种自由与完全没有国法和国家的时候每个人本来具有的自由是相同的，其结果也一样。因为在无主无尊的人们之中，只有每个人与其邻人之间的永久战争。人们既没有遗产传给儿子，也不能指望父亲的遗产，没有财货与土地的所有权，没有安全，而每一个别人都有完全、绝对的自由。互不隶属的各国也是这样，每个国家（而不是每个人）都有绝对的自由，做它判断（也就是代表国家的那个人或会议判断）为最有助于本国利益的事。可是，它们却生活在一种永久战争的状态里，濒临战斗的边缘，边境都武装起来，大炮指向四邻。雅

---

① 大卫杀死乌利亚，见《撒母耳记下》11、12：以色列王大卫在与赫人乌利亚的妻子拔示巴通奸后，试图掩盖自己的罪行。他召回在前线作战的乌利亚，希望乌利亚与拔示巴同房，从而掩盖她怀孕的事实。乌利亚拒绝了大卫的安排，坚持与士兵们一起在营地过夜。大卫随后下令让乌利亚前往战斗最激烈的前线，并指示军队撤退，导致乌利亚被敌军杀死。先知拿单随后责备大卫，讲述了一个关于富人和穷人的比喻，暗指大卫的罪行。大卫承认了自己的罪行，并向上帝忏悔。《诗篇》51 是大卫在这次事件后的忏悔诗，其中大卫深刻表达了他对上帝的冒犯。

典人和罗马人是自由的，也就是说，他们是自由的国家。这不是说，任何个人有自由反抗他们自己的代表，而是说，他们的代表有自由反抗或侵略别国人民。卢卡城的塔楼上，今有大字特书的 LIBERTAS〔自由〕一词；而任何人都不能据此推论说，个人在那里比在君士坦丁堡具有更多自由，或有更多的免于为国服役的权利。无论一个国家是君主制还是民主制，自由都是一样的。

〔21.9〕然而，人们容易被自由的美名欺骗，由于缺乏明辨，以至于把公共权利，误认为他们的私有遗产和与生俱来的权利。当这种错误得到以这个主题的著作闻名的人士的权威肯定时，就无怪乎酿成叛乱和政府更迭了。在我们西方世界中，我们习惯于从生活在平民国家中的亚里士多德、西塞罗和其他希腊人和罗马人那里，获得关于国家的创建和权利的意见，他们不是从自然原理中得出这些权利，而是根据他们自己的国家即平民国家的实践，将它们写入书中，就像文法学家根据自身时代的实践描述语法，或根据荷马和维吉尔的诗描述诗格一样。为了不让雅典人想着更换政府，他们受到的教诲是，他们是自由人，君主制下生活的人都是奴隶。因此，亚里士多德在《政治学》（第六卷第二章）写道："自由是民主政体的应有之义；人们普遍认为，在其他政体下，没有人是自由的。"① 像亚里士多德一样，西塞罗和其他作家根据罗马人的意见提出其政治学说，罗马人最初被那些废黜了君主、分享罗马主权的人教导仇恨君主制，后来又被他们的继承人这样教导。人们读了这些希腊和拉丁作者们的书，（在自由的伪装下）从小就养成了一种习惯，赞成暴乱，赞成肆意地控制

---

① 《政治学》1317a40—1317b1，据霍布斯给出的文本译出。参看吴寿彭先生的译文："每一平民政体莫不以自由为其宗旨，大家认为只有在平民政体中才可以享受自由。"亚里士多德：《政治学》，吴寿彭译，商务印书馆，1965，第317页。

主权者的行动，然后再控制这些控制者，结果弄得血流成河。我想我可以正确地说，任何事物的代价，都不像我们西方世界学习希腊语和拉丁语付出的代价那样大。

[21.10] 现在看一下，一个臣民具体有哪些真正的自由，也就是说，究竟哪些事情，虽然有主权者的命令，他却可以拒绝去做而不为不义。我们需要考虑，当我们建造一个国家时，我们究竟让出了哪些权利，或者说，当我们无一例外地主有我们拥戴为主权者的那个人或会议的一切行动时，我们自己究竟放弃了哪些自由。在我们的顺服行为中，同时包含着我们的义务和自由，其范围必须根据从中得来的论据进行推论。人的义务，无不来自自己的行为，因为人人都是同样生而自由的。这种推论必须要么根据明确的言辞即"我授权他的一切行动"，要么根据顺服于主权者权力之人的意向（这种意向要根据这人之顺服的目的来理解）。所以，臣民的自由，必须要么从这种言辞以及其他类似的征象中得出，要么从主权创建的目的即臣民内部的和平与他们对共同敌人的防御中得出。

[21.11] 因此，第一，鉴于创建的主权是因每个人与每个人立约而来的，获得的主权是因战败者对胜利者或子女对父母立约而来的，显而易见，每个臣民对于那些其权利不可由信约转让的事物都具有自由。我在前面第十四章已表明，不保卫自己身体的信约是无效的。因此，

[21.12] 如果主权者命令一个人（尽管已被正义地定罪）把自己杀死、杀伤、弄残，或对攻击他的人不予抵抗，或者命令他绝饮食、断呼吸、摒医药，或放弃其他任何他要是没有就活不下去的事物，这人就有自由不服从。

[21.13] 如果一个人被主权者或其当局审问他所犯的罪行，那么他（在没有获得宽恕的保证的情况下）就没有义务招认；因

为（就像我在同一章所表明的那样，）任何人不可能受信约约束而有义务控告自己。

［21.14］又，一个臣民对于主权者权力的同意，包含在这些言辞中："我授权或承认他的一切行动。"这对他自己原先的自然自由并没有任何限制：因为允许他"杀我"，并不等于在他命令我时我就有义务杀死自己。说"如果你愿意，请杀死我或我的同伴"是一回事，说"我愿意杀死自己或我的同伴"是另一回事。因此得出：

［21.15］任何人都不因言辞本身而有义务杀死自己或其他任何人。所以，有时一个人或许奉主权者的命令，有义务执行某种危险或不光彩的职务，这种义务不是由我们顺服的言辞决定的，而是由根据我们顺服的目的去理解的意向决定的。因此，当我们拒绝服从就会使建立主权的目的无法达到时，我们就没有自由拒绝，否则就有自由拒绝。

［21.16］基于这个理由，一个人如果奉命当兵杀敌而抗命不从，虽然主权者有充分的权利把他处死，但在许多情形下，他可以抗命不从而不为不义，比如他已找到一个能干的士兵替他出征，在这种情形下，他并没有逃避为国服役。对于天生胆怯的人也应有所体谅，不仅对于女人应当如此（没有人指望女人承担这种危险的责任），而且对于胆小如妇孺的男子也应当如此。两军交锋时，一方或双方都有人逃走，不过，如果他们逃跑不是由于叛变，而是由于恐惧，那么他们这样做就不能视为不义，而只能视为不光荣。同理，逃避战斗并非不义，而是懦弱。但是，应募入伍，或领受薪金的人，就不得再以生性胆小为借口，这样的人非但有义务参加战斗，而且在没有得到长官允许时不得逃走。当国家的防御要求每个能拿起武器的人都立即出战时，每个人便负有义务，否则他们建立国家，却没有决心或勇气加以保护，就是

— 173 —

徒然的。

[21.17] 任何人都没有自由为了保卫他人而反抗国家的武力，不论他人有罪还是无辜，因为这种自由会使主权者失去保护我们的手段，从而对政府的本质起破坏作用。但是，如果有一大群人已经不义地反抗了主权者权力或犯下了某种死罪，他们每个人自知必将因此而丧生，那么在这时，他们是否有自由联合起来互相协助、互相保卫呢？他们当然有这个自由，因为他们只是保卫自己的生命，这一点不论有罪没罪的人都可以做。他们当初违背其责任诚然是不义的，往后拿起武器，尽管是支持他们已做出的事，却不是新的不义行为。如果他们只是为了保卫自己的人身，就根本不是不义的。但是，颁布赦令后，蒙赦者就不得再以自卫为口实，他们若是继续帮助或保卫余党，便是不合法的。

[21.18] 至于其他自由，则取决于法律的沉默。只要主权者未以法令加以规定，臣民就有自由根据自己的明辨去做或不去做。因此，这种自由，因时因地而有大有小，要看主权者认为怎样最适宜而定。例如，在英格兰，曾有一个时期，一个人可以凭武力进入自己的土地（赶走非法占有者）。可是后来，这种凭武力进入的自由被（国王）在议会制定一道法令取消了。此外，在世界上某些地方，男子有多妻的自由，在其他地方，这种自由是不允许的。

[21.19] 如果一个臣民依据以前的法律，与其主权者发生争议，涉及债务、土地或财物的占有权，或者其土地需负担的徭役，或者任何体刑或罚金刑，那么，他有自由在主权者所指定的法官前为自己的权利进行诉讼，就像对另一个臣民进行诉讼一样。鉴于主权者之征求，乃是根据以前的法律，而不是根据自己的权力，他便是借此声明，自己征求的不过是根据该法律的应得物。因此，这诉讼并不违背主权者的意志，该臣民有自由要求听

审自己的案件和依该法律判决。但是，如果主权者以自己的权力为口实征求或夺取任何事物，那就不存在法律诉讼问题。因为他根据自己的权力所做的一切，都是根据每个臣民的授权做出的，所以，对主权者起诉的人便是起诉自己。

［21.20］如果一个君主或主权会议授予全体或任何臣民一种自由，而当这种授予成立，他就不能保卫臣民的安全，那么这种授予就是无效的，除非他直接声明放弃主权或将主权让与他人。因为（假如这是他的意志），他可以公开地以明确的言辞声明放弃主权或将它转让，然而他并没有这样做，所以可以理解为这不是他的意志。这种授予，缘于不知这种自由与主权者权力之间的冲突，因此主权便仍然保留在他手中。所以，执行主权所必需的所有权力，如宣战、媾和、司法、任官、遴选参议人员、征税以及第十八章中所举的其他权力也保留在他手中。

［21.21］臣民们对主权者的义务，应该理解为持续存在于、且仅只持续存在于主权者能借以保护他们的那种权力持续存在期间。因为人们自然拥有的保护自己的权利，当没有人能够保护他们时，是不能根据信约放弃的。主权是国家的灵魂，灵魂一旦与身体分离，四肢就不再从灵魂中接收到运动指令。服从的目的是保护，一个人不论是在自己还是在他人的武力中找到这种保护，人的自然本性就会使他服从它，并努力维持它。虽然就制作主权之人的意图而言，主权是永存不灭的，但就主权自身的本性而言，它不但会由于对外战争而有暴亡之虞，而且由于人们的无知和激情，它从创建那一刻起，就包含着许多因内部不和而自然死亡的种子。

［21.22］如果一个臣民在战争中被俘，或者其人身或生存手段处在敌人的警戒区内，并以臣服于胜利者为条件，被给予生命和人身自由，那么他有自由接受这种条件，接受之后他就成为其

俘获者的臣民，因为他没有其他办法保全自己。如果他在同样的条件下被拘留在外国，道理也一样。但是，如果一个人遭到关押或禁锢，或者不许有人身自由，那就不能认为，他受信约约束而必须臣服，因此他如果能够，便可以用任何手段逃跑。

[21.23] 如果一个君主放弃了他自己和他的继承人的主权，他的臣民就恢复了绝对的自然自由；因为，尽管自然可以表明谁是他的儿子，谁是他最近的亲属；然而（正像上一章所说的，）谁会成为他的继承人，这取决于他自己的意志。因此，如果他愿意不要继承人，那便没有主权、也没有臣服可言。如果他死去时没有公认的亲属，也没有宣布继承人，道理也一样。这时不可能有公认的继承人，所以不存在当然的臣服。

[21.24] 如果主权者放逐其臣民，那么在放逐期间，他就不是其臣民。不过，被派到外国担负使命或请假在外国游历的人，仍然是臣民，但这依据的是主权者之间的契约，而不是臣服信约。任何人进入他国领土，都受制于该国的一切法律，除非他因主权者之间的亲善关系或特别许可而享有特权。

[21.25] 如果一个君主在战争中被制服，致使自己臣服于胜利者，他的臣民就被解除了原先的义务，而对胜利者负有义务。但是，如果他是被俘或没有人身自由，就不应当认为他已放弃了主权的权利，因此，其臣民有义务服从先前设置的官长，就是不以他们自己的名义，而是以他的名义进行统治的人。因为他的权利仍然存在，问题只在于行政管理，也就是说，只在于官长和吏员，如果他无法任命这些人，那就应当假定他仍然赞同他自己先前委任的人。

第二十二章　论政治的与私人的臣民组织

[22.1] 不同种类的人群组织。[22.5] 在所有政治团体中代表者的权力是有限的。[22.7] 由专利特许状；[22.8] 由法律。[22.9] 当代表者是一个人时，他的未经授权的行为只是他自己的行为。[22.10] 当代表者是一个会议时，那只是赞成者的行为。[22.11] 当代表者是一个人时，如果他举借钱款，那么只有他须承担偿还责任，其他成员无须承担。[22.13] 当代表者是一个会议时，只有赞成者须承担偿还责任。[22.14] 如果债款是向一个会议成员借的，仅只该会议有义务。[22.15] 针对政治团体裁定的抗议有时是合法的，但针对主权者权力，却永远是非法的。[22.16] 管理行省、殖民地或市镇之政务的政治团体。[22.18] 处理贸易的政治团体。[22.25] 为主权者提供建议的政治团体。[22.26] 正规且合法的私人团体，比如家庭。[22.27] 正规但非法的私人团体。[22.28] 非正规组织，本身是私人联盟。[22.30] 阴谋集团。[22.31] 私人家族的世仇。[22.32] 政务私党。

[22.1] 讲了国家的产生、形式和权力之后，我理所当然要讲它的各部分。首先是组织，类似于自然人体的同质部分或肌肉。所谓组织，意思是因一种利益或事业而联合起来的任何数目

— 177 —

的人。其中，有些是正规的，有些是非正规的。正规组织，就是其中一人或一个多人会议构成其全部人员的代表。其他都是非正规组织。

[22.2] 正规组织中，有些是绝对的、独立的，除了他们自己的代表者以外不臣服于任何人，唯有国家是这种组织，对此我在以上五章已经讲过。其他组织都是依附性的，也就是说，从属于某个主权者权力，每个人以及这些组织的代表者都是臣民。

[22.3] 从属组织中，有些是政治组织，有些是私人组织。政治组织（也称政治团体，法人），是根据国家主权者权力的授权建立的组织。私人组织，是臣民自己成立的组织，或者根据外国人的授权成立的组织。来自外国权力的授权，在另一国境内都不是公共组织，而是私人组织。

[22.4] 私人组织中，有些是合法的，有些是非法的。合法组织，是国家允许存在的组织；其他组织都是非法组织。非正规组织是不具有代表者的组织，只是由人们汇聚而成，若不被国家禁止，而又不是为了邪恶的意图，就是合法组织，比如说为了观剧、上市场或其他任何无害目的而汇聚起来的人群。但如果意向是坏的，或者（在人数相当多的情形下）意向不明，就是非法组织。

[22.5] 在政治团体中，代表者的权力永远是有限的，其限度由主权者权力规定。因为无限权力就是绝对主权。在每个国家，主权者都是所有臣民的绝对代表；因此，除非他准许，否则其他任何人都不能成为任何一部分臣民的代表。准许一个臣民政治团体事实上有一个绝对代表，就是放弃国家对这部分臣民的统治，分割支配权，与和平与防御相违背；只要主权者没有通过任何授权，明确、直接地解除他们的臣服，便不能认为主权者会这样做。当其他推演是相反事物的征象时，言辞推演便不是意志的

征象，而是错误或失算的征象，这是在一切人身上都很容易发生的事情。

［22.6］一个政治团体的代表者被授予的权力，其限度可以从两方面看出来，一是主权者授予的令状或特许状，二是国家的法律。

［22.7］尽管创建或取得一个独立国家时，根本不需要什么文件，因为代表者的权力除了不成文的自然法设定的限制之外，并没有其他的限制，然而在从属团体中，关于其事务、时间、地点等，有种种必要的限定，以至于没有特许状就无法记忆，而且除非这种特许状是专利证明，可用来对成员宣读，并加封或盖有最高权威的印鉴或其他永久徽记，否则就无法看出来。

［22.8］因为这种限定并不总是容易以明文规定，甚至不可能明文规定，所以全体臣民共同遵守的普遍法律必须规定，凡是特许状本身沉默之处，代表者可以合法地做什么。

［22.9］因此，在一个政治团体中，如果代表者是一个人，那么他代表该团体做出的任何在特许状或法律中没有授权的行为，都是他自己的行为，而不是该团体的行为，或该团体中他本人以外的任何成员的行为。因为越出特许状或法律的限度之外，他就不代表任何人，而只代表他自己的人格。不过，他根据特许状做出的行为，却是每个人的行为。就主权者的行为而言，每个人都是授权人，因为主权者是他们的无限代表。该人的行为若并不背离主权者的特许状，便是主权者的行为，因此该团体的每个成员都是这种行为的授权人。

［22.10］但如果代表者是一个会议，那么无论该会议裁定的任何在特许状或法律中没有授权的行为，都是该会议或政治团体的行为，也是因其表决使该裁定得以成立的每个表决人的行为，却不是任何出席会议而投反对票的人的行为，也不是任何缺席者

的行为，除非有人代其表决。它是该会议的行为，因为会议中多数人表决赞成，如果它是一种罪行，那么该会议可以在可能范围内受到惩罚，比如解散该会议或取消其特许状（对于这种人工的或虚拟的团体来说，这便是死刑）等。如果该会议拥有公共资金，而无罪的成员又没有人在其中享有所有权，就可处以罚金。自然已免除了一切政治团体的体刑。因此，没有表决的人是无罪的，因为该会议在特许状中未授权的事情上不能代表任何人，所以这些人就没有被牵涉到他们的表决中去。

[22.11] 如果政治团体的人格由一人代表，借了一个外人（非本团体成员）的钱款（任何特许状都无需限制借款，因为人自身的倾向对放贷就是一种限制），那么这债务是代表者的债务。因为假如他根据特许状有权让成员归还他所借的款项，那他应该因而拥有他们的主权。因此，这种授权要么由于本身出自人之本性通常发生的错误，不能成为授权人意志的充分征象而为无效，要么如果得到了授权人承认，那么该团体的代表者就成为主权代表，这种情况不属于本问题的范围，这里所讲的只是从属团体。因此，像这样借入的钱款，除了代表者本人以外，任何成员都没有义务还债。因为，出借者由于是外人，不了解该团体的特许状和资质，会认为只有参与其事者才是债务人，鉴于代表者能够自己从事，而不是让别人从事，所以，债权人就只把他视为债务人。因此，（若有公共资金）他必须用公共资金归还，或者（若没有）用自己的资产归还。

[22.12] 如果他由于契约或罚金而欠款时，道理也一样。

[22.13] 但如果代表者是一个会议，而所欠的是外人的债务，那么，所有表决赞成借款、或赞成应付款项之契约、或赞成引起罚款事实的人，都应对债务负责，且只应由他们负责，因为每个人在表决赞成时便对归还债款作了担保。授权借款的人，有

义务归还甚至全部的债款，只有任何人归还了债款时，他才得以解除义务。

〔22.14〕但如果债款是向一个会议成员借的，那么该会议仅仅有义务以公共资金归还（若有公共资金）。该成员既有表决的自由，如果他表决赞成借款，就是表决赞成还款；如果他表决反对借款或者没有出席，然而因为他贷出款项就是表决赞成团体借款，因此就否定了他原先的反对票，因而受到后来赞成票的约束；这样他就既是债权人，又是债务人，因此便不能要求任何个别人还款，而只能要求从公共财富中还款；若不能从中还款，他就没有补救方法，也不能抱怨别人，而只能抱怨自己；因为他自己知道该会议的活动和还款手段的内幕，而且他没有受到强制，只是因自己愚蠢而贷出这笔钱款。

〔22.15〕由此可见，在臣服于一个主权者权力之下的从属政治团体中，个人公开声明反对代表会议公布的裁定，并使其反对意见记录在案或留下证据，有时不仅是合法的，而且是有利的。因为若非如此，他们就可能有义务归还别人所借的债款，或对别人所犯的罪行负责。但在一个主权会议中就没有这种自由。因为在里面提出异议的人，是否认他们的主权，又因为主权者所命令的任何事情，对臣民说来仅仅由于命令本身就是正当的（虽在上帝眼中并非始终如此），就这种命令而言，每个臣民都是其授权人。

〔22.16〕政治团体的种类几乎是无穷无尽的，不仅由于其处理的事务种类繁多，而且由于时间、地点和人数受到许多限制，因而各不相同。就其事务而言，有些是为政务而设立的。首先，一个行省的政务可以委托给一个会议，其中所有决议取决于多数票，该会议就是一个政治团体，其权力以委托为限。行省一词，意思是掌管或照管事务，即主管一项事务的人，将其委托给他

人，在他之下代他管理。因此，当一个国家有多个不同的地区，其法律互不相同，或相距遥远，政府的行政事务委托给不同的人时，那些不是主权者驻地，主权者通过委任统治的地区，就称为行省。不过，行省政务由驻在本行省的一个会议管理的例子是极少的。罗马人有许多行省的主权，却总是派行省总督和副执政官进行统治，而不像他们对罗马城及其邻近的领土那样用会议进行统治。同样，当英格兰派出的许多殖民团移居弗吉尼亚和萨默斯群岛时，它们的政务尽管被委托给驻在伦敦的诸会议，但这些会议却从没有把它们所辖的政务委托给驻在当地的会议，而是给每一个殖民地派一个总督。因为尽管每个人在自己能在场的地方，因其本性而想要参与政务，然而在自己不能在场的地方，却因其本性而倾向于把他们共同利益的管理事宜委托给一个君主式的政府，而不是一个民主式的政府。这一点在有庞大私人资产的人们身上也可以看得很清楚。当他们不愿意为管理自己的事务而费心劳神时，便宁愿信任一个仆人，而不是信任许多朋友或仆人组成的一个会议。但无论事实怎样，我们仍可假设，行省或殖民地的政务被委托给一个会议掌管，在这种情形下，我在这里要说的是，该会议举借的任何债款，或者裁定的任何非法的法案，都只是赞同者的行为，而不是反对者或缺席者的行为，理由和前面所说的相同。一个驻在某殖民地境外而握有其统治权的会议，在该殖民地以外的任何地点，对该殖民地的任何人或货物，不能行使任何权力，亦不能因债务或其他责任将其拘留。因为除了当地法律允许给他们的补救办法外，他们在其他地方并没有管辖权或政务权威。尽管该会议对违背其制定的法律的任何成员，有权课以罚金，但在该殖民地之外，却无权执行。这里说的管理行省或殖民地之政务的会议的权利，亦适用于管理市镇、大学、学院、教会之政务的会议，或其他任何管理人格政务的会议。

［22.17］一般而言，在所有的政治团体中，如果任何个别成员认为受到团体本身侵害，那么对其讼案的审理权属于主权者以及主权者为这类讼案任命的法官，或为该个别讼案任命的法官，而不属于该团体本身。因为在这种讼案中，该团体都是主权者的臣民；而在一个主权会议中，情况则不同；在那里，纵然是在自己的讼案中，如果主权者不当法官，就根本不可能有法官了。

［22.18］在一个政治团体中，为了处理对外贸易，最适宜的代表者是全体成员组成的会议，也就是说，每个出资者只要自己愿意，就可以参与该团体的所有审议和决议。为了证明这一点，我们要考虑，那些做买卖和进出口货物的商人，他们依据自己的明辨，联合起来组成一个公司，其目的是什么。诚然，在国内购买货物的商人中，很少有人能出得起运费，自雇船只将货物出口，在国外购买货物的商人将其运回本国也是这样，因此，他们需要联合成一个会社；其中每个人可以参与，按出资比例获得收益，也可以把自己运输或进口的那部分取出来，按自己认为合适的价钱售卖。但这并不成其为政治团体，因为其中没有一个共同的代表者责成他们服从别的臣民共同服从的法律以外的其他任何法律。他们结成会社，其目的是获得更大收益。达到这一目的有两个途径，在国内与国外独家购买和独家售卖。所以允许一群商人成为一个会社或政治团体，就是允许他们进行双重垄断，一是成为唯一买家，一是成为唯一卖家。因为针对某个外国而专门组成一个公司，便只有他们输出能在该国有销路的商品；这便是在国内独家购买，在国外独家售卖。因为在国内只有一个买家，在国外只有一个卖家：这两种情形对商人都是有利可图的，因为这样，他们就能以较低的价钱在国内购买，以较高的价钱在国外售卖。在国外，外国货物也只有一个买家，而在国内只有一个卖家，这两种情形又都是有利于投资者的。

［22.19］这种双重垄断，既不利于国内人民，又不利于外国人。在国内，他们凭借独家出口，对人民的农产品和手工产品任意定价，凭借独家进口，对人民需要的一切外国商品任意定价，这都对人民有害。反之，凭借在国外独家售卖本国商品，以及在当地独家购买当地商品，他们便抬高前者的价钱而压低后者的价钱，使外国人吃亏。因为若只有一个卖家，货物就较贵，只有一个买家，货物就较贱。因此，这种会社不过是垄断者，但如果他们在外国市场上结成一个团体，在国内则各听自由，每个人都按自己可能订出的价钱做买卖，对国家来说就极为有利。

［22.20］所以，这些商人团体的目的，并非整个团体的共同利益，（除了由各人投资中扣除一部分作为建造、购买船舶，备办食物和配备船员外，并没有共同资金），而是每个投资者的个别利益，正因如此，必须让每个人知道自己所出款项的用途，也就是让每个人都参加有权规定款项用途的会议，并了解他们的账目。因此，这种团体的代表者必定是一个会议，每个成员只要愿意，均可参与商议。

［22.21］如果一个商人政治团体通过其代表会议的行为而向一个外人借了一笔债，那么每个成员都应当为全体承担赔偿责任。因为一个外人不可能知道他们的私有法规，而只会认为他们作为许多个别的人，每个人都有义务归还全部债款，直到其中一人付清债款，解除了其余所有人的义务。但如果是向团体中的一个成员借债，那么债权人自己便是全部款项的债务人，因而除了从公共资金（如果有的话）中索还以外，不得在其他方式下索债。

［22.22］如果国家向该团体征税，就应该认为是按每个成员在该公司中所投资金的比例向各人征收。因为在这种情形下，除了个人所投资金以外，并没有其他的公共资金。

［22.23］如果该团体由于某种非法行为被课以罚金，则只有那些对该行为之裁定投了赞成票的人，或者对该行为之执行给予了协助的人，才承担付款责任。因为其余任何人只是参加该团体，没有其他罪行。即便那是一种罪行（因为该团体是根据国家权威设立的），也不是该人的罪行。

［22.24］如果其中一个成员欠该团体的债务，那么他可以被该团体起诉，但不能根据该团体的权威，没收其货品，或拘禁其人身，只有根据国家的权威才能这样做。因为假如他们能够根据自身的权威这样做，便能够根据自身的权威判定该债务应当归还，这就相当于在自己的讼案中当法官。

［22.25］这些政务或贸易团体要么是永久的，要么有明文规定的时限。但还有许多团体，其存在时间也是有限制的，却仅仅是受其事务性质的限制。例如，如果一个主权君主或一个主权会议认为，应该命令各城市以及境内其他各地区派遣代议员，向他报告臣民的境况和需要，或者为制定良法提供建言，或者为了其他任何事项，让一个人代表一整个地区，并规定了开会的时间和地点，那么这些代议员在那个地点和时间，就是代表境内所有臣民的政治团体，但其存在仅仅是为了处理该人或会议将要提交给这些根据主权者权威被派来的代议员的事务；一旦宣布没有其他事务交给他们处理或讨论，该团体就解散了。因为假如他们是人民的绝对代表，那么他们就是主权会议；就有两个主权会议或主权者凌驾于一国人民之上，这跟他们的和平无法相容。因此，只要存在一个主权，则除了由它来代表人民之外，就不可能再有对人民的绝对代表。至于这种团体究竟能在什么限度内代表全体人民，则已在召集令中有明文规定。人民不可能为主权者颁发给他们的召集令中没有载明的目的选派代议员。

［22.26］正规且合法的私人团体，是那些在组成时除了所有

臣民共有的法律外，没有特许状或书面授权的团体。因为这种团体统一于唯一人格代表，所以被认为是正规的，比如所有的家庭，父亲或主人为全家之主。他在法律允许的范围内管束其子女和仆人，但不能超出这范围，因为他们没有义务去做法律所禁止的行为。在其他一切行为中，在他们处于家庭统治之下的那段时间里，他们臣服于作为他们直接主权者的父亲和主人。因为父亲和主人，在国家创建之前，是他们自己家庭里的绝对主权者，他们后来失去的权威，并不超过国法从他们那里取走的限度。

[22.27] 正规但非法的私人团体，是那些统一于唯一人格代表，却完全没有获得公共授权的团体，诸如乞丐、盗贼和吉普赛人为了更好地偷盗和乞讨而组成的会社；以及根据任何外国人格的授权，在他国领土内组成的会社，其目的在于更便利地传播学说，以及成立党派反对该国的权力。

[22.28] 非正规组织，就其本性来说不过是联盟，或者有时纯粹是人群聚集，（并不因任何具体的意图或相互的义务而结为一体），只是缘于相似的意愿和倾向。其是否合法，要看其中每个人的意图是否合法，而每个人的意图则要根据具体情况来理解。

[22.29] 臣民的联盟（因为联盟通常是为了共同防御而建立，而国家等于是所有臣民一起组成的联盟），在国家里绝大部分是不必要的，而且带有非法意图的色彩，因而是非法的，通常称为私党或阴谋集团。因为联盟是人们根据信约结合而成，如果没有赋予一个人或会议的力量（比如说纯粹的自然状态就是这样）迫使人们履行信约，只有在没有出现正当的互不信任的理由时，联盟才是有效的：因此，国家之间的联盟，因为没有建立凌驾于各方之上、使各方畏服的人类力量，所以在其持续存在的时间里，不但是合法的，而且是有利的。但同一个国家的臣民的联

盟，因为在国家里每个人都可以通过主权者权力满足自己的权利，所以对于维护和平与正义来说是不必要的，而且（若其意图是邪恶的，或不为国家所知）是非法的。因为一切私人力量的联合，如果是为了邪恶的意图，就是不义的，如果意图不明，则对公众来说是危险的，其隐瞒也是不义的。

[22.30] 如果主权者权力存在于一个大会议中，而其中一部分人没有权威作根据，却另自聚谋，共图指挥其余的人，那就是非法的私党或阴谋集团，因为这是用欺诈手段引诱该会议服务于他们的特殊利益。但如果一个人的私人利益要在该会议中加以辩论和裁判，他尽可能地与别人交朋友，那么这在他而言并没有不义，因为在这种情形下，他并不是该会议的一员。尽管他以金钱结交这种朋友，这也不是不义（除非有法律明文禁止）。因为有时候（人情世故如此），没有金钱就谈不上正义，而在没有听审和裁判以前，每个人都可以认为自己的主张是正义的。

[22.31] 在所有的国家里，如果私人储养仆人，超过其资产管理和合法用途所需的数目，便是非法的私党。他既然有国家的保护，就无需私人武力的保卫。在没有彻底文明化的民族中，若干大家族生活在长期持续的仇恨中，并以私人武力互相攻击，不过他们这样做显然是不义的；要不然就是他们没有国家。

[22.32] 正如有亲族的私党，也有宗教政务的私党，诸如教宗党、新教党等等，还有国家政务的私党，诸如古罗马的元老派与平民派，古希腊的贵族派与民主派，这些私党有违人民的和平与安全，夺走主权者手中的武力，是不义的。

[22.33] 人群聚集是一种非正规组织，合法与否取决于具体事由和聚集人数。如果事由合法而明确，聚集就是合法的，比如人们经常在教堂里或公开表演时寻常人数的寻常集会；如果人数超乎寻常，其事由就是不明确的，提不出具体而充分的理由说明

自己为何置身于其中的人，就会被认为是有意识地抱有非法和制作骚乱的意图。一千人联合写成一份请愿书向法官或官长呈递可以是合法的，但如果一千人前来呈递，就是一个骚乱的集会；因为只要一两人就能达到目的。但在这类情形下，使集会成为非法的并不是某个确定的人数，而是当前的官员不能弹压并将其绳之以法的人数。

［22.34］当为数异常的人集会反对他们所指控的一个人时，这种集会便是一种非法骚乱；因为他们的诉状只要少数几人或一个人就可以呈交给官长。像圣保罗在以弗所遇到的情形就是这样，在那里，底米丢和一大群其他的人带着保罗的两个随行者到官长面前，异口同声地喊道："大哉，以弗所人的亚底米啊!"①（徒19.28）这便是他们反对他们两人、要求伸张正义的方式，理由是他们两人向人民宣讲了违背他们宗教和生业的教义，根据该国人民的法律，他们的事由是正义的，但他们的集会被判定为非法。官长便用以下的话责备他们说："若是底米丢和他同行的人有控告人的事，自有放告的日子（或作'自有公堂'），也有方伯可以彼此对告。你们若问别的事，就可以照常例聚集断定。今日的扰乱本是无缘无故，我们难免被查问。论到这样聚众，我们也说不出所以然来。"（徒19.38—40）一个人如果把许多人聚合在一起，而他们又提不出任何正当的理由，那便是一种担不起责任的骚乱。关于人们的组织和集会，我要讲的就这么多，（如我所说）它们类似于人体的同质部分，合法的组织相当于肌肉，而非法的组织相当于因有害体液的不自然汇集而产生的毒瘤、脓肿或烂疮。

---

① 译文中的"亚底米"（*Artemis*），即月神"阿耳忒弥斯"（Ἄρτεμις），也就是罗马神话里的"狄安娜"（*Diana*）。霍布斯引用的英王钦定本原文是：Great is Diana of the Ephesians。

第二十三章　论主权者权力的公仆

[23.2] 谁是公仆。[23.3] 负责行政总务的公仆。[23.4] 负责专门政务，诸如经济。[23.6] 负责训诲人民。[23.7] 掌管司法权。[23.10] 掌管执行权。[23.13] 顾问若只提供建言而无其他职务，就不是公仆。

[23.1] 上一章，我谈了国家的同质部分，这一章，我要谈器官部分，也就是公仆。

[23.2] 公仆①，就是主权者（不论是君主还是会议）用于任何事务并在该事务中被授权代表国家人格的人。每个拥有主权的人或会议都代表两重人格，（用常见的措辞来说就是）具有两重身份，一是自然身份，一是政治身份（一个君主不仅具有国家的人格，而且具有自然人的人格；一个主权会议不仅具有国家人格，而且具有该会议的人格），那些为他们的自然身份服务的仆人并不是公仆；只有在公共事务的管理方面为他们服务的人才是

---

① Public Ministers，意思是为国家人格服务的人。霍布斯笔下的 minister 一词，源于希腊语διἄκονος和拉丁语 minister，在最宽泛的意义上表示相者、仆人、侍应、使者、助祭等，而不是特指政府高级官员如部长、大臣或教会的牧师，因此宜通译为"臣仆"，具体用词视上下文语境有所微调，比如"臣工""公仆"和"私臣"的情形。与 minister 相对的是 magistrate（官长、主官）。关于教会中的主官与臣仆问题的论述，参看本书 42.49 以下，尤其是 42.58 霍布斯对 Minister 的词源学阐述。

公仆。因此，在贵族制或民主制国家里，议会的门房、卫兵和其他只为与会者提供方便而侍候议会的职员，以及在君主国中，君主家里的管家、内侍、司库和其他内务府官员，都不是公仆。

[23.3] 公仆中，有些负责被委托给他们的整个国家的行政总务，或某一地区的行政总务。就整个国家的行政总务而言，比如一个监国或摄政王可能受未成年国王的前任的委托，在他未成年期间负责整个王国的行政总务。在这种情形下，只要他以国王的名义制定的法令和发布的命令与国王的主权者权力不相冲突，每个臣民就都有义务服从。就一个地区或行省的行政总务而言，比如一个君主或主权会议将其交给一个总督、副手、刺史或副王全面负责：在这种情形下，该行省的每个人有义务服从他以主权者的名义实施的、与主权者的权利不相冲突的一切事情。这种监国、副王和总督，只拥有取决于主权者意志的权利；给予他们的任何委托，都不得被解释为转让主权的意愿声明，除非有为了该目的而做出的明确、清楚的言辞。这种公仆类似于驱使自然人体的四肢运动的神经和肌腱。

[23.4] 其他公仆，各有专门的职掌，也就是在国内外负责某种专门事务。在国内，首先是国家的经济方面，凡属有权管理贡物、捐税、地租、罚金或任何公共收入等有关钱财的征收、发放与账目登记的人都是公仆。其所以为仆，因为他们为人格代表者服务，不能做违背他的命令或没有他授权的事情，其所以为公，因为他们为他的政治身份服务。

[23.5] 其次，拥有军事方面的权威，掌管兵器、堡垒、港口、指挥、征募士兵或为士兵发付薪饷，以及从海路或陆路备办任何军需物资的人，都是公仆。但是，一个没有命令权的士兵，尽管为国家战斗，却不因此代表国家人格；因为他并不对任何人代表国家人格。每个拥有命令权的人，仅只对他命令的人代表国

家人格。

[23.6] 那些有权教导人民或让他人去教导人民的人，使他们懂得自己对主权者权力的责任，在何谓正义与何谓不义的知识方面训诲他们，因而使他们彼此之间能更加虔诚地、和平地生活并反抗共同的敌人，也是公仆。其所以为仆，因为他们这么做，不是根据他们自己的权威，而是根据他人的权威；其所以为公，因为他们这么做（或者应该这么做），唯根据主权者的权威。唯有君主或主权会议，拥有直接来自上帝的权威，可教导和训诲人民。唯有主权者是纯粹蒙上帝的恩典获得其权力的。其他一切人，都是蒙上帝和他们主权者的恩典和眷佑而获得他们的权力，比如在一个君主国中就是蒙上帝和王的恩典（*Dei gratiâ et regis*），或蒙上帝的眷佑和王的旨意（*Dei providentiâ et voluntate regis*）。

[23.7] 被给予司法管辖权的人也是公仆。他们在法官席上代表主权者的人格，他们的判决是主权者的判决。（如前所述）一切司法权在本质上都附属于主权，因此，其他所有法官不过是拥有主权者权力的那个人或那些人的臣仆。正如争议有两类，事实争议和法律争议，审判也有两类，有些关乎事实，有些关乎法律。所以在同一争议中可以有两个法官，一个审定事实，一个决断法律。

[23.8] 在这两类争议中，都会发生被审判方与法官之间的争议。这种争议，因为双方都是主权者的臣民，所以根据公平之理，应当由双方一致同意的人加以审判，因为任何人都不能在自己的讼案中充当法官。不过，主权者已经是双方都同意的审判者，因此他要么亲自听审并决断讼案，要么任命双方一致同意的审判者。这种一致，可以认为有不同方式在他们之间达成。第一，如果准许被告对由于利益关系而使他发生怀疑的法官表示异

议（原告方面实际上已经选定了自己的法官），那么他没有表示异议的法官就是他同意的法官。第二，他如果向另一法官上诉，便不能更进一步上诉，因为他的上诉是他自己的选择。第三，如果他向主权者上诉，并由主权者或双方同意的代表人判决，这一判决就是终审判决，因为被告是由他自己的法官审判的，也就是由他自己审判的。

[23.9] 考虑了正义而合理的司法权的这些属性以后，我不得不评说英格兰所确立的民诉法庭与公诉法庭的精良构造。所谓民诉，是指原告与被告都是臣民的诉讼，而公诉（又称为国王之诉），是指原告是主权者的诉讼。有两个等级的人，一为贵族，一为平民。贵族有一项特权，就是在所有死刑罪的审判中，只用贵族当法官，而且有多少贵族出席就用多少人当法官。这历来被视为一种特权，因为他们的法官是他们自己想要的人。在所有争议中，每个臣民（在民事争议中，贵族也一样）都用争议事项所在地的人当法官，对于这些人，他可以提出异议，直到最后找出十二人，双方毫无异议地一致同意，再由这十二人审判。他既有自己选定的法官，就不能声称其判决不是终审判决。这些公务之人拥有从主权者那里得来的权威，可训诲人民，为人民断案，乃是可以恰当地比之于自然人体的发声器官的国家成员。

[23.10] 身为公仆的还有这些人，他们拥有从主权者那里得来的权威，可执行已作出的判决，发布主权者的命令，镇压骚乱，拘押和监禁犯罪分子，以及掌管其他有利于保护和平的事项。因为他们根据这种权威做出的每个行为，都是国家的行为，他们的作用就相当于自然人体的双手。

[23.11] 在国外的公仆，是对外国代表本国主权者人格的人。举凡根据公共权威并因公共事务派出的大使、信使、间谍、使者，都属于这一类。

［23.12］但是，仅仅根据一个内乱国家的某个私党的权威被派出去的人，尽管受到外国的接待，却不是国家的公仆，也不是国家的私臣；因为他们的所有行动都不是国家授权的。同理，君王派出进行吊唁、庆贺或协助礼仪的大使，其权威尽管是公共的，因其事务是私人的，属于主权者的自然人身份，所以是一种私务之人。如果一个人被秘密地派往别国，以探明他们的建议或实力，虽然其权威和事务都是公共的，但因为人们只知道他是他自己，而没有人知道他所代表的任何人格，所以他仅仅是一个私臣，不过却是国家的臣仆，或许相当于自然人体的眼睛。那些奉命收受人民的请愿书或其他诉状的人，相当于公众的耳朵，也是公仆，在其职位上代表主权者。

［23.13］顾问（或国务会议，如果被认为不拥有司法权或命令权，而只是在被征询时或在不被征询时向主权者提供建言）不是公务人。因为建言仅仅是向主权者提出的，主权者的人格，当他本人在场时不可能由另一人向他本人代表。不过，一个参议员团体，从来不乏其他权威，要么是司法权，要么是直接的行政权。比如，在君主国中，他们代表君主向公仆传达君主的命令。在民主制国家里，参议会或元老院作为一个参议机构，将其审议结果提交给人民，而当他们任命法官、听审案件、接待使节时，是以人民的臣仆的资质来进行这些工作的。在贵族制国家里，国务会议本身就是主权会议，除了对自身以外，不向其他任何方面提供建议。

第二十四章　论国家的营养和繁衍

[24.1] 国家的营养在于海陆商品。[24.5] 分配营养物质的权利。[24.6] 私有地产起源于主权者的任意分配。[24.7] 臣民的所有权只排斥其他臣民的支配权，而不排斥主权者的支配权。[24.8] 公共开支不受节食规定之限制。[24.9] 对外贸易的地点和物资种类，就像分配一样取决于主权者。[24.10] 所有权转让之法律亦由主权者规定。[24.11] 货币，国家的血液。[24.13] 将货币传输至公用事业的渠道。[24.14] 国家的子女，殖民地。

[24.1] 国家的营养，在于有益于生命之材料的丰裕和分配，在于消化或制备，在于（消化之后）通过便利的渠道传输至公用事业。

[24.2] 物质的丰裕，从自然上讲是有限的，仅限于来自陆地和海洋（我们的共同母亲的双乳）的产品，上帝常常将它们免费赐予人类，或要人们以劳动换取。

[24.3] 这种营养物质，包括动物、植物和矿物，上帝已免费放在我们面前的地面上或近地面之处；只需要劳动和实业就可获得。因而，除了上帝的恩宠之外，其丰裕完全取决于人们的劳动和实业。

［24.4］这种物质一般称为商品，其中一部分是本土商品，一部分是外国商品：本土商品，是从本国境内取得的商品；外国商品，是从境外输入的商品。因为一个国家所管辖的领土，除非极为辽阔，并不生产维持整个身体及其运动所需的一切；也很少有国家不生产超出其必需的东西；通过交易、正义的战争或劳动，输入国外的商品，境内的多余商品就不再多余，而是可以弥补国内的不足。人的劳动，也和其他任何东西一样，是一种可交换营利的商品。有些国家的领土仅够居民居住，却不仅能维持国力，而且能扩张国力，这部分地由于在不同地方之间贸易往来的劳动，部分地由于出售外地原料制成的工业品。

［24.5］这种营养材料的分配，造成了我的、你的、他的之分，即所有权，这在各种国家里都是主权者的权利。（如前所述）在没有国家的地方，唯有每个人对其邻人的永久战争，因此一个人以武力取得并保持的一切物品都是他的；这既不是私有，也不是公有，而是不确定。这是显而易见的，以至于（自由的热情捍卫者）西塞罗在一篇公开的辩护词里，把一切所有权归因于国法。他说："国法一旦被抛弃，或仅是维护不力（更不要说被压制了），任何人能得之于祖先或传之于子孙的东西，便没有一种有保障了。"他又说："取消了国法，便没有人知道什么是自己的，什么是别人的。"鉴于所有权的引入是建立国家的结果，而国家除非通过代表它的那个人格，否则不能做任何事情，因此，所有权的引入是唯独主权者的行为，而且属于法律，法律则是不拥有主权者权力的人就不能制定的。古人似乎深知这一点，他们把我们所谓的法律称为 Nómos（意思是分配），而把正义界定为分配给每个人他自己的东西。

［24.6］在这种分配中，首先是用来划分土地的法律，主权者给每个人分一份土地，其根据是主权者而不是任何臣民或任何

数量的臣民认为合乎公平或公共利益。以色列子民在旷野已是一个国家，可是缺乏大地的各种商品，直到他们成为应许之地的主人为止，在这之后，那地被分给他们，所根据的不是他们自己的判断，而是祭司以利亚撒和他们的将军约书亚的判断。当时，十二个支派因约瑟支派再分为二而为十三个，不过他们只把土地分为十二份，规定利未族没有土地，却给他们指派了全部产品的十分之一，由此看来，这种分配是武断的。一国人民因战争而占有一片土地，尽管并不总是（像犹太人那样）灭绝其旧居民，而是给他们一些人、大多数人乃至全部人保留其资产，不过显而易见，他们后来保有这些财产，是胜利者分配的，比如说英格兰人民保有其资产，是征服者威廉分配的。

[24.7] 由此我们可以得出，一个臣民对其土地的所有权，是一种排斥其他所有臣民使用该土地的权利，却不排斥他们的主权者，不论主权者是一个会议还是一个君主。鉴于主权者即国家（人格的代表），被认为只做为了共同和平与安全的事情；土地的分配也被认为是为了同样的目的。因此，他所作的任何分配，若是于此①有损，便有违所有将自己的和平与安全寄托于他的判断和良心的臣民的意志，因此根据他们所有人的意志来说是无效的。诚然，一个主权君主，或一个主权会议的大部分人，可能会违背良心，追求激情，下令做许多违背臣民信任和自然法的事

---

① 根据马尔科姆的研究，这句话可能存在文本转录错误。原文 For seeing the sovereign . . . is understood to do nothing but in order to the common peace and security, this distribution of lands, is to be understood as done in order to the same: and consequently, whatsoever distribution he shall make in prejudice thereof . . . 其中 "thereof" 在语法上指代 "共同和平与安全"，但这在意思上与本段论旨及霍布斯的基本理论相冲突。"thereof" 应是指代主权者的 "支配权"（dominion）。有可能，"of his dominion" 这一措辞，在早期手稿中被误录为 "of his distribution"，后来被简化为 "thereof"。参看 Thomas Hobbes, *Leviathan*, II, *The English and Latin Texts* (i), ed. Noel Malcolm, Oxford: Clarendon Press, 2012, 第391页，注释 m。

情；不过，这不足以授权给任何臣民对他们的主权者开战，或控诉他不义，或说他的坏话，因为他们已经授权他的一切行动，而在赋予主权者权力时，就已经使它们成为自己的行动。而在什么情形下，主权者的命令有违公平和自然法，以后会在其他地方加以考虑。

［24.8］在分配土地时，可以想象，国家本身也分得一份，由其代表者占有和利用，这份土地可以多得足以维持公共和平与防御所必需的全部费用。如果世上有任何代表者，可以摆脱人类的激情和弱点，这是完全正确的。但人们的本性既已如其所是，拨出公共土地或任何一定量的收入给国家是徒然的；一旦主权落入对金钱漫不经心或不惜冒险将公共资金用于漫长或花费巨大的战争的君主或议会手中，往往会使政府解体，并陷入纯粹自然和战争的状态。国家不能节食。鉴于国家的开支并不受限于其本身食欲，而是受限于外部的偶然事件和邻邦的食欲，因此，公共财富以紧急情况之需要为限，而不得有其他的限制。在英格兰，征服者威廉曾保留多处土地（此外更有许多林地和猎场，供自己消遣和保护森林），而且在他赐予臣民的土地上保留各种役务，然而这些保留似乎不是用来维持他的公务身份，而是用来维持他自然身份。他和他的继承者们，在他们认为有必要时，仍然对所有臣民的土地任意征税。或者说，如果这些公共土地和役务作为维持国家的充分经费被规定下来，那么就有违创建国家的宗旨，（因为根据往后追加的赋税可以看出）这些公共土地和役务是不够的，而且（从后来王室收入微少这一点也可以看出）是可以出让和减少的。因此，划拨一份土地给国家是徒然的，国家可以把它出售或放弃；而当国家的代表者像这样做时，国家便确实把它出售或放弃了。

［24.9］正如国内土地的分配一样，臣民对外贸易的地点和

商品种类的指定，属于主权者的权利。如果在这方面允许私人有自行决断的权利，有些人就会为了牟利而为敌人提供手段，伤害其国家，进口那些满足人们欲望，却对他们有害或至少无益的物品。因此，批准或否定对外贸易的地点和货品的问题，属于国家（即唯独主权者）的权利。

　　[24.10] 此外，仅仅是每个人对一块土地或少量商品拥有所有权，或对某些有用的技艺拥有自然财产权，这对于维持一个国家来说是不够的，而且世上没有哪种技艺，不是对几乎每个人的生存或福利都属必需，所以，人们必须能通过交换和互相之间的契约，把自己能匀出的东西分给别人，并互相让渡所有权。因此，臣民之间的（诸如买卖、交换、借贷、租赁、雇佣等）各种契约应按什么方式订立，以及根据什么文字和形式可认为有效等事项，由国家（即由主权者）规定。关于营养物质及其在国家成员中的分配，（考虑到整部作品的体例）以上所说的就够了。

　　[24.11] 消化，以我理解，是把目前不消费而留待将来作为营养的所有商品，变成价值相等又便于携带、以至不妨碍人们往来各地的东西，其目的是使一个人在任何地方都可以具有当地提供的营养。这种东西就是金银和货币。金银（实际上）几乎在世界各国备受人们推崇，所以是各国之间其他所有物品的一种方便的价值尺度，而（一个国家的主权者无论用什么物质铸成的）货币，在本国臣民之间都是其他所有物品的充分价值尺度。通过这些尺度，所有可移动与不可移动的商品都可以伴随一个人到他去的一切地方，无论是他的日常住所内部还是外部。货币在国内人民之间周流传用，（在流动过程中）滋养国家的各部分，这种消化很像国家的造血作用，天然的血液同样是由大地的果实造成的，并且在循环过程中一路滋养人体的各部分。

　　[24.12] 因为金银价值来自其物质本身，所以首先金银具有

一种特权，就是作为各地区商品的共同尺度，其价值不能由一个或少数国家的权力加以改变。但基础货币可以轻易地增值或贬值。其次，金银还有一种特权，就是使国家在必要时让手臂运动和伸展到外国去，不仅使旅行的臣民私人获得供应，而且使整个军队获得给养。不过，铸币却不是因其物质、而是因当地的印字获得价值，因不能经受情况的变化，只在国内有效，而且在国内也因法律的变更而受影响乃至贬值，很多时候使持有者吃亏。

〔24.13〕将货币传输至公用事业的渠道有两种，一是把它输送至国库，一是把它从国库中重新发放出来作公共支付之用。前者包括收税官和司库，后者也有司库，再加上被指派发款给各公私臣仆的官员。在这里，人工的人与自然人也相类似，自然人的静脉从身体各部分接受血液送到心脏，在心脏中充实生机以后再由心脏经动脉管送出，使身体各部分充满活力并能运动。

〔24.14〕国家的繁衍或子女，就是我们所谓的移民区或殖民地，这是被送出国的一群人，在一个指挥官或总督领导下，到一个先前无人居住或人口被战争清空掉的外国去居住。一个殖民地一旦成立，要么他们自成国家，解除了他们对送他们出国的主权者的隶属关系（比如古代许多国家就是这样）。在这种情形下，他们所从出的国家称为母国，母国对殖民地的要求，正像父亲解除了对子女的家庭统治后对子女的要求一样，唯有尊敬和友谊。要么他们与母国仍保持统一，比如罗马人民的殖民地就是这样；这时他们自己不是国家，而是行省，是派出他们的国家的组成部分。因此，殖民地的权利（除了尊敬母国并和母国结盟以外），完全取决于主权者批准他们拓殖的特许状。

第二十五章　论建议

[25.1] 何谓建议。[25.2] 命令与建议的差异。[25.6] 何谓劝勉和劝阻。[25.11] 能干的顾问与无能的顾问。

[25.1] 根据变化无常的日常用语判断事物的本性是极为荒谬的，这一点除了在其他地方之外，从命令与建议的混淆中看得最清楚，这种混淆是由于建议与命令都以是命令式的言说发出的。"做此事"一语，不仅是命令者的话，也是建议者和劝勉者的话；不过，当人们知道这话是谁说的，是对谁说的，是在什么场合说的时，很少有人看不出二者完全不同，或不能对之加以区别。可是，当人们在著作中看到这些话时，由于不能或不愿深入考虑详情，他们便按照怎样最符合他们会推出的结论或赞成的行动，有时把顾问的诚言误认为命令者的诚言，有时则相反。为了避免这种错误，使命令、建议和劝勉这些措辞获得严格、明确的含义，我把它们定义如下。

[25.2] 命令就是一个人说"做此事"或"勿做此事"，除了说话者的意志之外，别无其他理由。据此显而易见，命令者借此主张他自己的利益，因为其命令的理由仅只是他自己的意志，每个人的意志的确切对象是他自己的某种好处。

[25.3] 建议就是，一个人说"做此事"或"勿做此事"，是

从说话对象因此而得到的利益中演绎出其理由。据此显而易见，提出建议者（不论其意向如何，）仅只主张听取建议者的好处。

［25.4］因此，建议与命令的一个巨大差异是，命令是为了自己的利益，建议是为了他人的利益。由此得出另一个差异是，一个人有义务去做他被命令的事情，比如当他已订立信约要服从时就是这样；但他没有义务去做他被建议的事情，因为不听从建议，其伤害只及于他自己。如果他订立信约要听从建议，那么建议就变得带有命令的性质。二者的第三个差异是，没有人可以主张自己拥有成为他人的建议者的权利，因为他不能主张自己在里面有什么利益，他可以要求对他人提出建议的权利，表明自己有意于知晓他人的意图，或为自己谋求其他好处（正如我在前面说过的），这种好处是每个人的意志的确切对象。

［25.5］建议的性质中还有一点是，根据公平之理，征询建议的人不论所问得的是什么，都不能对之加以控告或惩罚。因为征询他人的建议，就是让他提出自己认为最好的建议。因此，当主权者征询建议时，向主权者（不论其为君主还是会议）提建议的人，根据公平之理，不能为此受到惩罚，无论他的建议提交辩论时，是否符合大多数人的意见。因为如果会议的舆论在辩论终结前就可以看出来，那么他们就不应该征询，也不应该接受任何进一步的建议，因为会议的舆论就是辩论的决断和所有审议的终结。一般说来，征求建议的人就是建议的授权人，因此不能对之加以惩罚，而主权者所不能做的事，其他任何人也不能做。但是，如果一个臣民对另一个臣民提出建议，叫他做任何违法的事，那么这一建议无论是出于恶意，抑或仅仅是出于无知，都可以被国家惩罚。因为在每个人都应该知道自己所服的法律的地方，对法律的无知不能成为脱罪的理由。

［25.6］劝勉和劝阻是提供者强烈地表示希望得到遵从的建

议，更简单地说，是强压给他人的建议。劝勉者并不向对方演绎出他所提议的事情后果如何，在其中进行真正严密的推理，而是鼓动他所建议的人采取行动，劝阻他人采取某种行动时，情形也是这样。因此，他们在其言语中顾及人们的共同激情和意见，从中演绎出他们的理由，并运用直喻、隐喻、例证和讲演术的其他方法，说服他们的听者相信听从其建言的效用、荣誉、正义。

[25.7] 由此可以推论出：第一，劝勉和劝阻是指向建议者的好处，而不是征询者的好处，这有违顾问的责任；（根据建议的定义）顾问应当顾及的不是自己的好处，而是被建言者的利益。他使其建议指向自己的利益，这一点从他的喋喋不休而又强烈的敦促，或者给予建议时的矫揉造作，就可以看得十分清楚。这种建议由于没有人要求他提出，而是出自他自己的需要，所以主要是指向他自己的利益，而只是附带地指向对方好处，或完全不顾及对方。

[25.8] 第二，劝勉和劝阻的用处只在于一个人对一群人讲话时的场合。因为只对一个人讲话时，听者可以打断说话者，更严格地审视其理由，而这在一群人中是不可能的。因为人数太多，以至于不可能与那个对他们所有人无差别地同时讲话的人进行争论或对话。

[25.9] 第三，在对方要求提出建议时，却进行劝勉或劝阻的人，是腐败的顾问，如同他们被自身利益左右。不管他提出的建议多么好，他也不是好的顾问，正如贪图报酬而作出正义判决的法官，不是正义的法官。可是，在一个人可以合法地下命令的地方，比如一个父亲在家庭里，或一个领袖在军队里，那么他的劝勉或劝阻不仅合法，而且必要和值得赞扬。不过这时，那就不是建议，而是命令。当命令是为了执行艰辛之劳作时，有时出于必要，更为经常的是出于人道，需要以鼓励的方式发出，并用建

议的语调，而不用较为粗暴的命令语言，使之更为动听。

[25.10] 命令与建议的差异，我们可以借圣经里表达它们的言语形式为例来说明："除了我以外，你不可有别的神。""不可为自己铸造神像。""不可妄称耶和华你神的名。""当记念安息日，守为圣日。" "当孝敬父母。" "不可杀人。" "不可偷盗。"① 这些话是命令，因为我们服从它们的理由，是从我们有义务要服从的我们的王上帝的意志中得出的。但是，"要变卖你一切所有的，分给穷人……你还要来跟从我"②，这些话是建议，因为我们要这样做的理由，是从我们自己的利益得出的，就是我们会拥有天上的财宝。"你们往对面村子里去，必看见一匹驴拴在那里，还有驴驹同在一处；你们解开，牵到我这里来。"③ 这些话是命令：他们做那事的理由，是从他们主的意志中得出的；但 "你们各人要悔改，奉耶稣基督的名受洗"④，这些话是建议，因为我们应该这样做的理由，不是为了全能上帝的任何利益，不论我们怎样叛变他仍然是王，而只是为了我们自己的利益，我们除了这样做以外就无法避免由于自己的罪而要遭受的惩罚。

[25.11] 建议与命令的差异，现在已经根据建议的性质演绎出来了，其差异在于：演绎所提议之行动的必然或可能之后果，会给被建议者带来的利益与伤害；能干的顾问与无能的顾问之间的差异，也可以通过同样的演绎推导出来。因为经验不过是先前观察到的行动推演的记忆，建议不过是将这一经验告诉他人的言语；建议之优劣，恒等于智识之优劣；对于国家人格来说，他的顾问在记忆和心灵推衍方面为他服务。国家与自然人之间虽有这

---

① 出 20：3—15；申 5：7—19。
② 太 19：21，路 18：22。
③ 太 21：2。
④ 徒 2：38。

一相似之处，却有一重大相异，一个自然人从自然的感官对象中获得其经验，这种对象在他身上发生作用，并不带有它们自身的激情和利益；而为国家的代表人格提建议的人，可以具有且经常具有其个人的目的和激情，这使得他们的建议总是很可疑，而且很多时候是不忠诚的。因此，我们可以规定，好的顾问的第一个条件是，他的目的和利益与被建议者的目的和利益不相冲突。

[25.12] 第二，因为顾问的职分是在审议一种行动时，要显明其后果，使被建议者得以更真切而明确地知悉；所以他应当使用最能让真相大白的言语形式提出建言；也就是说，要在证据允许的范围内，尽可能运用坚固的推理，有意义的、严格的语言。因此，（仅仅从书本的事例或权威得来，根本不能作为善恶的论据，而只能作为事实或意见之佐证的）轻率而不明确的推论，或者许多易于唤起激情的模糊、混乱和暧昧的表达方式及一切隐喻式的言语（因为这种推理和表达，只能用来欺骗，或导致被建议者偏离自己的目标），与顾问的职分格格不入。

[25.13] 第三，因为建议能力是从经验和长期研究中得来的，而没有人确定无疑对一个大国的行政所需要知晓的一切事物具有经验；除了在自己不仅十分精通、而且有过细思冥想的那种事务方面之外，任何人都不是好的顾问。鉴于国家的事务在于维持国内人民和平与防御外敌入侵，因此我们会看到，这需要通晓人类性情、政府权利以及公平、法律、正义和荣誉之性质，这不经过研究是无法做到的；而且需要通晓本国与邻邦的实力、商品、卫所，以及可能以任何方式侵扰本国的列国之倾向和意图，这没有丰富的经验也无法做到。就这些事物而言，不仅其整体、而且其每个具体细节都需要人穷年累月的考察和别出心裁的研究。正如我在前面（第八章）所说的，建议所需的才智是判断。在这方面，人与人的差异缘于教育不同，有人从事这种研究或事

务，有人从事那种研究或事务。做任何事情时，如果有绝不谬误的法则可循（比如在机械和建筑中的几何学法则那样），那么世上所有的经验，都比不上已学会或发现了这种法则的人的建议。如果没有这种法则，那么在特定种类的事务中，经验最丰富的人，其判断也最好，因而也是最好的顾问。

[25.14] 第四，要能就一件与他国相关的事务给国家提建议，就有必要熟悉来自该国的情报和文献，以及两国之间的条约和其他国家事务的所有记录；这种事情除了国家代表者认为适宜的人以外没有人能做。由此我们可以看出，没有被召请去提建议的人，贸然之下不可能提出好的建议。

[25.15] 第五，假定顾问的人数适当，最好是分别听取他们的建议，而不是在聚议中听取，这有几个理由。首先，分别听取，得到的是每个人的建言；而多人聚议，其中有些人发表建言，不是唯唯诺诺，就是束手束脚，被他人的辩才支配，不是害怕提出反驳使已发言的人或整个会议感到不快，就是害怕自己显得比赞成相反意见的人在理解上更迟钝。其次，多人聚议，必不免有人的利益与公共利益相冲突；这些人因其利益而变得富有激情，因激情而变得雄辩，因雄辩而吸引他人持同样的建言。人们的激情就像火炬，分开时不温不火，聚集时便互相燃烧（尤其是当他们以演说彼此相攻击时），以提建议为借口，使国家陷入烈焰之中。再次，分别听取，（只要有必要）可以频繁地打断对方和提出异议，从而对他所提出的建言，检讨其理由和根据的真实性和可能性；这在多人聚议中是办不到的，在这种场合，（对于每一个难题）一个人会因庞杂的议论而感到惊讶，晕头转向，而不是获知他应当采取的路线。此外，被召来建言的多人聚议，不可能没有一些野心勃勃的人，想让人认为他们口才出众，且精通政务；他们提出建言时，不考虑所提的事情，而只顾以他们从书本上找来的五花八门

的破布碎线拼凑而成的五彩斑斓的演讲博取掌声；这至少是不得要领，浪费认真商议的时间；而以秘密的方式分别建议，这种情形就容易避免。最后，公共事务的审议，常常应当保守秘密，多人提建议，尤其是聚议一堂是危险的；因此，大的会议就有必要把这类事务委托给最精通、最忠诚可靠的少数人处理。

[25.16] 总之，在儿女婚嫁、土地处置、家务管理、私人资产经营等问题上，有谁十分赞成从一些只知自己甘苦的顾问的聚议中听取建议呢？特别是当他们中间有人不愿见他发达时就更难说了。一个人如果由许多明智的顾问协助其事务，最好是由每个人就其专长分别提出建议，就像打网球时运用能干的助理，并把他们放在适当的位置上。退而求其次，是像完全没有助理的人一样，仅仅运用自己的判断。可是如果一个人在其事务中被一个刻板的顾问团左右，而除非有多数的赞成意见，这种顾问团无法运作，而多数赞同意见的执行，通常（因嫉妒或利益）受到不赞同者一方阻挠，这是最坏的；就像一个人被送去打球，虽然陪同去的选手很好，却是坐独轮车或其他本身很笨重的交通工具去的，而驾车的人判断不一致，动作不协调，以至于行动更加迟缓；这时插手的人愈多，情况愈坏；要是他们中间有人希望他失败，情况就坏到极点。诚然，多眼胜一眼；不过这不可理解为顾问之多，而要理解为最终决断操于一人之手。否则，因为多只眼看同一事物有不同视线，而且往往偏到各自的私人利益上去；所以那些不愿偏离目标的人，四处观看时虽然用两只眼，瞄准时却从来只用一只眼；因此，一个大的平民国家得以保存，或因外敌使之团结，或因某个杰出人物的声誉，或因少数人运筹帷幄，或因势均力敌的党派互相恐惧，但从来不是由于会议的公开商讨。至于小国，无论君主政体还是平民政体，除了依赖其强大邻邦相互的醋意之外，任何人类智慧都无法使之长久维持。

第二十六章 论国法

[26.1] 何谓国法。[26.5] 主权者是立法者：[26.6] 不受任何国法约束。[26.7] 习惯之所以是法律，不是因为时间久远，而是因为主权者的同意。[26.8] 自然法和国法互相包含。[26.9] 各地的法律不是由习惯制定，而是由主权者权力制定。[26.10] 一些法律家关于法律制定的愚蠢意见。[26.11] 爱德华·柯克爵士《评利特尔顿》第二卷第六章第138节第97页背面。[26.12] 制定的法律，若无法为人所知，就不是法律。 [26.13] 所有自然法都是不成文法。[26.16] 在主权者不被知晓的地方，任何东西都不成其为法律。证明与授权的差异。[26.17] 下属法官所证明的法律。[26.18] 公文记载所证明的法律。[26.19] 专利特许状和官印所证明的法律。 [26.20] 法律解释有赖于主权者权力。[26.21] 所有法律都需要解释。[26.22] 法律的真正解释者不是书籍作家。[26.23] 法律的解释者是在每一个别案件中以口头作出判决的法官。[26.24] 法官的宣判，不能约束他自己和其他法官在同类案件中作出同类判决。[26.26] 法律条文与法律用意之间的差异。[26.27] 法官需要具备的能力。 [26.29] 法律分类。 [26.37] 另一种法律分类。[26.40] 神的实在法如何被知晓为法律。[26.42] 另一种法

律分类。［26.43］何谓基本法。［26.44］法律与权利的差异。［26.45］法律与特许状的差异。

［26.1］国法，以我理解，乃因为人们是国家的成员，而非因为他们是某个具体国家的成员，而有义务遵守的法律。关于特殊法律的知识，属于以研究各国法律为职业的人，但关于一般的国法的知识，则属于一切人。古罗马法被称为他们的国法（*Civil Law*），来自 *Civitas* 一词，这个词表示国家。罗马帝国治下受该法管辖的各国，至今仍然保留着他们认为适宜的部分，并把这个部分称国法，以别于他们自身的其他国法。但这不是我在这里打算谈的法律，我的意图不是要说明某地的法律如何，而是要说明法律是什么，就像柏拉图、亚里士多德、西塞罗和其他不以研究法律为职业的人所做的那样。

［26.2］首先，显而易见，法律一般来讲不是建议，而是命令；不是任何人对任何人的命令，而仅仅是一个人对先前就有义务服从他的人发布的命令。至于国法，只是加上了发布命令的人格的名称，即 *Persona Civitas*，国家人格。

［26.3］有鉴于此，我对国法提出如下定义：国法，对于每个臣民来说，就是国家以语言、文字或其他充分的意志征象，命令臣民用来区分正当与错误的法则，也就是区分什么违背法则，什么不违背法则。

［26.4］在这个定义中，没有任何地方不是一目了然。人人都可以看出，有些法律是对所有臣民普遍发布的，有些是对个别地区发布的，有些是对个别行业发布的，还有些是对个别人发布的。因此，有些法律，仅只对于命令所指向的每个人是法律，对于其他人则不是。同时，法律是关于正义与不义的法则，被认为不义的事物，无不与某条法律相违背。此外，除了国家之外，无

人能制定法律，因为我们的臣服，只是对国家臣服；而且，命令要以充分的征象表示出来，因为若不然，人们就不知道如何服从。因此，无论从这一定义中根据必然之理演绎出什么结论，都应当认为是真理。现在，我从中演绎出以下各点。

［26.5］第一，在所有国家，立法者唯独是主权者，其在君主制下是一个人，在民主制或贵族制下是一个多人会议。立法者就是制定法律的人。唯有国家能规定并命令人们遵守我们称之为法律的那些法则。因此，国家是立法者。但国家并不是人，除非通过代表（即主权者），否则没有能力做任何事，因此，主权者是唯一的立法者。同理，除了主权者以外，任何人都不能废除已制定的法律；因为一条法律除非用另一条法律禁止其执行，否则不会被废除。

［26.6］第二，国家的主权者，无论是一个会议还是一个人，不受国法约束。因为主权者既有权力制定和撤销法律，可以在他喜欢时撤销那些困扰他的法律，制定新的法律，从而解除那种约束，所以，他原本就是自由的。自己愿意自由时就能自由的人是自由的，而且任何人都不可能自己束缚自己，因为那束缚人的，也能为人解除束缚，因此，束缚于自己的人根本不受束缚。

［26.7］第三，当长期的习惯取得法律的权威时，造就其权威的，不是时间的久远，而是主权者以沉默表示的意志（因为沉默有时是同意的一种证明），若不是主权者对之沉默不言，它就不再是法律。因此，如果主权者卷入一个并非以他现在的意志，而是以先前制定的法律为依据的权利问题，那么时间的久远无损于他的权利，该问题应依据公平进行判断。许多不义的行动和不义的判决，历时久远而未得到审正。我们的法律家认为，只有合理的习惯才是法律，而不良的习惯应该废除。但哪些是合理的，哪些应予废除，其判断权属于立法者，亦即主权会议或君主。

[26.8] 第四，自然法和国法互相包含，且范围相同。自然法，包括公平、正义、感恩以及据此产生的其他道德，在纯粹的自然状态下，（正像我在第十五章末所说的，）严格来讲不是法律，而只是使人们倾向于和平与服从的品质。国家一旦成立，它们就成为实际的法律，在这以前不是。这时它们既是国家的命令，因而也就是国法，强制人们服从它们的，正是主权者权力。在私人分歧中，宣布何谓公平、何谓正义、何谓道德并使它们具有约束力，需要有主权者的法令，以及规定的对违背者的惩罚，这种法令因而是国法的构成部分。因此，自然法在世界各国都是国法的组成部分。反过来说，国法也是自然指令的组成部分。因为正义即履行信约，给予每个人以他自己的东西，乃自然法的指令。而国家的每个臣民既订立信约要服从国法（要么彼此立约，比如当他们集会推选一个共同代表时的情形；要么挨个与代表立约，比如当他们被武力制伏而承诺服从以获得生命时的情形），所以，服从国法是自然法的应有之义。国法和自然法不是不同种类的法律，而是法律的不同部分；其中成文部分称为国法，不成文部分称为自然法。但自然权利，即人的自然自由，可以由国法加以剥夺和限制。甚至可以说，制定法律的目的，正是要限制这种自由；没有这种限制，就不会有和平。世界之所以有法律，不过是为了以这种方式限制个人的自然自由，使他们互不伤害，而是互相帮助，联合起来防御共同的敌人。

[26.9] 第五，如果一个国家的主权者制伏一个生活在另一套成文法下的人民，然后以先前统治他们的那套法律统治他们，那么这些法律是胜利者的国法，而不是该战败国的国法。立法者之为立法者，不是法律因其权威而最初被制定出来，而是法律因其权威而继续成其为法律。因此，如果一国境内有若干省区，在这些省区里有各种不同的法律，即通常所谓的各省习惯法，那么

我们不应认为，这些习惯法仅仅是因为时间久远而具有效力，而应认为，它们过去是古老的成文法或众所周知的法律，是由于其主权者的成宪和法令；它们现在是法律，不是由于时间的规定，而是由于当前主权者的成宪。但如果一种不成文法在境内各省被普遍地遵守，其运用也没有出现不公平，那么这种法律不是别的，而是对全人类同样有约束力的自然法。

[26.10] 第六，既然所有法律，无论成文法还是不成文法，是因国家的意志、亦即是因国家代表者（在君主国中是君主，在其他国家里是主权会议）的意志而具有权威和效力，人们不禁会问，在某些国家的杰出法律家的书中可以看到的那种意见究竟是从哪里来的，他们直接地或通过推论，使立法权依赖私人或下属法官。例如有人说："普通法除议会之外别无审正者"。仅当议会拥有主权者权力，其召集与解散由议会自行决定时，这句话才是成立的。因为如果其他任何人有权解散议会，他就有权审正议会，因而就有权审正议会审正之事项。如果议会并没有这种权利，那么法律的审正者就不是议会（*Parliamentum*），而是王在议会（*Rex in Parliamentum*）。在议会是主权者的地方，假如议会出于某种理由，从臣服于他们的各地召集了空前多数、空前贤明的人士来开会，是没有人会相信这样一个会议因此就已获得立法权的。还有人说，国家的双臂是"*武力和司法，前者在国王手中，后者被置于议会之手*"。这就好比说，武力操于司法无权加以命令和统治的任何人手中，国家也能存在一样。

[26.11] 第七，法律不得违背理性，这是我们的法律家一致同意的，法律之为法律，不在于其条文（即其每部分的构造），而在于其符合立法者的意向。诚然如此，但问题在于，谁的理性会被接受为法律。这不意味着任何私人的理性，因为那样的话，法律中的矛盾就会与经院学派中的一样繁多了，但也不（像爱德

华·柯克爵士所说的那样）是一种"经长期研究、观察和经验得来的完美的人工理性"①（比如他的就是这样）。因为长期的研究有可能增加和巩固错误的判决。在虚假的基础上建造，建造得愈多，其废墟愈大。人们以相等的时间和勤奋进行研究和观察，他们之间的理性和决断力必不相上下。因此，制定法律的，并非 *Juris prudentia*［法学］或下属法官的智慧，而是我们这个人工人国家的理性及其命令。国家既是存在于他们的代表者身上的唯一人格，就不容易在法律方面发生矛盾，即便发生矛盾，同一个理性也能通过解释或修订将其消除。在所有法庭上，进行判决的是主权者（即国家人格）。下属法官应当尊重这种使其主权者得以制定法律的理性，俾使自己的判决与之相符，这样一来，其判决就是主权者的判决，而不是他自己的、不正义的判决。

[26.12] 第八，国家的命令，仅只对于那些有办法知道它的人是法律。这是因为，法律是一种命令，命令在于命令者意志的宣布或显现，其凭借为声音、文字或其他充分的证据。至于天生的愚蠢人、孩童或疯子，是没有法律的，正如野兽没有法律；也不能给他们安上正义或不义之名，因为他们绝无能力订立任何信约或理解其后果，所以他们也不会像为自己建立国家的人所必须做的那样，对任何主权者的行动进行授权。像那些由于天生或偶然而不能知道一般法律的人一样，任何人若是由于并非他自身的过失所造成的任何偶然事故，没办法知道任何特定的法律，他如果没有遵守，就是免责的，严格来讲，该法律对他而言不是法

---

① 柯克说："因为理性本身就是法律，不宁唯是，普通法本身不过是理性而已，我的意思是说，是一种经长期研究、观察和经验得来的完美的人工理性，而不是任何人的自然理性。"（Coke, Sir Edward, *The First Part of the Institutes of the Lawes of England, A Commentary upon Littleton, Not the Name of a Lawyer Only, but of the Law Itself* 柯克《英国法总论》第一编《评法律家利特尔顿其人及法律》）第97页背面。

律。因此，这里有必要考虑，什么证据和征象才足以让人们知晓法律是什么，也就是说，主权者的意志是什么，不论其在君主制下，还是在其他政体下。

[26.13] 首先，如果一条法律无一例外地约束所有臣民，且没有成文或以其他方式在人们可以注意到的地方颁行，它就是一条自然法。任何事物，如果人们不是根据他人的言辞，而是每个人根据自己的理性，认为它是法律，就必定与所有人的理性相一致，唯有自然法能够如此。自然法既包含在全世界都承认的"己所不欲，勿施于人"这句话中，因而便无需颁行或宣布。

[26.14] 其次，如果一条法律只约束某一状态下的人或某些个别人，且没有成文或口头宣布，那么它同样是一条自然法，凭借那些使该状态下的人有别于其他臣民的证据和征象而被知晓。无论任何法律，若不成文或没有被制定它的人以某种方式颁布，唯有凭借那个服从它的人的理性才得以被知晓，那么它就不仅仅是一条国法，而且是一条自然法。例如，如果主权者任用一个公仆，没有书面训令他要做什么，那么该公仆有义务以理性的指令为训令。比如说，如果主权者任命一个法官，那么该法官就要留意，他的判决应当符合主权者的理性，而这种理性始终被认为就是公平，他受自然法约束要遵从公平。如果他任命一个大使，那么在书面训令没有载明的所有事项中，该大使应当把理性指令的、最有益于其主权者利益的事物当作训令。主权的所有公仆和私臣，莫不应当如此行事。自然理性的这些训令，都可以包括在忠诚这一名称下，是自然正义的一部分。

[26.15] 除了自然法，其他所有法律，本质上都要求以众所周知来自主权者权威的言辞、文字或其他行为，使有义务服从它们的人知晓。他人的意志，除了根据其言辞或行为或根据其宗旨和目的加以推测之外，便无从知晓。这种宗旨和目的在国家人格

— 213 —

而言，应该被认为始终符合公平和理性。古代在文字通行以前，法律很多时候被编成歌谣，匹夫匹妇乐于唱诵，这样就更容易记住。出于这一理由，所罗门叫一个人把十诫系在十个指头上（箴7.3），摩西和以色列人民重新订约时给他们规定的法律，他吩咐他们教训他们的儿女，无论坐在家里，行在路上，躺下，起来，都要讲论；又要写在房屋的门框上，并城门上（申11.19）；招聚他们男、女、孩子，使他们听（申31.12）。

[26.16] 法律仅仅被写成文字和颁行于世还不够，而且要有明显的征象，表明它来自主权者的意志。私人在具有或自认为具有力量达到不义的意图、并平安无事地实现其野心时，纵使没有立法权威，或违背立法权威，也会把自己喜欢的东西颁布为法律。因此，法律不仅需要公布，而且需要有授权人和权威的充分征象。在每个国家里，授权人或立法者应该是显而易见的，因为他就是主权者，是由每个人的同意所设立，应该是每个人都充分知晓的。尽管人们无知和疏忽到了这个程度，就大部分人而言，对最初建国的记忆已经泯灭，他们不考虑，是依靠谁的力量，他们才得以防御敌人，他们的实业受到保护，在他们遭受侵害时可被救济；然而因为人们只要稍加考虑，就不可能对此提出疑问，所以，不能以不知主权何在为借口。自然理性的一个指令，因而也是自然法的一个证据是，任何人不应当削弱自己要求其保护或有意无意地接受其保护的那个力量。因此，关于主权者是谁，任何人若不是由于自己的过失（不论恶人怎么说），是不会有任何疑问的。困难在于来自主权者的权威证据；消除这一困难，有赖于对公文记载、公共法律顾问、公仆和官印的认识；所有的法律都通过这些得到充分证明；我说的是证明，而不是授权：因为证明，仅仅是证词和记录，而不是法律的权威，法律的权威只在主权者的命令中。

［26.17］因此，如果一个人有一个关于侵害的问题，该问题取决于自然法，即取决于共同的公平，那么受委派有权审理这类讼案的法官的判决，乃是适用于该个别案件的自然法的一个充分证明。专业研究法律的人士的建言，尽管对于避免争斗来说是有用的，却也仅只是建言。争议听审时，是法官应告诉人们法律是什么。

［26.18］不过，如果问题是取决于成文法的侵害或罪行，每个人只要愿意，都可以由自己或他人去查阅公文记载，那么在他做出侵害或犯下罪行之前，就可以充分地获知那是不是侵害，而且他应当这样做。因为当一个人怀疑他打算从事的行为是否正义，并且他只要愿意就可以获知时，从事该行为就是非法的。同理，一个人若是认为自己在一个案件中受到侵害，而该案件取决于成文法，对此他可以自己或由他人查考，如果他在查考该法律前就进行控诉，他这样做就是不正义的，暴露出他有意要找别人的麻烦，而不是要争取自己的权利。

［26.19］如果问题涉及对公共官员的服从，那么，看过和听人读过其盖有官印的委任状，或者取得了获悉委任状的手段（如果他愿意的话），就是其权威的充分证明。因为每个人都有义务尽最大努力，获悉可能与其未来行动相关的所有成文法。

［26.20］如果立法者是已知的，法律又凭借文书或自然之光而充分地公之于众，然而要使法律有约束力，还需要一个实质要件。因为法律的本质不在于其文字，而在于其含义，换言之，在于真正的法律解释（即立法者的意思），因此，对所有法律的解释，唯取决于主权者的权威，其解释者只能是（臣民唯一要服从的）主权者任命的人。否则，法律就会因解释者的狡黠，承载与主权者的意思相违背的意思。凭借这一手段，解释者就成为立法者。

［26.21］所有法律，无论成文或不成文，都需要解释。不成文的自然法，尽管对于那些不带偏袒和激情去运用自然理性的人来说是简易的，因此使违反者无可推诿，然而考虑到在某些情况下，很少有人或者说没有任何人不被自爱或其他激情蒙蔽，所以自然法如今成为所有法律中最晦暗不明者，因而最需要能干的解释者。至于成文法，若其文字简短，则容易因一两个词语的多重意义而被错误解释；若其文字较长，则因很多词语的多重意义而变得更晦暗不明。任何成文法，无论其发表文字的长短，若对制定法律的最终原因缺乏正确理解，都无法被透彻地理解，对这种最终原因的认识在立法者那里。因此，法律中没有他解不开的结，他要么找到其终端把它解开，要么（像亚历山大挥剑斩断戈尔迪亚结那样），用立法权制定他想要的终端，这是其他解释者都做不到的。

［26.22］在国家里，自然法的解释并不取决于道德哲学书籍。作家们的权威，若是缺乏国家的权威，并不能使他们的意见变成法律，不管其意见多么正确。我在这部论著中所写的一切，涉及诸道德德性以及它们对于取得并维持和平的必要性，虽是明显的真理，却不因此立即就是法律，而是因为在世界各国，它都是国法的组成部分，它尽管从自然上讲是合理的，然而正是凭借主权者的权力，它才是法律，否则，把自然法称为不成文法便大错特错。关于这个问题，我们看到有卷帙浩繁的书籍，其中互相矛盾和自相矛盾之处不可胜计。

［26.23］自然法的解释，是主权者权威委任来听审和决定这种取决于自然法的争议的法官所下的判决，体现于自然法对本案的适用。因为在司法行为中，法官无非是考虑当事人的要求是否符合自然理性和公平；因此，他作出的判决，是对自然法的解释；该判决之所以是真正的解释，并非因为它是他的私人判决，

而是因为他根据主权者的权威作出该判决；因而它是主权者的判决；这在当时对于诉讼当事人就是法律。

[26.24] 但是，因为下属法官与主权者并非不会在一桩公平裁判中出错，所以如果后来在另一个同类案件中，他发现作出一个相反的判决更符合公平，他就有义务这么做。任何人的错误都不能成为他自己的法律，他也没有义务坚持这一错误。同理，它也不能成为其他法官的法律，即便他们宣誓遵从。因为根据主权者权威作出的一个错误判决，如果他知晓且予以承认，尽管在涉及可变的法律时，就构成一条新的法律，适用于相同情形的案件；然而在涉及像自然法这样不可变的法律时，对于该法官或其他法官却不是法律，不能适用于后来的同类案件。王侯彼此相继，法官新旧递嬗，天地都要废去；但自然法的一点一画也不能废去，因为这是上帝的永恒法。因此，先前法官作出的所有判决加在一起，也不能制定一条违背自然公平的法律；以前法官的任何判例，不能成为不合理判决的依据，或者免除现任法官在自己判案时根据自己的自然理性原则，研究什么才符合公平的烦劳。例如，惩罚无辜者是违背自然法的，无辜者就是在审判中被判无罪，被法官认定为无辜的人。假定案情是，有一个人被控死罪，鉴于某个仇敌的势力和恶念，以及法官们经常腐败徇私，于是他出于对事态的恐惧而潜逃，后来他被抓捕归案，在审判中他充分表明自己没有犯该罪行，因而被判无罪，却又被判处丧失财物。这显然是惩处无辜者。因此我认为，这在全世界各地都不可能是对自然法的解释，或者因先前法官作出过的同样判决而被制定为法律。最初的审判者进行了不义审判，而任何不义行为都不能成为后继法官的审判典范。一条成文法可以禁止无辜者潜逃，他们可以因潜逃而遭受惩罚。但一个人在审判中已经被判无罪后，如果他因害怕侵害而潜逃一事被拿来作为推定他有罪的证据，就有

违推定的本质。审判一旦作出，就不再有推定的余地。但这却被一位英格兰普通法大法律家著之于书。他说："如果一个无辜的人被指控犯有重罪，出于恐惧而潜逃；纵令他在审判中被判没有犯该重罪；然而一旦发现他因该重罪而潜逃，他尽管是无辜的，仍要被罚没其全部财物、牲畜、债权和职务。关于这一罚没，法律不会允许提出任何证据反对一项基于他潜逃作出的法律推定。"在这里你看到，一个在审判中被判无罪的无辜者，他尽管是无辜的，没有成文法禁止他潜逃，却在被判无罪后，基于一项法律推定，就被判处丧失他拥有的全部财物。如果法律根据他的潜逃作出一个事实（死刑罪）推定，那么判决就应当是死刑罪。如果这种推定不是关于事实的推定，那么他为什么应当丧失其财物呢？因此，这绝不是英格兰的法律。这一判决也不是基于法律推定，而是基于法官的推定。说不允许提出任何证据反对一项法律推定，这同样是违法的。所有法官，不论主权者还是下属法官，若拒绝听取证据，就是拒绝伸张正义，其判决尽管是正义的，但不听取所举证据就下判决的法官是不正义的法官，其推定不过是偏见。任何人无论自称遵循什么先前的判决或判例，都不应当将其带入法官席。由于信赖判例，人们的判断力被引入邪路，这种性质的事情还有很多，但这足以证明，法官的判决，对于当事人是法律，对于任何继任其职位的法官却不是法律。

[26.25] 同理，当问题涉及成文法的含义时，撰写注释的人并不是解释者。注释通常比条文更容易遭到指摘，因此需要另有注释，这样下去，这种解释就没完没了。因此，除非是主权者授权的、下属法官不得违背的解释者，否则解释者不过是普通的法官，正像在不成文法的案件中一样，他们的判决应当被诉讼人在该个别案件中视为法律，却不能迫使其他法官在同类案件中作出同类判决。因为一个法官甚至可能在解释成文法时出错，而下属

法官的任何错误，都不能改变作为主权者的普遍判决的法律。

[26.26] 在成文法中，人们往往区分法律的条文与法律的用意。如果所谓条文是指从单纯词句中能得到的任何东西，这就是一个很好的区分。因为几乎所有词语的意义，无论其本身还是其隐喻用法，都是含混不清的，可以用来在争论中造成许多意思，但在法律中只有一种意思。但如果所谓条文是指字面意思，那么法律的条文与法律的用意或意向就是一回事。因为其字面意思，乃是立法者想要以法律条文表示的意思。立法者的意向应当始终是公平，因为一个法官如果认为主权者不是这样，就是极大的轻侮。因此，如果法律的词句不能完全作为一种合理判决的依据，他就应当以自然法来弥补，如果案件棘手，他就应当暂缓判决，直到他获得更充分的依据。例如，一条成文法规定："被武力逐出家宅者，得以武力复入。"碰巧，一个人因疏忽而使其家宅空置，当他返回时被武力拒于门外，对于这种情形，没有特别的法律规定。显然，本案包含在同一条法律中，否则，他将无法得到救济，这是违背立法者的意向的。又，法律的词句命令人们按照证据审判。一个人被诬告犯了某事，法官本人看见过此事是他人所为，而不是被告所为。在本案中，既不应依据法律条文判处这个无辜者，也不应违背各证人的证据作出判决，因为法律条文有相反的规定。法官应提请主权者另派法官审理，他自己当证人。所以，成文法的单纯词句的不便，可以引导他探寻法律的用意，对之作出更好的解释，尽管没有任何不便可以成为一个违法判决的充分依据。因为一个判断是非的法官，无权判断什么对国家有利或不利。

[26.27] 一个高明的法律解释者，换句话说，一个好法官，需要具备的能力与律师不同，不是对于法律的研究。就一个法官而言，正像他应当只根据证人来看待事实，他应当只根据在诉讼

— 219 —

中征引的、或某些从主权者权力那里得到授权的人向他宣布的主权者的法令或成宪来看待法律。对于他要审判的案件，他无需事先留意，因为他在事实方面该说什么，会由证人向他提供，他在法律方面该说什么，会由诉讼当事人提出，以及由有权当场向他解释法律的人提出。英格兰上议院贵族曾是法官，许多最困难的讼案曾经由他们听审和裁定。然而他们很少有人精通法律研究，更少有人以法律为职业。尽管他们咨询被指定出席备询的法律家的意见，但唯独他们有权作出判决。同样，在一般的司法审判中，由十二个平民当法官，他们不仅就事实作出判决，而且就权利作出判决，并直接宣判原告胜诉或被告胜诉。换句话说，他们不仅是事实的法官，而且是权利的法官。当涉及刑事犯罪问题时，他们不但要裁定罪行是否已经犯下，还要裁定其为谋杀罪、杀人罪、重罪还是侵犯罪等，这些都是法律的裁定。但是，因为他们自己不见得懂法律，所以就有一个人有权告知他们要审判的个别案件中的法律。可是如果他们不按他告诉他们的话审判，那他们并不会因此遭受任何处罚，除非可以证明他们违背了良心，或者收受了贿赂。

[26. 28] 关系一个好法官或高明的法律解释者的事，第一是对所谓公平这条主要自然法有正确的理解。这种理解不是靠阅读别人的著作，而是靠一个人自身良好的自然理性和沉思，想必属于大多数最有闲暇、最倾向于对之加以沉思的人士。第二，藐视不必要的财富和晋升。第三，能够在审判中摆脱一切恐惧、怒气、爱、恨和同情。第四，有耐心听审，听审时集中注意力，有记忆力记住、消化并运用自己听到的一切。

[26. 29] 法律的区别和分类，已经由诸多法律作家按照不同方法加以论列。这事并不取决于自然本性，而是取决于作家的宗旨，而且随每个人自己的方法而各异其趣。在《查士丁尼法学总

论》中，可看到有七类国法。

[26.30] 第一，君王即皇帝的诏令、宪令、书翰，因为人民的全部权力都在他身上。这大致相当于英格兰国王的诏书。

[26.31] 第二，全体罗马人民（包括元老院）的法令，若它们被提交给元老院表决。这些法令，当初因主权者权力在人民而是法律，其中那些没有被皇帝废止的，因皇帝的权威而仍是法律。因为一切有约束力的法律之成其为法律，都应认为是因那个有权力取消它们的人的权威。这大致相当于英格兰议会的法案。

[26.32] 第三，罗马平民（不包括元老院）的法令，若它们被提交给保民官表决。其中那些没有被皇帝废止的，因皇帝的权威而仍是法律。这大致相当于英格兰下议院的法令。

[26.33] 第四，元老院决议（Senatus consulta）；因为当罗马人民十分繁多以后，集会就不方便，所以皇帝认为最好向元老院咨询以代替向人民咨询。这大致相当于枢密院的决议。

[26.34] 第五，副执政官的告示，以及（有时是）营造官的告示，英格兰首席法官的告示属于此类。

[26.35] 第六，法学家的解答（Responsa Prudentum），是经皇帝授权解释法律、并在法律事务上咨询其建言时提出答案的法学家的判决和意见。这种解答，法官作出判决时依据皇帝宪令必须遵从，这就像其他法官必须遵守的判例汇编，假如英格兰法律有此规定的话。英格兰普通法法官严格来讲并不是法官，而只是法律顾问（Juris Consulti），法官要么是贵族，要么当地的十二人，他们在法律方面向其请教。

[26.36] 第七，不成文的习惯，从本质上讲是一种冒牌的法律，当它们与自然法不相违背时，由于皇帝的默认而成为真正的法律。

[26.37] 另外就是把法律分成自然法与实在法。自然法是亘

古就存在的法律，不仅称为自然法，也称为道德律，由正义、公平等道德德性以及一切有益于和平与仁爱的心灵习性所构成。对此，我在第十四、十五章已经讲过。

[26.38] 实在法不是从亘古就有的法律，而是由那些拥有对其他人的主权者权力的人的意志制定的法律。其中有些是成文法，有些是根据立法者意志的其他证据为人们所知。

[26.39] 又，实在法有些是人法，有些是神法。人的实在法中，有些是分配法，有些是刑法。分配法是决定臣民权利的法律，向每个人宣布是什么使他能够取得和保有土地或财物的所有权以及行动的权利或自由，这些法律是对所有臣民讲的。刑法是宣布对违反法律的人应施加什么刑罚的法律，是对被任命执行刑罚的臣仆和官员讲的。因为尽管每个人事先都应当知悉其违法行为面临的规定惩罚，不过这种命令不是向犯罪者提出的（犯罪者并不会老实地惩罚自己），而是对受命执行刑罚的公仆提出的。这些刑法大部分与分配法编在一起，有时称为判决。所有法律都是立法者的普遍判决；同样，每一项个别判决对于案件当事人就是法律。

[26.40] 神的实在法（自然法作为永恒、普遍的法律，都是神的法律）是上帝的诫命，不是从亘古就有，也不是普遍地颁给全人类，而仅仅是通过上帝授权宣布它们的人颁给某个民族或某些人。但是人的这种权威，即有权宣布上帝的这些实在法是什么，如何能被知晓呢？上帝可以通过超自然方式命令一个人把法律传达给其他人。但因为法律的本质就在于，受约束的人须确知宣布法律者的权威，而我们无法自然地知道这种权威来自上帝，所以，一个没有得到超自然启示的人，如何能确知宣布者所得到的启示呢？他如何可能有义务服从它们呢？关于第一个问题，一个人如何能确知他人得到的启示，如果他自己没有得到特殊的启

示，显然是不可能确知的。尽管人们或许见到某人行奇迹，或其持身的圣洁超乎寻常，或其行动的智慧和幸福超乎寻常，因而相信他具有这种启示，这些都是上帝超乎寻常的眷顾的标志；却不是特殊启示的确定证据。奇迹是奇妙的作为；但对一个人来说奇妙的，对另一个人来说不一定奇妙。圣洁可以伪装；而此世的可见幸福，往往是上帝以自然的、普通的原因造成的作为。因此，没有人能够凭借自然理性，绝不谬误地知道他人具有上帝意志的超自然启示；人们能够拥有的，不过是一种信念，任何信念（因其征象显现之多少）都有坚定与脆弱之分。

[26.41] 但关于第二个问题，他如何可能有义务服从它们，却不难解答。因为如果所宣布的法律不违背自然法（自然法无疑是上帝的法律），一个人又保证服从它，那么他就因自己的行为而有义务这样做。我说的是有义务服从，而不是有义务相信：人们的信念和内在认知并不受制于该命令，而仅仅受制于上帝的一般或特殊的作为。对超自然法的信仰，并不是对这种法律的成全，而是对它的赞成；并不是我们对上帝的责任，而只是上帝自由地赐予他所喜悦的人的恩惠。同样，不信并没有违背他的任何法律，只是对它们（自然法除外）一概拒斥。我说的这一切，借助经上关于有关事例和证词，会说得更清楚。上帝（以超自然的方式）与亚伯拉罕订立的信约是："你和你的后裔必世世代代遵守我的约。"（创 17.10）① 亚伯拉罕的后裔并没有得到这一启示，当时他们还没有出世，却成了这个信约的一方，有义务服从亚伯拉罕向他们宣布的上帝的法律；如果不是由于他们对其父母负有的服从义务，他们是不可能有义务这样的；父母对其子女和仆人有主权者权力（前提是他们并不臣服于其他的尘世权力，比如在

---

① 正确出处，创 17：9。

亚伯拉罕这里就是这样）。又，上帝对亚伯拉罕说："地上的万国都必因他得福。我眷顾他，为要叫他吩咐他的众子和他的眷属遵守我的道，秉公行义。"① 显然，他的没有得到启示的家人，依据他们先前的义务而服从他们的主权者。在西奈山上唯独摩西上去见了上帝，众百姓禁止靠近，违者以死论处。然而他们有义务服从摩西向他们宣布的上帝的法律。这除了基于他们自己的服从，还有什么根据呢？"求你和我们说话，我们必听，不要神和我们说话、恐怕我们死亡。"② 根据这两处经文足以看出，在国家里，臣民如果自己没有个别地得到关于上帝意志的确定无疑的启示，就应该把国家的命令当成上帝的意志来服从。因为假如人们可以任意把自己或私人的梦境和想象当成上帝的诫命，那就很难有两个人就上帝的诫命是什么这个问题取得一致，而与他们相比，每个人都会弃绝国家的诫命。因此我断定，在一切不违背道德律（即自然法）的事情上，所有臣民有义务把国法宣布为神法的事物当作神法来服从。这一点在任何人的理性看来都显而易见。不违背自然法的一切都可以凭借主权者的名义制定为法律，那么如果以上帝的名义提出，人们就没有理由要更少受其约束了。此外，世界上没有任何地方允许人们妄称在国家所宣布的上帝诫命以外再有其他的上帝诫命。基督教国家对背叛基督教的人施加惩罚，而所有其他国家都惩罚那些设立国家所禁止的任何宗教的人。因为在国家未加规制的任何事物中，根据公平这一自然法（因之也是上帝的永恒法），每个人都平等地享受自己的自由。

[26.42] 还有就是把法律分为基本法与非基本法。但我从任何作者那里都看不明白，基本法表示什么。不过，人们完全有理

---

① 创18：18，19。
② 创20：19。

由以这种方式区分法律。

［26.43］在每个国家里，基本法就是，这种法律一旦废除，国家就会垮掉，彻底瓦解，就像基础被毁的房屋一样。因此，基本法就是，根据这种法律，臣民必须维持被给予主权者（不论是君主还是主权会议）的、国家缺了就站立不住的任何权力，比如宣战与媾和、司法、遴选官员以及主权者认为对公共的善有必要做的任何事情的权力。非基本法就是，这种法律废止后，不会导致国家解体，比如有关臣民与臣民之间的争议的法律。关于法律的分类，就说这么多。

［26.44］我发现，甚至在最博学的作者们那里，国法（*Lex Civilis*）与国民权利（*Jus Civile*）二语也被混为一谈，其实不该如此。因为权利乃是自由，亦即国法留给我们的自由。而国法是一种义务，拿走自然法赋予我们的自由。自然赋予每个人一种权利，即以自己的实力保卫自己，为预防起见而侵犯可疑的邻人。而在法律保护可以有把握维持的一切地方，国法却拿走这种自由。法律（*Lex*）与权利（*Jus*），就像义务与自由一样，是截然不同的。

［26.45］同样，法律与特许状也被混为一谈。然而，特许状是主权者的赐予，是法律的豁免，而不是法律。法律的措辞是"兹命"或"兹令"（*Jubeo*，*Injungo*），而特许状的措辞是"兹赐予"、"兹授予"（*Dedi*，*Concessi*）。赐予或授予一个人某物，并非以法律强加于他。一条法律可以制定出来约束国家的所有臣民，但一项特许权或特许状，仅仅属于一个人或一部分人。说在某件事上国家的全体人民都有自由，就等于说在这件事上还没有制定出法律，或曾经有法律，现在已废除。

第二十七章 论罪行、脱罪与减罪

［27.1］罪，不仅是对法律的违犯，也是对立法者的任何藐视。因为这种藐视是一举将他所有的法律违反无余。因此，罪不仅在于实施违法行为，或讲了法律所禁止的言论，或没有做法律命令的事，还在于犯法的意向或目的。因为故意违反法律，是对负责执行法律的人的某种程度的藐视。单纯地想象占有他人的财物、仆人或妻子并以此为乐，而没有意向以武力或欺诈进行夺取，并没有违反"不可贪婪"这一律法。一个人若从另一个人的生命中只有望得到损害和不快，他以想象或梦想该人的死亡为乐，也不是罪，除非他决意把某种会导致该人死亡的行为付诸实施。因想象某种一旦成真便令人喜悦的事物而感到喜悦，是人类和其他所有生物的本性中根深蒂固的激情，把它当成罪，就是把做人当成罪。每念及此，我就认为，有些人对自己与对别人未免过于苛刻，他们坚持说，心之初动就是罪（只是因恐惧上帝而有所检束）。但我承认，与其失之不及，不如失之过分。

［27.2］罪行是一种罪，指的是（通过行动或言语）做法律所禁止的事，或没有做法律所命令的事。所以每一宗罪行都是罪，却不能说每一宗罪都是罪行。有偷窃或杀人的意向，即使从未见诸言语或行为，也是一种罪。洞察人类思想的上帝可以使人对此负责；但只有见诸行为或言语，从而可让人间的法官借此证明这种意向，才能称为罪行。希腊人在 ἁμάρτημα、ἔγκλημα 或 αἰτία 的措辞中道出这一区别，前者（翻译成罪）表示对任何法律的某种背离；后两者（翻译成罪行）仅仅表示一个人可以拿来指控另一个人的那种罪。至于意向，若从未表现为任何外在行为，人类是无法指控的。同样，拉丁人用 Peccatum，意思是罪，表示对法律的种种违背，而 Crimen（从表示察觉的 Cerno 一词而来）仅指那类可以在法官前明确指控的罪，因此不只是单纯的

意向。

[27.3] 根据罪与法律的关系，以及罪行与国法的关系，可以推论出，第一，若没有法律，就没有罪。但因为自然法是永恒的，所以违反信约、忘恩负义、傲慢骄纵以及一切有违道德的行为，不可能不是罪。第二，若没有国法，就没有罪行。在这种情况下只剩下自然法，也就谈不上指控。每个人都是自己的法官，只受自己良心的指控，凭自己意向的正直与否来辩白。因此，若一个人的意向是正当的，他的行为就不是罪，反之则是罪，却不是罪行。第三，若没有主权者权力，就没有罪行。因为若没有这种权力，就不可能有法律的保护，因此每个人都可以靠自己的力量保护自己。因为任何人在创建主权者权力时，都绝不会放弃保全自己人身的权利，一切主权之设立，正是为了人身的安全。但仅仅对于没有为取消那个保护他们的主权者权力出过力的人们来说才是这样，因为取消主权者权力，从一开始就是一种罪行。

[27.4] 任何罪行的来源，要么是知性的缺陷，要么是推理的错误，要么是激情的突发力量。知性的缺陷，乃是无知，推理的缺陷，乃是错误意见。又，无知有三种，对法律的无知，对主权者的无知，对刑罚的无知。对自然法的无知不能让任何人脱罪，因为每个已获得理性之运用的人都应该知道，"己所不欲，勿施于人"。因此，一个人不论走到哪里，只要他做出违反该法律的任何事情，那便是罪行。假如一个人从西印度群岛来到这里，劝说这里的人们接受一种新宗教，或教给他们某种容易导致他们不服从本国法律的东西，那么即使他十分确信自己所教的东西是真理，他也犯下了罪行，可因此被正义地惩罚。这不仅因为他的教义是虚妄的，而且因为他做了自己不会赞成别人做的事情，即有人从这里过去，努力变更那里的宗教。但一个身处异国

— 228 —

的人不知其国法，可让他脱罪，直到向他宣布为止，因为在此之前，其国法不对他构成约束。

[27.5] 同样，如果一个人自己国家的国法没有充分宣布，不是他只要愿意就可以知道，而其行为又没有违背自然法，那么无知就是充分的脱罪理由，而在其他情形下，对国法的无知不能让人脱罪。

[27.6] 一个人不知道其通常居住地方的主权者，不能让他脱罪，因为他应当知道他在那里一直受到谁的权力保护。

[27.7] 在法律已经宣布的地方，对刑罚的无知不能让任何人脱罪。法律若没有惩罚的恐惧与之相随，就不成其为法律，而是虚言，所以，任何人一旦违反法律，都会遭到惩处，尽管他自己不知道是什么处罚。因为任何人自愿做出任何行动，都接受其所有已知的后果；而在每一个国家里，惩罚都是违反法律的已知后果。这种惩罚，若已经由法律规定，他应遭受规定之惩罚；若没有规定，他应遭受任意的惩罚。其理由是，一个除了自己的意志以外不受任何限制地进行侵害的人，应遭受其法律被因此违反的人所施加的除了其意志以外不受任何限制的惩罚。①

[27.8] 但是，如果一种刑罚已同其罪行在法律中一并规定，或在同类案件中经常施行，那么罪犯就可以免除更重的刑罚。已知的惩罚若不是重到足以防止该行为，便是引诱人们这样做。因为当人们把不义行为的利益和他们所受惩罚的害处加以比较时，出于人性的必然性，他们会选择在自己看来最好的一面。因此，如果他们受到的惩罚，比法律原先规定的、或其他人在同样罪行上所受到的惩罚更重，那就是法律引诱和欺骗了他们。

---

① 这句话简单来说就是：一个任意进行侵害、因而违反主权者法律的人，应遭受主权者的任意惩罚。

[27.9] 在一种行为发生之后制定的任何法律，不能使之成为罪行。因为该行为若是违背自然法，该法是先于该行为的，而实在法在制定前却无法让人知道，因此无约束力。但是，当禁止一种行为的法律事先已经制定时，根据上一段所提出的理由，实施该行为的人应受到事后规定的刑罚，只要以前没有以明文或案例使人知道有更轻的刑罚。

[27.10] 由于推理的缺陷（即错误），人们往往容易从三方面违反法律：第一，虚假原则推定。比如说，当人们看到古往今来所有地方的不义行为，都由于行之者的武力和胜利而得到认可，强者可以冲破本国陈腐的法网，唯有弱者或事业失败者被认定为罪犯，于是就把下述看法当成他们推理的原则或根据：正义不过是虚言；一个人通过自己的勤劳和机会能获得的任何东西都是他自己的；所有民族的实践不可能是不正义的；以往的例子是效法其事的充分理由……若承认这些看法，任何行为本身便不可能是罪行，要成为罪行必须以行之者的成败为断，而不能以法律为准。同一种行为是德是恶，只随命运决定。所以马略视为罪行的事，苏拉又视为有功，到凯撒那里，法律仍是那套法律，却又变成罪行，这样便使国家的和平永远扰攘不宁。

[27.11] 第二，听信骗子之言，这些人要么曲解自然法，因而使其与国法相冲突，要么把那些与臣民责任不一致的旧习惯或自己的学说讲解成法律。

[27.12] 第三，从正确原则中作出错误的推论。这一点通常发生在对于将要做的事情急于作出结论和决定的人身上。这种人自命知性甚高，又认为这种性质的事情不需要时间和研究，而只需要通常的经验和优良的自然才智，这些东西没有人会认为自己不具备，而同样困难的关于正当与错误的知识，却没有人不经过长期深入的研究就自称具有。这些推理的缺陷，没有哪一种能够

为任何自称管理私人事务的人的罪行开脱，尽管有些可以使其减轻，更不能为身负公职的人的罪行开脱，因为他们自称具有理性，其脱罪的理由就不得以缺乏理性为根据。

[27.13] 最经常成为罪行之原因的激情，其中之一是虚荣，或者说愚蠢地高估自己的身价，仿佛身价的差异，是才智、财富、血统或某种其他自然品质的结果，而不是取决于主权者的意志。从中产生一个推定：法律所规定的对所有臣民普遍适用的惩罚，不应当像施加在被统称为俗人的寒微粗朴之人身上那样严厉地施加给他们自己。

[27.14] 因此，因富于资财而高估自己身价的人，往往铤而走险，违法犯罪，因为有望通过金钱或其他酬报腐蚀公共正义，逃脱惩罚。

[27.15] 有众多有势力的亲族的人，以及在群众中获得声誉的深孚众望的人物，往往有勇气违反法律，因为有望压制有权将他们绳之以法者的权力。

[27.16] 妄自以为智慧甚高的人喜欢指摘统治者的行动，质疑统治者的权威；并以公开谈论动摇法律，仿佛除了他们自己的意图要求其成为罪行的事以外，什么都不是罪行。这种人容易因狡黠和欺骗邻人而犯下罪行，因为他们认为自己的意图十分巧妙，难于察觉。我认为这些罪行是对自身智慧的虚妄推定的结果。国家的动乱不可能不经历内战，就国家动乱的初始推动者而言，他们很少有人能活着看到自己的新计划得以实现。因此，他们罪行的"利益"往往延及他们最不希望遭害的子孙，这证明他们并不像自认为的那么智慧。希望不被察觉而进行欺骗的人，通常欺骗自己，他们自以为隐藏在黑暗里，其实只是由于他们自己的暗昧，他们并不比掩耳盗铃之徒更智慧。

[27.17] 一般来说，虚荣之人（除非同时也胆小，）都容易

发怒，他们比其他人更容易把交往中寻常的放纵理解成藐视，①而很少有罪行不是源于怒气。

[27.18] 至于恨、情欲、野心和贪欲等激情，它们容易导致什么罪行，这对每个人的经验和知性来说都显而易见，以至于无需多言，而只需指出，它们是人类和其他所有生物的本性中根深蒂固的弱点，若不是超乎寻常地运用理性，或经常施以严厉的惩罚，它们的效力是无法遏止的。人们在自己所憎恶的事物中，发现一种持续不断的、不可避免的苦恼，因此，一个人要么必须持续地忍耐，要么必须通过消除使他苦恼的力量以获得安宁。前者难于办到，而后者在许多时候不违反法律就不可能办到。野心和贪欲是持续存在且富有压力的激情，而理性却不能持续存在来对抗它们。因此，一旦出现免于惩罚的希望，它们的效力就会发生。至于情欲，则虽不持久，却极为猛烈，其程度足以抵消对所有轻微或不肯定的惩罚的顾虑而有余。

[27.19] 在所有激情中，最不易于使人违反法律的是恐惧。不宁唯是（除了某些高尚的天性以外），当违反法律看来可以获得利益和快乐时，恐惧是唯一使人们遵守法律的激情。但在许多情形下，罪行也可能是出于恐惧所犯下的。

[27.20] 不是每一种恐惧都能证明其所产生的行动是正当的，唯有对人身伤害的恐惧才能如此，我们称之为人身恐惧，人们要解除这种恐惧，唯有采取行动。当一个人受到攻击、害怕立即丧生时，如果他除了击伤攻击者以外，看不出如何才能逃避，那么他击伤对方致死，也不是罪行。因为在建立国家时，没有人会在法律来不及救济的情况下放弃对自己生命和肢体的保卫。但

---

① 交往中寻常的放纵：the ordinary liberty of conversation。这句话的意思是，这种人在接人待物时，只要对方稍有放肆，哪怕对方并非故意，也会认为对方是在藐视他。

如果我因为某人的行为或威胁而去杀他，我争辩说，他在可能时会杀我（鉴于我有时间和手段要求主权者保护），这便是一种罪行。又，一个人遭到言语侮辱或某些微小的侵害（立法者对这些事情没有规定惩罚，也不认为值得一个获得理性之运用的人理会），他却感到害怕，认为除非加以报复，否则就会受到藐视而容易遭到他人的类似侵害，为了避免这一点，他违背法律，以私人报复的恐怖来保障自己的未来。这是一种罪行，因为这种伤害不是身体的，而是幻想的。尽管在世界的这个角落，近年兴起的风俗使年轻人和虚荣的人对之十分敏感，这种伤害却轻微到侠义的人或自命勇敢的人都不在意的程度。另外，一个人也会由于自己迷信，或者过分相信告诉他怪梦和异象的人，从而处于对精灵的恐惧中，因此被迫相信由于他去做或不去做种种事情，它们会伤害他，而去做或不做这些事情却是违法的。像这样去做或没有去做的事情，不能因为这种恐惧而脱罪，相反却是罪行。因为正如我在前面第二章所说，就其本质而言，梦不过是我们的感觉在清醒时得到的印象在睡眠中残留的想象，当人们出于偶然而不确定自己是否已经入睡时，梦似乎是真正的异象。因此，如果一个人敢于根据自己或他人的梦或妄称的异象，以及对于非国家允许崇奉的不可见精灵的力量的想象而违背法律，他就背离了自然法（这肯定是一种犯法行为），而听从自己的想象或另一个私人头脑中的想象，他永远不可能知道这种想象是否表示什么事物，也不知道告诉他梦的人说真话还是说谎话。如果允许每个私人这样做（根据自然法，只要任何一人获得允许，人人都应当获得允许），那么任何法律都不可能成立，整个国家也就随之解体。

[27.21] 从罪行的这些不同来源中可以明显地看出，所有罪行并不像古代斯多葛派主张的那样同出一辙。非但表面上是罪行而最终证明完全不是罪行的事情可以脱罪，而且表面上重却最终

— 233 —

证明为轻的罪行也可以减罪。因为尽管所有罪行同样应当称为不义，就像偏离直线的线都同是曲线，斯多葛派正确地看到这一点，却不能因此得出，所有罪行都同样地不义，就像所有曲线并非同样地弯曲，斯多葛派没看到这一点，因而主张违法杀鸡与弑父是同样重的罪行。

[27.22] 可以为一种行为完全脱罪、取消其罪行性质的东西，只能是同时解除法律义务的东西。因为所实施的行为一旦违背法律，而实施该行为的人又受该法律的约束，便只能是一种罪行。

[27.23] 缺乏获知法律的手段，可使人完全脱罪。人们无法知晓的法律是没有约束力的。但是，不勤于查问却不能视为缺乏获知的手段，自称在管理自己的事务上具有足够理性的人，不能被认为缺乏认知自然法的手段，因为自然法正是通过他们自称具有的理性来认知的。只有孩童和疯子才能在违背自然法的罪过上脱罪。

[27.24] 如果一个人被俘虏或处在敌人的权力掌握之下（即其人身或生存手段处在敌人权力掌握之下），假如这不是他自己的过失造成的，那么他对法律的义务就终止了。因为他必须服从敌人，或者死亡，所以这种服从不是罪行。因为（当法律的保护不起作用时）任何人都应当竭尽自己所能保护自己。

[27.25] 如果一个人是由于眼前死亡的恐怖而被迫做出违法行为，那么他完全可以脱罪。因为任何法律都不能使人放弃自我保全。假如这种法律有约束力，一个人便可以这样推理：如果我不这样做，我马上就会死；如果我这样做，我以后才死；所以做这件事就可以多活一段时间。因此，是自然本性迫使他做出该行为。

[27.26] 当一个人缺乏食物或其他生活必需品，并且除了通

过某种违法行为之外无法以任何其他方式保全自己时，就好像在大饥荒中无法靠金钱或施舍获得食物，只能通过强力或偷窃获得食物，或者为了保卫自己的生命，夺取他人的刀剑，那么由于上一段所述的理由，他可以完全脱罪。

　　[27.27] 又，根据另一个人授权而做出的违法行为，可使行为人因这一授权而在授权人面前脱罪，因为任何人都不应当指控自己以他人为工具做出的行为。但在因此而受侵害的第三方面前则不能脱罪，因为在这种违法行为中，授权人和行为人都是罪犯。由此可以得出，当拥有主权者权力的人或会议命令一个人去做一件违反既定法律的事情，该行为是完全可以脱罪的。主权者自己不应当谴责该行为，因为他是其授权人。主权者不能正义地加以谴责的事，其他任何人都不能正义地加以惩罚。此外，当主权者命令人们去做违反其原有法律的任何事情时，就该个别行为而言，这命令就是对该法律的废止。

　　[27.28] 如果拥有主权者权力的人或会议，放弃主权所不可或缺的任何权利，因而使臣民获得与主权者权力不相容（也就是与国家的存在本身不相容）的任何自由，那么，一个臣民如果拒绝服从与这一被赋予的自由相违背的任何命令，就是一种罪，并且有违臣民的责任，因为主权既是他为了保卫自己而同意建立的，他就应当看到哪些事和主权不相容，而且应当看到这种与主权不相容的自由是由于对其恶果无知才被授予的。但他如果非但不服从，而且反抗公仆执行命令，那便是一种罪行，因为他要是提出申诉，就可以（完全不破坏和平而）得到合理解决。

　　[27.29] 罪行的程度可依据各种尺度来衡量，第一，其来源或原因的恶意；第二，恶劣的示范效应；第三，其结果的危害；第四，时间、地点和人物的具体情况。

　　[27.30] 同一种违法行为，若是出于自以为有势力、有钱财

或有朋友抵抗执法者，就比出于希望不被发现或畏罪潜逃是更严重的罪行。自以为有势力可免于惩罚，这在任何时候和所有诱惑下都是藐视所有法律的根源。而在后一种情形下，一个人因害怕危险而逃走，这会使他将来更加服从。明知故犯的罪行比误认其为合法而犯下的罪行更严重；因为违背良心而犯罪的人都自以为可依恃自己的武力或其他力量，这就会鼓励他重新犯罪，而误犯的人一旦明白错误之后就会守法。

[27.31] 由于听信获得公共授权的法律教师或解释者的权威而犯下的错误，比之由于独断专横地遵行自己的原则与推理而犯下的错误不是那么严重。因为凭借公共权威而讲授的东西乃是国家讲授的东西，在公共权威未加审正以前类似于法律。在所有罪行中，那些本身不否定主权者权力，也不违背明确的法律的行为，可以完全脱罪。而根据自己的私人判断采取行动的人，应当按照其判断是正确或错误而确定其罪行成立与否。

[27.32] 同一种行为，如果原先其他人经常被惩罚，就比原先有许多免于惩罚的先例是更重的罪行。这些先例是主权者自己给予的许多免于惩罚的希望。因为使人们具有这种可以得到宽恕的希望和推定，以至于鼓励人们违法的人，本身也参与了这种违法行为，所以他不能合理地使违法者负完全责任。

[27.33] 一种罪行，出于突发的激情不如出于长期预谋严重。前一种情形是人类本性共同的弱点，有减罪的余地。但预先谋划然后犯罪的人则已考虑周全，而且已经看到法律、惩罚和该罪行对人类社会的后果，他犯罪时已经藐视这一切，为了自己的欲望而置之不顾。但是，激情的突然发作不足以使人完全脱罪。从最初知道法律起到犯下罪行止这一段时间，都可以被认为是权衡的时间，人应当通过对法律的沉思，纠正自己激情的偏颇。

[27.34] 如果法律已在全体人民面前公开周详地宣读并解释

过，那么一桩违法行为，就比如果人们没有被这样训诲过，查询法律时充满困难和不确定性，而且要耽误自己的职业以及要向私人打听，是更重的罪行。因为在后一种情形下，部分过失可以归咎于人们共同的弱点。而在前一种情形下，存在着明显的忽视，这对主权者不无某种藐视。

[27.35] 某些行为，法律虽明令禁止，立法者却通过其他明显的意志征象默认，就比同时被法律和立法者禁止的同类行为是更轻的罪行。鉴于立法者的意志就是法律，在这种情形下，似乎就有两种互相矛盾的法律；人们若是不能通过主权者命令所明白表示的论据，而必须通过其他论据知晓主权者所赞成的事情，就可以完全脱罪。但因为违犯主权者的法律要受惩罚，而遵守他的法律也要受惩罚，所以他也是犯法原因的一部分，因此不能合理地把全部罪行归咎于罪犯。例如，法律禁止决斗，违者以死论处。然而，拒绝决斗的人不可救药地遭到藐视和嘲笑，有时被主权者认为不值得派任职务或在战争中加以提拔。如果他因此接受决斗，那么考虑到一切人都合法地努力博取拥有主权者权力的人的好感，按理说他就不应当受到严厉的惩罚，因为一部分过失可以推到惩罚者身上。我说这些话，不是希望有私人复仇或其他任何不服从的自由，而是说，统治者必须留意自己直接禁止的事情，不要又以旁敲侧击的方式加以纵容。君王的垂范示例，对于亲眼见到的人来说，在规范他们的行动方面，从来都要比法律本身更为有力。虽然我们的责任不是效其行而行，而是按其言而行，但在上帝赐予人们一种异乎寻常的超自然恩典来遵循这一诫言以前，这种责任是不会得到履行的。

[27.36] 又，如果我们根据结果的危害对罪行进行比较，那么，第一，同一行为损害许多人时，是比伤害少数人时更重的罪行。因此，如果一种行为造成伤害不仅仅限于当时，而且因示范

效应而延及将来，就比只在当时造成伤害是更重的罪行。因为前者是会繁殖的罪行，损害的人多；后者是不会繁殖的罪行。与私人相比，一个得到授权的传道者主张与国家所确立宗教相反的教义，是更重的罪行。低俗或无节制地生活，以及从事任何有违教规的行为，情形也一样。同样，与其他人相比，一个法学教授主张任何趋向于削弱主权者权力的论点或做出这类行为，是更重的罪行。与别的人相比，以智慧著称，因而言为世则，行为世范的人的违法行为也是更重的罪行。这种人不仅犯下罪行，而且把它当作法律传授给其他所有人。一般来讲，所有罪行，都因其造成的坏影响而愈加严重；对于那些不怎么看自己所走的路、而老是看前面的人打着的灯的弱者，它们会变成绊脚石。

[27.37] 针对国家现状的敌对行为是比针对私人的敌对行为更重的罪行。因为其损害延及一切人，比如将国家的武力或秘密泄露给敌人，针对国家的代表者（不论其为君主还是会议）的所有图谋，以及在目前或将来不断以言辞或行为削弱代表者的权力的所有努力。这类罪行，拉丁人称为"大不敬罪"（*Crimina laesae Majestatis*），包括有违基本法的意图或行为。

[27.38] 同样，使判决失效的那些罪行是比对一个人或少数人的侵害更重的罪行。收钱做出错误判决或作假证，是比收受同样或更大数目的钱在其他方面欺骗一个人更重的罪行。因为不仅受冤屈的人会因这种判决而遭殃，而且所有判决都会因此而无效，为使用武力和进行私人报复提供机会。

[27.39] 抢劫和侵吞公款或国库收入，是比抢劫或诈骗私人财物更重的罪行，因为抢劫公帑就是同时抢劫许多人。

[27.40] 假冒公仆、伪造官印或公共货币，是比假冒私人或伪造私章更重的罪行，因为这种欺骗损害许多人。

[27.41] 针对私人实施的违法行为，其损害在公共舆论中反

感最大时是更重的罪行。因此：

〔27.42〕违法杀人，是比让对方保住性命的其他侵害更重的罪行。

〔27.43〕虐杀是比单纯的杀害更重的罪行。

〔27.44〕毁伤肢体，是比抢夺财物更重的罪行。

〔27.45〕以死亡或损伤的威胁抢夺财物，是比暗中偷窃更重的罪行。

〔27.46〕暗中偷窃，是比骗得同意后夺取更重的罪行。

〔27.47〕强奸是比诱奸更重的罪行。

〔27.48〕奸污已婚妇女，是比奸污未婚妇女更重的罪行。

〔27.49〕这些事情通常都是这样评价：虽然对同一种冒犯，有些人较敏感，有些人较不敏感。但法律不管人类的个别倾向，而只管其普遍倾向。

〔27.50〕因此，人们因言语或姿态上的轻侮而感到的冒犯，如果所造成的伤害仅仅是受辱者当时的悲伤，那么在希腊罗马和古往今来的其他国家的法律中都不予理会，认为这种悲伤的真正原因不在于轻侮（这种轻侮对于自知品德的人根本不会发生影响），而只在于感到冒犯者的卑怯。

〔27.51〕对私人犯下的罪行也会因人物、时间、地点而大大加重。杀害自己的家长，是比杀害其他人更重的罪行；因为家长就自然而言应当享有主权者的荣誉，尽管他交出其权力而服从国法。抢劫穷人，是比抢劫富人更大的罪行，因它对穷人造成的损害更为显著。

〔27.52〕在指定的敬神时间或地点犯下的罪行，是比在其他时间或地点犯下的罪行更重的罪行，因为它缘于对法律的更大的藐视。

〔27.53〕其他加重或减轻罪行的情形，还可以补充很多。但

据我以上所述，对每个人来说，该如何衡量被提出的其他任何罪行，是显而易见的。

[27.54] 最后，因为几乎所有罪行都不仅仅是对某些私人构成侵害，对国家也构成侵害，所以同一罪行，以国家的名义起诉时称为公罪，以私人名义起诉时称为私罪，相应提出的诉讼称为公诉（*Judicia Publica*），国王之诉，以及自诉。比如在一桩谋杀指控中，如果控告者是私人，就称为自诉，如果控告者是主权者，就称为公诉。

第二十八章　论惩罚与奖赏

[28.1] 惩罚的定义。[28.2] 惩罚的权利来自何处。[28.3] 私人侵害和报复不是惩罚。[28.4] 未被给予优先权，亦非惩罚。[28.5] 未经公开审理而施加的痛苦，亦非惩罚。[28.6] 篡权者施加的痛苦，亦非惩罚。[28.7] 不顾及未来之善所施加的痛苦，亦非惩罚。[28.8] 自然的恶果，不是惩罚。[28.9] 所施加的伤害若小于违法的利益，就不是惩罚。[28.10] 若惩罚已有法律规定，逾量之罚就不是惩罚，而是敌对行为。[28.11] 对有法律禁止以前的行为施加的伤害，不是惩罚。[28.12] 国家代表是不可惩罚的。[28.13] 对叛民施加的伤害，是根据战争权利，而非以惩罚的方式进行。[28.16] 肉体惩罚。[28.17] 死刑。[28.19] 羞辱。[28.20] 监禁。[28.21] 放逐。[28.22] 对无辜臣民的惩罚，违背自然法。[28.23] 对战争中的无辜者施加的害处，却不违背自然法。对公开宣布的叛乱者施加的害处，也不违背自然法。[28.24] 奖赏，要么是薪俸，要么是恩惠。[28.25] 出于恐惧而给予的利益，不是奖赏。[28.26] 薪俸，固定的与临时的。

[28.1] 惩罚，是公共权威判断某人做或不做某事是违法行

为，为了使人们的意志更倾向于服从而对他施加的恶。

[28.2] 在我根据这一定义作出任何推论以前，有一个很重要的问题需要回答，就是在任何案件中，惩罚的权利或权威从哪里来。根据前文所说，不应该认为任何人因信约而负有不得抵抗暴力的义务；因此，不得以为任何人授予他人对其使用暴力的权利。在建立国家时，每个人都放弃了保卫他人的权利，却没有放弃保卫自己的权利。此外，人们有义务帮助主权者惩罚别人，却没有义务帮他惩罚自己。但是，帮助主权者伤害别人，除非这样立约的人自己有权这样做，否则并不是赋予主权者施行惩罚的权利。① 因此显而易见，国家（即代表国家的一人或多人）拥有的施行惩罚的权利，不是基于臣民的任何授予或赠予。但我原先也说过，在建立国家之前，每个人对一切事物都有权利，有权做他认为对其自身保全有必要的任何事情，为此目的可征服、伤害或杀死任何人。这就是每个国家所施行的惩罚权利的根据。臣民并没有把这项权利赋予主权者，只是他们在弃置自己的这种权利时，增强了他的力量，根据他认为适合于他们全体臣民之保全的方式运用他自己的这项权利。所以这项权利不是赋予他的，而是留给并只留给了他，而且（除了自然法对他所设的限制以外）就像在纯粹自然状态和人人相互为战的状态下一样完整。

[28.3] 根据惩罚的定义，我推论出，第一，私人报复或私人的侵害，严格来讲都不叫惩罚，因为它们不是来自公共权威。

[28.4] 第二，未被给予或未被优先给予公共恩宠，不是惩罚，因为这样做并没有对任何人施加新的恶，他不过仍处于

---

① 霍布斯说"自己有权这样做"，从语法上讲，其意思是"有权伤害别人"；但在霍布斯的自然状态下，每个人确实都有权任意地伤害别人。或许他在这里的意思是："甲不能给予主权者惩罚乙的权利，因为即便在自然状态下，甲也没有任何惩罚别人的权利。"

原状。

[28.5] 第三，在事先未经公开判罪的情况下由公共权威施加的恶，不能称为惩罚，而应称为敌对行为，因为一个人因之而遭到惩罚的行为，应当首先受到公共权威审判，并被判为违反法律。

[28.6] 第四，篡权者和没有来自主权者权威的法官所施加的恶，不是惩罚，而只是敌对行为，因为篡权者的行为没有受罚者作为其授权人，因此不是公共权威的行为。

[28.7] 第五，所施加的一切恶，若没有任何意向或可能性使罪犯或（通过其事例）使他人服从法律，就不是惩罚，而是敌对行为。因为若没有这种目的，所造成的伤害不包括在惩罚这一名称之下。

[28.8] 第六，尽管有些行动可能自然地附带各种有害的后果，比如一个人在攻击别人时自己被杀死或受伤，或者因从事违法行为而患病，这种伤害，从创造自然的上帝方面来看，虽然可以说是施加的，因此是神的惩罚，但从人的方面来看，却不包括在惩罚这一名称之下，因为这不是根据人的权威施加的。

[28.9] 第七，如果施加的伤害小于犯罪后自然产生的利益或满足，该伤害就不属于这一定义的范围。这与其说是罪行的惩罚，不如说是罪行的报酬或补偿。因为惩罚的性质是以使人服从法律为目的，若惩罚（小于犯法的利益）达不到这一目的，就会造成相反的效果。

[28.10] 第八，如果惩罚在法律本身中已有明确规定，而罪行犯下后，施加更重的惩罚，那么逾量之罚就不是惩罚，而是敌对行为。鉴于惩罚的目的不是报复，而是威慑，不为人所知的重罚，其威慑由于已宣布的轻罚而被取消，非预期的增加部分，就不构成惩罚。但如果法律本身未确定任何惩罚，那么不论施加的

是什么，都具有惩罚的性质。因为一个人违反没有明确处罚的法律，便是预料到要受到不确定的惩罚，即任意惩罚。

［28.11］第九，对有法律禁止之前的行为施加的伤害不是惩罚，而是敌对行为。在法律制定之前，无所谓违法，而惩罚则假定有一种经审判认为是违法的行为，因此在法律制定之前施加的伤害不是惩罚，而是敌对行为。

［28.12］第十，施加于国家代表的伤害，不是惩罚，而是敌对行为。因为就惩罚的性质说来，它应由公共权威施加，而唯有代表者本身的权威是公共权威。

［28.13］最后，对被宣布为敌人的人施加的伤害，不在惩罚这一名称之下。因为他们要么从未受制于法律，因而不可能犯法，要么以前臣服，如今已宣布拒绝臣服，因而否定他们可能犯法，所以一切可能施加于他们的伤害，都必须认为是敌对行为。而在公开宣布的敌对中，施加一切恶都是合法的。据此可以得出，如果一个臣民故意以行为或言辞否定国家代表者的权威（无论以前对叛国罪规定了什么惩罚），那么他就要合法地遭受代表者所愿意的任何事情。他拒绝臣服，就是否认法律已规定的惩罚，因此他作为国家的敌人便罪有应得，也就是要随代表者的意志而受惩处。法律所规定的惩罚，是对臣民的惩罚，而不是对敌人的惩罚，比如这种曾经以自己的行为充当臣民，却故意叛变、否认主权者权力的人。

［28.14］惩罚的第一种也是最普遍的分类，是分成神的惩罚与人的惩罚。对于前者，我会在后面更方便的地方讨论。

［28.15］人的惩罚，是根据人的命令所施加的惩罚，分为肉体惩罚、罚金处分、羞辱、监禁、放逐，或者是它们的混合。

［28.16］肉体惩罚是依据施加者的意向，直接施加于身体的惩罚，如鞭笞、致其伤残或剥夺原先可以合法享受的肉体之乐。

［28.17］这些肉体惩罚中，有些是死刑，有些轻于死刑。死刑，就是处死，有些是单纯地处死，有些是加上折磨。轻于死刑的有鞭笞、致其伤残、禁锢，或其他任何性质上不致命的肉体痛苦。在施加惩罚时，如果施加者不打算使受罚者死亡，却出现了死亡，那么损伤虽然因不可预见的偶然而是致命的，该惩罚却不能认为是死刑；在那种情形下，死亡不是施加的，而是被促成的。

［28.18］罚金处分，不仅包括剥夺一笔金钱，还有剥夺土地，或剥夺其他任何通常以金钱买卖的财物。如果规定这种惩罚的法律，其制定的意图是从违法者那里筹集金钱，那么严格来讲，这就不是惩罚，而是在该法律面前享受特权和豁免的代价，这种法律不是绝对地禁止违法，只是禁止无力支付罚金的人违法。不过如果该法律是自然法或宗教的组成部分则不然，在那种情形下，这就不是免禁而是犯法。比如说，如果法律规定对妄称上帝之名的人处以罚金，那么支付这笔罚金就不是获得特许去妄称上帝的代价，而是对违犯一条不可缺少的法律的惩罚。同样，如果法律规定对受侵害者支付一笔款项，这只是对他所受伤害的一种赔偿，可解除受侵害者一方的控诉，却不能消除犯罪者的罪行。

［28.19］羞辱，是施加国家使之成为可耻的那种恶，或者剥夺国家使之成为光荣的那种善。因为有些事物自然就是光荣的，如勇敢、豪迈、实力、智慧或身心的其他能力的效果；有些事物是因国家规定而成为光荣的，如勋章、封号、官职，以及主权者恩宠的其他独特的标志。前者（虽然可能因自然或偶然而失去）不能由法律加以剥夺；因此其丧失并不是惩罚。但后者可以由规定其成为光荣的公共权威加以剥夺，是严格意义上的惩罚：诸如撤销被判罪者的勋章、封号、官职，或宣布他们在将来不能领受

这一切。

[28.20] 监禁，是一个人被公共权威剥夺自由的情形，这种事情大致有两种不同的目的，一是对被指控的人加以看管，一是对被判罪的人施加痛苦。前者不是惩罚，因为任何人在依法受审并定罪以前，都不应受惩罚。因此，在案件没有听审之前，对一个人所加的禁锢或束缚超过保证其看管所必需的限度，以至于造成任何伤害，是违背自然法的。但后者却是惩罚，因为这是由判定他违法的公共权威所施加的恶。监禁一词，包括由外在障碍引起的所有运动限制；这种障碍可以是一座房子，就是一般所谓的监狱；或是一座岛屿，比如说人们被禁闭在一个岛上的情形；或是人们被送去做工的场所，比如古代就有人被判处在采石场做工，而现代则有人被判处在帆船中摇桨；或是锁链，或是诸如此类的其他阻碍。

[28.21] 放逐，是一个人因罪行而被判处离开国家领土，或离开其中某部分领土，并永远或在规定时期内不得返回。这种办法就其本质而言，如果没有其他条件，似乎不是一种惩罚，而是一种逃避，或是以出走的方式避免惩罚的公开命令。西塞罗说，罗马城中从没有规定过这种惩罚；而是称之为人们在危险中的避难。一个人如果被放逐而又让他享有自己的财物和土地收入，那就是单纯换换环境，而不是惩罚，也无助于国家的利益，即所有惩罚之规定，都是为了使人们形成守法的意识，反而在很多时候使国家受到损害。因为一个被放逐的人对于放逐他的国家来说，是一个合法的敌人，而不再是其成员。但如果他同时被剥夺土地和财物，那么其惩罚便不在于放逐，而应该算罚金处分。

[28.22] 对无辜臣民的所有惩罚，不论是轻是重，都是违背自然法的。因为惩罚仅仅是为了对付违法行为，所以不得惩罚无辜者。因此，惩罚无辜者，首先违反禁止一切人为了未来利益之

外的其他事物而进行报复这条自然法，对国家不会有任何好处。其次，违反不得忘恩这条自然法。鉴于一切主权者权力，原初都是由每个臣民的同意所赋予的，为的是他们只要服从就受其保护，所以惩罚无辜者，乃是以怨报德。再次，违反那条命令人们遵守公平即平等地分配正义的自然法，这在惩罚无辜时并没有得到遵守。

[28.23] 但对不是臣民的无辜者，无论施加任何恶，如果是为了国家利益，且不违背原先的任何信约，便没有违反自然法。因为所有不是臣民的人，要么是敌人，要么是因某种前约而不再做本国臣民的人。而对于国家认为可能对自身造成伤害的敌人，根据原初的自然权利与之开战是合法的。在以往战争时代，刀剑根本不会判断谁无辜谁有罪，胜利者也不会作出这种区分，除了有助于本国人民利益的情况以外，也不会顾及宽恕。根据这一理由，对于臣民中那些蓄意否认已确立的国家权威的人，进行报复非但可以合法地延及他的父辈，而且对当时没有出世，因而就施加损害所惩戒的行为而言是无辜的第三代、第四代进行报复也是合法的。因为这种罪行的性质在于声明否认臣服，也就是复归于通常叫作叛逆的战争状态，犯这种罪的人不是作为臣民、而是作为敌人受罚。因为叛逆就是恢复战争。

[28.24] 奖赏，要么是赠予的，要么根据契约而来。根据契约而来的奖赏，称为薪俸或工资，这是已完成或承诺的服务所应得的利益。赠予的奖赏，是来自赐予者为了鼓励人们或使人们能为他服务而给予的恩惠。因此，当国家主权者对某一公职规定薪俸时，领受者受正义约束，须履行其职分，不然，他便只受荣誉约束，须感激并努力回报。当人们被命令放弃私人事务，无报酬或不领薪俸地为公家服务时，虽然他们没有合法的救济，但除非这项工作非这样做不可，否则根据自然法或国家

之创建，他并没有义务这样做，主权者既然可以运用他们的所有资财，所以就连最下级的士兵都可以把自己作战的工资当成债务来讨还。

［28.25］主权者由于害怕一个臣民所拥有的某种力量或能力足以伤害国家，因而给予他的好处，严格来讲不是奖赏。这些好处不是薪俸，因为既然每个人都有义务不危害国家，这里面就不能认为有契约存在。这些好处也不是恩惠，因为它们是通过恐惧而强行索取的，这种情形在主权者身上是不应当有的。这毋宁说是一种奉献，也就是主权者（作为自然人格，而不是作为国家人格）为了平息他认为比自己强的人的不满，对之作出的奉献。这不会促使这人服从，而会相反地促使他继续并变本加厉地索取。

［28.26］有些薪俸是固定的，由国库支付，另一些薪俸是不固定的和临时发给的，仅当人们执行了规定该薪俸的职分时才发给，后者在某些情形下对国家是有害的，比如在司法方面的情形。当法官以及法庭官员的利益取决于送交他们听审的案件众多时，必然会发生两种不便，一是滋生诉讼，因为案件愈多，利益愈大，另一种不便与此有关，就是抢夺案件管辖权，每个法庭都会尽量把案件抢到自己手里。但在行政官署方面就不存在这些不便，因为他们的工作机会不可能由于他们自己作出的任何努力而增加。以上这些足以说明奖赏与惩罚的性质，它们相当于使国家肢体和关节活动的神经和肌腱。

［28.27］到此为止，我已阐明了人的本性（人的骄傲和其他激情迫使人服从政府），并证明其统治者的伟大力量，我把他比作利维坦；这比喻取自《约伯记》第41章最后两节，在那里，上帝在阐明了利维坦的伟大权力以后，称之为"骄傲者的王"。他说："在地上没有像他那样，造的无所惧怕。他注视着他底下

一切高大的事物，是一切骄傲之徒的王。"① 但因为他是会死的，也会腐朽，这与所有其他的尘世造物一样，而且因为在地上虽没有，在天上却有他恐惧的事物，其法律他应当服从，所以接下来几章，我要谈谈他的疾病，他的死亡的原因，以及他须服从什么自然法。

---

① 《利维坦》初版扉页画中有一句拉丁语引文并注明出处：*Non est potestas Super Terram quae Comparetur ei. Iob. 41. 24*（在地上没有任何权力可与之相比。伯 41.24）由于圣经章节划分存在分歧，此处引用的这段经文，在圣经英译本中通常标记为《约伯记》41：33—34，在通俗拉丁文本中是《约伯记》41：24—25。引文根据霍布斯给出的文本译出。

第二十九章　论使国家削弱或解体的事物

[29.1] 国家解体缘于其创建不完善。[29.3] 缺乏绝对权力。[29.6] 私人判断善恶。[29.7] 错误的良心。[29.8]
自称获得默示。[29.9] 使主权者权力受制于国法。[29.10]
赋予臣民以绝对的所有权。　[29.12] 分割主权者权力。
[29.13] 效法邻国。　　[29.14] 效法希腊人和罗马人。
[29.16] 混合政体。[29.18] 缺乏金钱。[29.19] 税吏的垄
断和侵夺。[29.20] 深孚众望的人。[29.21] 城市过大，会
社过多。非议绝对权力的自由。[29.23] 国家的解体。

[29.1] 凡由必死的所制作的，不可能不死。不过，如果人
们真正运用他们自称拥有的理性，那么国家至少不会因内部疾病
而灭亡。从性质上讲，国家之创建，乃是要共人类而长存，与自
然法或给予国家生命的正义本身同其不朽。因此，当国家最终因
内乱而非外部暴力解体时，问题并不在于作为其物质的人身上，
而是出在作为其制作者和规范者的人身上。当人们最终厌倦了变
幻无常的彼此争斗和砍杀，全心全意地欲求使自己结合成一座坚
固持久的大厦时，由于缺乏立法技艺，不能制定适当的法律来规
范自己的行为，又缺乏谦卑和耐心，不能忍受自己当下的庞然大
块的粗糙顽固的棱角被磨平，因此，若没有一个能干的建筑师的

帮助，他们就只会被砌成一座离奇古怪的建筑，这种建筑在他们有生之年就会难以维持，而且最终必将倒下来砸在他们子孙头上。

[29.2] 因此，在国家的弱点中，我首先要考虑的是那些源自不完善的创建所造成的弱点，它们类似于自然人体中源于生殖缺陷的那些疾病。

[29.3] 其中之一是，一个保有王国的人，对于保障国家的和平与防御所必需的权力，有时即使不足也感到满意。这样一来，他为了恢复公共安全而行使被放弃的权力，就好像是一种不义行为，这往往导致许多人（一有机会就）起来叛乱，其情形就像患病的父母所生的孩子的身体，要么易于夭折，要么易于散发为宣泄胎毒恶质的脓疱和疥癣。国王们放弃这种必要的权力，并不全是由于他们不知道自己承担的职分所必需的是什么（尽管有时如此），很多时候是由于他们觉得有希望只要乐意就可以随时把它收回。在这一点上，他们的推理并不高明。因为那些使他们遵守承诺的人，会被外国支持来反对他们。这些国家为了自己臣民的利益，很少放过削弱邻邦的机会。比如坎特伯雷大主教托马斯·贝克特受到教宗支持反对亨利二世，教士们对国家的臣服，已被征服者威廉在其加冕礼上废除，当时他发誓绝不妨碍教会的自由。男爵们也是这样，红脸威廉（为了得到他们的帮助，使王位继承权从他兄长转给他）把他们的力量提升到与主权不相容的程度，他们后来受到法国人支持，对约翰王发动叛乱。

[29.4] 这种情形不独在君主制中为然。虽然古罗马国家的名称是"罗马元老院与人民"，但无论元老院还是人民，都不自称拥有全部权力。这最初造成了提比略·格拉古、盖乌斯·格拉古、卢修斯·萨图尔尼努斯等人的叛乱，后来造成了元老院与人民之间的战争，先是以马略与苏拉为首，后来又以庞培与凯撒为

首，最终导致他们的民主制灭亡与君主制的建立。

[29.5] 雅典人民曾约束自己绝不能做一件事：任何人不得提议为夺回萨拉米斯岛而重开战端，违者以死论处。若不是梭伦让人透露消息说他疯了，后来又装成疯子的模样，用诗歌向聚集在他身边的人们提出此事，他们就会在城邦的门口永远有一个敌人随时窥伺着。这种损害或病变，是权力稍稍受到限制的所有国家都会遭受的。

[29.6] 其次，我注意到国家的一种疾病，源自煽动性学说的毒素，其中一个学说是，每个私人都是善恶行为的判断者。在不存在国法的纯粹自然状态下诚然如此，在政治统治下法律没有规定的那些情形中也是如此，但除此而外，善恶行为的尺度显然是国法，其判断者是立法者，就是那个始终作为国家代表者的人。由于这种错误学说，人们往往质疑和拒斥国家的命令，然后按照私人判断，看看是否合适再决定是否服从，由此国家便陷入混乱和遭到削弱。

[29.7] 另一个与文明社会相抵触的学说是，一个人违背自己良心所做的任何事都是罪；这有赖于他自己是善恶的判断者这一推定。因为人的良心与其判断是一回事。与判断一样，良心也可能是错误的。因此，尽管一个不受制于任何国法的人，违背自己良心所做的一切事都是犯罪，因为他除了自己的理性以外没有其他法则可以遵循。但是，一个人若是生活在国家里，情形就不是这样，因为法律是公共的良心，是他已经保证要遵从的。否则，在私人良心即私人意见如此分歧的情况下，国家必然陷入混乱，而且人们在服从主权者权力时，便不敢超过自己认为有利的程度。

[29.8] 人们通常还被教导说，信仰和圣洁不是通过学习和理性获得的，而是通过超自然的默示或倾注获得的。若承认这一

点，我就看不出为什么人要为自己的信仰提出理由，为什么并非每个基督徒都是先知，或为什么还有人会以国家的法律而不是自己的默示作为行动法则。这样一来，我们又陷入自行判断善恶的毛病，或者把那些自称获得超自然默示的私人当成善恶的判断者，导致一切政治统治解体。信道是从听道来的，听道是从那些将我们引到讲道者面前去的偶然事件来的，而这些事件是全能上帝安排的，却不是超自然事件，只不过它们是不可观察的，因为每个结果都是无数的这类事件协同一致产生的。信仰和圣洁确实不常见，却不是什么奇迹，而只是全能上帝在认为适当时通过教育、规训、纠正和其他自然方式作用于他的选民的产物。这三种毒害和平和统治的意见，在世界的这片地方，主要是出自不学无术的神职人员的言语文字，他们毫无道理地将圣经的语句拼凑在一起，尽其所能使人们相信，圣洁与自然理性不能相容。

〔29.9〕第四种与国家的本性相抵触的意见是，主权者权力的拥有者受制于国法。诚然，所有主权者都受制于自然法，因为自然法是神圣的，不能被任何人或国家废止。但主权者却不受制于他自己即国家制定的法律。因为受制于法律，就是受制于国家，也就是受制于主权代表者，也就是受制于他自己，这就不是受制于法律，而是不受法律约束。这一错误，由于将法律置于主权者之上，在他之上设置判断和惩罚权力，这就是要设立一个新的主权者；出于同样的理由，又要有可惩罚第二个主权者的第三个主权者，这样下去便没完没了，致使国家陷入混乱和解体。

〔29.10〕第五种容易导致国家解体的学说是，每个私人对其财物拥有绝对的所有权，可排斥主权者的权利。诚然，人人拥有排斥其他所有臣民权利的所有权。每个人拥有这种所有权，完全是因为主权者。如果没有主权者的保护，那么其他人对这些财物也拥有同等的权利。但如果主权者的权利遭到排斥，他就不能履

行他们赋予他的职分，即保护他们防止外敌入侵与彼此侵害，这样一来，国家就不复存在。

[29.11] 如果臣民的所有权并不排斥主权代表者对他们的财物的权利，就更不排斥主权者对他们的司法和行政职位的权利，他们在这些职位上所代表的正是主权者本人。

[29.12] 第六种明显而直接地违背国家本质的学说是，**主权者权力可以分割**。那分割国家权力的东西会使其解体，因为被分割的权力会互相摧毁。对于这三种学说，人们主要归功于那些努力使人依赖其学问而不是依赖立法权力的法律从业者。

[29.13] 正像错误的学说一样，邻国不同政体的榜样，往往导致人们想要变更既定的政体。比如，犹太人民被鼓动起来厌弃上帝，到先知撒母耳那里，要求像列国一样为他们立一个王。那些较小的希腊城邦，也不断因贵族党与平民党的叛乱而扰攘不宁，几乎每个国家都有一部分人想效法拉栖第梦人，另一部分人想效法雅典人。我毫不怀疑，许多人乐意见到英格兰最近因效法尼德兰而陷入的骚乱，他们认为，欲使国家富裕，只需像尼德兰那样变更政体即可。求新务奇是人之本性的构成要素。因此，当人们被那些似乎因此而致富的邻国刺激时，他们就几乎不可能不赞同那些力劝他们改弦更张的人，喜欢轻启变革，不过他们会对持续的紊乱感到愤懑不平，就像患了瘙痒症的血气躁热者，用自己的指甲挠自己，直到忍受不住痛楚为止。

[29.14] 至于专门反对君主制的叛逆，最常见的原因之一是阅读了古代希腊人和罗马人的政务和历史书籍。青年人以及其他缺乏坚固的理性、不能抵抗毒素的人，从这些书中获得一种对其军队指挥官的赫赫战功的强烈的、令人愉快的印象，对他们所做的其他一切感到欣喜，并想象他们伟大的繁荣不是缘于个别人的争胜，而是得力于他们的平民政体，却丝毫不考虑因其政务不完

善而产生的频繁的叛乱和内战。我要说的是，由于阅读了这些书籍，人们已实施了弑君行为，因为在希腊和拉丁作家们的政务书籍和论述中，任何人只要把君主事先称为僭主，其弑君行为就是合法的，值得称颂的。他们不说弑君（即杀死国王）是合法的，而说诛暴（即杀死僭主）是合法的。由于这些书籍，生活在君主制下的人们抱有一种意见，认为在平民国家里臣民享受自由，而在君主制下臣民都是奴隶。我要说的是，抱有这种意见的是生活在君主制下的人，而不是生活在平民政体下的人，因为后者认为根本没这回事。总之我认为，对一个君主国最有害的事情莫过于，未经思虑周详的大师们的校订以剔除其毒素，就听任这些书籍被公开阅读。这种毒素无疑相当于被疯狗咬伤，医生把这种病称为狂犬病，或恐水病。被咬伤者经常口渴难耐，却又厌恶水，其情形仿佛是这种毒素要把他变成狗似的。同样，当一个君主国被那些向其政况不断狂吠的民主派作家咬到要害时，它需要的正是一个强有力的君主，然而由于某种恐惧僭主病，或害怕受到强有力的统治，当他们有这种君主时，他们却感到厌恶。

　　[29.15] 比如有些圣师认为，人有三个灵魂；有些人认为，国家有不止一个灵魂（主权者），并提出与主权对立的至高权，与法律对立的正典，与政治权威对立的幽灵权威。他们用一些本身毫无意义的言辞与区分来惑乱人心，（含糊其词地）表明（就像某些人所想象的那样）还有一个不可见的国并行，仿佛是什么黑暗中的妖精国。鉴于政治权力与国家权力显然是一回事，而至高权、制定正典和授予宗教特权的权力，意味着一个国家，这就得出，如果一个是主权者，另一是至高者，一个可以制定法律，另一个可以制定正典，那么同一群臣民就需要有两个国家，这是一个本身分裂的国，必站立不住。尽管可以作出属世的和幽灵的这种毫无意义的区分，但它们仍然是两个国，每个臣民都臣服于

两个主人。鉴于幽灵的权力既声称有权宣布什么是罪，它就声称有权宣布什么是法律（因为罪不是别的，不过是对法律的违犯）；又，政治权力也声称有权宣布什么是法律，于是每个臣民必须服从两个主人，这两个主人都要使人们把自己的命令当成法律来遵守，而这是不可能的。如果只有唯一的国，则要么政治权力即国家的权力，必须从属于幽灵的权力，那便没有主权，唯有幽灵的权力；要么幽灵的权力必须从属于属世的权力，那么就没有至高权，只有属世的权力。因此，当这两种权力互相对立时，国家便只能陷入内战和解体的极大危险。因为政治的权威更为显眼，从自然理性看更为清楚，所以必然始终会使很大一部分人归向于它。至于属灵的权威，尽管它存在于经院学派的那些区分和晦涩难懂的言辞的黑暗中，但因为人们对黑暗和鬼魂的恐惧比其他任何恐惧都大，所以也会不乏一伙足以扰乱并有时摧毁国家的党徒。这种疾病，可以恰当地比之于自然人体中的癫痫（犹太人认为这是一种精灵附体）。在这种疾病中，有一种邪灵或邪气入头，阻塞神经根部，使之发生剧烈运动，消除大脑中出于灵魂力量而自然应当发生的运动，于是在身体各部分造成剧烈的不正常运动（即人们所谓的惊厥），得了这种病的人，就像丧失了感觉一般，有时跌到火里，有时跌到水里，在政治体中情形也一样，当属灵的权力通过惩罚的威慑与奖赏的希望（惩罚与奖赏是国家的神经）来推动一个国家的肢体，而不像应有的情形一样，通过政治权力（这是国家的灵魂）来推动，并且通过怪诞的、艰涩的言辞窒息他们的知性时，就必然使人民误入歧途，要么把国家压垮，要么把国家投入内战的烈火。

[29.16] 有时在纯粹的世俗政府中，灵魂也不止一个。比如，征税的权力（营养的官能）取决于一个大会，行动和命令的权力（运动的官能）取决于一个人，制定法律的权力（理性的官

能）取决于以上二者以及第三者的捉摸不定的同意：这便会危及国家，有时是因为缺乏对良法的同意，最常见的是缺乏运动和生命所必需的营养。虽然很少有人看出这样的政府根本不是政府，而只是把国家分成三个集团，并称之为混合君主国。但实际上，它并不是一个独立的国家，而只是三个独立的集团，代表者人格也不是一个而是三个。在上帝国里，可以有三个独立的人格而不破坏在统治者上帝中的统一，但在人统治的地方，由于人们的意见各异，这是不可能的。因此，如果国王承担人民的人格，大会也承担人民的人格，而另一个会议又承担一部分人的人格，那么他们就不是唯一人格，也不是唯一主权者，而是三个人格和三个主权者。

[29.17] 国家的这种异常，我不知道可以拿自然人体中的什么疾病来准确地与之相比。我见过一个人，在他一侧长出了另一个人，有自己的头、臂、胸和胃，假如在他另一侧再长出一个人，这种对比就准确了。

[29.18] 到此为止，我已举出这些对国家来说最严重、可立致危亡的疾病。还有一些不这么严重的疾病，也值得注意。第一，国家需要用钱时，尤其是战争来临时，难以筹款。这种困难是源于这一意见，即每个臣民对自己的土地和财物拥有排斥主权者使用权的所有权。这样一来，主权者权力预见到国家的需求和危险（发现金钱通往国库的道路被人民的固执堵塞），而为了应对危险，防患于未然，这种权力本应当扩张自身，却尽可能地束手束脚，直到拖延不下去，才以法律为策略与人民周旋，以便取得少许金钱，而在这些金钱不够用时，主权者最终不得不强行打开目前供应的道路，否则就要灭亡，经常采用这种极端手段之后，人民就会驯服就范，否则国家必定灭亡。我们可以将这种瘟病十分恰当地比作一种疟疾。疟疾发作时，肉质部分凝结或被有

毒物质堵塞，静脉循其自然通道向心脏放空血液，却不能（像应有的情形那样）从动脉中得到供应，接下来首先四肢会发冷抽搐，然后心脏发热和进行强劲努力，要为血液打开一条通道。在能够做到这一点之前，心脏会有片刻凉爽清新，得到少许满足，直到后来，（病人如果体质足够强壮）心脏最终会突破被堵塞部分的梗阻，把毒素在汗中挥发掉，或者病人（如果体质太弱）会死掉。

[29.19] 又，国家有时还有一种疾病，类似于胸膜炎，也就是国家财富流出正当通道之外，由于垄断或包税而过多地聚集在一个或少数私人手中，正像得了胸膜炎的人，其血液流入胸膜，在那里造成炎症，并伴有发烧和剧烈的刺痛。

[29.20] 一个有势力的臣民的众望，也是一种危险的疾病，除非国家对他的忠诚有十分可靠的保证，因为人民本应当听命于主权者的权威而行动，但野心家的声誉和奉承却使他们不服从法律，反而去追随一个人，对于这人的德性和意图，他们一无所知。这一点在平民政体下通常比在君主制下危险更大。因为一支军队如果势力强大，人数众多，很容易使人相信他们就是人民。正是通过这一手段，尤利乌斯·凯撒在赢得其军队的爱戴后，被人民拥立反对元老院，使自己成为元老院与人民二者的主人。深孚众望和有野心的人们的这种行径，是彰明昭著的叛乱，类似于巫术的效果。

[29.21] 国家的另一个弱点是有的城市过大，能从本城中提供人员和经费组建一支庞大的军队，会社过多也是这样，其情形就像是一个大国的肚子里有许多小国，类似于自然人肠道里的蛔虫。对此还可以补充一点，那就是自命有政治智慧的人非议绝对权力的自由，这种人虽然大部分是在人民的渣滓中滋生繁育的，但由于受到错误学说的鼓动而不断干涉基本法，就像医生称为蛔

虫的小蠕虫一样，骚扰国家。

[29.22] 我们还可以补充的是，贪得无厌的领土扩张欲，或贪食症，因此往往从敌人那里遭受到不可救药的伤害，加上许多未被统一的征服地区的肿块，这些东西往往是一种负担，去之无损，留之有害，另有其他安逸怠惰，奢靡浪费。

[29.23] 最后，在（对内或对外的）战争中，敌人获得了最后的胜利，以致国家的军队不再能守住阵地，对效忠的臣民不再提供保护，这时国家就解体了，每个人都有自由根据自己的明辨所提示的方法保护自己。因为主权者是公共的灵魂，给予国家以生命和运动，它一旦消灭，四肢就不再受其统治，正像人的尸体不受已脱离的灵魂（虽然它是永生的）统治。一个主权君主的权利，尽管不能因另一人的行为而消灭，但成员们的义务却可以因此而消灭。这是因为，需要保护的人可以到任何地方去寻求保护，当他得到保护时，他就有义务（不装出一副迫于恐惧而服从的样子）尽可能长久地捍卫他所得到的保护。但是，一个会议的权力一旦被颠覆以后，其权利就消亡殆尽，因为这时会议本身已被消灭，所以绝无可能再恢复主权。

第三十章　论主权代表者的职分

[30.1] 促成人民的利益。[30.2] 通过教导和法律。[30.3] 与主权者的责任相违背的是，放弃任何本质性的主权权利；或不注意使人民明白其根据。[30.5] 有人说没有任何理性原理支持绝对主权，对他们的反驳。[30.6] 依据俗人的无能提出的反对。[30.7] 要教导臣民，勿热衷于变更政体；[30.8] 勿追随深孚众望的人物（反对主权者）；[30.9] 勿质疑主权者的权力。[30.10] 留出时日获知他们的责任。[30.11] 孝敬父母。[30.12] 避免侵害他人。[30.13] 发自内心、诚心诚意地做这一切事情。[30.14] 大学的用处。[30.17] 平等课税。[30.18] 公共慈善。[30.19] 防止惰怠。[30.20] 何谓良法。[30.21] 必要。[30.22] 明确。[30.23] 惩罚。[30.24] 奖赏。[30.25] 顾问。[30.28] 将帅。

[30.1] 主权者的职分（无论其为君主或会议），在于他被托付主权者权力所追求的目的，即促成人民的安全。根据自然法，他有义务实现这一目的，并就此事对自然法的制作者上帝负责，且只对上帝负责。但这里所谓的安全，意思不仅仅是保全生命，还包括每个人通过合法的实业，在不危害国家的情况下为自己获

得的生命之满足的其他一切事物。

[30.2] 这个目的之实现，不是通过施加于个人的照管，对于个人，只需在他们提出控诉时保护他们不受侵害即可，而是应当通过普遍的护理，其中包括既有教义又有实例的公共教育，以及可适用于个人自身情形的良法之制定和执行。

[30.3] 因为，（前文第十八章所列举的）诸本质性的主权权利一旦被剥夺，国家就会因此解体，每个人重返与其他每个人的战争状态和祸患（这是此世所能发生的最大的恶），所以，主权者的职分是维持这些权利的完整。因此，首先，把其中任何权利转让给别人或加以放弃，是与他的责任相违背的。因为放弃手段的人就放弃了目的。如果放弃手段的人是主权者，那么他就承认自己受制于国法，否弃他在最高裁判，作战媾和，判断国家的需要，根据自己的良心决定征兵、征税的时间及数量，任命战争与和平时期的官员和臣工，任命宣教者，以及审查符合或违反人民的防御、和平与利益的各种学说等方面的权力。其次，让人民不了解或错误地了解他的本质性权利的根据和理由，是与他的责任相违背的。因为这样一来，人们就容易受到引诱，在国家需要他们出力的时候被煽动起来反抗他。

[30.4] 这些权利的根据，亟须认真确实地讲授，因为它们无法靠任何国法或法律惩罚的威慑来维持。一条禁止叛乱（对本质性的主权权利的一切反抗都是叛乱）的国法，（作为国法）并没有任何义务性，除非是根据禁止背信这条自然法；人们如果不懂得这种自然义务，就不可能懂得主权者所制定的任何法律的正当性。至于惩罚，他们不过是将其视为一种敌对行为；一旦他们认为自己有足够的实力，他们就会努力以敌对行为来加以规避。

[30.5] 我曾经听人说，正义不过是虚言，有名无实（不仅在战争状态下，而且在国家里）凡是一个人能用武力或计谋取得

— 261 —

的东西，就归他所有，我已证明这是错误的。① 还有人坚持说，没有什么理性的根据或原理支持这些使得主权成为绝对的本质性权利。如果有这种根据或原理，就一定能在某个地方找到，而我们却看到，迄今为止没有哪个国家，在那里这些权利得到了承认或被人主张。在这个问题上，他们的论证就像美洲野人的那样拙劣，美洲野人会否认，去建造与建筑材料同样耐久的房屋有什么理性的根据或原理，因为他们从未见过建造得这么好的房屋。时间和勤劳每天都产生新知识。良好的建筑技艺来源于理性的原理，而这些原理是在人类开始（粗劣地）进行建筑很久以后，由长期研究材料的性质与形状和比例的各种效果的勤劳的人们观察到的。同样，在人类开始建立不完善和容易回到混乱状态的国家很久以后，才可能通过勤劳的思考，发现使国家的宪制（在不遭受外在暴力的情况下）持续存在的理性原理。此种原理，正是我在这部论著中所阐明者。至于它们是否被那些有权力利用它们的人看到，或者是否被他们忽视，我现在对此不是特别感兴趣。但即便我的这些原理不是理性原理，我也十分确信，它们是根据圣经的权威得来的原理，这一点，我在谈论（摩西所治理的）犹太人，亦即上帝与之立约的特殊民族的上帝国时会加以说明。

[30.6] 但他们又说，尽管这些原理是正确的，可是平民没有足够的能力去理解它们。假如一个王国中富裕和有势力的臣民，或者被视为最有学问的那些人，同他们一样无能，我会很高兴。但众所周知，这类教义之滞碍难通，与其说缘于材料的艰深，毋宁说缘于学习者缺乏兴趣。有势力的人，难以忍受任何建构一种力量以约束其欲望的事物；而有学问的人，难以忍受任何揭露其谬误、因而降低其威信的事物。至于平民的心灵，除非因

---

① 参看本书 15.4—15.9。

依靠有势力的人而遭到污染，或者被胡乱涂写下他们的圣师们的意见，否则就像一张空白纸，适于接受公共权威打算印上去的任何东西。既然列邦人都可使之默认基督教的超乎理性之上的伟大奥秘，千千万万的人都可使之相信同一个身体可以同时存在于无数地方，而这是违背理性的，难道不能通过受法律保护的教导和宣讲，使得与理性若合符节、任何没有成见的人只需听到便可学会的东西被人们接受吗？因此我断定，当主权者的权力完整时，除了他自己或他委托治理国家的人有过失以外，训诲人民认识这些本质性的权利（它们是自然的、基本的法律），并没有什么困难；所以，他有责任让人民受到这样的训诲，这不仅是他的责任，而且是他的利益和安全保障，可防止叛乱对他的自然人格带来的危险。

〔30.7〕（具体来讲）第一，应当教育人民，对他们在邻邦中看到的任何政体的热爱，不可超过对他们自己的政体的热爱，也不可（看到政体和他们自己不同的邦国目前繁荣昌盛）见异思迁。在一个贵族制或民主制的会议统治下的人民的繁荣，并非由于贵族制或民主制，而是由于其臣民的服从和协同。人民在君主制下繁荣昌盛，也不是因为一人有权统治他们，而是因为他们服从他。在任何一种国家里，去掉服从（及人民由此而来的协同），他们非但不能繁荣，还会在短期内解体。那些不服从却致力于改造国家的人，将发现他们这样做会毁了国家，就像（神话中）珀利阿斯的几个愚蠢的女儿，由于想让她们衰老的父亲恢复青春，听了美狄亚的建议，把他切成碎片和在灵芝草中煮，最终却没有使他变成新人。这种求变的欲望，相当于违反上帝的第一诫命①：

---

① 霍布斯在这里及下文中提及十诫：第一，"除了我以外，你不可有别的神"。第二，不可制作和崇拜偶像。第三，"不可妄称耶和华你神的名"。第四，"当记 （转下页）

上帝在那里说，*Non habebis Deos alienos*［你不可有别的神］，在另一处谈到国王的地方则说他们是神。

［30.8］第二，要教导他们，不可因羡慕任何臣民同胞的德性而误入歧途，不论其地位有多高，不论其在国内如何光辉夺目，也不可因推崇任何会议（主权会议除外）而误入歧途，以至于给予他们只适于给予主权者的服从或荣誉，他们不过是（在其具体岗位上）代表主权者，也不可从他们那里受到任何影响，除非是由他们传达的来自主权者权威的影响。因为主权者恰如其分地爱人民，因深孚众望的人物对人民的奉承、引诱人民背离对他的效忠，他不可能不心存醋意，感到苦恼。人民往往不仅被秘密地引诱，而且被公开地引诱，以至于在教会面前（*in facie ecclesiae*）由布道者宣告与这些人物的婚姻，在大街上宣扬他们的忠诚。这可以恰当地比之于违反十诫中的第二诫命。

［30.9］第三，由此得出，应当使他们知悉，毁谤主权代表者（无论其为一人或一个多人会议），妄议和质疑他的力量，或以任何不敬的方式称他的名，因而使他被人民藐视，并使他们的服从（这是国家的安全所在）有所松懈，是怎样大的一种过错。这个教义类似于第三诫命。

［30.10］第四，鉴于如果不从日常劳动中留出一定时间，以便人民在这个时间听取受到任命的人进行训诲，他们就无法被教授这一点，就算被教授也记不住，而且过了一代人之后，无法知道主权者权力被置于谁手中，因此有必要规定这样的时间，使他们得以会聚一处，（在对主权者的主权者上帝祷告和赞美以后）

（接上页）念安息日，守为圣日"。第五，"当孝敬父母"。第六，"不可杀人"。第七，"不可奸淫"。第八，"不可偷盗"。第九，"不可作假证陷害人"。第十，"不可贪恋人的房屋；也不可贪恋人的妻子、仆婢、牛驴，并他一切所有的"。出20：3—17；申5：7—21。

听人告知他们的责任，以及与他们所有人普遍相关的实在法，并记住为他们制定法律的权威。为了这一目的，犹太人把每个第七日定为安息日，在这一天宣读和讲解律法，并在庄严的仪式中使他们记住，他们的王是上帝，就是那在六天之内创造世界的，他在第七天休息，因他们在那天停止劳动，那个上帝便是他们的王，把他们从埃及的奴役和痛苦的劳动中救出来，让他们在因上帝而欢欣之后，有时间通过合法的娱乐因自己而喜悦。所以第一块十诫法板上，规定的全是上帝作为神以及通过立约（而特别）成为犹太人的王的全部绝对权力，这可以启发那些因人们的同意而被授予主权者权力的人，使他们看到应当用什么教义来教导其臣民。

［30.11］因为子女最初的教育有赖于父母的照管，所以他们在父母的教养下时必须服从父母，非但如此，就是在以后，（感激之情也要求）他们要通过外在的尊敬之征象来报答他们所受的教益。为了这一目的，要教导人民，原先每个人的父亲也是他的至高之主，对他操有生杀之权力，当创建国家之后，家庭中的父亲们放弃了这一绝对权力，但这并不意味着，他们应失去因教养子女而应得的尊敬。因为放弃这一权利，对于主权者权力之创建并不必要，假如人们从子女身上不会比从旁人身上得到更多的利益，任何人就没有理由生育子女并尽心抚养和教育他们。这对应第五诫命。

［30.12］又，每个主权者应当使正义深入人心（正义在于不夺他人之所有），也就是说，使人们受到教导，不得以暴力或欺诈剥夺根据主权者权威规定属于他人的东西。在保有所有权的一切事物中，人最为珍视的是自己的生命和肢体，（就大多数人而言，）其次是与夫妇之爱有关的一切，再次是财富和生活手段。因此，要教导人民，不得为了报私仇而互相使用暴力，不得违背

婚姻的忠诚，不得对他人的财物巧取豪夺。为了这一目的，必须向人民表明通过贿赂法官或证人所造成的错误判决的恶果，这样会使所有权的区分被抹杀，正义变得无用。这一切已在第六、七、八、九诫命中提出。

[30.13] 最后，要教导人民，不但不义的行为，而且不义的打算和意图（纵使由于偶然原因受阻而没有实现），也是不义，这种不义在于堕落的意志，以及违法乱纪的行为。这是第十诫命的意旨，以及第二法版的总结，这一切都可归结为一条互爱的诫命：爱人如己；正如第一法版可归结为爱主你的神，就是他们那时刚接受作他们王的上帝。

[30.14] 至于通过什么手段和渠道，使人民接受这种教育，我们需要研究，众多违背人类和平、其所据之原理既脆弱又虚妄的意见，究竟是通过什么手段在人民中扎下了这样深的根。我说的是我在前一章中所举出的那些意见：人们判断事物合法与否，可以不根据法律本身，而是根据自己的良心，也就是根据他们自己的私人判断；臣民除非事先自行判断国家的命令是合法的，否则服从就是犯罪；他们对其财物的所有权本身排斥国家对该财物的支配权；臣民杀死他们称之为僭主的人是合法的；主权可以分割；等等。这一切是通过以下手段灌输给人民的。有些人为生活所迫或因贪欲而专心致力于自己的行业和劳动，有些人因奢侈怠惰而追求肉体之乐（这两种人占去了人类的绝大部分），他们都不是好学深思之徒，然而不仅研习自然正义事务方面的真理，而且研习所有其他知识的真理，都必须慎思明辨，所以他们关于其责任的观念，主要是从讲坛上的神职人员那里得来，还有一部分是从他们的邻居或熟人那里获得，这些人发言议论，口若悬河，头头是道，在法律与良心方面的学问似乎比他们自己高明。神职人员和其他夸耀学识之徒，则是从各大学、各法律学校以及这些

学校和大学中的知名人士所出版的书籍中获得他们的知识。因此显而易见，对人民的教育，完全取决于正确地教育大学里的青年。但（有人也许会问）英格兰的大学难道不是已博学到足以这样做了吗？你难道想担负起教导大学之责吗？真是棘手的问题。不过，关于第一个问题，我可以毫不犹疑地答复说，直到亨利八世王朝末期，支持教宗权力以反对国家权力的，始终主要是各大学。反对国王的主权者权力的教义被那么多传道者与那么多在大学中受过教育的法律家和其他人坚持，这足以证明，各大学虽然不是这些虚妄教义的始作者，却不懂得如何培植正确的教义。在这种意见的矛盾中，极可肯定的是，它们没有得到恰当的教导。因此，如果它们直到现在还保留着一点当初自己曾受其熏陶的反对政治权威的那种淡薄的酒味，是不足为奇的。至于后一个问题，我既没有必要、也不宜于说是或否，因为任何人看到我现在所做的事情，可以容易地看出我在想些什么。

　　［30.15］人民的安全还要求主权者对所有等级的人平等地施法，也就是说，不论富贵贫贱，无论何人受到的侵害都要得到纠正，从而使贵者在对贱者施用暴力、破坏名誉或进行任何侵害时，其免于惩罚的希望不大于贱者对贵者的同类行为。因为公平就在于此。无论主权者，还是最卑贱的臣民，必须服从作为自然法诫言的公平。一切违法行为都是对国家的侵犯，但其中有些行为还侵犯到私人。违法行为若仅只涉及国家，则可予以宽宥而不违背公平，因为每个人都可以根据其自身的明辨宽宥对其作出的行为。但是，对私人的侵犯若不得到被侵害者的同意，或者若不进行合理的赔偿，根据公平，就不能予以宽宥。

　　［30.16］臣民之间的不平等，源于主权者权力的行为。因此，在主权者面前，也就是在法庭上，臣民之间的不平等不复存在，正如在万王之王面前，国王与臣民之间的不平等不复存在一

样。贵者的荣誉之所以有价值，就在于他们对下等人的仁慈和援助，否则便一无价值。他们的暴行、压迫和侵害并不因他们地位尊贵而被减罪，而是因此加重其罪行，因为他们最没有必要实施这些行为。偏袒贵者将会以如下的方式造成后果：免于惩罚将滋生骄横，骄横滋生仇恨，仇恨使人不顾国家的毁灭，努力推翻一切压迫人和羞辱人的贵族作风。

[30.17] 属于平等施法之范围的，还有平等课税，这种平等不是由财富的平等决定的，而是由于每个人因受到国家保护而对国家负有平等的债务。一个人仅仅从事劳动以维持其生命还不够，（必要时）还要从事战斗以保卫劳动果实。他们要么像被掳归回的犹太人重建圣殿那样，一手拿兵器，一手作工，要么必须雇用别人为他们战斗。主权者权力向人民征收的税，不过是那些握有公共武力以保卫私人各安生业和天职的人应得的薪饷。鉴于每个人由此得到的利益是享受生命，而生命则不分贫富同样珍贵，所以无论贫者还是富者，对于保卫其生命的人所负的债务是相等的，只是富者还雇用贫者，所以不仅因其自身、而且因更多的人而负有债务。有鉴于此，平等课税与其说是由于消费者的财富平等，毋宁说由于所消费的东西平等。此处的道理是这样，如果一个人劳动多，而为了节约劳动成果，却消费得很少，另一个人生活懒惰，赚得少却把赚到手的全都花光，鉴于他们从国家得到的保护谁也不比谁多，那么有什么理由对前者征税多而对后者征税少呢？但如果税收按消费的东西摊派，每个人都要按自己使用的东西平等地交税，国家就不会因私人的奢靡浪费而蒙受损失。

[30.18] 尽管许多人因不可避免的不幸而无法以自己的劳动维持生活，但不应当任着他们由私人慈善去救济，而应当（根据自然之必然性的要求）由国法规定供养。正如任何人对废疾者不

管不顾是刻薄寡恩，国家主权者让他们仰赖于这种靠不住的慈善也是刻薄寡恩。

［30.19］至于身强力壮者，情况正好相反：应强迫他们作工，为了防止他们以找不到职业为借口，要制定法律，鼓励诸如航海、农业、渔业之类的所有行业，以及各种需要劳动力的制造业。人数日益增加的大量强壮贫民，应移殖到居民不足的地方去。到了那里之后，他们不应消灭当地原住民，而是应该让那些人聚集而居，而不是游荡在大片土地上，见到什么就拿走什么，要使他们通过技艺和劳动栽种每一小块土地，依时按节地得到自己的生活资料。当全世界都人口过剩时，最后的办法就是战争。战争为每个人作出安排，不是胜利便是死亡。

［30.20］属于主权者须留意的事情还有制定良法。但何谓良法？我所谓的良法，不是正义的法律，因为任何法律都不可能是不正义的。法律是主权者权力制定的，这种权力所做的一切，都得到人民中每个人的授权和共有；人人都愿意如此的事情就没有人能说是不正义的。国家的法律正像游戏规则一样：无论什么规则，只要游戏者全都同意，那就对其中任何人都不为不义。良法就是为人民的利益所需而又明确的法律。

［30.21］法律的用处（法律不过是得到授权的法则），不在于约束人民，使他们不去做任何意愿行动，而是指导和规范人民的行动，使他们不会因自己的轻浮欲望、鲁莽或狂放而伤害自己，正如设置篱笆不是为了阻挡行人，而是为了使行人走在道上。因此，一条并不必要的法律，因为不包含法律的真正目的，所以不是良法。一条法律，尽管对人民来说没有必要，如果符合主权者的利益，似乎也可以认为是良法，但其实不然。因为主权者与人民的利益是不可分的。臣民弱小，则主权者也弱小，若主权者缺乏根据自己的意志统治臣民的权力，那么人民就是弱小

的。不必要的法律不是良法，而是聚敛钱财的陷阱。这种法律在主权者的权利得到承认的地方是多余的，而在没有得到承认的地方却不足以保护人民。

[30.22] 法律是否明确，与其说在于法律本身的词句，不如说在于将制定法律的动机和原因予以公布，向人们表明立法者的意思，这种意思一旦为人所知，法律的词句少倒比词句多更易于了解。一切词句都难免有歧义，因此，增加法律本身的词句就是增加歧义。此外，这似乎意味着，谁能（煞费苦心地）规避词句，谁就能逍遥法外。这是造成许多不必要的诉讼的原因。当我想到古代的法律多么简洁，后来怎样愈变愈繁复时，就仿佛是看到执笔作法的人与包揽词讼的人之间的斗争，前者想方设法限制后者，而后者想方设法逃避前者的限制，得胜的是包揽词讼的人。因此，清楚地说明制定法律的理由，属于立法者（每个国家里的最高代表者，不论是一个人还是会议）的职分，法律条文本身要尽量简洁，用字要尽量恰当而意义明确。

[30.23] 属于主权者职分的还有，正确地执行惩罚与奖赏。鉴于惩罚的目的不是报复或发泄怒气，而是纠正犯法者或效仿者，所以最严厉的惩罚要施用在最危害公众的罪行上，诸如出于对现有政府心怀恶念的罪行，源于对正义的藐视的罪行，引起群众公愤的罪行，以及不加惩罚似乎就会被认为得到认可的罪行（比如说当权者的儿子、仆人和宠幸所犯的罪行）等。因为公愤会使人们起来反对不义行为的行为人和授权人，以及反对所有似乎保护他们的权力，比如像塔昆那样，因其子的横霸行为而被赶出罗马，君主制本身也被摧毁。但是，因人性的弱点而造成的罪行，诸如由于严重的挑衅，巨大的恐惧，迫切的需要，或不知道某事是不是重罪等所造成的罪行，很多时候有从宽处理的余地而不致损害国家。凡是有从宽处理之余地时就要从宽处理，此为自

然法应有之义。惩罚一场暴乱的领袖和教唆者而不是惩罚那些被引诱的可怜人，可以通过警示作用使国家受益。对人民严厉就是惩罚他们的无知，而这种无知却有大部分要归咎于主权者，其过失在于没有使人民更好地受到教育。

[30.24] 同样，属于主权者职分和责任的还有，使奖赏永远有益于国家，这是奖赏的目的和用处。主权者要尽量少费公共财富而使有功于国的人得到最好的报酬，从而使其他人因此受到鼓励，既竭力尽忠于国，又研究学问，以便更好地为国效劳。但如果他用高官厚禄收买一个深孚众望和有野心的臣民，使其保持沉默，不在人民心灵中留下不良印象，那么这根本没有奖赏的性质（奖赏不是为危害而设的，而是为过去的功劳而设的），同时这也不是感激的征象，而是恐惧的征象。这不会有利于公众，只会损害人民。这样与野心斗法，就像赫拉克勒斯与多头水怪海德拉斗法一样，每斩掉一个头就长出三个来。因为在相同的情况下，当一个深孚众望的人物的顽固态度被奖赏克服，就会有更多的人（仿效），做出同样的危害，希望得到同样的利益：恶念也像各种工业品一样，有销路时就会增加。尽管有时内战虽然可以通过这种方式延缓，但危险却会愈来愈大，公众也更加肯定地会遭到毁灭。因此，对于受委托保障公共安全的主权者而言，奖赏那些渴望通过扰乱国家和平来谋求显贵的人，而不是在这类人谋事之始、不等时间愈拖愈长、危险愈来愈大就加以制止，哪怕面临些许危险也在所不惜，是违背主权者的责任的。

[30.25] 主权者的另一项事务，是甄选优秀的顾问；所谓顾问，是指其建言被主权者在治理国家时采纳的人。建议（*consilium*）一词，从 *considium* 蜕变而来，意义很广泛，包括所有共坐一处的会议，不仅审议以后要做什么，而且就已发生的犯罪行为和当前的法律进行审议。我在这里仅取第一种意义，在

这种意义上，民主制与贵族制都没有选择建议这回事，因为建议者就是被建议者中的成员。因此，甄选顾问的问题只有君主制下才有。在君主制下，主权者如果不在每一方面甄选最能干的人，便是没有尽到其应尽的职分。最能干的顾问，就是那些从提供坏意见中受益的希望最小，而在有助于国家的和平与防御方面有最多知识的人。至于谁有希望从公众动乱中获得利益，则是很难知道的事情；但有些征象是正当怀疑的根据，如那些资产不敷其日常习惯花销的人在人民发出无理或无可挽救的怨言时出来加以慰藉，知道情况的人很容易看出这一点，但要知道谁对公共事务最有知识就更难了。知道这种人的人，正好在很大程度上并不需要他们。要知道谁通晓一门学问的法则，就必须对这门学问具有大量高深的知识，因为任何人除非是自己首先得到教导认识了他人的法则的真义，是不能确知这种真义的。但对任何一门学问具有知识的最佳征象，是经常和它打交道并不断从中获得良好的效用。好的建议不是碰运气来的，也不是靠遗传来的，因为没有理由指望富贵者在国政方面提出好的建言，就像没有理由指望他们在测绘堡垒的尺寸大小方面提出好的建言一样，除非我们认为研究政治学不（像研究几何学那样）需要什么方法，只要成为旁观者就行，其实不然。这两门学问中政治学更难研究。我们这些欧洲国家把国务会议的职位当成某些人的世袭权利，这种做法来源于古日耳曼人的征服，在这些征服过程中许多拥有绝对权力的领主联合起来征服其他民族，要是没有一些特权作为标志使他们的后裔将来与臣民的后裔有所区别，他们就不肯联合起来。这些特权与主权者权力是不相容的，看来是由于主权者的支持才让他们持有，但他们如果是把这种特权作为自己权利来力求的话，就必然要逐步地放弃，最后除了他们的才能自然带来的尊荣以外再没有其他地位。

〔30.26〕顾问在任何事务中不论怎样能干，每个人单独提供建言及其理由，比聚议一堂、用讲演的方式提出更有益。同时，事先经过考虑也比突然谈论好，因为像这样他们就有更多的时间来通盘考虑行为的后果，又因为他们由于意见分歧所产生的嫉妒、争胜或其他激情而陷入矛盾的情形较少。

〔30.27〕至于与其他国族无关、而只与臣民根据单纯对内的法律享受安乐与利益有关的事情，最好的建议应从来自各省人民的一般信息和申诉中取得。他们对自己的需要认识得最清楚，所以他们的要求如果没有违背本质性的主权权利时，就应当认真听取（正像我在前面认真提出的一样）。没有这些本质性的权利，国家就根本不能存在。

〔30.28〕一个军队的将帅如果没有众望，在军队中就不能得到应有的爱戴和恐惧，因而不能成功地履行其职务。因此，他必须勤勉、勇敢、和蔼、宽宏而幸运，使人认为他才能高又爱士卒。这就是众望，它将在士兵中间滋生博得将帅宠信的欲望和勇气，在（有必要）严惩叛乱和忽职的士兵时，可以保护将帅的威严。但（如果不注意将帅的忠诚）这种对士卒的爱对主权者权力来说是危险的，当主权操在不得众望的会议手中时尤其如此。因此，人民的安全，要求被主权者授予军权的人应当是优秀的指挥官，同时也应当是赤胆忠心的臣民。

〔30.29〕但当主权者本身深孚众望，也就是受到人民敬重和爱戴时，臣民的众望就不会造成任何危险。因为士兵从来不会那样普遍地不义，以至于在自己不仅爱戴主权者的为人，而且爱戴他的事业时，仍然与自己的长官站在一边反对主权者，纵使他们爱戴长官也不至于如此。因此，在任何时候以暴力颠覆了合法主权者的权力的人，在他们不能在他的地位上站稳脚跟以前，往往要煞费周章地事先正名分，使人民不耻于接受他们。对主权者权

力拥有众所周知的权利本身就是一种众望所归的品质，拥有这种
权利的人只要让其臣民看到他能果断地治理自己的家务，就能使
他们归心；就敌人而言，只要他能击溃其军队，就可以使之归
顺；因为人类中最大量和最活跃的部分，对于现状从来是不十分
满足的。

[30.30] 至于主权者对其他主权者的职分，则包含在通常所
谓的万民法中，我在这里无需加以说明，因为万民法与自然法是
一回事。每个主权者在保障其人民的安全方面拥有的权利，和任
何个人在保障自己的人身安全方面可能拥有的权利是相同的。这
种法律，即对没有政府的人们在彼此关系中应该或不应该做的事
项作出规定的法律，同样也就这些事项对国家亦即主权君王和主
权议会的良心作出规定，仅只在良心中才有自然正义的法庭，而
良心不是人统治的，而是上帝统治的领域。上帝的法律（即约束
全人类的法律），就他作为自然的始作者而言，是自然的；就他
作为万王之王而言，是法律。而关于万王之王兼特殊选民的王上
帝的国，将在本书的其余部分讨论。

第三十一章　论自然的上帝国

[31.1] 后续章节的宗旨。[31.2] 谁是上帝国中的臣民。[31.3] 上帝的三重言辞：理性、启示和预言。[31.4] 上帝的双重王国：自然的与预言的。[31.5] 上帝主权的权利源于他的全能。[31.6] 罪并非一切苦难的原因。[31.7] 神法。[31.8] 何谓尊敬和崇拜。[31.9] 尊敬的几种征象。[31.10] 自然的崇拜与任意的崇拜。[31.11] 被命令的崇拜与自由崇拜。[31.12] 公共崇拜与私人崇拜。[31.13] 崇拜的目的。[31.14] 尊敬上帝的属性。[31.29] 表征尊敬上帝的行动。[31.37] 公共崇拜在于一律。[31.38] 一切属性取决于国法。[31.39] 而不是一切行动。[31.40] 自然惩罚。[31.41] 第二部分的结论。[32.1] 由先知们传达的上帝之言是基督教政治的主要原理。

[31.1] 纯粹的自然状态，即绝对自由的状态，比如那些既不是主权者也不是臣民的人所处的状态，乃是无政府状态，战争状态；引导人们避免这种状态的诫言是自然法；国家若没有主权者权力，不过是有名无实，必站立不住；臣民在一切事情上应完全服从主权者，他们的服从并不与上帝的法律相抵触；对此我已在前文中作了充分证明。就政治责任的完整知识而言，只是还需

要知道上帝的法律是什么。若不知道这一点，当一个人得到政治权力的命令去做任何事情时，他不知道这是否违背上帝的法律，所以，他要么因过度的公民服从而冒犯我们神圣的王，要么因害怕冒犯上帝而违反国家的命令。为了避免这两块礁石，有必要知道神法是什么。鉴于一切对法律的认识，取决于对主权者权力的认识，接下来我要讨论上帝国。

[31.2] 诗人说："耶和华作王，愿地快乐。"（诗 96.1）① 又说："耶和华作王，万民当战抖。他坐在二基路伯上，地当动摇。"（诗 98.1）无论人们愿意与否，都必须始终服从神的力量。人们若否认上帝的存在或神意，只会失去他们的安宁，却不会挣脱他们的轭。上帝的力量不仅及于人类，而且及于野兽、植物和非生物，不过把这一力量称为国，只是这个名称的隐喻用法。严格来讲，上帝作王，仅凭借上帝之言，凭借对服从上帝之言者进行奖赏的应许以及对不服从者施加惩罚的儆诫，统治其臣民。因此，上帝国中的臣民，不是非生物，也不是非理性的生物，因为它们不理解神的诫言；不是无神论者，也不是那些不相信上帝照管着人类行动的人，因为他们不承认任何言辞出自上帝，不希望他的奖赏，不恐惧他的儆诫。因此，那些相信有一个上帝统治世界并对人类给予诫言、提出赏罚的人，是上帝的臣民，其余的一切人，可以理解为敌人。

[31.3] 凭借言辞来统治，要求这种言辞被明确地知晓。因为若非如此，它们就不成其为法律：法律的性质在于充分而明晰的颁布，如此便可避免以无知为借口。这在人的法律中，只有一

---

① 本章三处《诗篇》引文，霍布斯使用了通俗拉丁文本圣经章节号，英王钦定本的章节号分别是诗 97：1；诗 99：1；诗 73：1—3。参看 Thomas Hobbes, *Leviathan*, II, *The English and Latin Texts* (i), ed. Noel Malcolm, Oxford: Clarendon Press, 2012, 第 555 页注释 a。

种方式，就是通过人的声音来公告或颁布。不过，上帝却以三种方式宣布他的法律：通过自然理性的指令，通过启示，以及通过某人的声音，就是上帝凭借奇迹之运作使之获得其余人信任的人。由此就有上帝的三重言辞：理性的，感性的，预言的。与此相对应的是三重聆听：正确理性，超自然的感觉，信仰。至于超自然的感觉，其既在于启示或默示，便没有任何如此给定的普遍法律，因为上帝只是对特定的人才以这种方式说话，并且对不同的人说不同的事。

［31.4］基于上帝的其他两种言辞亦即理性之言与预言之言的差异，可以将双重的国归于上帝：自然的国与预言的国。在自然的国中，他统治着人类中许多因正确理性的自然指令而承认其神意的民族；在预言的国中，因他已拣选出一个特殊民族（即犹太人）作他的臣民，他仅统治过这一民族，不但凭着自然理性，而且凭着实定法，就是他借众多圣洁的先知之口给他们的律法。我打算在这一章中讲述上帝的自然的国。

［31.5］上帝凌驾于人们之上作王，惩罚违背其法律的人，这一自然权利不是源于他创造了人类，仿佛上帝需要服从作为对其施惠的感恩似的；而是源于他的不可抗拒的力量。我在前面已表明，主权者的权利如何从契约中产生：为了表明这一权利是如何从自然中产生的，只需要表明它在何种情形下不会被夺走。鉴于一切人依据自然对一切事物都有权利，因而他们每个人也具有在其他一切人之上作王的权利。但是，因为这种权利无法通过强力来持有，所以关乎每个人安全的是，搁置这种权利、一致同意设立（拥有主权权威的）一些人来统治和保卫他们。如果任何人具有不可抗拒的力量，那么按照他自己的明辨，他没有理由不凭借这种力量统治，保卫自己和其他人。因此，谁的力量是不可抗拒的，对一切人的支配权就自然地因其力量的卓越而附属于谁。

正是由于这种力量，那种统御众人的国并任意使人遭受苦难的权利，自然地属于"全能的上帝"，属于不是作为仁慈的造物主而是作为全能者的上帝。尽管惩罚仅仅是罪的应得物，因为这个词应理解为因罪而遭受的苦难，然而，使人遭受苦难的权利，却并非总是源于人们的罪，而是源于上帝的力量。

[31.6] 为何恶人常常繁荣，而好人遭受不幸，对于这个疑问，古人已有许多争论，我们对如下问题也一样，那就是，上帝凭什么权利分配这世界的繁荣与不幸。这一疑难，已动摇了俗人对神意的信仰，也动摇了哲学家甚至圣徒对神意的信仰。（大卫说）"神实在恩待以色列那些清心的人！至于我，我的脚几乎失闪；我的脚险些滑跌。我见恶人和狂傲人享平安就心怀不平。"（诗72.1，2，3）约伯虽正直却遭受了许多苦难，他对上帝的抗议是多么深切？在约伯的情形中，这一疑问是由上帝自己决定的，所根据的不是约伯的罪，而是上帝自己的力量。虽然约伯的朋友们证明他的苦难源于他的罪，他却以自己是无辜的这种良心来自辩，但上帝本身处理此事，是根据其力量证明约伯的苦难是正当的，比如"我立大地根基的时候，你在哪里呢?"（约38.4）等，既称许了约伯的无辜，又斥责了他的朋友们的错误教义。合乎这一教义的是，我们的救主对那生来瞎眼的人所说的话，"也不是这人犯了罪，也不是他父母犯了罪，是要在他身上显出神的作为来"①。尽管可以说，死是从罪入了世界的②（这意味着，假如亚当从未犯罪，他就始终不死，也就是说，始终不遭受身体与灵魂分离之苦），但不能据此得出，上帝无法像他使其他不能犯罪的生物遭受苦难那样，正义地使未犯罪者遭受苦难。

---

① 约9.3。
② 罗5：12原文："这就如罪是从一人入了世界，死又是从罪来的，于是死就临到众人，因为众人都犯了罪。"

[31.7] 讲了上帝主权的权利，其唯以自然为根据，我们接下来要考虑，神法或自然理性的指令是什么。这些法律，要么涉及一个人对另一人的自然责任，要么涉及我们神圣主权者自然地应得的尊敬。前者就是我在本书第十四、十五章说过的那些自然法，即公平、正义、宽恕、谦卑和其他的道德德性。因此，有待我们考虑的是，涉及对神圣吾王的尊敬和崇拜，哪些诫言是完全由自然理性而无需上帝的其他言辞指令给人们的。

[31.8] 尊敬在于对他人的力量和善的内在思想和意见，因此，尊敬上帝，就是尽可能高地去想象他的力量和善。这种意见的外在征象表现为人们的言辞和行动，就称为崇拜；这是拉丁人所理解的 *Cultus* 一词的一个方面。严格来讲，*Cultus* 经常是指人们为了获得利益而对任何事物投入的劳作。我们借以获得利益的那些事物，要么从属于我们，其产生的利益是我们对之施加劳作所得的自然结果，要么不从属于我们，而是按照其自身意志回报我们的劳作。在第一种意义上，对大地施加的劳作被称为培育（Culture）；儿童教育是对他们心灵的培育。在第二种意义上，如果我们出于自己的目的，以随和而非武力塑造他人的意志，它的意思相当于献殷勤，也就是以好意殷勤赢得利益，比如通过称赞他人或承认其力量，以及以任何取悦于自己所讨好的人的方式。这是严格意义的崇拜：在这个意义上，*Publicola* 的意思是人民的崇拜者，*cultus Dei* 的意思是对上帝的崇拜。

[31.9] 内在尊敬在于对力量与善的意见，从中产生三种激情：爱，所涉及的是善；希望与恐惧，所涉及的是力量；以及三类外在崇拜：称赞、颂扬和祝福：称赞的主题是善，而颂扬和祝福的主题是力量及作为其结果的福祉。称赞和颂扬，既可表现为言辞，又可表现为行动。当我们说某人好或者伟大时，便是表现为言辞，当我们感谢他的赏赐并服从他的力量时，便是表现为行

动。对他人幸福的意见，只能用言辞表达。

[31.10]（在品性和行动方面）有些尊敬的征象是自然的：在品性方面，善良、正义、高尚①等都是，在行动方面，祷告、感谢和服从都是。另一些是因人们的制度或风俗而来的，在某些时间和地点是尊敬，在其他时间和地点是不尊敬，在另一些时间和地点则是无所谓的事：比如问候、祷告和感恩的手势，在不同时间和地点有不同的运用。前者是自然的崇拜，后者是任意的崇拜。

[31.11]至于任意的崇拜，有两种区分：有时区分为被命令的崇拜和自愿崇拜；被命令的崇拜，是被崇拜者所要求的崇拜；自由崇拜，是崇拜者认为适宜的崇拜。被命令的崇拜，其关键在于服从而不是言辞或姿态；自由崇拜，其关键在于旁人的意见，倘若在他们看来，我们意在尊敬的言辞或行动看似是可笑的、倾向于轻侮的，那就不是崇拜，因为其中没有尊敬之征象，这是因为，征象之为征象，不是就给予方而言的，而是就接受方即旁观者而言的。

[31.12]又，有公共崇拜与私人崇拜。公共崇拜，是国家作为唯一人格进行的崇拜。私人崇拜，是私人展示的崇拜。公共崇拜，就整个国家而言，是自由崇拜；但就特定的人而言，却并非如此。私人崇拜，若隐秘地进行，就是自由崇拜；但若在众人面前进行，便总是受到来自法律或人们意见的某种制约，这与自由的性质是相背的。

[31.13]在人们中间，崇拜的目的是力量。当一个人看到他人被崇拜时，就假定他有力量，更愿意服从他；这使得那人的力量更强大。但是，上帝没有任何目的：我们对他的崇拜，源于我

---

① 原文 liberal，依据马尔科姆的注释，此处应理解为 generous。

们的责任，是根据我们的能力、按照理性指令的荣誉法则进行的，理性指令人们，弱者出于对利益的希望，对损害的恐惧，或者对已得到好处的感激，要崇拜强者。

［31.14］为了使我们知道，自然之光教导我们如何崇拜上帝，我将开始讲他的属性。第一，显然，我们应当赋予上帝存在的属性：因为没有人能够和愿意尊敬他认为不存在的东西。

［31.15］第二，那些说世界或世界灵魂就是上帝的哲学家，是贬低上帝，否认他的存在：因为所谓上帝，意思是世界的原因；说世界是上帝，就是说世界没有原因，也就是没有上帝。

［31.16］第三，说世界不是被创造的，而是永恒的（鉴于永恒之物没有原因），乃是否认有上帝。

［31.17］第四，有些人（根据自己的想法）赋予上帝以安逸的属性，这就夺走了上帝对人类的关爱，也就夺走了他的荣耀：因为这消除了人们对他的爱与恐惧，而这是尊敬之源。

［31.18］第五，在那些表示伟大和力量的事物方面，说他是有限的，是不尊敬他：因为赋予上帝属性而不尽其极致，便不是愿意尊敬上帝之征象；而有限正是未能尽其极致，因为在有限之上很容易添加更多属性。

［31.19］因此，把形像赋予上帝，不是尊敬上帝：因为一切形像都是有限的。

［31.20］说我们在心灵中设想、想象或具有关于上帝的观念，也不是尊敬上帝：因为我们设想的一切都是有限的。

［31.21］设想上帝具有部分或整体的属性亦然：因为这些都只是有限事物的属性。

［31.22］说上帝占据某个位置亦然：因为任何占据位置的事物，都是受约束的，有限的。

［31.23］说上帝是运动的或静止的亦然：因为这些属性都把

位置赋予上帝。

[31.24] 说不只有一个上帝亦然；因为这暗示他们都是有限的：因为最多只能有一个无限者。

[31.25] 把种种激情赋予上帝（除非在隐喻的意义上，指的不是激情而是效果）亦然，诸如悔罪、怒气、宽恕等带有悲伤性质的激情，或者欲望、希望等带有匮乏性质的激情，或者任何表示被动官能的激情：因为激情是受其他事物限制的力量。

[31.26] 因此，当我们认为上帝具有意志时，那不应理解为像人的意志那样，是一种理性的欲望；而要理解为他借以影响万物的力量。

[31.27] 同样，当我们把视觉和其他感官行为，以及知识和理解归于上帝时亦然；这些在我们身上不过是外物压迫人体器官造成的心灵的扰动：因为在上帝那里没有这些依赖于自然原因的事物，因而不可认为是他的属性。

[31.28] 一个人要将仅仅以自然理性为根据的属性归于上帝，必须要么使用诸如无限、永恒、不可理解等否定属性；要么使用至高、至大等最高级属性；要么使用善、正义、圣洁、造物主等无限定属性；在这种意义上，他仿佛并不意在宣称上帝是什么（因为这样就是把上帝限制在我们幻想的限度内），而是表达我们多么仰慕他，我们多么甘愿服从他；这就是谦卑的征象，也是愿意尽我们所能去尊敬上帝的征象：因为唯有一个名称可以表示我们关于上帝之本性的概念，那便是"我是自有永有的"（I AM）①；唯有一个名称可以表示他与我们的关系，那便是"上帝"，其中包含着父、王、主的意思。

[31.29] 关于诸多神圣崇拜之行动，一条最普遍的理性诫言

① 出 3：14。

是，它们应表征尊敬上帝的意图。其中首先是祷告。可以说，使偶像成为神的，不是制作偶像时的雕刻家，而是向偶像祷告的人们。

[31.30] 第二是感恩。在神圣崇拜方面，这与祷告只有一点不同，祷告是在获利之前，而感恩在获利之后。二者的目的都是承认上帝是过去与未来的一切利益的创造者。

[31.31] 第三是赠礼，也就是牺牲和供物，（这些东西如果是最好的）是尊敬的征象，因为它们是感恩。

[31.32] 第四，唯以上帝起誓，这是尊敬的自然征象。因为这是承认唯有上帝知道人心，任何属人的才智和强力都无法使人逃脱上帝对伪誓者的报复。

[31.33] 第五，理性崇拜的应有之义是慎言上帝。这表明对他的恐惧，而恐惧是对他的力量的承认。由此得出，不应轻率且无目的地滥用上帝之名，因为这样做是徒劳的，除非是为了通过誓约和国家命令使判决变得确定，或者使国家之间避免战争。争论上帝的本性，有违对他的尊敬。可以认为，在这个自然的上帝国中，除了通过自然理性之外，也就是除了从自然科学的诸原理出发之外，我们无法认识任何事物。然而这些原理却完全不能告诉我们，人的本性是什么，甚至最微小的生物的本性是什么，更不能告诉我们上帝本性是什么。因此，人们若依据自然理性的原理去争论上帝的属性，就是不尊敬上帝。为了极尽所能地尊敬上帝，对于我们赋予上帝的诸属性，我们不应考虑其哲学真理的意义，而应考虑其虔诚意图的意义。由于缺乏这种考虑，所以人们写下了连篇累牍的争论上帝本性的书籍，这些争论不是为了尊敬上帝，而是为了炫耀我们自己的才智和学识，而这不过是妄用和滥用神圣的上帝之名。

[31.34] 第六，关于祷告、感谢、祭礼和祭物，自然理性的

一个指令是，每一项都应该是最好的、最能表示尊敬的。例如，祷告和感恩的言辞，不应是仓促写就的、轻佻的、庸俗的，而应是优美的、精心撰写的。否则，我们就没有尽到最大的可能去尊敬上帝。因此，异教徒把偶像当作诸神来崇拜是荒唐的，但他们用诗歌、声乐和器乐来崇拜是合理的。他们用作祭物的牲畜，他们供奉的礼物以及他们的崇拜行为，充满了臣服、对他们所获恩赐的感念之情，这一切都出于敬神的意图，是合乎理性的。

[31.35] 第七，理性指示我们，不仅要隐秘地崇拜上帝，而且尤其是要公开地、在众人面前崇拜上帝：因为若非如此，就没有机会促使别人去尊敬上帝（这是敬神中最值得嘉许的）。

[31.36] 最后，服从上帝的法律（在这里就是服从自然法），是最大的崇拜。服从比牺牲更为上帝所悦纳；所以，藐视上帝的诫命是最大的轻侮。这些就是自然理性指令私人的神圣崇拜法则。

[31.37] 但鉴于国家是唯一人格，它也应当向上帝展示唯一崇拜。当它命令由私人公开地展示这种崇拜时，情形就是如此。这便是公共崇拜，其属性在于一律。不同的人以不同方式做出的行动，不能称为公共崇拜。因此，一个国家如果允许从私人的不同宗教中产生出的种种崇拜，就不能说有任何公共崇拜，也不能说有任何宗教。

[31.38] 因为言辞（因而还有上帝的各种属性）的意义是根据人们的同意和法令而来的，那些属性被认为表示尊敬，是由于人们想要使其如此，个别人在没有法律而只有理性的情形中可以通过意志做出的任何事情，国家可以通过其意志即国法做出；又因为除了掌握主权者权力的一人或多人的意志所制定的法律外，国家并没有意志，也不制定任何法律；所以，主权者规定在崇拜上帝时作为尊敬征象的那些属性，应当由私人在公共崇拜中如此

采用。

[31.39] 但并非一切行为都根据法令而成为征象，有些行为自然地就是尊敬的征象，另一些自然地就是亵渎的征象，后者（也就是人们耻于在他们敬畏的人面前做出的行为）便不能通过人类的力量成为神圣崇拜的一部分，前者（如正派、适度、谦卑的行为）也绝不可能与神圣崇拜相分离。但有无数的动作和姿势在性质上是无所谓的，其中国家规定公开普遍用作尊敬之征象和上帝崇拜的那部分，应当由臣民如此采用。经上说，"应当服从神，而不是服从人"①，这句话在圣约的上帝国中成立，在自然的上帝国中却不然。

[31.40] 以上简略地谈了自然的上帝国和他的自然法，我在这一章只想简短地补充说明上帝的自然惩罚。人在此世的行动，无不是一个长长的因果链条的开端，没有任何属人的深虑足以高明到使人一眼望到其尽头。在这个链条中，快乐之事与痛苦之事彼此相连；以至于人为了自己享乐而去做任何事情，都必须承担由此而来的一切痛苦，这些痛苦是那些开启一系列弊大于利的行动的自然惩罚。因此，放纵无度，自然地招致疾病之罚；鲁莽，自然地招致不幸之罚，不义；自然地招致敌人的暴力之罚；骄傲，自然地招致毁灭之罚；懦弱，自然地招致压迫之罚；君王疏于执政，自然地招致叛乱之罚；而叛乱，自然地招致杀戮之罚。鉴于惩罚是由于违背法律而来的，自然惩罚必定自然地是由于违背自然法而来，因而也就作为它们自然的而非任意的结果随之出现。

[31.41] 行文至此，我已根据自然理性的原理，论述了主权者的创建、本性和权利以及臣民的责任。而现在，考虑到这一学

---

① 出自《使徒行传》5：29，和合本译文："顺从神，不顺从人，是应当的。"

说与世界上绝大部分地区尤其是接受了罗马和雅典的道德学问的西方世界的实践相去甚远，考虑到执掌主权者权力的人所需要的道德哲学是多么地高深，我几乎认为，我的这件作品就像柏拉图的国家那样无用。因为柏拉图也认为，除非主权者是哲学家，否则国家的骚乱和内战造成的政权更迭便永远无法消除。可是当我考虑到，自然正义的知识是主权者及其主要臣工所必需的唯一知识，他们不需要（像柏拉图说的那样）精通数理科学超过良法鼓励人们去研究这些科学的程度，无论柏拉图还是迄今为止的其他任何哲学家，都没有整理出并充分或大致地证明道德学说的全部定理，使人们可以借此学会如何统治，如何服从，我又恢复了一些希望，终有一天，我这部著作会落入一位主权者之手（由于它很短，而且在我看来很清楚），他会亲自加以研究，不会叫任何有私心的或嫉妒的解释者帮助，他会通过行使完整的主权，保护它被公开讲授，把这一思辨的真理转化为实践的功用。

第三编　论基督教国家

第三十二章　论基督教政治原理

[32.1] 先知传达的上帝之言是基督教政治的主要原理。[32.2] 却不否弃自然理性。[32.4] 何谓囚禁知性。[32.5] 上帝如何对人说话。[32.7] 先知凭什么标志为人所知。[32.8] 古老律法中的先知标志，奇迹以及与律法相符的教义。[32.9] 奇迹不再有，先知不再有，圣经取而代之。

[32.1] 到此为止，我已推导出主权者的权利与臣民的责任，其根据仅是经验已发现为正确或（涉及词语用法时）一致同意为正确的那些自然原理，亦即经验告诉我们的人之本性，以及（所有政治推理的本质性词语的）普遍同意的定义。但我接下来要探讨的主题，是基督教国家的性质和权利，其中有许多地方取决于上帝意志的超自然启示。我的论述不仅必须根据自然的上帝之言，还必须根据先知的上帝之言。

[32.2] 不过，我们不可否弃感觉和经验，也不可否弃（无疑是上帝之言的）我们的自然理性。因为这些是上帝赐予我们在蒙福的救主再次来临之前的处事才能，所以不应该被包裹在默信的手巾里①，而是应该用来赢得正义、和平与真宗教。尽管在上

---

① 暗引《马太福音》第 25 章 "按才受托的比喻" 和《路加福音》第 19 章（转下页）

帝之言中，有许多超理性的事物，即不能以自然理性证明或驳斥的事物，却没有任何事物与之相违背。假如似乎有这种事物，那么问题要么是我们不善于解释，要么是我们推理错误。

[32.3] 因此，当其中所写下的任何东西太难而无法加以研究时，我们必须在言辞面前囚禁我们的知性①，不必再费力地用逻辑寻求关于这些不可思议且不受任何自然科学法则支配的奥秘的哲学真理。我们宗教的这些奥秘，就像治病的灵丹，囫囵吞下去倒是有疗效，但加以咀嚼，大部分就会被吐出来，一点效果也没有。

[32.4] 囚禁我们的知性，并不意味着使这种智识能力屈服于其他任何人的意见，而是意味着意志在应当服从的地方就要服从。因为感觉、记忆、理解、知性和意见，是我们无力改变的，必然总是像我们见到、听到和想到的事物那样呈现给我们，因此不是我们意志的结果，我们的意志倒是它们的结果。我们何时要囚禁我们的知性和理性呢？就是当我们忍受矛盾，当我们按照（合法权威的）命令说话，当我们按照其命令生活的时候，总之，就是当我们对言说者仍抱有信任和信仰，而我们的心灵对他所说的话却不能形成任何概念的时候。

[32.5] 上帝对人说话，要么直接言说，要么以他先前亲自直接对之言说的人为中介。上帝如何直接向人说话，这一点，他

（接上页）"十锭银子的比喻"，旨在说明，人既被赋予感觉、经验和自然理性等才能（talents），就应当努力加以运用，以赢得正义、和平与真宗教，而不应当像把主人给的银子藏在地下或包在手巾里的仆人那样，使这些才能被教会权威提出的默信埋没。默信，implicit faith，又译为盲信，默从的信仰，隐含的信仰，指教会说什么，心里默默相信就行，不必完全明白。与之相反的是 explicit faith，明信或彻悟的信仰，指彻底领悟教义后的明确信仰。

① "在言辞面前囚禁我们的知性"（to captivate our understanding to the Words），以及下文"囚禁我们的知性"（Captivity of our Understanding），意思是说，当我们面对圣经（上帝之言）中那些不可理喻的地方时，我们必须约束我们的知性，而不必妄事穿凿，别寻知解。

— 290 —

曾对其这样说话的那些人或许是明了的，其他人却难以明了，就算并非不可能知道。如果有人向我声称，上帝曾以超自然的方式直接向他说过话，而我对此表示怀疑，那么我不容易看出，他能提出什么论据使我不得不信。诚然，如果他是我的主权者，那么他可以强迫我服从，使我不得以言行宣我不信他；但他无法强迫我不按我的理性驱使我的方式去思想。但如果一个人对我没有这种权威，却这样声称，那就没有任何东西可使我相信或服从。

[32.6] 说上帝在圣经里向某人说过话，这并不是说上帝直接地向他说过话，而是说就像上帝对其他所有基督徒那样，通过先知、使徒或教会的中介间接地向他说过话。说上帝在梦中向某人说过话，这不过是说他梦见过上帝向他说话；这种说法并没有说服力令任何人信服，只要人们知道，梦境多半是自然的，可以从先前的思想中产生；比如有人对自己的虔敬或其他美德抱有骄傲自负、愚蠢狂妄的错误意见，自认为配得上异乎寻常的启示的恩宠，便会有这样的梦。说某人见到过异象或听到过异声，这是说他在半睡半醒之间做了一个梦：在这种情形下，人们往往不知道自己在打瞌睡，便自然地把梦境当成异象。说某人由于超自然的默示而说话，这是说他具有一种强烈的说话欲望，或对自己具有一种无法提出自然而充分的理由的强烈意见。因此，尽管全能的上帝能够通过梦境、异象、异声和默示对人说话；他却没有强迫任何人相信，他对自称有此事的人这样做过；这种人（作为人）可能出错，（更有甚者）还可能撒谎。

[32.7] 然则，如果有一个人，上帝（除了通过自然理性的方式以外）从未直接向他启示过神意，那么他怎么知道他在什么时候是否应该服从自称为先知的人所传达的上帝之言呢？在以色列王关于对基列的拉末作战的事所询问的四百先知中，只有米该雅是真先知（王上22）。那个被派去作预言反对耶罗波安所设丘

— 291 —

坛的先知虽是一个真先知，而且根据他在耶罗波安面前行的两个奇迹，他显然是上帝派去的，却被另一个老先知欺骗；老先知对他说，上帝叫他和自己一同进饮食（王上 13）。如果先知之间犹彼此欺骗，那么除了通过理性以外，有什么途径可以确定地知道上帝的意志呢？对此我依据圣经回答说，有两种标志合在一起看，（不可分开来看，）就可以知道一个真先知：一是行奇迹，一是除了已确立的宗教以外不讲授其他任何宗教。分开来看，（我认为）其中任何一者都不足以说明问题。"你们中间若有先知或是做梦的起来，向你显个神迹奇事，对你说：'我们去随从你素来所不认识的别神，侍奉它吧。'他所显的神迹奇事虽有应验，你也不可听那先知……那先知或是那做梦的既用言语叛逆……耶和华你们的神，……你便要将他治死。"（申 13.1，2，3，4，5）从这些话中可以看出两点：第一，上帝不会单纯用奇迹来证明先知的天职；而是（如第 3 节中所说），用奇迹来试验我们对上帝的效忠是否始终不渝。因为埃及术士所行的法术，尽管不像摩西的那样伟大，却也是大奇迹。第二，不论奇迹多么大，如果目的是煽动他们叛逆他们的王或凭借王的权威而统治的人，那就应当认为，行这种奇迹的人是被派来考验他们的忠诚的。"叛逆耶和华你们的神"这句话，在这里就相当于"叛逆你们的王"。因为他们在西奈山下已经立约奉上帝为他们的王；上帝唯独通过摩西治理他们，唯有摩西能和上帝说话，并不时向人民宣布上帝的诫命。同理，在我们的救主基督使众门徒承认他本人就是弥赛亚（即上帝的受膏者，犹太民族每天都盼望立其为王，而降临之后却予以拒绝）以后，他仍然不忘记告诫他们相信奇迹的危险。他说："因为假基督、假先知将要起来，显大神迹、大奇事，倘若能行，连选民也就迷惑了。"（太 24.24）由此可见，假先知可能有显奇迹的能力，可是我们不该把他们的教义当作上帝之言。圣保罗更进一步向加拉太人说:"但无论是我们,是天上来的使者,若传福音给你们,与我们所传给你们的不同,他就应当被咒诅。"(加1.8)那福音就是,基督是王;由于这些话,所有反对那被接受的王的权力的宣讲,都受到圣保罗咒诅。他的话是对那些人讲的,他们已经因他的宣讲而接受耶稣是基督,即犹太人的王。

[32.8]正如行奇迹而不宣讲上帝已确立的教义一样,宣讲真教义而不行奇迹也不足以证明直接的启示。如果有人讲授的教义并非虚假,却不显示任何奇迹,就自称为先知,那么他绝不因其声称而更受尊重,就像《申命记》18.21,22所表明的:"你心里若说:'耶和华所未曾吩咐的话,我们怎能知道呢?'先知托耶和华的名说话,所说的若不成就,也无效验,这就是耶和华所未曾吩咐的,是那先知擅自说的,你不要怕他。"但有人在这里又会问,当先知预言了一件事,我们又如何知道那事会不会来呢?他可能预言,它要经过一段长时期才会来,比人的寿命还要长;他也可能作不肯定的预言,说它在某个时候会出现:在这种情形下,先知的这一标志就是无用的;因此,那些使我们相信一个先知的奇迹,应当被立即的或不久以后的事态证实。所以显而易见,唯有讲授上帝已确立的教义与显示当下的奇迹两者结合,才是圣经让人承认一个真先知的标志,亦即直接启示的标志,任何一项单独来看都不足以使别人尊重他所说的话。

[32.9]因此,鉴于奇迹如今已不再有,我们没有任何征象可借以承认任何私人所自称的启示或默示,也没有义务听取除了符合圣经的教义以外的任何教义;自我们的救主时代以降,圣经就取代了其他所有预言,且充分地弥补了其缺失;通过智慧而博学的解释,谨慎而严密的推理,有关我们对上帝与对人类的责任的知识所必需的一切法则和诚言,都可以容易地从中推论出来,无须神灵附体或超自然的默示。正是依据这部圣经,我将得出我

关于地上基督教国家的最高统治者的权利以及基督徒臣民对其主权者的责任的论述的诸原理。为此目的，在下一章，我将谈论圣经各书、其写作者、宗旨和权威。

第三十三章　论圣经各书的数目、年代、宗旨、权威和解释者

[33.1] 论圣经各书。[33.3] 各书的年代。[33.4] 摩西五经并非摩西所写。[33.6]《约书亚记》写作于约书亚时代之后。[33.7]《士师记》《路得记》写作于被掳以后很久。[33.8]《撒母耳记》也一样。[33.9]《列王纪》和《历代志》。[33.10]《以斯拉记》和《尼希米记》。[33.11]《以斯帖记》。[33.12]《约伯记》。[33.13]《诗篇》。[33.14]《箴言》。[33.15]《传道书》和《雅歌》。[33.16] 先知书。[33.20]《新约》。其宗旨。[33.21] 有关圣经权威的问题。[33.22] 其权威和解释。

[33.1] 所谓圣经各书，是指应当成为正典即基督徒生活法则的那些书。因为人们在良心中必须遵守的一切生活法则都是法律，所以关于圣经的问题是，在整个基督教世界中什么是法律，包括自然法和国法。尽管每个基督徒国王在他自己的领地里应设立什么法律，并不取决于圣经，但他不应设立什么法律，却取决于圣经。因此，鉴于我已证明，主权者在其领地里是唯一的立法者，在每个国族中，唯有经过主权者权威确立的书才是正典，换言之，才是法律。诚然，上帝是所有主权者的主权者，因此，当他对任

何臣民说话时，他应当被服从，不论地上的当权者发布了什么相反的命令。但问题不在于对上帝的服从，而在于上帝在何时说过什么，对于没有得到超自然启示的臣民来说，除了通过自然理性以外，这是无法知道的，而自然理性引导他们为了获得和平与正义，服从他们各国的权威，也就是服从他们合法的主权者的权威。根据这一义务，在《旧约》各书中，除了被英格兰教会的权威下令承认为圣经各书外，便不能承认其余各书是圣经。① 这些书是什么，已广为人知，这里无须列出其目录。它们就是圣哲罗姆所承认的各书，他坚持认为其余各书都是次经，其中包括《所罗门智训》、《便西拉智训》、《多比传》、《犹滴传》、《玛喀比传》上下卷（虽然他曾见到前书的希伯来语本）和《以斯拉记》第三、四书。在图密善皇帝时代写作的犹太学者约瑟②承认为正典的有二十二卷，这样就使卷数刚好等于希伯来语的字母数。圣哲罗姆所承认的正典也是二十二卷，但算法不同。约瑟计入数内的是摩西五经、写作自身时代历史的先知书十三卷（当时的历史与圣经里的先知书符合到什么程度，我们在后文中可以看到），四卷诗歌和道德箴言。而圣哲罗姆计入数内的是摩西五经，先知书八卷，他称之为圣录的其他圣书九卷。七十士，就是被埃及王托勒密叫去把犹太法律从希伯来语翻成希腊语的七十名犹太学者，为我们留下的希腊语圣经，与英格兰教会所接受者相同。

[33.2] 至于《新约》各书，它们同样地被承认某一卷书为

---

① 不同的基督宗教所承认的《旧约·圣经·旧约》略有不同。基督新教版本承认三十九卷，天主教版本承认四十六卷，东正教版本承认五十卷。天主教版本比新教版本多出的七卷为《多比传》《犹滴传》《玛喀比传上卷》《玛喀比传下卷》《所罗门智训》《便西拉智训》《巴录书》，东正教版本比天主教版本多出的四卷为《以斯拉前书》《玛喀比三书》《玛喀比四书》《耶利米书信》。至于《新约》圣经，新教、天主教、东正教所承认的正典卷次相同，均为二十七卷。

② 提图斯·弗拉维奥·约瑟夫斯（Titus Flavius Josephus，37—100 年），著名的犹太历史学家，著有《犹太古史》《犹太战争》等。

正典的所有基督教会和教派承认为正典。

[33.3] 圣经各书的原始写作者是谁，尚未凭借其他历史记载（这是事实问题的唯一证据）的充分证词得以显明，也无法凭借自然理性的证据得以显明。理性只能用来证明名称推演的真理，而无法证明事实的真相。因此，在这问题中指引我们的光，必须是从各书本身向我们照来的光：这光尽管没有向我们显示各书的写作者是谁，但对于我们认识各书的写作时间，却并非毫无用处。

[33.4] 首先，就摩西五经而言，它们之称为摩西五经，并不足以证明它们是摩西写的，就像《约书亚记》《士师记》《路得记》和《列王纪》这些书名，不能作为充分的论据证明它们是约书亚、众士师、路得和诸王写的一样。因为在书名中标明主题和标明写作者同样常见。《李维史》指明写作者，《斯坎德培传》① 则是根据主题取名的。我们在《申命记》34.6 读到，关于摩西的坟墓，"只是到今日没有人知道他的坟墓"。所谓到今日，指的是到写这句话的时候。因此显而易见，这话是在他入葬以后写的。因为说摩西在世时谈到了自己的坟墓（即便是以作预言的方式），说到那一天还没有找到，这是一种奇怪的解释。但或许有人声称，并非全部五经，只有最后一章是别人写的，其余都不是。那么，我们不妨考虑《创世记》12.6："亚伯兰经过那地，到了示剑地方、摩利橡树那里。那时迦南人住在那地。"这必然是迦南人不住在那地时写作者的话，因而不是摩西的话，他还没有进入

---

① 斯坎德培，本名杰尔季·卡斯特里奥蒂（Gjergj Kastrioti，1405—1468），出身于阿尔巴尼亚贵族家庭，早年被送往奥斯曼宫廷当人质，被迫改信伊斯兰教，在阿德里安堡接受了军事训练，成为奥斯曼帝国的一名统帅，在获得一系列胜利后，被封为 Arnavutlu İskender Bey，意为"阿尔巴尼亚的亚历山大老爷"，该称号在阿尔巴尼亚语中为 Skënderbe shqiptari，其后成为他最常用的名字"斯坎德培"。斯坎德培因抵抗奥斯曼帝国而被视为阿尔巴尼亚的民族英雄。这里提到的《斯坎德培传》，即阿尔巴尼亚史家马林·巴雷蒂（Marin Barleti）撰写的 *Historia de vita Scanderbegi*。

那地就死了。同样地，在《民数记》21.14中，写作者引了一部更古的书，名为《耶和华战记》，其中记载着摩西在红海和亚嫩河谷的行迹。因此，十分清楚，摩西五经是在摩西的时代以后写的，只是以后多久却不那么清楚。

[33.5] 不过，摩西虽然没有完整地把这些书编纂成我们现在看到的形式；但他写了其中说明是他所写的全部内容：例如似乎包含于《申命记》第11至27章，当以色列人民进入迦南地时被命令刻在石版上的律法书。①摩西亲自将这律法写出来，交给以色列的众祭司和长老，让他们每逢七年的末一年，在住棚节的时候，在以色列众人面前念这律法（申31.9）。正是这律法书，上帝命令他们的王在建政后要从众祭司和利未人那里抄录一个副本，②摩西命令众祭司和利未人将其放在约柜旁（申31.26）；曾经遗失，过了很久又被希勒家找到，并送到约西亚王那里（王下22.8），约西亚命人念给人民听，重订了上帝和他们之间的约（王下23.1，2，3）。

[33.6]《约书亚记》也是在约书亚的时代以后很久才写的，这可以从这卷书的许多地方推论出来。约书亚曾把十二块石头立在约旦河中，纪念他们通过该河，关于此事，写作者说："直到今日，那石头还在那里。"（书4.9）直到今日的说法，表示人们记忆所不及的过去时代。同样地，关于上帝所说的"我今日将埃及的羞辱从你们身上滚去了"，写作者说："因此，那地方名叫吉甲，直到今日。"（书5.9）这话若是在约书亚时代说的，就不对了。关于亚割谷因亚干在帐棚内引起的麻烦而得名的问题，写作

---

① 申27：3："把这律法的一切话写在石头上。你过了河，可以进入耶和华神所赐你流奶与蜜之地，正如耶和华你列祖之神所应许你的。"

② 申17：18—19："他登了国位，就要将祭司利未人面前的这律法书，为自己抄录一本，存在他那里，要平生诵读，好学习敬畏耶和华他的神，谨守遵行这律法书上的一切言语和这些律例。"

者也说:"直到今日。"(书7. 26)因而这必然是在约书亚以后很久说的。这类证据还有很多,比如《约书亚记》8. 29、13. 13、14. 14、15. 63。

〔33. 7〕这一点从《士师记》1. 21, 26、6. 24、10. 4、15. 19、17. 6以及《路得记》1. 1等处一些相同的论据中也可以明显地看出;尤其是在《士师记》18. 30更为明显,其中说:"约拿单和他的子孙作但支派的祭司,直到那地遭掳掠的日子。"

〔33. 8〕《撒母耳记》两书也是在他自己的时代以后写的,这也有类似的证据,《撒母耳记上》5. 5、7. 13、15、27. 6、30. 25,在这些地方,当大卫裁定上阵的得多少掳物,看守器具的也得多少之后,写作者说:"大卫定此为以色列的律例典章,从那日直到今日。"又,大卫(心里愁烦,因耶和华击杀了乌撒,就是那伸手扶住约柜的人)就称那地为毗列斯乌撒,写作者说:"直到今日。"(撒下6. 8)因此,写这卷书的时间,必定是在事实发生很久以后,也就是在大卫的时代很久以后。

〔33. 9〕至于《列王纪》两书和《历代志》两书,除了提到经文写作者说直到他自己的时代还在的这类古迹的地方,还有《列王纪上》9. 13、9. 21、10. 12、12. 19,《列王纪下》2. 22、8. 22、10. 27、14. 7、16. 6、17. 23、17. 34、17. 41,以及《历代志上》4. 41、5. 26。这些古迹的历史一直持续,直到当日,这充分证明它们是在巴比伦囚房①以后写的。因为所记录的事实总是比记录本身早,比提到和引证这种记录的书就更要早得多,这些书在许多不同的地方让读者参看犹大列王记、以色列诸王记、先

---

① 巴比伦囚房,指公元前586—538年期间犹太人被掳往巴比伦的历史事件,这段时期称为被掳时期。公元前586年,犹大王国被新巴比伦帝国国王尼布甲尼撒二世征服,大批犹太富人、工匠、祭司、王室成员和平民上万人被掳往巴比伦,并囚禁于巴比伦城。公元前539年,新巴比伦帝国被新兴的波斯帝国攻灭,次年,波斯王居鲁士下诏准许被掳的犹太人归回家园。

知撒母耳的书、先知拿单的书、先知亚希雅的书、易多的异象、先知示玛雅的书、先知易多的书。①

[33.10]《以斯拉记》和《尼希米记》两书肯定是在他们被掳归回以后写的，因为他们返回的情形，耶路撒冷城墙和圣殿的重建，重新立约，政务安排，在里面都有记载。

[33.11] 以斯帖王后的经历是被掳时期的事，所以《以斯帖记》的写作者一定是同时期或以后的人。

[33.12]《约伯记》没有标明写作年代；虽然可以明显地看出，约伯并非虚构的人物（参看《以西结书》14.14；《雅各书》5.11），但这卷书本身似乎不是历史记载，而是关于古代备受争议的一个问题的论著，那就是，为何恶人常常繁荣，而好人遭受不幸。这是很有可能的，（据圣哲罗姆证实）这卷书从开篇到第3章第3节约伯开始抱怨的地方止，希伯来语本都是用散文写的，接下来直到最后一章第6节是用六步韵诗写的，而最后一章其余部分又是用散文写的。所以，这个争议全部用韵文写成，而散文是作为序与跋加在开篇与文末。但是，像约伯这样本身遭到极大痛苦的人，以及来安慰他的朋友们，通常不用韵文体裁，而古时的哲学，尤其是道德哲学，却常用这种体裁。

[33.13]《诗篇》大部分是大卫写给唱诗班用的。此外还有摩西和其他圣者的诗歌。其中有些篇，如第137篇、第126篇等

---

① 《列王纪》《历代志》屡次提到"犹大列王记""以色列诸王记""犹大和以色列诸王记""以色列和犹大列王记"，例如，王上14；29；15；7，王上14；19；15；31；代下16；11；32；32；35；26，等等。代上29；26："大卫王始终的事，都写在先见撒母耳的书上和先知拿单并先见迦得的书上。"代下9；29："所罗门其余都事，自始至终，不都写在先知拿单的书上和示罗人亚希雅的预言书上，并先见易多论尼八儿子耶罗波安的默示书上吗？"代下12；15提到"先知示玛雅和先见易多的史记"；代下13；22提到"先知易多的传"。参看 Thomas Hobbes, *Leviathan*, III, *The English and Latin Texts* (ii), ed. Noel Malcolm, Oxford: Clarendon Press, 2012, 第595页注释 s。

是被掳归回以后的。由此可见，《诗篇》是犹太人从巴比伦归回以后才编纂成现有形式的。

[33.14]《箴言》是一卷哲言和真言集，其中一部分出自所罗门，一部分出自雅基的儿子亚古珥，还有一部分出自利慕伊勒的母亲。不能认为这是所罗门辑录的，也不能认为是亚古珥或利慕伊勒的母亲辑录的。箴言虽出自他们，但辑录或编纂成书，是比他们全都晚的某个属神的人的工作。

[33.15]《传道书》和《雅歌》全都出自所罗门，只有标题或题记不是："在耶路撒冷作王、大卫的儿子、传道者的言语"，"所罗门的歌，是歌中的雅歌"①，这些话似乎是在圣经各书辑录成一个律法体系时加上去的，目的不仅是为了保存两书的教义，而且为了显明其作者。

[33.16]先知中最早的是西番雅、约拿、阿摩司、何西阿、以赛亚、弥迦，这些人生活在亚玛谢、亚撒利雅（又名乌西雅）② 作犹大王的时代。但《约拿书》严格来讲不是这位先知预言的记录（他的预言在里面只有寥寥数语："再等四十日，尼尼微必倾覆了。"③ ），而是他的乖戾和反抗上帝诫命的叙述或记载；他既然是该书的主题，他是其作者的可能性就是微乎其微的。但《阿摩司书》却是阿摩司的预言。

[33.17]耶利米、俄巴底亚、那鸿和哈巴谷都是在约西亚时代④作预言的先知。

---

① 传1：1，歌1：1。
② 亚玛谢（公元前796—781年在位），犹大王国的第九任君主。乌西雅，亦名亚撒利雅（公元前781—740年在位），亚玛谢之子，犹大王国的第十任君主。事见《历代志下》第25—26章。
③ 拿3：4。
④ 约西亚，犹大王国的第十六任君主（公元前640—609年在位）。事见《历代志下》第25—26章。

[33.18] 以西结、但以理、哈该、撒迦利亚是在被掳时期作预言的先知。

[33.19] 约珥和玛拉基在什么时代作预言，从他们的著作中看不出来。不过从他们那两卷书的题记或标题可以明显地看出，全部《旧约》经文写成我们现有的形式是在犹太人从巴比伦囚房归回以后，在埃及王"恋姊者"托勒密①的时代之前，就是那位从犹大请七十人把《旧约》译成希腊语的国王。如果次经各书（这些书是教会向我们推荐的，不是作为正典，而是作为对我们的训诲有益的书）在这个问题上是可信的，那么圣经是由以斯拉②编成我们现有的形式的：这一点可以从他自己所说的话里清楚地看出，在那里他对上帝这样说："你的律法已被焚烧了，所以没有人知道你已经作了的事，或是你将来的作为。其实我若在你面前蒙恩，求你差遣圣灵到我里面，我就要把世上从起初一切发生的事，就是记在你律法里的事，都写下来，好使人能够寻找道路，又使那些在末期愿意活着的人，得以活着。"（《以斯拉续编下卷》14.21，22）又说："这四十日期满以后，至高者就说话：'你所写的第一本书，要明明地宣扬，让那些配与不配的人都看。但末后的七十本，你要收存，好交给你百姓中的智慧人。'"（《以斯拉续编下卷》14.45）③关于《旧约》各书的写作时代，就写到这里为止。

[33.20]《新约》的写作者们都生活在基督升天后一个世代

---

① "恋姊者"托勒密二世（公元前284—前246年在位），埃及托勒密王朝的第二位法老和国王。

② 犹太传统认为，以斯拉是《以斯拉记》和《尼希米记》这两卷书中部分篇章的作者（拉7—10章；尼8—10章），也是带领犹太人在被掳归回后复兴的领袖。《以斯拉记》描述他领导了约1500名住在巴比伦的犹太流亡者归回耶路撒冷，事在公元前458年前后。

③ 参看中华圣公会1933年刊行的《次经全书》第402、404页。

— 302 —

之内，除了圣保罗和圣路加以外，都见过我们的救主，或作过他的门徒，所以他们所写的文字与使徒时代同样古老。但《新约》各书被教会接受并承认是他们的著作，其时代却没有那样古老。正如《旧约》各书是从以斯拉时代起流传下来的，当时各书已散佚，他受圣灵指引将其找回；《新约》各书，其抄本不多，又不容易全部保存在一个私人手中，是后来由教会的统治者辑录、核准并作为各书题名所标示的使徒和门徒的著作向我们推荐的，全部《新约》起源的时间不可能早于此时。第一处全部列出《旧约》和《新约》各书的地方是《使徒正典》，据说那是（圣彼得之后）罗马第一任主教革利免辑录的。但这不过是被以为的情形，且受到很多人质疑。据我们所知，首先将圣经作为先知和使徒的著作推荐给当时各教会的是老底嘉会议，这次公会议是在364年举行的。当时，教会的诸大圣师野心勃勃，皇帝虽是基督徒，却不被他们尊崇为人民的牧羊人，而是被他们当成羔羊，非基督徒皇帝则被他们当成狼。他们努力推行他们的教义，不像传道者那样将其作为建议和消息，而是像绝对统治者那样将其当成法律，而且认为只要使人民更加服从基督教教义，就算欺骗也是虔诚的。不过我相信，他们并未因此而篡改圣经，尽管《新约》各书的抄本只存在于教士手中。因为如果他们有意这样做的话，就一定会使经文比现存的情形更有利于他们凌驾于基督徒君王和政治主权之上的权力。因此，我看不出有任何理由去怀疑我们现有的《旧约》和《新约》是先知和使徒的言语行事的真实记录。有些被列于正典之外、称为次经的经书，或许也是这样，它们并非与正典其余部分的教义不符，只是不见于希伯来语本。因为在亚历山大大帝征服亚洲以后，有学问的犹太人很少有不精通希腊语的。将圣经译成希腊文的七十名解释者都是希伯来人，我们现在还有斐罗和约瑟①两个犹太人所写的作品，都是用流利的希腊文写的。不过，使该书成为正典的，并非写作者，而是教会的权威。虽然这些书是由不同的人写的，但显而易见，写作者们具有同一种精神，在这一精神中，他们共同致力于同一个目的，阐述圣父、圣子、圣灵的上帝国的权利。《创世记》将上帝子民的世系追溯到创世之时，往下一直叙述到入埃及时；另外的摩西四书记载着他们选上帝为王的事，以及上帝为他们的政府规定的律法；《约书亚记》《士师记》《路得记》和《撒母耳记》则接到扫罗时代，记述上帝子民直到摆脱上帝之轭，要求为他们像列国一样立王时为止的事迹。《旧约》其余部分所载的历史，讲述了大卫世系的延续，直到被掳时期，而正是从这一世系中，将诞生上帝国的重建者，我们蒙福的救主圣子，他的降临在先知书中已有预言；在这些先知之后的福音传道者撰写他在人世的生活、行迹以及他对上帝国的权利声称；最后，使徒行传和使徒书信宣告圣灵的降临，以及他留给使徒及其继承者们让他们领导犹太人和召劝外邦人的权威。总之，《旧约》的历史和预言，《新约》的福音和书信，有同一个宗旨，就是使人皈信、服从上帝，即第一，服从摩西和诸祭司，第二，服从基督其人，第三，服从使徒及其教权的继任者们。因为这三者在不同时代代表上帝的位格：在《旧约》时代，是摩西及其继任者大祭司与犹大王；在基督活在地上的时代，是基督本人；从圣灵降临当日（就是圣灵降在众使徒身上那日）直到今日，是使徒及其继任者。

[33.21] 基督教各教派之间争论很多的一个问题是，圣经的权威来自何处；这个问题有时也用其他方式提出，比如，我们怎么知道它们是上帝之言；或者我们为什么相信它们如此。这个问

---

① 即前文提到的提图斯·弗拉维奥·约瑟夫斯。

题难以解决，主要是因为表达该问题所用的措辞不当。人们普遍相信，圣经的原始作者是上帝，因此争论点不在此。又，显而易见，除了上帝亲自以超自然的方式启示过的人之外，没有人能够知道它们是上帝之言（尽管所有真基督徒相信它们是）；因此，这个问题并不等同于我们是怎么知道这一点的。最后，当这个问题是就我们的信念而提出的时，因为某些人是出于某一种理由而相信，另一些人则是出于另一种理由而相信，所以不可能提出一种人人都适用的普遍答案。① 这个问题的确切表述应该是，它们凭借什么权威而被制定成法律。

［33.22］就它们不异于自然法而言，毫无疑问，它们是上帝的法律，因此本身带有其权威，对所有能运用自然理性的人都是可理解的；但这种权威不过是一切符合理性的道德教义的权威，其指令是永恒法，而不是被制定的法。

［33.23］如果它们是由上帝本身制定为法律的，那么它们就具有成文法的性质，且仅只对一种人来说是法律，上帝已把这法律向他们充分公布，其中任何人都无法借口不知道它们是上帝的法律而予以规避。

［33.24］因此，如果有一个人，上帝并没有以超自然的方式启示过他，使他晓得，它们是他的法律，或那些公布它们的人是他差遣来的，那么，他并没有义务服从它们，除非由于其命令已具有法律效力之人的权威；换言之，除非由于在主权者身上的国家的权威，那是唯一具有立法权力的人。又，如果不是国家的立法权威使它们具有法律效力，就必然是来自上帝的某种私人的或

① 这里的意思是说，谈到圣经的权威，正确的提问方式是，人们凭什么相信，而不是人们怎么知道，圣经是上帝之言。圣经的权威所涉及的是信念问题，而不是认识问题。霍布斯在前文 7.5 指出，信念包含两方面的意见：关于言说者之言说的真实性的意见，以及关于言说者的德性的意见。

公共的权威使它们具有法律效力。如果是私人的权威，那么只有上帝特别降宠、单独向其启示这种法律的人才受约束。假如在这样一群人中，人们要么出于骄傲和无知而把自己的梦境、狂放的想象和疯狂状态当成上帝之灵的证据，要么出于野心而违背良心地妄称具有这种神圣的证据，每个人都要把个别人借口得到私人默示或启示而强行进入他人身上的东西当成上帝的法律，那就不会有任何神圣的法律得到承认。如果是公共的权威，那么它要么是国家的权威，要么是教会的权威。但是，教会若是唯一人格，就与基督徒国家是一回事；称之为国家，是因为它在于人们统一在唯一人格即他们的主权者之中；称之为教会，是因为它在于基督徒统一于唯一的基督徒主权者之中。但如果教会不是唯一人格，那么它就根本没有权威：它既不能下命令，也不能做出任何行动，它不能具有对任何事物的任何权力或权利，也不具有任何意志、理性或声音，因为这些都是人格的性质。如果全体基督徒不被囊括于一个国家里，那么他们就不是唯一人格；也不存在一个具有凌驾于他们之上的权威的普世教会；因此，圣经并不是被这个普世教会制定成法律的；如果它是一个国家，那么所有基督徒君主和国家都是私的人格，受全基督教世界的一个普世主权者的判断、废黜和惩罚。所以，圣经权威的问题就被还原为，众多基督教国家里的基督徒国王和主权会议，是否在各自的领土内是绝对的，直接处在上帝之下；抑或臣属于由普世教会构成的唯一基督代理人，并在他认为对共同利益有利或必要时由他来审判、定罪、废黜或处死。

[33.25] 这个问题之解决，有赖于对上帝国加以更具体的考虑，我们也将据此判断释圣经的权威。因为，谁有合法权力把任何文字制定成法律，谁就有权力批准或否决对经文的解释。

第三十四章　论圣经各书里的灵、天使和默示的意义

[34.1] 如何理解经书里的物体和灵。[34.5] 经书里上帝的灵，有时指风或气。[34.6] 第二，指异乎寻常的天赋的理解。[34.7] 第三，指异乎寻常的情感。[34.8] 第四，指通过梦或异象进行预测的天赋。　[34.10] 第五，指生命。[34.11] 第六，指对权威的顺从。[34.15] 第七，指气态的物体。　[34.16] 何谓天使。　[34.23] 立约的天使基督。[34.25] 何谓默示。

[34.1] 鉴于所有正确推理的基础，是词语的恒定意义。在下面的学说中，这种意义不（像在自然科学中那样）取决于写作者的意志，也不取决于（日常交往中的）通俗用法，而是取决于词语在圣经里带有的意思。因此，在我进一步探讨之前，有必要依据圣经厘定有些词语的含义。这些词语，因其意义含混，可能会使我基于它们作出的推论变得费解，或有商榷之余地。我将从物体和灵这两个词开始，它们在经院学派的语言中被称为实体，或有形体，或无形体。

[34.2] 物体一词，在最普遍的意义上是指充满或占据某个空间或想象的地方的东西；其不依赖于想象，而是我们所谓

的宇宙的真实部分。宇宙为一切物体之聚合，其任何真实部分，无不亦是物体；严格意义上的物体，无不亦是（所有物体之聚合）宇宙的一部分。因为物体会发生变化，也就是说，对生物的感觉而言有多种显象，所以物体也称为实体，也就是说，具有不同的偶性：有时运动，有时静止，对我们的感觉而言有时热，有时冷，有时有这种颜色、气味、滋味或声音，有时有另一种。物体对我们感觉器官的多种作用所造成的多种显象，我们归之于那些作用于我们的物体的变化，称为物体的偶性。按照该词的这种意义，实体和物体，指的是一回事；因此，无形体的实体，乃是自相矛盾的说法，仿佛说无形体的物体一样。

[34.3] 但是，就平民的感觉而言，并非宇宙万物是所谓的物体，只有他们能通过触觉辨识出的抗拒他们力量的东西，或通过视觉辨识出的阻碍他们看到更远景象的东西，才称为物体。因此，在人们的日常语言中，空气和气态的实体，通常不被当作物体，而是（经常在人们感觉到其效果时）被称为风或气，或（因为它们在拉丁语中叫作 *spiritus*）被称为灵；比如人们把在任何生物体内给予其生命和运动的气态实体称为生气或元气。至于大脑中的偶像，就是把物体在其并不在的地方，比如在镜中，梦里，或对一个骚动不宁的醒着的大脑，呈现给我们的那些东西（正如使徒们就所有偶像所说的那样），什么都不是。我是说，它们根本不存在于它们似乎所在的地方。在大脑内部，唯有由于对象的作用或由于我们感觉器官的无序骚动而造成的扰动。忙于别事而不探究它们的原因的人，自己不知道叫它们什么，因此就容易被那些在知识方面受他们尊崇的人折服，有人把它们称为物体，认为它们是由一个超自然力量用空气压实制成的，因为视觉把它们判定为有形体的东西，有人把它们称为灵，因为触觉在它

们出现的地方辨识不出有任何东西抗拒他们的手指。所以在日常言语中，灵的本义是一种精微的、流动的、不可见的物体，或者是一种鬼魂，或想象中的其他偶像或幻影。至于其隐喻的意义则有很多：有时它被当成心灵的性情或意向；比如说，对于爱干涉别人言说的性情，我们称为唱反调的灵，不洁的性情称为不洁的灵，性情乖谬称为乖僻的灵，闷闷不乐称为暗哑的灵，虔诚和服侍上帝的意向称为上帝的灵。有时用来指任何显著特出的能力、超乎寻常的激情或心灵的疾病，比如大智慧被称为智慧的灵，疯子被说成是灵附体。

［34.4］至于灵的其他意义，我在任何地方都没有看到过。如果在有的地方，这些意义中任何一种都不符合圣经里该词的意思，那么这种地方就不在人类的知性之内。在那里，我们的信仰便不在于我们的意见，而在于我们的顺从，比如在上帝被说成是一个灵，或上帝的灵就是指上帝本身的所有地方。因为上帝的本性是不可思议的，也就是说，我们对于他是什么一无所知，只知道他存在，因此，我们给予他的种种属性，不是为了告诉别人他是什么，也不是表示我们对他的本性的意见，而是表示我们希望用我们认为在我们当中最光荣的名称去尊敬上帝。

［34.5］《创世记》1.2："神的灵运行在水面上"。在这里，如果"神的灵"是指上帝本身，那便是赋予上帝运动以及位置的属性，这些属性只有在物体而言才是可理解的，在无形体的实体而言却不可理解，所以这个地方超出我们的知性，我们无法想象任何运动的东西，不改变位置或不具有广延，而任何具有广延的东西都是物体。但这些话的含义，最好通过那个同样的地方去理解，即《创世记》8.1。当大地像起初那样淹着水时，上帝要使水消退，使干地露出来，用了同样的话："我将把我的灵带到地

面上，水要渐落。"① 在这个地方，灵的意思是风，（也就是运动的空气或灵）可以（和前文一样）被称为上帝的灵，因为它是上帝的作为。

[34.6]《创世记》41.38，法老把约瑟的智慧称为上帝的灵。当约瑟劝他拣选一个智慧且谨慎的人，派他治理埃及地之后，他说："像这样的人，有神的灵在他里头，我们岂能找得着呢?"在《出埃及记》28.3，上帝说："又要吩咐一切心中有智慧的，就是我用智慧的灵所充满的，给亚伦做衣服，使他分别为圣。"在这里，虽然只是在做衣服方面的超乎寻常的知性，由于是上帝的赠礼，所以被称为上帝的灵。同样的话又见于《出埃及记》31.3，4，5，6 和 35.31。在《以赛亚书》11.2，3 中，先知谈到弥赛亚时说："耶和华的灵必住在他身上，就是使他有智慧和聪明的灵，谋略和能力的灵，知识和敬畏耶和华的灵。"这里所指的显然不是那么多鬼魂，而是上帝将给他那么多显著特出的恩典。

[34.7] 在《士师记》中，保卫上帝子民的一种超乎寻常的热忱和勇敢，被称为上帝的灵，比如说，它曾激起俄陀聂、基甸、耶弗他和参孙把他们从奴役中拯救出来，见《士师记》3.10、6.34、11.29、13.25、14.6，19。关于扫罗听到亚扪人对基列雅比人的凌辱后的情形，《撒母耳记上》11.6 说："扫罗听见这话，就被神的灵大大感动，甚是发怒。"在这不大可能指鬼魂，而是指惩罚亚扪人残酷行为的超乎寻常的热忱。同样地，当扫罗站在一班以歌唱和音乐赞美上帝的先知中时，降在扫罗身上的上帝的灵（撒上 19.20），不能理解为鬼魂，而只能理解为要加入他们一起敬神的出乎意料的突然的热忱。

---

① 霍布斯给出的文字与英王钦定本及其他版本的文字不同。和合本译文是："神叫风吹地，水势渐落。"

— 310 —

［34.8］假先知西底家对米该雅说："耶和华的灵从哪里离开我与你说话呢？"（王上22.24）这也不可能理解为鬼魂；因为米该雅先前在以色列王和犹大王面前宣布的战事结局，是来自一个异象，而不是来自在他里面说话的灵。

［34.9］同样地，在先知书中可以看出，他们虽然是因上帝的灵说话，也就是凭借一种进行预测的特别恩典说话，不过他们对未来的预知，却不是由于在他们里面的灵，而是由于某种超自然的梦或异象。

［34.10］《创世记》2.7说："耶和华神用地上的尘土造人，将生气（spiraculum vitae）吹在他鼻孔里，他就成了有灵的活人，名叫亚当。"在这里，上帝吹入的生气，所指的不过是上帝给予他生命。而"神所赐呼吸之气仍在我的鼻孔内"（约27.3），不过是说"只要我还活着"。在《以西结书》1.20中，"活物的灵在轮中"，相当于说"轮是活着的"。而"灵就进入我里面，使我站起来"（结2.30）①，这是说"我恢复了活力"；而不是说有任何鬼魂或无形体的实体进入并附于他的身体。

［34.11］在《民数记》11.17中，（上帝说）我"也要把降于你身上的灵分赐他们，他们就和你同当这管百姓的重任"，也就是分赐七十长老。然后七十人中有两人据说就在营里说预言，有人抱怨他们两人，约书亚请摩西禁止他们，摩西不肯。据此可以看出，约书亚不知道他们已经获得权威这样做，并根据摩西的心意说预言，也就是凭借一个从属于摩西自身的灵或权威。

［34.12］在同样的意义上，我们读到："约书亚因为摩西曾按手在他头上，就被智慧的灵充满。"（申34.9）这是因为他受命于摩西，执行摩西已开始的，却因死去而未竟的事业（就是把

① 结2：2，结3：24。

上帝的人民带进应许之地）。

[34.13] 在同样的意义上，经上说："人若没有基督的灵，就不是属基督的。"（罗 8.9）这里意思不是指基督的鬼魂，而是指顺从他的教义。又说："凡灵认耶稣基督是成了肉身来的，就是出于神的，从此你们就可以认出神的灵来。"（约壹 4.2）这里的灵，意思是真诚的基督教精神，或者说，顺从首要的基督教信条："耶稣是基督"；这不可能被解释成鬼魂。

[34.14] 同样地，"耶稣被圣灵充满"（路 4.1）（也就是像《马太福音》4.1 和《马可福音》1.12 中所说的，"充满着圣灵"），这些话可以理解为，耶稣充满着完成父上帝差遣他来做的工作的热忱；但是，把它解释成一个鬼魂，那就是说，上帝自身（因为我们的救主就是上帝）被上帝充满；这很不恰当，且毫无意义。我们怎么会把灵（spirits）翻译成鬼魂（ghosts）一词，我没研究过，鬼魂一词，指的不过是存在于人脑中想象的居民，并不表示天上与地上的任何东西；我要说的是：灵一词在经书里并不表示这种东西，而仅仅是在严格意义上表示一个真实的实体，或是在隐喻的意义上，表示心灵或身体的某种超乎寻常的能力或情感。

[34.15] 耶稣的众门徒看见他在海面上走（太 14.26，可 6.49），以为他是一个灵。① 此处所指是一种气态的物体，而不是幻影，因为据说他们都看见了他，这不可能被理解为大脑的幻觉（不像可见的物体，这种幻觉不可能同时为许多人所共有，由于想象之间的差别，只可能为单个人所独有），而只能被理解为物体。类似的地方还有，他被同一些使徒当成一个灵（路 24.37），以及当圣彼得被领出监狱时，人们都不相信，但当使女

① 和合本译文："门徒看见他在海面上走，以为是鬼怪。"太 14：26。

说他在门外时，他们说，那是他的天使（徒 12.15）。这里的天使，肯定是指一种有形体的实体，要不然我们就不得不认为，这些门徒遵循了犹太人和外邦人的共同意见，认为这类幻影不是想象的，而是真实的，它们的存在无需依赖人们的想象。这些幻影，不论其好坏，犹太人都称之为灵和天使，希腊人称之为神魔。这种幻影中某些可能是真实的，有形体的，也就是说，是一种精微的物体。上帝能够用创造万物的同一力量，把它们创造出来，高兴时用它们来当臣仆或信使（即天使），通过异乎寻常和超自然的方式，宣告他的旨意，执行他的旨意。但是，若他是像这样创造了它们，那它们就是实体，具有广延，占据空间，可以从一个地方移到另一个地方，这些是物体所特有的性质，因此它们就不是无形体的鬼魂，也就是说，不是不存在于任何地方的鬼魂，也就是说，不是哪里都没有的鬼魂，也就是说，不是看起来是某种东西却什么都不是的东西。但是，如果以最通俗的方式，把"有形体的"一词理解为我们的外在感觉可认知的实体，那么无形体的实体就不是一种想象的东西，而是真实的东西，也就是一种稀薄的、不可见的实体，却具有较致密的物体的那种广延。

［34.16］天使一词，通常是指信使，最常见的是指上帝的信使。而上帝的信使，是指任何使人们知道上帝异乎寻常的在场的事物，也就是说，是对上帝之力量的异乎寻常的显现，尤其是通过梦或异象。

［34.17］关于天使的受造，圣经里没有给出任何说法。他们是灵，这是经常为人所乐道的：但灵这个名称，在经文中和在通俗用法中，在犹太人和外邦人中，有时是指稀薄的物体，诸如空气、风、生物的生气和元气；有时是指出现于梦境和异象中想象的意象，并不是真实的实体，其持续时间不超过出现它们的那个梦境或异象；这些幻影虽然不是真实的实体，而是大脑的偶性，

— 313 —

可是当上帝以超自然方式唤起它们，用它们来表示他的旨意时，它们就可以不失恰当地被称为上帝的信使，也就是说，他的天使。

[34.18] 外邦人曾经庸俗地把大脑中的意象当成在身外真实存在的、并不依赖想象的东西，并从这些意象中编造出他们关于神魔的意见，这些东西，因为看起来真实存在，所以称为实体，因为无法用手触摸到，所以称为无形体的。犹太人（撒都该教派除外）基于同样的根据，普遍地抱有一种意见（《旧约》里没有任何东西迫使他们这样），认为上帝有时在人们的想象中产生出来为他自己服务、因而称之为他的天使的那些幻影，乃是实体，它们不依赖想象，而是上帝的永久造物，其中他们认为对自己有好处的，他们就认为是天使，他们认为会伤害自己的，他们就称为恶天使或恶灵，诸如蟒蛇的灵①、疯子、精神病人和癫痫病人的灵，他们认为害这些病的人是鬼附之人。

[34.19] 但如果我们考察《旧约》中提到天使的地方，我们会发现，在大多数地方，天使一词都只能理解为在想象中被（以超自然的方式）唤起的某种形像，以表示在某种超自然作为的执行过程中上帝的在场，因此，在其他没有表明天使的性质的地方，也可以按同样的方式理解。

[34.20] 我们在《创世记》16 中看到，同一个幻影不仅被称为天使，而且被称为上帝；第7节中所谓的耶和华的天使，在第 10 节中对夏甲说："我必使你的后裔极其繁多"，也就是以上帝的位格说话。这个幻影并不是有形的想象，而只是一个声音。据此显而易见，天使一词在这里就是指上帝本身，他使夏甲以超自然的方式听到从天上来的声音；或者毋宁说是指那个超自然的

---

① spirits of Python，皮同是大地女神盖亚所生的一条蟒蛇。另见本书 36.8 注释。

声音，证明上帝在那里具体的在场。出现在罗得面前，并被称为人的天使，（创19.13）他们尽管是两个，罗得却只对一个说话，并把他当成上帝（经文是，"罗得对他们说：'我主啊，不要如此！'"）这两个天使，为什么不可以像前面天使被理解为一种想象的声音一样，被理解为人们在想象中超自然地形成的形像呢？当天使从天上叫亚伯拉罕住手不要杀以撒时（创22.11），并没有幻影，只有声音，却被正式称为上帝的信使或天使，因为它以超自然的方式宣布了上帝的旨意，而且使人们不必以为那是长久存在的鬼魂。雅各在天梯上看到的天使（创28.12）是他睡眠中的异象，因此是一个想象和梦；然而是超自然的想象，而且是上帝具体在场的征象，那些幻影便不失恰当地被称为天使。约伯说："神的使者在那梦中呼叫我"（创31.11），此处也应当作这种理解。一个人在睡眠中所见到的幻影，就是人们所谓的梦，不论这梦是自然的还是超自然的。约伯在这里称为天使的，乃是上帝本身，因为这个天使说："我是伯特利的神。"（创28.13）

[34.21] 在以色列军前行走，前往红海（出14.9），然后又走到他们后面的天使，也是耶和华本身（出14.19）。他不是显现为一个华美的人形，而是（日间）为云柱，（夜间）为火柱，而这柱都是幻影，是应许给摩西的、为他们引路的天使（出14.9）。据说这云柱曾经降下来立在会幕的门前，与摩西说话。

[34.22] 在这里可以看到，运动和言语这些通常赋予天使的属性，被赋予云，因为云成了上帝在场的征象，与天使是一回事，即便它不具有人或儿童的华美绝伦的形像，也不具有为了教育平民而通常在画中为他们绘制的翅膀。天使之为天使，不在其形像，而在其作用。其作用是表明上帝在超自然运作中的在场，比如，当摩西希望上帝（就像在铸金牛犊之前那样总是）随营同行时，上帝的答复不是"我将去"，也不是"我将派一个天使替

我去"，而是说："我必亲自和你同去。"（出33. 14）

[34. 23] 要述及《旧约》中出现天使一词的所有地方，文章就太长了。因此，为了一劳永逸地理解所有地方，我要说的是，在英格兰教会认为是正典的那部分《旧约》中，没有任何文本可以让我们得出结论说，存在着一种被创造的或曾经被创造的永久的东西（即用灵或天使这个名称来理解的东西），不具有量，不可以被知性分析，也就是说无法分成多个部分来研究；比如说一部分在这个地方，另一部分在那个地方；总之，这种东西不是有形体的（假若物体乃是某种东西或在某处的东西）。而在所有地方，天使的意思都要解释为信使，比如施洗约翰被称为天使，基督被称为"立约的使者"；① （依照同样的类比）鸽子和火舌，由于是上帝具体在场的征象，也可以被称为天使。尽管我们在《但以理书》中看到两个天使的名字，加百列和米迦勒；但就文本自身而言（但12. 1），显而易见的是，米迦勒意为基督，不是天使而是君王；加百列不过是一个超自然的幻影（其他圣者在睡梦中也有过类似的幻象），由于这个幻影，但以理在睡梦中仿佛看到两个圣者在说话，其中一个对另一个说："加百列啊，要使此人明白这异象。"上帝不需要用许多名字来区别他天上的臣仆，名字只对凡人短暂的记忆有用。在《新约》中也没有任何地方可以证明，天使（除了用来指上帝拿来当他的话或事业的信使和臣仆的那种人之外）是永久而又无形体的东西。天使是永久的，这一点或许可以从我们救主自己的话中得出（太25. 41），他说，在末日，王要对恶人说："你们这被咒诅的人，离开我！进入那为魔鬼和他的使者所预备的永火里去！"这个地方表明恶魔使者的永久存在（除非我们认为魔鬼及其使者这两个名词可以理解为教

---

① 太3：1

— 316 —

会的反对者及其臣仆）；但这是与它们的非物质性相抵触的；因为对于不能遭受痛苦的东西，即所有无形体的东西，永火并不是什么惩罚，因此这里不能证明，天使是无形体的。以下地方也同样如此，圣保罗说："岂不知我们要审判天使吗？"（林前 6.3）另，"就是天使犯了罪，神也没有宽容，曾把他们丢在地狱。"（彼后 2.4）"又有不守本位、离开自己住处的天使，主用锁链把他们永远拘留在黑暗里，等候大日的审判。"（犹 1.6）这虽然表明天使有永久的性质，但也进一步证明他们的物质性。"当复活的时候，人也不娶也不嫁，乃像天上的使者一样。"（太 22.30）但在复活时，人们将成为永久的，而不是无形体的，因此天使也是如此。

[34.24] 还有其他很多地方可以得出类似的结论。对于理解实体、无形体这些词的意义的人来说，无形体不可认为是精微的物体，而要认为是无物，所以这两个词含有一种矛盾，以至于说天使或灵（在那意义上）是无形体的实体，实际上就是说天使或灵并不存在。因此，考虑到天使一词在《旧约》中的意义，以及按照常见的自然方式发生在人们身上的梦境或异象的性质，我曾倾向于认为，天使不过是想象中的超自然幻影，是上帝的特殊和异乎寻常的运作唤起的，借此使人类（主要是他自己的人民）知道他的在场和诫命。但《新约》的许多地方，我们救主自己的许多话，在这些文本中不可能怀疑经文有讹误，已经迫使我脆弱的理性承认并相信，实体的、永久的天使是存在的。但是，像有些希望天使没有形体的人（间接地）说的那样，相信天使不占据任何空间，也就是说，不在任何地方，也就是说，是无物，这是不可能通过经文得到证明的。

[34.25] 取决于灵一词的意义的，是默示一词的意义；就本义而言，默示不过是像人们以气息吹皮囊一样，把稀薄、精微的

气或风吹入人体。假如灵是只存在于想象中的无形体的东西，那么默示就是把幻影吹入，而这是不恰当的说法，也是不可能的，因为幻影不是些什么，仅只看起来是些什么而已。因此，这个词在经文中仅只在隐喻的意义上使用。比如经上说，上帝将生气"吹入"人体（创 2.7），意思不过是说，上帝使他具有生命运动。我们不能认为上帝先造了生气，等亚当造成后再吹入他身体，不论这生气是实在的还是看上去有的；而是要像这样认为，"将生命、气息赐给万人"（徒 17.25），也就是说，使人成为有生命的造物。经上说："圣经都是神所默示的。"（提后 3.16）这里讲的是《旧约》，这是一种明白易懂的隐喻，说明上帝促使写作者们的心灵写出对教训、督责、使人归正、教人学义都有益的话来。可是，圣彼得说："因为预言从来没有出于人意的，乃是人被圣灵感动，说出神的话来。"（彼后 1.21）所谓圣灵，意思是在超自然的梦或异象中上帝的声音，这并不是吹入的。我们的救主向他的众门徒吹气，说"受圣灵"，那气也不是圣灵，而只是救主赐予他们属灵的恩典的征象。尽管许多人以及我们的救主本人都说，他充满圣灵，然而所谓充满，不是指灌入上帝的实体，而是指积累上帝的赠礼，诸如生活的圣洁、口才之类的赠礼，无论是以超自然的方式获得，还是以学习和勤劳获得，它们总归是上帝的赠礼。类似的地方还有，上帝说："以后，我要将我的灵浇灌凡有血气的。你们的儿女要说预言；你们的老年人要做异梦，少年人要见异象。"（珥 2.28）这里，我们不能作严格意义上的理解，仿佛他的灵像水一样可以灌入灌出，而只能理解为，似乎上帝已经应许，给予他们以先知的梦和异象。谈到上帝的恩典时，在本义上使用灌入一词是一种滥用。因为上帝的恩典是德性，而不是物体，可以到处带着，像倒进桶里一样倒进人体。

［34.26］同样，以为默示一词的本义是指善灵进入人体使之作预言，恶灵进入人体使之发狂、发疯或癫痫发作，这不是该词在经文中的意思。至于圣灵，在经文中被看作上帝的力量，推动它的是不为人知的原因。又比如，经文中说圣灵降临那日，使徒们聚集的房子里充满了风（徒2.2），那风也不能理解为圣灵亦即神性本身，而是要理解为一种外在的征象，表示上帝对他们内心的特殊作为，使他们身上具有他认为履行使徒职分所需的内在恩典和神圣德性。

第三十五章　论上帝国、神圣、圣洁和
圣礼在经文中的意义

[35.1] 上帝国一词，神职人员取其隐喻义，圣经里却取其本义。[35.4] 上帝国的起源。[35.5] 上帝国从本义上讲是他因信约对特殊民族的主权。[35.14] 何谓神圣。[35.15] 上帝，以色列的圣者。[35.17] 何谓圣洁。[35.18] 圣洁的不同程度。[35.19] 圣礼。

[35.1] 在神职人员的著作中，特别是在充满虔诚的布道辞和论著中，上帝国通常用来指这世界之后在至高天堂的永恒幸福，他们也称之为荣耀的国；有时候用来指（该幸福的保证金）成圣，他们称之为恩典的国①；但从不用来指君主国，亦即上帝因任何一群臣民自身的同意而具有的在他们之上的主权者权力，

---

① 荣耀的国与恩典的国，用来指基督徒所处的两种生存状态。恩典的国是上帝统治的一个阶段，在这个阶段中，上帝对信徒赐予其恩典，使信徒成为他的子民，信徒因信仰耶稣基督而进入这国。恩典的国就是现在的真教会，并通往荣耀的国。荣耀的国，指耶稣再次降临为王，审判世界，真正统治他自己的子民。另见本书35.13；41.4；44.4 和 47.2。霍布斯关于"成圣"的解释，见本书35.17 和 44.11：当一个信徒被赋予虔诚的精神，专心服侍上帝时，就意味着他已成为上帝的臣民，因而得以称为成圣。在这个意义上，上帝国可以用来指成圣。所谓"该幸福的保证金"，指信徒在此生中所经历的圣化过程，这可以视为信徒一方对上帝应许其进入荣耀的国这一恩典的回应，对未来永恒幸福的一种预付款或保证金。

而这才是国的本义。

[35.2] 相反，我发现在经上绝大多数地方，上帝国是指一个由以色列人民以特别的方式表决建立的本义上的国，在这个国里，因上帝应许他们占有迦南地，他们与上帝立约，选上帝作他们的王；却很少在隐喻的意义上使用，这样用时（且只见于《新约》）是指对罪的支配①，因为这种支配是每个臣民在上帝国中都具有的，对主权者并无妨碍。

[35.3] 自从创世以来，上帝不仅以其力量自然地统治一切人，而且有特殊的臣民。他以声音命令他们，就像一个人和另一人说话一样。他用这种方式统治亚当，命令他不可吃分别善恶树上的果子，亚当没有服从命令，尝了这种果子，竟然作起神来，不按创造者的命令，而是按自己的意思判断善恶。他受到的惩罚是被剥夺了上帝当初造他时给他的永生状态。后来，上帝因他的后裔的罪恶，用大洪水惩罚了除了八人以外的一切人。当时的上帝国正是由这八人组成。

[35.4] 此后，上帝降恩与亚伯拉罕说话，以这些话和他立约："我要与你并你世世代代的后裔坚立我的约，作永远的约，是要作你和你后裔的神。我要将你现在寄居的地，就是迦南全地，赐给你和你的后裔永远为业。"（创17.7，8）在这约中，亚伯拉罕应许他和他的后裔服从对他说话的耶和华为上帝，而上帝应许亚伯拉罕，将迦南地作为他们的永业。为了纪念这约并作为这约的证据，他规定行割礼（创17.11）。这就是所谓的《旧约》，其中包括上帝与亚伯拉罕立的约；根据这约，亚伯拉罕使他自己和他的子孙有义务通过特定的方式臣服于上帝的实在法

---

① 对罪的支配（Dominion over sin），意思是说，信徒因上帝的恩典，得以摆脱罪的控制，"不再作罪的奴仆"，"罪必不能作你们的主"（罗6：6，19）。

（他以前有义务服从的道德法），比如通过效忠誓言的方式。这里虽然尚未称上帝为王，也没有把亚伯拉罕及其后裔称为国，但事情是一样的，那就是，按约建立上帝对亚伯拉罕后裔的特殊主权。这种主权，后来当摩西在西奈山上重新立约的时候，被明确地称为统治犹太人的特殊上帝国。正是亚伯拉罕，而不是摩西，是圣保罗说的"信者的父"（罗 4.11），亦即彼时受割礼，后来在《新约》中受洗礼，向上帝宣誓效忠而不加以违背的忠实信徒的父。

[35.5] 这约由摩西在西奈山下重新订立，上帝命令摩西这样对其人民说："如今你们若实在听从我的话，遵守我的约，就要在万民中作属我的子民，因为全地都是我的。你们要归我作祭司的国，为神圣的民族。"（出 19.5）① "属我的子民"在通俗拉丁文本中作 peculium de cunctis populis，詹姆斯王统治初期制作的英文译本作"高于万民的属我的财宝"，日内瓦法文译本作"万民中最珍贵的宝石"。但最正确的是第一种译文，因为那是圣保罗本人认可的，他暗引这个地方时说，我们蒙福的救主"为我们舍了自己，又洁净我们，作他自己特殊的（亦即超乎寻常的）子民"②（多 2.14）。"特殊的"一词，在希腊语中作περιούσιος，通常与ἐπιούσιος相对，后者表示普通的，寻常的，或者（像在主祷文中那样）表示"日用的"，所以前者表示超出的，以特殊方式储存的和享用的，在拉丁语中作 peculium［特有财产］。此处的这种含义，被上帝接下来提出的理由所证实，他说"因为全地都是我的"，仿佛是说"世界万民是我的"，但你们归我所有，

① 正确出处，出 15：5—6。后一句话原文：*Yee shall be to me a Sacerdotale kingdom, and an holy Nation*。和合本译文：你们要归我作祭司的国，为圣洁的国民。
② 据霍布斯的引文译出。和合本译文："为我们舍了自己，又洁净我们，特作自己的子民。"

却是以一种特殊的方式。他们是我的,是因为我的力量,你们是我的,是因为你们自己的同意和信约,这是他对世界万民享有的普通权利之外的新增权利。

[35.6] 这也被同一段文本中明确的话所证实:"你们要归我作祭司的国,为神圣的民族"。通俗拉丁文本作 *Regnum Sacerdotale*,与这个地方(彼前 2.9)的译文 *Sacerdotium Regale* 即"有君尊的祭司"相符,而且与如下制度本身相符,那就是除大祭司以外,任何人不得进入至圣所(*Sanctum Sanctorum*),即不得直接向上帝本身探寻其旨意。前面提到的英文译本根据日内瓦译本作"众祭司的国",其意思要么是指大祭司与大祭司前后相继,否则便与圣彼得的意思不符,而且与大祭司职权的行使也不符:因为向人民传达上帝旨意的唯有大祭司,此外再无别人,而且从不允许任何祭司会议进入至圣所。

[35.7] 又,"神圣的民族"这一名称也证实这一点:"神圣的"表示依据特殊的而非普通的权利属于上帝的事物。全大地(正如经文中所说)都是上帝的,但全大地并不称为"神圣的",只有像犹太民族那样挑选出来特别服侍上帝的,才称为"神圣的"。因此,从这个地方可以明显地看出,上帝国在本义上是指一个由一群人通过同意而创建的国家,他们臣服于它,乃是为了有他们自己的政府,规范他们自己的行为,不仅包括他们对上帝他们的王的行为,还包括在正义方面对彼此的行为,以及在战争与和平时对其他民族的行为;它在本义上是一个王国,在里面上帝作王,大祭司(在摩西死后)作上帝唯一的副王或副手。

[35.8] 但还有其他许多地方也清楚地证明这一点。比如,以色列的长老们(对撒母耳的儿子收受贿赂感到愤懑,)要求立一个王。撒母耳对此不悦,就祷告耶和华。耶和华答复他说:"百姓向你说的一切话,你只管依从,因为他们不是厌弃你,乃

— 323 —

是厌弃我，不要我作他们的王。"（撒上 8.7）由此可见，上帝本身当时就是他们的王，撒母耳并不指挥众人，只是把上帝不时委派他的事传达给他们。

[35.9] 又，撒母耳对众人说："你们见亚扪人的王拿辖来攻击你们，就对我说：'我们定要一个王治理我们。'其实耶和华你们的神是你们的王。"（撒上 12.12）显而易见，上帝是他们的王，统治着他们国家的政府。

[35.10] 以色列人厌弃上帝以后，先知们预言他将复位；比如，"那时月亮要蒙羞，日头要惭愧，因为万军之耶和华必在锡安山、在耶路撒冷作王"（赛 24.23）。在这里，他明确地说他在锡安山和耶路撒冷作王，也就是在地上作王。"耶和华要在锡安山作王治理他们。"（弥 4.7）这锡安山乃是在地上的耶路撒冷。"主耶和华说：'我指着我的永生起誓，我总要作王，用大能的手和伸出来的膀臂，并倾出来的忿怒，治理你们。'"（结 20.33）以及，"我必使你们从杖下经过，使你们被约拘束"（结 20.37）。这就是说，我要作你们的王，使你们遵守我与摩西立的约，制止你们在撒母耳时代对我的反叛，制止你们选出另一个王。

[35.11] 在《新约》中，天使加百列说我们的救主："他要为大，称为至高者的儿子，主神要把他祖大卫的位给他。他要作雅各家的王，直到永远，他的国也没有穷尽。"（路 1.32，33）这也是地上的国。关于对这国的声称，他是作为凯撒的敌人被处死的，他的十字架上安的名号是"犹太人的王，拿撒勒人耶稣"①，他被戴上荆棘冠冕，受尽嘲笑；至于对他的宣扬，有人这样说众门徒，"这些人都违背凯撒的命令，说另有一个王耶稣"（徒 17.7）。因此，不仅在《旧约》中，而且在《新约》中，上

_____

① 约 19：19。

帝国都被视为一个真实的国，而不是隐喻的国。当我们说"因为国度、荣耀、权柄全是你的"①，意思是因我们的约，而不是因上帝的权利而成立的上帝国，因为后者是上帝始终具有的。我们在祷告中说"愿你的国降临"②，除非是指那个被基督重建的上帝国，即那个由于以色列人的背叛、选扫罗为王而被中断的国，否则便没必要这样说。假如上帝国一直存在，那么我们说"天国近了"③，或祷告"愿你的国降临"，便是不恰当的。

[35.12] 证实这个解释的经文不可胜计，以至于令人惊讶的是，为什么很少有人注意到这一点，除非这是因为它可能会让基督徒国王们更清楚地看到他们在教政方面的权利。那些不是把它译成"祭司的国"而是译成"众祭司的国"的人，已看到这一点：因为他们也可以把圣彼得话里的"有君尊的祭司"译成"国王的祭司职权"。鉴于他们把特殊的民族译成"珍贵的宝石"或"财宝"，人们也可以把一个将军的特殊部队称为将军的珍贵宝石或他的财宝。

[35.13] 总之，上帝国是一个政治的国，其成立首先在于以色列人民的义务，就是必须服从摩西从西奈山带给他们、后来大祭司④从至圣所里的二基路伯前交给他们的律法。这国在选扫罗为王时被抛弃，先知预言将由基督重建。我们每日念主祷文，说"愿你的国降临"，乃是祈祷这国的重建。我们接着说"因为国度、荣耀、权柄全是你的，直到永永远远。阿们"，乃是承认这国的权利。使徒们所传的，乃是宣扬这国。福音教师叫人们做好准备迎接的，正是这国。接受这福音，也就是说，承诺服从上帝

---

① 太 6：13。
② 太 6：10，路 11：2。
③ 太 3：2；4：17；10：7；以及路 21：31 和可 1：15 "神的国近了"。
④ 指犹大王约西亚时代的大祭司希勒家。发现律法书的情形，见《列王纪下》第 22 章，《历代志下》第 34 章，以及上文 33.5。

的统治，便在这恩典的国里，因为上帝出于仁慈，已经使他们今后有权作上帝的臣民（即子女），到那时，基督将降临为王，审判世界，真正统治他自己的子民，这就是所谓的荣耀的国。假如上帝国（因那王座的荣耀和令人惊异的高度，也被称为天国）并不是上帝通过他的副手或代理人亦即向人民传达他的诫命的人实际在地上运行的国，那么关于上帝究竟是通过谁对我们说话，就不会有那么多争斗、战争，也不会有那么多祭司费神去考虑属灵的管辖权，任何国王都不会否认他们具有这种管辖权。

[35.14] 从对上帝国的这种字面解释中，也产生了对神圣的一词的正确解释。因为这个词在上帝国里就相当于人们在自己的王国中通常所说的公共的或属于王的。

[35.15] 任何国家的王都是他自己的全体臣民的公共人格或代表，以色列的王上帝是以色列的圣者。臣服于一个地上主权者的民族，是这个主权者的民族，也就是这个公共人格的民族。所以，犹太人作为上帝的民族，被称为"一个神圣的民族"（出19.6）。因为"神圣的"，总是用来指上帝本身，或上帝有其所有权的事物；正如"公共的"一词总是意味着国家本身的人格，或属于国家有其所有权而任何私人不得要求具有其所有权的事物。

[35.16] 因此，安息日（上帝的日子）是圣日，神殿（上帝的家）是圣殿，牺牲、什一税和祭礼（给上帝的贡物）是圣职，祭司、先知、在救主之下受膏的王（上帝的仆人）是圣职者，天上服侍的灵（上帝的信使）是圣天使，不一而足。无论何处，只要神圣的一词取其本义，总是带有某种通过同意获得的所有权的意思。当我们说"尊你的名为圣"时，我们仅仅是祈求上帝的恩典，使我们能遵守第一诫命，除了他以外，不可有别的神。人类是上帝具有所有权的族类；但唯有犹太人是神圣民族。这若不是因为他们通过信约成为他的所有物，否则又是为什么呢？

［35.17］凡俗一词，在圣经里通常表示和普通一词相同的意思，所以，它们的反面，神圣和专有，在上帝国中也必定是相同的意思。但在隐喻的意义上，那些生活虔诚到仿佛已经放弃一切尘世的意图，全心全意地献身于上帝的人，也称为圣者。就本义而言，由上帝指定或划归己用而为神圣的事物，谓之因上帝而成圣，比如第四诫命中的第七日，又比如《新约》中的选民，当他们被赋予虔诚的精神时，也被称为成圣。人们奉献给上帝因而为神圣的事物，仅只用于公开地服侍上帝，也称为圣洁的，谓之成圣的事物，诸如神殿，公共祷告的其他房屋及其用具、祭司、臣仆、牺牲、祭物，以及圣礼的其他外物。

［35.18］至于神圣性，则有程度的不同，在那些划出来用于服侍上帝的事物中，还可以进一步划出一部分，用于更亲近和更特别的服侍。整个以色列民族是上帝的神圣民族，但利未支派是以色列人中的神圣支派，在利未人中，祭司更神圣，在祭司中，大祭司最神圣。犹大是圣地，但敬拜上帝的圣城更神圣，神殿又比该城更神圣，而至圣所比神殿其余部分更神圣。

［35.19］圣礼就是把某些可见的事物从普通的用途中划分出来，将其奉献于服侍上帝，作为我们获得接纳进入上帝国、成为他的特殊子民成员的征象或纪念。接纳的征象，在《旧约》中是割礼，在《新约》中则是洗礼。在《旧约》中，纪念这事的是（每年一度的特定时间）吃逾越节羊羔，借此使他们记得他们被救出埃及，挣脱枷锁的那一夜；在《新约》中则是主的晚餐庆祝礼，借此使我们记得由于我们蒙福的救主在十字架上的牺牲，我们才得以摆脱罪的枷锁。接纳圣礼只用一次就够了，因为只需要一次接纳。但是，因为我们需要经常记得我们被拯救和我们的效忠，所以纪念圣礼需要重复举行。这些就是主要的圣礼，就像是我们庄严的效忠誓言一样。此外，当圣礼一词不过是指奉献于服

侍上帝的事物时，其他奉献也可以称为圣礼；但当它表示效忠于上帝的誓言或诺言时，在《旧约》里就只有割礼和逾越节，在《新约》中只有洗礼和主的晚餐。

第三十六章　论上帝之言与先知

[36.1] 何谓"言"。[36.2] 上帝说的话，以及关于上帝的话，圣经里都称为上帝之言。[36.3] 上帝之言，在隐喻的意义上首先是指上帝的律令和力量。[36.4] 其次是指上帝之言的效果。[36.5] 第三是指与理性和公平相符合的话。[36.7] 先知一词的多种意思。克里特人的先知。[36.8] 对未来可能情形的预测，并不总是说预言。先知唯来自于上帝。[36.9] 上帝对先知说话的方式。[36.10] 对于《旧约》中那些非凡先知，他以梦或异象对之说话。[36.13] 在《旧约》中，对于有永久呼召的最高先知，上帝从施恩座上以一种圣经里没有明言的方式对之说话。[36.15] 对于有永久呼召的从属先知，上帝用灵对之说话。[36.17] 上帝有时通过掣签说话。[36.19] 每个人都应当审察一个自称先知者的呼召是否属实。[36.20] 除了主权者先知的预言以外，所有预言都应当被每个臣民审察。

[36.1] 说到上帝之言或人言①，其意思不是指言语的成分，

----

① "言"，原文为 Word。霍布斯指出，"Word 不是指 Vocabulum［词语］，而是指 Sermo［言说］（希腊语的λόγος），即言语、话语或道说。"译文视上下文语境，译为"言""言辞""话""道""道理"。

比如文法学家所谓的名词或动词，也不是指任何没有与其他言辞组织起来、不能形成意义的简单声音；而是指一段完整的言说或话语，说话者借此表达肯定、否定、命令、承诺、威胁、愿望或问询。在这种意义上，言不是指 *Vocabulum*［词语］，而是指 *Sermo*（希腊语的λóγος），即言语、话语或言说。

[36.2] 又，当我们说上帝之言或人言时，有时可以从说话者方面理解（为上帝说过的话，或某人说过的话）：在这种意义上，当我们说圣马太的福音时，我们明白，圣马太是它的写作者；有时可以从主题方面理解，在这种意义上，当我们在经上读到"以色列或犹大列王时代的言辞"时，意思是说当时的事迹是这些言辞的主题。在保留着许多希伯来语的希腊语（圣经）里，所谓上帝之言，往往不是指上帝所说的话，而是指关于上帝和他的统治被说出的东西，亦即宗教教义：以至于λóγος Θεού［神的道/上帝之言］和 *Theologia* 即我们通常称为神学的教义是一回事，这在下面这些地方是显而易见的："保罗和巴拿巴放胆说：'神的道先讲给你们原是应当的；只因你们弃绝这道，断定自己不配得永生，我们就转向外邦人去。'"（徒 13.46）这里所谓"神的道"，是基督教的教义，这一点从前文来看是很清楚的。一个天使对使徒说："你们去站在殿里，把这生命的道都讲给百姓听。"（徒 5.20）所谓"这生命的道"，意思是福音的教义；这从该章最后一节说明他们在殿里所做的事中就可以清楚地看出："他们就每日在殿里、在家里不住地教训人，传耶稣是基督。"（徒 5.42）在这个地方，显而易见的是，耶稣基督是"生命的道"的主题，或者说，此生永恒之道的主题，这永恒生命是我们的救主给予的。所以，上帝之言，被称为"福音之道"（徒 15.7），因为它包含基督的国的教义；又被称为"信的道"（罗 10.8，9），亦即那里明确所说的基督降临、从死里复活的教义。

"凡听见天国道理"（太 13.19），也是指基督所教导的有关天国的教义。又，这道"日见兴旺，越发广传"（徒 12.24），这要理解成福音的教义是易懂的，但要理解成上帝的声音或话语，就难懂和怪诞了。在这个意义上，"鬼魔的道理"（提前 4.1），不是指任何魔鬼的话，而是异教徒关于魔鬼和他们奉之为神的那些幽灵的教义。

[36.3] 鉴于经上对上帝之言所取的这两种意义，显而易见，在后面这种意义上（即上帝之言是指基督教的教义），全部圣经都是上帝之言；但在前一种意义上，却并非如此。例如，从"我是耶和华你们的神"，一直到十诫的末尾，这些话尽管是上帝对摩西说的，但其引言"神吩咐这一切的话说"①，却要理解为这篇圣史的写作者的言辞。上帝之言，用来指上帝说过的话时，有时要在本义上理解，有时要在隐喻义上理解。就本义而言，是指他向他的先知说的话。就隐喻义而言，是指他制作世界的智慧、力量和永恒律令，在这种意义上，"要有光"、"要有天"、"我们要造人"（创 1）等命令（*Fiats*），都是上帝之言。在同样的意义上，经上说，"万物是藉着它造的；凡被造的，没有一样不是藉着它造的"（约 1.3）。② 又说，"常用他权能的命令托住万有"（来 1.3）。也就是，凭借上帝之言的力量，也就是，凭借他的力量；又说，"世界是藉神的话造成的"（来 11.3）；还有许多地方都是同样的意思。在拉丁人中，*Fate* 一词，其本义是指说出的话，也取同样的意思。

[36.4] 其次，表示上帝之言的效果；也就是说，他的话所

---

① 出 20：1。

② 和合本译文："万物是藉着他造的；凡被造的，没有一样不是藉着他造的。"按，霍布斯引文中的代词 it（它），指 the word of God（上帝的道）。英王钦定本这里用的代词是 him（他）。

— 331 —

肯定、命令、警示或应许的事物本身。比如，经上说，约瑟被关在监里，"直等到他所说的应验了"（诗 105.19）；即，直到他对法老的酒政所预言的官复原职的话应验了（创 40.13），此处"他的话应验了"，意思是事物本身应验了。类似的地方还有，以利亚对上帝说"我是奉行你这一切的话"（王上 18.36），等于说"我是按你的话（或奉你的命）行这一切的事"，以及"耶和华的话在哪里呢"（耶 17.15），意思是"他所警示的恶果在哪里呢"。"我的话没有一句再耽延的"（结 12.28），所谓的"话"，是指上帝应许他的人民的事物。《新约》里说，"天地要废去，我的话却不能废去"（太 24.35），意思是，我已应许或预言的一切，没有不应验的。正是在这个意义上，福音传道者圣约翰（我认为唯有圣约翰）把我们的救主本身称为成了肉身的"上帝之道"，"道成了肉身"（约 1.14），这就是说，太初与上帝同在的基督将降临世界的话或应许，成了肉身，这就是说，父上帝有意派圣子来到世界上，启导人们认识永生之道，但要到那时才实行并实际化为肉身。所以，我们的救主在这里被称为"道"，不是因为他是这应许本身，而是因为他是被应许的事物。有些人通常根据这个地方，趁机把他称为上帝的动词（verb of God），他们这样做不过是把文本弄得更加晦涩。他们也可以把救主称为上帝的名词：因为名词和动词，人们都可以理解为不过是言语的成分，一种声音；既不作出肯定、否定、命令、承诺，也不是任何肉体的或属灵的实体；因此便不能说是上帝，也不能说是人，而我们的救主却是二者。这"道"，就是圣约翰在他的福音里说"与神同在"的道，被称为"生命之道"（约壹 1.1），以及"原与父同在的永恒的生命"（约壹 1.2）：所以他所说的"道"不可能有别的意义，而只可能是基督被称为"永恒的生命"这种意义，也就是，以肉身降临"为我们取得永恒的生命"的基督。这位使徒说到基督穿着溅了血的衣服，"他的名称为神之道"（启 19.13）。这应理解为，他说过他的名是这样，"他是根据神从太初起的目的，根据先知所传的神之道与神的应许而来的"。所以这里的道成肉身不过是圣子成肉身；其所以称为"道"，是因为圣子成肉身，是应许的执行，与圣灵被称为"应许"是同样的情形。（徒 1.4，路 24.49）

［36.5］在经上有些地方，上帝之言表示与理性和公平相符合的话，虽然有时候既不是先知说的，也不是圣者说的。法老尼哥是偶像崇拜者，可是他差遣信使，叫善良的约西亚王不要抵挡他对迦基米施的进军，经上说是传示上帝之口说出的话，约西亚不肯听从，便在战场上被杀死了，事见《历代志下》35.21，22，23。诚然，按照《以斯拉记》第一书中关于同一故事的记载，不是法老，而是耶利米，把这些话从主的口中传给约西亚。但无论次经中写的是什么，我们总是要相信正典经书。

［36.6］然则，圣经说上帝之言写在人的心里，如《诗篇》36.31，《耶利米书》31.33，《申命记》30.11，14，以及其他许多类似的地方，上帝之言也是指理性和公平的指令。

［36.7］圣经的先知一词，有时指代言人，也就是替上帝向人说话或替人向上帝说话的人；有时指未来之事的预言者；有时指讲话语无伦次的人，比如精神失常的人。其最常用的意思是替上帝传话给人民的人。所以，摩西、撒母耳、伊利亚、以赛亚、耶利米和其他人是先知。在这个意义上，大祭司是先知，因为唯有他才可以进入至圣所，询问上帝，并向人民宣告上帝的答复。因此，当该亚法说一个人替百姓死有益处时，圣约翰说："他这话不是出于自己，是因他本年作大祭司，所以预言耶稣将要替这一国死。"（约 11.51）在基督徒会众中教训人的，也被称为在说预言（林前 14.3）。在同样的意义上，上帝对摩西说到亚伦：

"他要替你对百姓说话；你要以他当作口，他要以你当作神。"（出 4.16）在这个地方，代言人被说成是先知，（上帝说：）"我使你在法老面前代替神，你的哥哥亚伦是替你说话的。"（出 7.1）在替人传话给上帝这个意义上，亚伯拉罕被称为先知，上帝在梦中对亚比米勒说："现在你把这人的妻子归还他；因为他是先知，他要为你祷告。"（创 20.7）据此也可以推论出，先知这个名称，可以用来指在基督教会中负有使命，为会众作公开祷告的人。在这种意义上，经上记载，一班先知从丘坛（或上帝的山）上下来，里面有鼓瑟的、击鼓的、吹笛的、弹琴的，扫罗也在他们里面（撒上 10.5，6，10）：他们也是在同样的意义上被说成是说预言，因为他们以那种方式公开地赞美上帝。在这种意义上，米利暗被称为女先知（出 15.20）。圣保罗说："凡男人祷告或是说预言①，若蒙着头，就羞辱自己的头。凡女人祷告或是说预言，若不蒙着头，就羞辱自己的头。"（林前 11.4，5）也是取这个意思；说预言在这里不过是表示以诗篇或圣歌赞美上帝，这是女人在教会里可以做的事，而她们对会众讲话却是不合法的。异教徒中的诗人，作圣诗或其他诗歌尊敬诸神，也是在这种意义上被称为 Vates（先知），这是所有熟习外邦人书籍的人都深知的；圣保罗说："有克里特人中的一个本地先知说：'克里特人常说谎话。'"（多 1.12）这显然不是圣保罗把他们的诗人当成先知，而是他承认，先知一词通常用来指以韵文颂神的人。

[36.8] 当说预言是指对未来可能情形的预测或预告时，不仅代上帝说话，把上帝预先告诉他们的话转告别人的人是先知，而且借助使魔或基于虚假原因借助对过去事态的迷信占卜，预言将来事态的所有骗子，也都是先知（正如我已经在这部论述的第

---

① "说预言"，和合本作"讲道（或作'说预言'。下同）"。

十二章所表明的那样）：这些人中五花八门，什么人都有；在普通人的心目中，只要偶然有一件事情牵强附会地解释得称其心意，他们便能获得较高的预言家的声誉，即便不灵验的次数再多，也不能让他们失去这种声誉。预言不是一门技艺（当它用来指预测未来时），也不是一种固定的职业，而只是上帝的一种异常和临时的差遣，通常由好人做，但有时也由恶人做。隐多珥有一个妇人，据说能交鬼，借此招起了撒母耳的亡灵，并对扫罗预言了他的死；但她却不因此是女先知；因为她没有任何技艺能够招起这亡灵，而且显然不是上帝命令她招起这亡灵；她只是引导着把这个骗局变成一个手段，造成了扫罗的恐怖和沮丧，因而导致其不幸丧生。至于无伦次的言语，在外邦人中被当作一种预言；因为他们的神谕所的先知，被德尔斐的皮同神谕所[①]洞穴那种气或烟雾熏晕之后，当时的确疯了，而且像疯子一样说话；他们那种笼统的话，可以得出契合于任何事态的意思，就像万物皆由第一物质形成这样的话。我在经上的这些话中，也发现它取这个意思："恶魔大大降在扫罗身上，他就在家中说预言[②]。"（撒上18.10）

[36.9]圣经里的先知一词，尽管意义有多种，然而最常见的意义是指上帝直接对其说话、并代为传示给别人或人民的人。在这里可以提出一个问题，上帝是以什么方式对这种先知说话的。（有人也许会问）如果在严格的意义上，不能说上帝像人一样有舌头或其他器官，那么在严格的意义上，能说他有声音和语言吗？先知大卫这样争辩说："造耳朵的，难道自己不听见吗？

---

① 即德尔斐的阿波罗神庙。据希腊神话记载，皮同是一条巨蟒，为大地女神盖亚所生，住于德尔斐，负责守卫此处的盖亚（或忒弥斯）神谕所。后来阿波罗杀死皮同，并将盖亚神谕所据为己有。

② "说预言"，和合本作"胡言乱语"。

造眼睛的，难道自己不看见吗?"(诗94.9)但这样说并不(像通常那样)旨在表示上帝的本性，而是表示我们想要尊敬上帝。因为"看"和"听"是光荣的属性，可归与上帝，以(竭尽我们的想象力)表明他万能的力量。但从严格意义上，人们可以根据上帝创造了人体所有其他各部分这一点争辩说，他也像我们一样运用这些部分，而其中有许多是极为不雅的，以至于把它们归与上帝，是世上莫大的不敬。因此，我们会把上帝直接向人说话解释为使人借以理解他的旨意的(无论任何)方式。他做这件事的方式有很多，且只应当在经上寻找：尽管其中有许多地方说到上帝对某人说话，而没有说明用的是什么方式，但也有许多地方给出了使人们认识到他的在场和诫命的征象；根据这些征象就可以理解上帝如何对其余的人们说话。

[36.10] 上帝如何对亚当、夏娃、该隐和挪亚说话，并不清楚；他如何对亚伯拉罕说话，在亚伯拉罕没有离开自己的国到迦南的示剑地方去以前，也不清楚；后来，经上说上帝向他显现(创12.7)。因此，上帝使自身的在场变得明确的一种方式是通过幻影或异象。又，"耶和华在异象中有话对亚伯兰说"(创15.1)，这就是说，有某种东西作为上帝在场的征象，作为上帝的信使出现对他说话。又，上帝以三个天使的幻影向亚伯拉罕显现(创18.1)，在梦中向亚比米勒显现(创20.3)，以两个天使的幻影向罗得显现(创19.1)，以一个天使的幻影向夏甲显现(创21.7)，以从天上呼叫的声音再度向亚伯拉罕显现(创22.11)，夜里(即在入睡后或梦中)向以撒显现(创26.24)，在梦中(经文的词句是他"梦见一个梯子")向雅各显现(创28.12)，并以天使的异象向他显现(创32.1)，同时还以荆棘里的火焰的幻影向摩西显现(出3.2)。在摩西以后，《旧约》中无论任何地方，只要明确提到上帝直接向人说话的方式，都说他是

— 336 —

通过异象或梦说话，比如他向基甸、撒母耳、以利亚、以利沙、以赛亚、以西结以及其他先知说话；在《新约》中他也常常以这种方式说话，比如向约瑟、圣彼得、圣保罗和圣约翰以及在《启示录》中向福音传道者圣约翰说话。

[36.11] 只有在西奈山上和会幕中对摩西，以及在会幕和神殿的至圣所里对大祭司，上帝才以一种较为异常的方式说话。但摩西和他以后的诸大祭司，是在上帝恩宠方面享有更显著地位和程度的先知；上帝本身以明确的话宣称，他对其他先知都是在梦中和异象中说话，但对他的仆人摩西，则像对朋友一样说话。这话是这样的："你们中间若有先知，我耶和华必在异象中向他显现，在梦中与他说话。我的仆人摩西不是这样；他是在我全家尽忠的。我要与他面对面说话，乃是明说，不用谜语，并且他必见我的形像。"（民 12.6，7，8）以及，"耶和华与摩西面对面说话，好像人与朋友说话一般"（出 33.11）。然而上帝对摩西说话，仍是通过一个或更多的天使，这在《使徒行传》7.35，53 和《加拉太书》3.19 中可以清楚地看出；因此是一种异象，只是比对其他先知的异象更清晰。这里的话也与此相符，上帝说："你们中间若有先知或是做梦的起来"（申 13.1），后一词是对前一词的解释。又，"你们的儿女要说预言；你们的老年人要做异梦，少年人要见异象"（珥 2.28）。在这里，预言又以梦和异象来解释。上帝对所罗门说话，应许他智慧、财富和荣耀，其方式也一样。经上说："所罗门醒了，不料是个梦。"（王上 3.15）所以一般说来，《旧约》中那些异乎寻常的先知得知上帝之言，不过是通过梦或异象；也就是说，通过他们在入睡后或狂热中的想象：这种想象在每个真先知身上都是超自然的，在假先知身上则是自然的或伪造的。

[36.12] 不过，这些先知据说也凭借灵说话。比如在这个地

方，一个先知谈起犹太人时说："使心硬如金钢石，不听律法和万军之耶和华用灵藉从前的先知所说的话。"（亚 7.12）由此可见，凭借灵或默示说话，并不是上帝说话的一种不同于异象的特殊方式。当这些据说是凭借灵说话的是超凡先知时，这些为了每个新的神示而兴起的先知，都会得到一个特殊的使命，或者（换句话说）得到一个新的梦或异象。

[36.13] 在《旧约》中，因永久呼召而成为先知的人，有些是最高的，有些从属的。最高先知中第一位是摩西，在他之后是诸大祭司，每个有君尊的大祭司在他自己的时代里都是最高先知。在犹太人拒斥上帝、不要他为王以后，臣服于上帝统治的诸王，便是上帝的先知之首领，大祭司变成了臣仆之职。祭司有事求问上帝时，他们就穿上神圣的祭服，按照王的命令求神示，当王认为合适时，可以解除他们的职务。扫罗王命令把燔祭带到他这里来（撒上 13.9），并命令祭司将约柜运来（撒上 14.18），又说"停手吧"，因为他看到敌方有机可乘（撒上 14.19）。同一章说，扫罗求问神。同样地，经上说，大卫王在受膏后和就王位之前，"求问耶和华"（撒上 23.2）应不应当往基伊拉去攻打非利士人。同一章中说，大卫命令祭司将以弗得拿过来，求问他是否应当留在基伊拉（撒上 23.10）。所罗门王撒免祭司亚比亚他（王上 2.27），并把这职位授予撒督（王上 2.35）。因此，摩西、诸大祭司、虔敬的列王，这些在一切异常时机上求问上帝如何自处或将得到什么结局的人，都是主权者先知。不过，上帝通过什么方式对他们说话，却并不清楚。说摩西上西奈山见上帝是一个梦或异象，就像其他先知具有梦或异象一样，这不符合上帝在摩西与其他先知之间所作的区分（民 12.6，7，8）。说上帝以自身本性说话或显现，则又是否认他的无限、无形和不可思议性。说他是凭借圣灵的默示或灌注说话，由于圣灵就是指神性，那就使

摩西等同于基督，而神性唯独有形有体地居住在基督里面（正如圣保罗在《歌罗西书》2.9 中所说）。最后，说他凭借圣灵说话，由于这意味着圣灵的恩典或赠礼，便没有赋予摩西任何超自然的东西。因为上帝有意用道理、实例和若干自然的与平常的事情来使人行诚敬、正义、宽恕、诚实、信仰等美德。

[36.14] 这些方式，不可能是上帝在西奈山上对摩西说话的方式，也不是他从施恩座上对大祭司说话的方式。因此，对于《旧约》中的主权者先知，就是负责向他求问的人，上帝以什么方式对他们说话，是不可理解的。在《新约》时代，唯有我们的救主是主权者先知，而他既是说话的上帝，又是听上帝说话的先知。

[36.15] 对于有永久呼召的从属先知，我发现没有任何地方能证明上帝以超自然的方式对他们说话，而只是像他以自然的方式使所有其他基督徒遵行诚敬、信仰、正义以及其他美德那样对他们说话。这种方式虽然在于人们所具有的趋向于基督教美德的气质、训诲、教育、机缘和诱因，却在实际上被归于上帝的灵或圣灵（在我们的语言中称之为 Holy Ghost）的运作：因为一切善的倾向，无不属于上帝的运作。但这些运作却并非总是超自然的。因此，当我们说先知因上帝的灵或凭借上帝的灵说话时，我们的意思不过是说，他根据上帝通过最高先知所宣布的旨意说话。因为灵一词最通常的意义是指人们的意向、心意或性情。

[36.16] 在摩西的时代，除了他本人以外，还有七十人在以色列营中说预言。上帝对他们说话的方式，已在《民数记》11.25 中说明："耶和华在云中降临，对摩西说话，把降与他身上的灵分赐那七十个长老。灵停在他们身上的时候，他们就受感说话。"据此显而易见，第一，他们对人民说预言，不过是从属

于摩西说预言，为此上帝把摩西身上的灵分赐给他们，以便让他们按照摩西的意思说预言，否则他们根本就不可能说预言。因为当时有人在摩西面前抱怨他们（民 11. 27），约书亚想要摩西禁止他们，摩西没有这样做，而是对约书亚说："你为我的缘故嫉妒人吗？"其次，上帝的灵在这里不过是指服从并辅助摩西秉政的心意和倾向。如果这里的意思是说他们具有实体的上帝之灵，即被注入了神的本性，那么他们之具有圣灵的程度就会不亚于基督本身，而上帝的灵却唯独有形有体地居住在基督之中。因此，其意思是上帝的恩典和赠礼，引导他们与分赐给他们灵的摩西合作。看来，他们是摩西本人要派作人民的长老和官长的人；因为上帝说："招聚七十个人，就是你所知道作百姓的长老和官长的，到我这里来。"（民 11. 16）这段话中"你所知道"一语就等于是说"你所指派"或"你已指派"。我们在前面（出 18. 24）读到，摩西听从他的岳父叶忒罗的建议，指派敬畏上帝的士师和官长，治理他的人民，其中就有这七十人。上帝把摩西的灵分赐给他们，使他们辅助摩西管理国政。正是在这种意义上说，在膏大卫时，上帝的灵就立即降到大卫身上，离开扫罗（撒上 16. 13，14）。上帝将恩典赐予他拣选出来治理他的人民的人，并夺走他所抛弃的人身上的恩典。所以，灵是指服侍上帝的倾向，而不是指任何超自然的启示。

[36.17] 上帝也多次通过掣签的结果说话，就是由他授权治理他的人民的人下令安排的掣签。所以我们读到，上帝通过扫罗命人掣签说明约拿单违反人民的誓言吃蜜的过失（撒上 14. 43），以及上帝因"约书亚就在示罗，耶和华面前，为他们拈阄"，将迦南地分给以色列人（书 18. 10）。上帝似乎也是用这种方式指出亚干的罪行（书 7. 16 等）。这些就是上帝在《旧约》中宣布他的旨意的方式。

［36.18］所有这些方式，他也在《新约》中使用了。对童贞马利亚，是以天使的异象；对约瑟，是以梦境；对去往大马士革途中的保罗，是以救主的异象；对彼得，则是显示一种异象，从天上垂下一块大布，上面挂了洁净的和不洁净的兽的肉；对收在监里的彼得，是以天使的异象；对所有使徒和《新约》写作者，是以圣灵的恩典；对（选马提亚代替加略人犹大时的）众使徒，是以掣签。

［36.19］鉴于所有的预言都可假定有异象或梦（两者若都是自然的，则是一回事），或者人类罕见的、令人羡慕的上帝的特殊赠礼；鉴于这种赠礼同最异乎寻常的梦和异象一样，不仅可能出自上帝的超自然的直接运作，而且可能出自他的自然运作，或借助于第二因；所以，我们需要有理性和判断来分辨自然赠礼与超自然赠礼，以及自然梦境与超自然的异象或梦境。因而，若有人自称先知，以上帝的名义告诉我们，哪条道路走向幸福，并要求我们服从上帝，走那条道路，我们在服从这种人的声音时就必须格外地小心谨慎。因为声称要教人们走这条通往如此巨大幸福的道路的人也要求统治人们，也就是说，管辖和治理人们，这是所有的人自然都欲求的事情，因此值得怀疑其中是否存在着野心和欺骗。所以，在他获得人们的服从以前，应当受每个人审察和考验，除非该先知就是政治主权者，或得到政治主权者授权，在国家的创建中已经获得人们的服从。如果不允许每个人对先知和灵进行这种审查，那么提出那些使每个人能够借以分辨应该听从和不应该听从哪些人的标志，便是徒劳无益的。因此，这种标志已经提出（申 13.1），如何识别一个先知，如何识别一个灵（约壹 4.1）。鉴于《旧约》中有那么多预言，《新约》中又有那么多宣讲，诫人不可听那些先知，而一般来讲假先知的数目比真先知要多得多，所以每个人在服从他们的指导时都应当好自为之，自

担风险。首先，假先知比真先知多得多，从以下事实中就可以看出，亚哈王询问四百个先知，他们全都是假冒的骗子，唯有米该雅一人是真先知（王上 12）。在被掳时期之前不久，先知一般都是谎骗家。（上帝通过耶利米的口说）"那些先知托我的名说假预言，我并没有打发他们，没有吩咐他们，也没有对他们说话；他们向你们预言的，乃是虚假的异象和占卜，并虚无的事，以及本心的诡诈。"（耶 14.14）因此，上帝通过先知耶利米的口命令人民不要服从他们："万军之耶和华如此说：'这些先知向你们说预言，你们不要听他们的话。他们以虚空教训你们，所说的异象是出于自己的心，不是出于耶和华的口。'"（耶 23.16）

[36.20] 然而，鉴于在《旧约》时代，在彼此竞争的异象先知中间，比如米该雅和其余四百个先知，有如此的争吵，并问："耶和华的灵从哪里离开我与你说话呢？"① 又如此互相撒谎欺骗（耶 14.14），在今天的《新约》时代，在属灵先知中间又有如此的纷争，所以在那时与现在，每个人都必须运用自己的自然理性，将上帝赐给我们分辨真伪的法则运用于一切预言。这些法则中，在《旧约》里有一个是，与主权者先知摩西的教导相一致的教义；另一个是，预言上帝将要实现的事迹的神异力量，就像我已经根据《申命记》13.1 等处所说明的那样。在《新约》里只有一个标志，那就是宣讲这一教义："耶稣是基督。"（即他是《旧约》里应许的犹太人的王。）任何人只要否认这一点，就是一个假先知，无论他在表面上看来能行什么奇迹。而教导这一条的人，就是真先知。圣约翰在告诉人们会有假先知出现之后，明白地讲了审察灵是否出于上帝的方法。他说："凡灵认耶稣基督是成了肉身来的，就是出于神的；从此你们可以认出神的灵来。"

---

① 王上 22：24。

（约壹 4.2）也就是说，这种人被赞许和承认为上帝的先知。这不是说因为他承认、认信和宣讲耶稣是基督，所以是一个虔诚的人或选民；而是因为这一点：他是一个被公认的先知。因为上帝有时通过某些先知说话，对于他们的为人，上帝却不以为然；比如他通过巴兰说话就是这样，他通过隐多珥的女巫预言扫罗的死也是这样①。又，《约翰一书》同章下一节说："凡灵不认耶稣基督是成了肉身来的，就不是出于基督，这是那敌基督者的灵。"② 所以，这法则从两方面来说都是完备的：凡是宣扬救主已经因耶稣而降临的人就是真先知，凡是否认救主已来临并在未来某个骗子身上寻找救主的人就是假先知，这种骗子虚妄地冒用救世主的名义，在这里被使徒恰当地称为敌基督者。因此，每个人都应当考虑谁是主权者先知，也就是说，谁是上帝在地上的代治者，且仅次于上帝而有统治基督徒的权威，而且应当把他以上帝的名下令讲授的这一教义当作一个法则来遵守，以之察验和试探出行奇迹或不行奇迹的冒牌先知在任何时候提出的教义的真伪。如果他们发现其教义与该法则相违背，就要像原先的人们那样，到摩西那里去诉说有人在营帐里说预言，而自己怀疑其有权说预言，然后再像他们把事情交摩西那样，让主权者斟酌情形而加以支持或禁止。如果主权者否认这种人，那就不要再听信他们的话。如果主权者赞成这种人，就要把他们当作上帝分赐了主权者一部分灵的人去服从。因为基督徒如果不把他们的基督徒主权者当成上帝的先知，那么他们要么必须把自己的梦当成支配自己的预言，把自己内心的膨胀当成上帝的灵；要么必须听任某个外国君王或某些臣民同胞领导，这些人能够用毁谤政府的方式蛊惑

---

① 民 22—24，撒上 28：7—20。

② 根据霍布斯的引文直译。和合本译文："凡灵不认耶稣，就不是出于神，这是那敌基督者的灵。"（约壹 4：3）

他们反叛，而除了某些时候得到一次超乎寻常的成功和免于惩罚的事情以外，没有其他奇迹证实他们的呼召。以这种方式，他们就摧毁了神与人的一切法律，使一切秩序、政府和社会退回到最初充斥着暴力和内战的混乱状态。

第三十七章　论奇迹及其用处

[37.1] 奇迹是引起惊异的作为。[37.2] 因此，奇迹必须是罕见的，其自然原因不为人所知。[37.5] 一个人认为是奇迹的事，另一个人可能认为不是。[37.6] 奇迹的目的。[37.7] 奇迹的定义。[37.11] 人们容易因虚假奇迹上当受骗。[37.13] 针对假冒奇迹的告诫。

[37.1] 奇迹，是指上帝的令人羡慕的作为，因此也称为奇观。因为在许多缺乏奇迹的场合，人们往往（遵循自己私人的自然推理）无法肯定什么是上帝命令过的，什么不是，就有奇迹行出来，作为他的诫命的表示，所以奇迹在圣经里通常称为神迹，正如它们在同样的意义上被拉丁人称为 *Ostenta* ［朕兆］或 *Portenta* ［先兆］，意思是显示或预表万能的主将要实现的事情。

[37.2] 因此，要理解奇迹是什么，我们首先必须理解，它们是什么令人惊异、啧啧称奇的作为。在任何情况下，使人们感到惊异的事情唯有两种：一是奇特，也就是说，类似的事情从未或很少发生过；二是所发生的事情，我们无法想象是通过自然方式完成的，而只可能是由于上帝直接干预。不过，当我们看出它的某种可能的自然原因时，则无论这种事情如何罕见，或者如果这种事情经常出现，则无论如何难以想象其自然的方式，我们也

不会认为那是奇迹。

[37.3] 因此，若一匹马或一头牛作人言，这是奇迹，既因为事情奇特，又因为难以想象其自然原因。所以看见一种奇特的自然偏离，繁殖出一个畸形的生物，也是奇迹。不过，诸如一个人或其他动物生出其同类，虽然我们同样不知道这是如何做到的，但因为这种事情经常发生，所以不是奇迹。同样地，如果一个人被变成一块石头或一根柱子，这是奇迹，因为这是奇特的。但是，如果一截木头被变成一根柱子，因为这是常见的事，所以不是奇迹。但我们同样不知道，上帝究竟通过什么运作，使这件事实现而不是使那件事实现。

[37.4] 世上见到的第一道虹，是一个奇迹，因为那是第一道，因而是奇特的，而且是上帝放在天空中的记号，以使他的人民相信，世界从此不再会遭到大洪水的毁灭。但今天，虹是司空见惯的，所以不是奇迹，对于知道其自然原因的人来说不是，对于不知道的人来说也不是。又，有许多罕见的作为，是由人的技艺产生的，但是，当我们知道它们已经完成时，因为我们由此也知道它们是怎样完成的，我们便不把它们视为奇迹；因为它们的产生，并非由于上帝的直接干预，而是由于人的勤劳。

[37.5] 此外，鉴于羡慕和称奇是随知识和经验而定；而人们所具有的知识和经验有多有少，所以同一件事情，一个人可能认为是奇迹，另一个人可能认为不是。因此，对于有些作为，无知和迷信的人大为称奇，而知道那是出乎自然（是上帝的普通作为而不是其直接作为）的人，却丝毫不觉得惊异。比如，平民认为日蚀、月蚀是超自然的作为，然而有人却能够根据其自然原因，预言其发生的确切时刻。又比如，一个人由于和旁人串通及秘密刺探，知道了一个无知而不谨慎的人的私事，因而告诉这人说他以往做过什么，这在他看来是神奇的事情，但对于智慧而谨

慎的人，这种奇迹就无法轻易地玩弄出来。

[37.6] 又，奇迹还有一个性能，奇迹之运作，乃是为了使上帝的信使、臣仆和先知获得信任，人们借此可以知道他们是上帝呼召、差遣和使用的，因而更愿意服从他们。因此，创造世界和后来大洪水摧毁一切生物，虽然是令人惊异的作为，不过因为它们不是为了使上帝的任何先知或臣仆获得信任，所以一般不称为奇迹。任何作为，不论怎样令人惊异，这种惊异不在于它能被做出，因为人们自然地相信万能的主能做出一切，而在于它是上帝应一个人的祷告或誓言做出的。但上帝通过摩西的手在埃及的那些作为，却是严格意义上的奇迹，因为其用意是使以色列人民相信，摩西到他们那里去，并非出于任何自私自利的目的，而是被上帝差遣去的。因此，在上帝命令他把以色列人从埃及人的奴役中拯救出来以后，摩西说："他们必不信我，必说：'耶和华并没有向你显现。'"（出 4.1）上帝就赐给他力量，将他手中的杖变为蛇，然后仍变为杖；并让他把手放在怀里，使之长上大麻疯，再次从怀里抽出来，手已经复原；从而使以色列子民相信，他们祖先的神向他显现了（出 4.5）；如果这些还不够，上帝又赐给他力量，使他们的水变作血。当他在人民前行了这些奇迹之后，经上说"百姓就信了"（出 4.41）①。不过，他们由于害怕法老，仍然不敢服从他。因此，其他折磨法老和埃及人的奇迹，全都是为了使以色列人信奉摩西，是严格意义上的奇迹。同样地，如果我们考虑摩西、被掳之前的其他先知以及我们的救主及其使徒后来所行的所有奇迹，我们就会发现，其目的始终是生起或坚定信仰，让人相信他们不是因自己的心意而来，而是因上帝的差遣而来。我们在经上还可以看出，奇迹的目的是发起信心，但并

---

① 正确出处，出 4：31。

非要在选民与被摒弃者中普遍地发起信心，而只是在选民中发起信心，也就是说，在上帝已经决定让其成为自己臣民的人之中发起信心。埃及的那些神奇的灾殃，不是为了使法老皈信；因为上帝事先已经告诉摩西，他将使法老的心刚硬而不准许以色列人民离开。当法老最后准许他们离开时，并不是奇迹说服了他，而是那些灾殃迫使他非如此不可。至于我们的救主，情形也一样，经上说，他在自己家乡不多行奇迹，因为他们不信（太13.58）；又说"不能行什么奇迹"（可6.5），而不是"不多行奇迹"。① 这不是因为他缺乏力量，说他缺乏力量，是亵渎上帝；也不是因为奇迹的目的不是使不信者皈信基督：摩西、众先知、我们的救主及其使徒的所有奇迹，都是为了给教会增加信徒；而是因为，奇迹的目的是为了使应当得救的人亦即上帝拣选的人（而不是一切人）加入教会。我们的救主既是他父那里差遣来的，他就不能用自己的力量使他父弃绝的人皈信。有些人解释圣马可的这段话，认为"他不能"一语，是指"他不会"；这种诠释在希腊语中没有先例（在希腊语中，对于无意志的无生命之物，有时用"不会"来指"不能"，但从来没有用"不能"来指"不会"的），这样做就在软弱的基督徒面前设下一块绊脚石，好像基督只有在轻信的人中间才能行奇迹似的。

[37.7] 根据我在这里就奇迹的性质和用处给出的说明，我们可以这样下定义：奇迹是上帝所行的作为（他根据创世中所规定的自然之道进行的运作除外），以便向他的选民表明某个为拯救他们而来的超乎寻常的臣仆所担负的使命。

[37.8] 根据这一定义，我们可以推断：第一，在一切奇迹

---

① 和合本译文分别为："因为他们不信，就在那里不多行异能"（太13：58）；"不得行什么异能"（可6：5）。

中，所完成的作为，都不是先知的任何德性的结果，因为那是上帝直接干预的结果；也就是说，是上帝直接完成的，没有以相关的先知作为从属因。

[37.9] 其次，任何魔鬼、天使或其他被创造的灵都不能行奇迹。因为事情必定是借助某种自然知识的力量，或借助咒术亦即言辞的力量完成的。如果魔法师是独立地依靠自己的力量完成的，那便有某种力量不是来自上帝，这是所有人都不会承认的；如果他们是用被赋予的力量完成的，那么，这作为就不是出于上帝的直接干预，而是出于自然的原因，因而就不是奇迹。

[37.10] 有些经文，似乎把行奇迹（相当于上帝亲自行的某些直接的奇迹）的能力归因于某种魔法和咒术。例如，当摩西的杖丢在地上变成蛇以后，"埃及行法术的，也用邪术照样而行"（出 7.11），当摩西将埃及的江、河、池塘的水变成血以后，"埃及行法术的，也用邪术照样而行"（出 7.22），当摩西借神的力量使青蛙上陆后，"行法术的也用他们的邪术照样而行，叫青蛙上了埃及地"（出 8.7），当我们读到这些话的时候，会不会把奇迹归因于法术（即归因于言语声音的效力），并认为这一点已经被这个地方和其他类似地方清楚地证明呢？然而，经上没有任何地方告诉我们法术是什么。因此，如果法术并不像许多人所想象的那样，是用咒语作出奇异的结果，而是用通常的手段行骗和欺诈；如果它不是超自然的，因为骗子做到这一点，无需深入地研究自然原因，而只需细察人类通常的无知、愚蠢和迷信；那么那些似乎支持魔法、巫术和法术的力量的经文，必定有与乍看起来不一样的意思。

[37.11] 因为显而易见，言辞只对能理解的人才会产生效果，并且其效果不过是表示说话者的意向和激情，从而使听者产生希望、恐惧或其他激情和概念。因此，当杖看起来成了蛇，水

看起来成了血，或法术看起来造成了其他任何奇迹时，如果不是为了启迪上帝的人民，那么被施了魔法的（即受到咒语作用的），不是那杖、水或其他任何东西，而是观看者。所以，一切奇迹都不过是魔法师欺骗了人，这并不是什么奇迹，而是非常容易做的事情。

[37.12] 因为所有人，尤其是那些对自然原因以及人的本性和利益所知甚少的人，一般都愚昧无知和易于犯错，以至于数不胜数的简单诡计大行其道。在人们不了解星体运行的科学之前，若有人告诉人们，某天某时将有日食，他会怎样被人们认为具有神奇的力量呢？一个变戏法者摆弄他的高脚杯和其他小玩意，若不是这种表演现在司空见惯，人们可能会认为，他那套稀奇古怪的事至少是借助魔鬼的力量完成的。一个练习过吸气说话的人（这种人在古代被称为 Ventriloqui［腹语者］），使他那微弱的声音听起来不像是出自发音器官的微弱颤动，而是来自遥远的地方，他能够使很多人相信无论他随意跟他们说些什么，都是来自天上的声音。有一种狡黠之人，打听了一个人通常向旁人坦白的自己过去的行动和冒险的秘密后，又把这一切说给该人听，这并不是什么难事，却有很多人以这种手段获得了术士的声誉。要把这些人的不同类型都列出来，未免枉费笔墨，希腊人称他们为 Thaumaturgi［术士］，也就是行奇幻之事的人。然而他们所做的一切，不过是凭借自身的机巧。而我们只要看一看串通一气的欺骗就会发现，无论多么不可能做到的事情，都会有人相信。若两人共谋，一人假装腿瘸，另一人用咒语治好他，就会欺骗很多人；若多人共谋，一人假装腿瘸，另一人用咒语治好他，其余的人都来作证，就会欺骗更多的人。

[37.13] 对于人类这种轻信假冒奇迹的倾向，我认为最好的告诫，（正如我在上一章所说的，）莫过于上帝最初通过摩西在

— 350 —

《申命记》第13章开篇和第18章末尾提出的告诫：任何人若在上帝的副手（当时是摩西）已确立的宗教以外传授其他宗教，或者（即使传授这种宗教）若其预测不见应验，我们都不得把他当成先知。因此，无论何时，在我们相信所谓的奇迹或先知之前，都应当咨询在上帝之下人民之上的主权统治者即教会的首领，他所确立的教义是什么，这个主权统治者在摩西时代是摩西，在亚伦及其继任者时代是亚伦及其继任者。然后，对于他们所谓的一个奇迹，我们必须看到它完成，并用所有可能的办法来考虑，它是不是真的完成了；不仅如此，还要考虑它是不是任何人运用自然力量都无法做到，而是需要上帝直接干预的事情。在这方面，我们必须求助于上帝的副手；对于一切可疑的情形，我们早已使我们的私人判断服从于他的判断。例如，一个人对着一块面包念了几句话后，声称上帝立刻就要使它从面包变成一个神或一个人，或者既变成神又变成人，然而这面包看起来却仍然与以往一样；那么任何人在自己没有通过上帝的副手询问上帝这事究竟是否已经作成之前，便没有理由认为事情已经作成，而且也没有理由惧怕该人。如果上帝的副手说没有成，那就按照摩西说的话去做："是那先知擅自说的，你不要怕他。"（申 18.22）如果他说已经作成，那就不要反对。同样地，如果我们没有看到，只是听说了一个奇迹，我们就应该询问合法的教会（即其合法的首领），我们要在多大程度上相信那些说出这事的人。这就是目前生活在基督徒主权者之下的人们的主要情形。在当今时代，据我所知，从没有一个人看见过应符咒或应一人的呼求和祷告而完成的任何奇异作为，会使得具有寻常理性的人认为是超自然的作为：问题不再是我们亲眼见其完成的作为是不是奇迹，而是我们听到的或在书上看到的奇迹究竟是否确有其事，还是凭口或凭笔编出来的，简言之，这种记载究竟是真实的还是谎言。关于这个问题，我们每个人不应该运用我们自己的私人理性或良心去判断，而是应该运用公共理性（即上帝的最高副手的理性）去判断；如果我们已将主权者权力付与他，我们就已经使他成为判断者，让他做出对我们的和平与防御必需的一切。因为思想是自由的，所以对于那些号称是奇迹的行为，一个私人在内心中始终有信或不信的自由，他可以根据自己对人们的信念能够给那些自称能行奇迹或支持奇迹的人增加什么利益，推测它们是奇迹还是谎骗。但是，当涉及这种信仰的告白时，私人理性就要服从公共理性，也就是要服从上帝的副手。至于谁是上帝的副手和教会首领，将在下面适当的地方予以讨论。

第三十八章　论永生、地狱、得救、将来世界和救赎在经文里的意义

[38.2] 假如亚当没有犯罪，他享受永生的地方是地上的乐园。[38.3] 关于信徒享受永生的地方。[38.4] 升天。[38.6] 审判后，从未进入上帝国或曾进入又被赶出的人所在的地方。塔耳塔洛斯。[38.7] 巨人的会。[38.8] 火湖。[38.9] 终极的黑暗。[38.10] 欣嫩谷和陀斐特。[38.11] 有关地狱的经文的字面意义。[38.12] 撒但、魔鬼不是专名，而是通名。[38.14] 地狱的苦刑。[38.15] 永生之乐与得救是一回事。从罪中得救与从苦难中得救是一回事。[38.17] 永恒得救的地方。[38.20] 救赎。

[38.1] 文明社会的维持有赖于正义，正义有赖于国家主权者所具有的生杀大权以及其他较小的奖赏和惩罚。如果除了主权者以外，任何人有权给予比生命更大的奖赏，施加比死亡更大的惩罚，国家必站立不住。鉴于永生是比现世生命更大的奖赏，永苦是比自然死亡更大的惩罚，以下事项就值得所有希望（通过服从权威）避免乱世和内战之祸患的人认真考虑：圣经里的永生和永苦是什么意思，人们对谁、犯下何种罪愆就会遭到永苦，人们因什么行为而可以获得永生。

[38.2] 首先我们看到，亚当被创造时处于这样的生命状态，假如他没有违反上帝的诫命，他本可以在伊甸乐园中永享生命。园子中有生命树，他可以吃上面的果子，只是不准他吃分别善恶树上的果子，他一旦吃了以后，上帝就把他赶出乐园，"恐怕他伸手又摘生命树的果子吃，就永远活着"（创 3.22）。因此在我看来（对于这个问题和所有需要取决于圣经的问题，我都服从我臣服的国家授权的圣经解释），假如亚当没有犯罪，就会在地上具有永生，死是因他的初罪而进入他本人以及他的后裔身上的。当时进入他身上的不是实际的死，否则亚当就不可能有子嗣；而他后来还活了很久，在死去之前看到了繁衍众多的子孙。而经上说"你吃的日子必定死"（创 2.17），这肯定是指他必死的命运，死的必然性。鉴于永生是被亚当因犯罪受罚而丧失的，谁要是撤销了这一处罚，谁就可以因此恢复永生。耶稣基督既已为所有信奉他的人赎了罪，因此也就为所有信徒恢复了因亚当的罪而失去的永生。正是在这个意义上，圣保罗作出对比："如此说来，因一次的过犯，众人都被定罪；照样，因一次的义行，众人也就被称义得生命了。"（罗 5.18，19）这一对比在下面的话中说得更为明白："死既是因一人而来，死人复活也是因一人而来。在亚当里众人都死了；照样，在基督里众人也都要复活。"（林前 15.21，22）

[38.3] 关于人们在什么地方享受基督为他们取得的永生，前面引用过的那段文本似乎认为是在地上。如果就像在亚当里众人都死了，即被剥夺了在地上的乐园和永生，在基督里众人都要复活，那么众人就是要在地上复活，否则这一对比就是不恰当的。这似乎也符合诗人所说的话："在锡安山……有耶和华所命定的福，就是永远的生命。"（诗 133.3）因为锡安山在地上的耶路撒冷；这也符合圣约翰的话："得胜的，我必将神乐园中生命

树的果子赐给他吃。"（启 2.7）这就是亚当的永生之树，而他的生命却本是要在地上的。这一点似乎被圣约翰肯定，他说："我又看见圣城新耶路撒冷由神那里从天而降，预备好了，就如新妇装饰整齐，等候丈夫。"（启 21.2）第 10 节也是同样的意思，他仿佛是说，新耶路撒冷即上帝的乐园，在基督重临人世时，将从天上降临到上帝的人民这里，而不要他们从地上升到那里。这与下面的话没有任何区别，当使徒们望着基督升天的时候，有两个穿白衣的人（即天使）对他们说："这离开你们被接升天的耶稣，你们见他怎样往天上去，他还要怎样来。"（徒 1.11）听起来，他们仿佛是说，耶稣还将降临到这里，在他父之下永远统治他们，而不是把他们取到天上加以统治；这与重建由摩西所创建的上帝国是一致的，该国是犹太人在地上的政府。又，我们的救主说："当复活的时候，人也不娶也不嫁，乃像天上的使者一样。"（太 22.30）这是就婚姻问题对永生的描述，这永生与我们在亚当里失去的永生是一样的。鉴于假如亚当和夏娃没有犯罪，他们个人就会亲身在地上永生，显而易见，他们不会持续不断地繁衍其族类：因为不死的人若像人类现在这样孳生，用不了多久，地上便不再有立足之地。有犹太人问我们的救主，有一个妇人和几个弟兄结了婚，在复活的时候究竟是谁的妻子（可 12.19—25），这种人根本不知道永生的结局是什么。因此，我们的救主让他们记住不死的结局：那时将没有生育，因而没有婚姻，正如天使中没有婚姻或生育一样。亚当失去的永生与基督战胜死亡所恢复的永生之间的对比还体现在，正如亚当因罪而失去永生，但往后还活了一段时间；虔诚的基督徒因基督受难而恢复永生，但也会有其自然死亡，而且在一段时间里停留在死之中，直到复活。因为正如死是从亚当被定罪时算起，而不是从执行时算起；永生也是从被赦罪时算起，而不是从选民在基督里复活时算起。

[38.4] 就我所见的经文，从中很难得出，人们在复活后将永远生活的地方是天堂，所谓天堂，意思是离地球最遥远的那部分世界，比如星辰所在之地，或星辰之上的地方，在另一个被称为 *Coelum Empyreum* ［光天］的更高的天上（这在经上从未提到，在理性中也没有根据）。所谓天国，意思是居住在天上的王的国；他的国就是以色列人民，他通过其副手诸先知统治他们；首先是通过摩西，接着是通过以利亚撒和诸大祭司；直到撒母耳时代，他们背叛上帝，要像列国一样有一个凡人为王。当我们的救主基督通过他的臣仆传道，劝说犹太人回心转意，并感召得外邦人服从了他之后，就会有一个新的天国；因为到那时，我们的王是上帝，他的宝座是天；经文中没有任何必要的证据表明，人将升到高于上帝的"脚凳"大地以上的地方去享受幸福。相反，我们看到经上写道："除了从天降下、仍旧在天的人子，没有人升过天。"（约 3.13）顺便说，我发现，这些话不像紧接在前面的那些话那样是我们救主的话，而是圣约翰本人的话。因为基督当时不是在天上，而是在地上。关于大卫，也有同样的话，圣彼得为了证明基督的升天，引用了这位诗人的一段话："你必不将我的灵魂撇在阴间，也不叫你的圣者见朽坏。"（诗 16.10）圣彼得说，这话（不是讲大卫），是讲基督。为了证明这一点，他补充了一个理由："大卫并没有升到天上。"（徒 2.34）但对于这一点，人们很容易答复说，虽然身体在最后审判日以前不能升天，但灵魂一旦离开身体以后便在天上。这似乎也被我们救主的话证实，他用摩西的话证明复活，说："至于死人复活，摩西在荆棘篇上，称主是亚伯拉罕的神，以撒的神，雅各的神，就指示明白了。神原不是死人的神，乃是活人的神；因为在他那里，人都是活的。"（路 20.37，38）但假如这些话只是指灵魂的不死，那便完全没有证明我们的救主想要证明的身体的复活，也就是人的不

死。因此，我们救主的意思是，这些族长之所以不死，不是凭借因人类的自然本性而来的属性，而是凭借上帝的意志，由于他的恩典，将永生赐予信徒。当时这些族长和许多其他信徒虽然死了，但经上却说他们"向神活着"①；也就是说，他们和那些已被赦了罪、并在复活时列入永生的人一起写在生命之书上了。至于说人的灵魂就其本性而言是永生的，是独立于身体之外的一种生物；或者（除了以诺和以利亚以外②），一个纯粹的凡人竟可以不在最后审判日通过复活而成为不死的，这种说法在经上是看不到的。《约伯记》第14章，是约伯自己的话而不是他朋友的话，都是对这种自然死亡的抱怨，然而与复活时的不死并不冲突。他说："树若被砍下，还可指望发芽，嫩枝生长不息；其根虽然衰老在地里，干也死在土中，及至得了水气，还要发芽，又长枝条，像新栽的树一样。但人死亡而消灭；他气绝，竟在何处呢？"（伯14.7）③ 又说："人也是如此，躺下不再起来，等到天没有了，仍不得复醒。"（伯14.12）但什么时候天会没有了呢？圣彼得告诉我们，是在普遍复活的时候，他说："现在的天地还是凭着那命存留，直留到不敬虔之人受审判遭沉沦的日子，用火焚烧。"（彼后3.7）又说："切切仰望神的日子来到。在那日，天被火烧就销化了，有形质的都要被烈火熔化。但我们照他的应许，盼望新天新地，有义居在其中。"（彼后3.12）④ 因此，约伯说等到天没有了，人也不再来；意思是一样的，他仿佛是说，

---

① 罗6：10，加2：19。

② 根据圣经，以诺和以利亚是在生前就被上帝带到天堂的仅有的两个人。创5：24："以诺与神同行，神将他取去，他就不在世了。"来11：5："以诺因着信，被接去，不至于见死。"王下2：11："忽有火车火马，将二人隔开，以利亚就乘旋风升天去了。"

③ 正确出处，伯14：7—10。

④ 正确出处，彼后3：12—13。

在复活和审判日之前，不死的生命（在经上灵魂和生命通常是一回事）在人身上不会开始；其原因不在于人的特殊本性和生育繁衍，而在于上帝的应许。因为圣彼得不说"我们照人的本性，盼望新天新地"，而是说"我们照他的应许，盼望新天新地"。

[38.5] 最后，本书第三十五章既已根据多处明显的经文证明，上帝国是一个政治国家，在这个国家里，上帝本身首先根据旧约、后来根据新约是主权者，并通过其代理人或副手进行统治；这些地方也因此证明，当我们的救主在威仪和荣耀中重临人世，实际和永远地作王的时候，上帝国将在地上。但因为这一教义（尽管由多处毫不含糊的经文所证明）对大多数人来说显得标新立异，所以我只是将它提出来。在这个或任何其他宗教悖论中，我不坚持任何立场，唯关注（国人中尚未决定的）围绕权威展开的刀剑之争的结局；一切教义都要由这一权威批准或拒斥，其口头或书面的命令（不论私人的看法如何），凡是想要得到它的法律保护的人，都必须服从。因为关于上帝国的教义问题，对人的王国影响巨大，以至于唯应由在上帝之下具有主权者权力的人来裁定。

[38.6] 就像上帝国和永生一样，根据圣经，上帝的敌人和他们在审判后的苦刑，显然都在地上有其地方。所有的人，不论是被埋葬的还是被吞没到地里的，在复活以前停留的地方，经上通常用表示"地下"之义的词语来称之，在拉丁语中一般是 *Infernus* 和 *Inferi*，在希腊语中是 ἄδης；也就是说，是人们看不见的地方，其中包括坟墓和其他任何深藏的地方。至于复活后被诅咒者所处的地方，无论在《旧约》还是《新约》中，都无法通过任何位置提示来确定，而只能通过他们跟谁在一起来确定。那里会是上帝原先用异乎寻常而神奇的方式从地上消灭掉的恶人所处的地方，比如他们现在所处的地狱、塔耳塔洛斯或无底坑，因为可拉、大坍和亚比兰都被生吞到地下。这不是说，圣经的写作

者要我们相信,在这有限的、(与星辰的高度相比)并不怎么大的地球上竟有一个无底坑,也就是说有一个像希腊人在他们的魔鬼学(关于魔鬼的学说)中所说的、后来罗马人称之为塔耳塔洛斯的无限深的洞,就像维吉尔说的:

> 最后是塔耳塔洛斯湖展开在眼前,湖身陡直,直伸向阴暗的渊底。

> 其深度两倍于从湖面仰望高山奥林匹斯上面的天空的高度。

因为这种洞在地对天的比例中是容不下的;而是说,我们应当相信,他们会不限定地处在上帝施加过警戒性惩罚的那些人所处的地方。

[38.7] 又,因为生活在洪水之前挪亚时代的地上巨人(希腊人称之为英雄,圣经称之为巨人,二者都说那是神的后代和人的后代交合所生),因邪恶的生活而被大洪水铲除,所以被诅咒者的地方有时也通过这些巨人跟谁在一起来标明。例如,"迷离通达道路的,必住在巨人的会中"(箴 21.16);"巨人并水族在水下呻吟"(伯 26.5),在这里,被诅咒者的地方是在水下;"阴间就因你震动来迎接你(即巴比伦王),巨人将为你离位站起。"(赛 14.9)① 这里再次表明,(如果从字面意义看)被诅咒者的地方是在水下。

[38.8] 第三,因为所多玛和蛾摩拉两城,由于罪恶使上帝大发烈怒,用大火和硫磺焚烧殆尽,这两座城并周围的乡区形成

---

① 这三处引文根据霍布斯的文本译出。引文中的"巨人",一般作"阴魂"(the dead 或 the shades)。

一个刺鼻的沥清湖，所以被诅咒者的地方有时也被说成火或火湖，如"惟有胆怯的、不信的、可憎的、杀人的、淫乱的、行邪术的、拜偶像的和一切说谎话的，他们的份就在烧着硫磺的火湖里，这是第二次的死"（启21.8）。这清楚地表明，地狱之火，在这里以所多玛的真火作隐喻表示，不是指任何一种确定的苦刑或受苦的地方，而是不限定地被当成毁灭，例如经上说，"死亡和阴间也被扔在火湖里"（启20.14），也就是说被取消和毁灭；仿佛在审判日之后，就不会再有死亡，也不会再有入地狱的事；也就是不会再有入冥府的事（我们的地狱或许就是从这个词来的），这就等于说不会再有死亡。

[38.9] 第四，关于施加在埃及人身上的黑暗之灾，经上写道："三天之久，人不能相见，谁也不敢起来离开本处，惟有以色列人家中都有亮光。"（出10.23）根据这一点，恶人在审判后的地方也称为终极的黑暗，或（在原文中称为）外边的黑暗。这也记在这段经文里，王命令其仆人："把那个没有穿礼服的，捆起他的手脚来，把他丢在 εἰς τὸ σκότος τὸ ἐξώτερον ［外边的黑暗里］。"（太22.13）这里虽可译成终极的黑暗，意思却不是指这黑暗怎样深，而是指这黑暗在哪里，也就是在上帝选民的居所之外的地方。

[38.10] 最后，耶路撒冷附近有个地方叫欣嫩子谷，在那里一个叫陀斐特的地方，犹太人犯了最严重的偶像崇拜罪，将他们的儿女作为牺牲献给偶像摩洛，上帝在那里对他的敌人施加了最严厉的惩罚，约西亚在那里将摩洛的祭司烧死在他们自己的祭坛上，事见《列王纪下》第23章；后来这地方被用于倾倒城里运出的秽物和垃圾，并不时烧火来驱除腐尸的臭味，洁净空气。由于这个可怕的地方，犹太人后来习惯于把被诅咒者的地方称为欣嫩谷。欣嫩谷一词现在通常译为地狱，并根据那里不时燃烧的

火，我们得到了永不熄灭的永火的观念。

[38.11] 鉴于任何人都不会这样解释经文：在审判日之后，所有的恶人都要在欣嫩谷永远受罚；或者他们将以一种方式复活，往后永远处在地下或水下；或者在复活以后他们就不再彼此相见，也不走动。我认为由此必然得出，有关地狱的火的这种说法，是在隐喻的意义上讲的，因此对于地狱的所在、地狱之苦和地狱使者的性质，有必要在严格的本义上加以探讨（因为所有的隐喻都有可以用本义词语表达的真实根据）。

[38.12] 首先，关于地狱使者，我们可以从敌人或撒但、魔王或恶魔、毁灭者或无底坑使者等名称严格而恰当地得出其本质和属性。诸如撒但、魔鬼和无底坑使者等名称，并不像专名那样向我们表示任何个体人格，而只是表示一种职务或品质，因而是通名，不应当让它们像在拉丁语或现代的圣经里那样，不把意义译出来；因为如此一来，它们就仿佛是恶魔的专名，人们也更容易受到诱惑而相信魔鬼之说；这种学说在当时是外邦人的宗教，跟摩西和基督的宗教背道而驰。

[38.13] 因为所谓敌人、魔王和毁灭者，意思是将进入上帝国的人的敌人，所以，如果复活后上帝国是在地上（我在前一章中根据经文证明似应如此），那么敌人及敌人的国也必然在地上。在犹太人抛弃上帝以前也是这样。因为上帝国在巴勒斯坦，而周边列国是敌人的国，所以撒但是指教会在地上的任何敌人。

[38.14] 地狱的苦刑，有时被说成是"哀哭切齿"（太8.12），有时被说成是"良心的虫"（赛66.24；可9.44，46，48）；有时被说成是"火"，比如以上提到的地方说："在那里，虫是不死的，火是不灭的"，此外还有许多地方也这样说；有时被说成是羞辱和憎恶，如"睡在尘埃中的，必有多人复醒。其中有得永生的，有受羞辱永远被憎恶的"（但12.2）。所有这些地

方都以隐喻的方式表示他们在别人身上看到、而自己却因为不服从和不信神而失去了永恒幸福所感到的悲哀和不满。因为别人身上的这种幸福，只有和他们自己实际所受的苦难相比较才可以感觉到，所以，他们将遭受肉体的痛苦和灾难，就是那些不仅生活在邪恶残酷的统治者之下、而且与永恒的圣者之王全能上帝为敌的人所应受的苦难。在这些肉体的痛苦中，也应当列入一切恶人的第二次的死。圣经虽然明确讲到普遍的复活，但我们在里面却没有看到应许任何被摒弃者永生。至于人们将以什么样的身体复活，虽然圣保罗说："所种的身体是朽坏的，复活的是不朽的，所种的是羞辱的，复活的是荣耀的；所种的是软弱的，复活的是强壮的。"（林前 15.42，43）但恶人的身体却说不上什么荣耀和强壮，只能死一次的人也不能说有第二次的死；虽然在隐喻的说法中，永远遭罪的生活虽然可以称为永死，但当作第二次的死讲却不好理解。为恶人准备的火是永火，也就是说，在其中任何人都不可能不遭受身心两方面的折磨的状态，这种状态在复活后将永远持续下去；正是在这种意义上，这火是不熄灭的，苦刑也是永苦；但不能据此推论说，被投入火中或遭受那些苦刑的人可以忍受和抵抗它们，以至于永远被焚烧或受苦刑而不被毁灭，不会死去。虽然有许多地方断定了永火和永苦（人们可能持续地一个接一个被投入其中），但我却找不到一个地方断定，任何人在其中能具有永生；相反，倒是有永死，也就是第二次的死："死亡和阴间也交出其中的死人；他们都照各人所行的受审判。死亡和阴间也被扔在火湖里；这火湖就是第二次的死。"（启 20.13，14）由此可见，在审判日，每个被诅咒者都会遭受第二次的死，此后就不会再死。

[38.15] 永生之乐在经文中全都包括在得救一词下。得救，要么是个别地免除特殊的恶，要么是绝对地免除一切恶，包括穷

— 362 —

困、疾病和死亡本身。由于人被创造时是不死的，不会遭受衰朽，因而不会遭受任何使其本性解体的事物，只是因亚当的罪才失去这种幸福；这就得出，从罪中得救，就是从罪带给我们的一切恶和灾难中得救。因此在圣经里，赦罪与从死和苦难中得救是一回事，这从我们救主的话中就可以看出，他在治好一个瘫子以后说："小子，放心吧！你的罪赦了。"（太 9.2）他知道文士们认为一个人竟然声称赦别人的罪是僭妄，便问他们："或说'你的罪赦了'，或说'你起来行走'，哪一样容易呢？"（太 9.5）借此表示，对于救治疾病来说，说"你的罪赦了"与说"你起来行走"意思完全相同；他用这种说法只是表明他有赦罪的力量。此外，还有一点在道理上也是很明显的，由于死和苦难都是对罪的惩罚，所以解除罪就一定也解除了死和苦难，也就是说，信徒在审判日以后因耶稣基督的力量和恩宠而享有绝对的拯救，由于这个原因，耶稣基督被称为我们的救主。

[38.16] 关于特殊的拯救，比如"救以色列永生的耶和华"（撒上 14.39），也就是把他们从现世的敌人手中拯救出来；"我的救主啊，你是救我脱离强暴的"（撒下 22.3）；"耶和华赐给以色列人一位拯救者，使他们脱离亚兰人的手"（王下 13.5），等等；我无需多言，对这类经文加以穿凿附会的解释，既不困难，也不是我们的兴趣所在。

[38.17] 但关于普遍的拯救，因为它必然发生在天国，所以关于地方的问题有很大的困难。一方面，所谓的国，是人们为了防备敌人和匮乏，求得永久的安全而制备的产业，这种拯救似乎应该在地上。因为拯救向我们昭示的，是我们的王凭借征服荣登至尊之位，而不是避敌以求苟安；因此如果我们期待得救，我们就必须期待凯旋；而在期待凯旋之前，必须期待胜利；在胜利之前，必须期待战争；很难设想战争会在天上进行。但这个理由不论如何漂

亮，若没有十分明显的经文出处，我是不会相信的。得救的情形在《以赛亚书》33.20，21，22，23，24 中作了大致的描述：

你要看锡安我们守圣节的城！
你的眼必见耶路撒冷为安静的居所，
为不挪移的帐幕，
橛子永不拔出，
绳索一根也不折断。
在那里，耶和华必显威严与我们同在，
当作江河宽阔之地；
其中必没有荡桨摇橹的船来往，
也没有威武的船经过。
因为，耶和华是审判我们的；
耶和华是给我们设律法的；
耶和华是我们的王；
他必拯救我们。
你的绳索松开；
不能栽稳桅杆，
也不能扬起篷来。
那时许多掳来的物被分了；
瘸腿的把掠物夺去了。
城内居民必不说，"我病了"；
其中居住的百姓，罪孽都赦免了。

[38.18] 在这些话中，我们看到，得救是从"耶路撒冷那安静的居所"开始的，其永恒的状态是"不挪移的帐幕"等；耶和华是"我们的审判者、立法者、王"，"他将拯救我们"；得救是

"耶和华成为江河宽阔之地"等；他们敌人的状况是"缆索松开、桅杆脆弱，瘸腿的人也分得一份他们的掠物"；获救者的状况是"城内居民必不说，我病了"；最后，这一切都包含在赦罪中，"其中居住的百姓罪孽都赦免了"。据此显而易见，得救将在地上实现，届时，上帝（在基督重临时）将在耶路撒冷作王，被接纳进入上帝国的外邦人的得救，将从耶路撒冷开始，正如这位先知还更明确地表达说："他们（指曾掳犹太人的外邦人）必将你们的弟兄从列国中送回，使他们或骑马，或坐车，坐轿，骑骡子，骑独峰驼，到我的圣山耶路撒冷，作为供物献给耶和华，好像以色列人用洁净的器皿盛供物奉到耶和华的殿中。我也必从他们中间取人为祭司，为利未人。这是耶和华说的。"（赛65.20，21）① 由此明显可以看出，上帝国的中心（也就是我们外邦人得救起始的地方），将是耶路撒冷：这也被我们的救主和撒马利亚妇人谈论拜上帝的地方的话证实。他对那妇人说，撒玛利亚人所拜的，他们自己不知道，但犹太人所拜的，他们自己知道，"因为救恩是从犹太人出来的"（*ex Judaeis*，也就是从犹太人起始的）（约4.22），他仿佛是说：你们拜上帝，但不像我们一样知道，他会通过什么人来救你们；我们知道自己会由于犹大支派中的一个人获救，那是一个犹太人，而不是撒马利亚人。因此妇人又答复他说："我知道弥赛亚（就是那称为基督的）要来。"（约4.25）这话也并非不相干。所以我们救世主说"救恩是从犹太人出来的"，这与保罗说的话是一个意思，他说："这福音本是神的大能，要救一切相信的，先是犹太人，后是希腊人。因为神的义正在这福音上显明出来；这义是本于信，以致于信。"（罗1.16，17）本于犹太人的信，以至于外邦人的信。先知约珥在同

---

① 正确出处，赛66：20，21。

样的意义上描写审判日的情形道："在天上地下，我要显出奇事，有血，有火，有烟柱。日头要变为黑暗，月亮要变为血，这都在耶和华大而可畏的日子未到以前。"（珥2.30，31）他又补充说："到那时候，凡求告耶和华名的就必得救；因为照耶和华所说的，在锡安山，耶路撒冷必有逃脱的人。"（珥2.32）俄巴底亚也说："在锡安山必有逃脱的人，那山也必成为圣；雅各家必得原有的产业。"（俄1.17）也就是得异教徒的产业；这种产业，他在以下几节中说得更具体，就是以扫山、非利士人的土地、以法莲地、撒玛利亚地、基列地和南地的城邑，结语是"国度就归耶和华了"。这些地方都是得救之地，说明上帝国（在审判日之后）将在地上。另一方面，我找不到任何经文可以证明任何圣者上升到天上，也就是说升入任何 Coelum Empyreum［光天］或太空之境（aetherial region），而只说升入天国：它之所以被称为天国，是因为上帝作犹太人的王，从天上通过天使降下命令给摩西统治他们；在他们背叛之后，从天上派遣圣子来使他们服从；而且会从天上再次派遣他降临，在审判日以后永远统治他们和其他一切信徒；或者说是因为，我们伟大的王的宝座在天上，然而大地却是他的脚凳。至于上帝的臣民将具有任何高到与他的宝座相齐平的地方或高于他的立足处的地方这种说法，似乎和一个王的尊严并不相宜，我在圣经里也找不到任何明显的文本支持这种说法。

［38.19］根据以上关于上帝国和得救的讨论，不难解释将来世界的意思是什么。经上提到的世界有三个，上古世界，现今世界和将来世界。关于上古世界，圣彼得说："神也没有宽容上古的世代，曾叫洪水临到那不敬虔的世代，却保护了传义道的挪亚一家八口。"（彼后2.5）所以第一世界是从亚当起到淹没天下的大洪水时代的世界。关于现今世界，我们的救主说："我的国不属这世界。"（约18.36）因为他降临人世只是为了把得救之道教

导给人们，并以他的教义恢复他父的国。关于将来世界，圣彼得说："但我们照他的应许，盼望新天新地。"（彼后 3.13）正是在那世界中，基督有大能力，有大荣耀，驾云从天上降临；他要差遣天使，把他的选民，从四方，从地极直到天边，都招聚了来，然后（在他父之下）永远作他们的王。

[38.20] 一个罪人的得救，须以先前的救赎为条件；因为一个人一旦有罪，就要因这种罪受罚，而且必须付出（或由他人代他付出）受他冒犯而又把他置于自己掌握之中的人所要求的赎金。由于受冒犯者是全能的上帝，而万物都在上帝掌握之下，所以在得救前就必须付出上帝随其心意所要求的赎金。这种赎金，并不是足以抵偿原来的冒犯、用来偿罪的赎金，没有任何罪人能够自己付出，也没有任何正直之人能够替他人付出。一个人对他人造成的损害可以通过赔偿来补偿，但罪却无法通过赔偿来消除，因为那样就使犯罪的自由成为一种买卖的对象了。但罪可以无偿地为悔改者赦免，也可以凭借上帝乐意接受的偿罪之物而得以赦免。在《旧约》中，上帝经常接受的是某种牺牲或供物。虽然惩罚是预先警告的事，但赦罪并非不义的行为。即使在人们中间，承诺给予善虽然可以约束承诺者，但警告（也就是承诺给予恶）则不能，更不能约束比人无限仁慈的上帝。因此，我们的救主基督为我们赎罪时，并没有在一种意义上补偿人们的罪恶，以至于使他的死就其本质而言，可以使上帝以永死惩罚罪人成为不义。他仅仅是在第一次降临时，遵照上帝的要求，为再次降临前悔罪而信奉他的人的得救牺牲并祭献了自己。尽管这一对我们的救赎之举，在经上并不始终称为牺牲或供物，而是有时称为价钱；但我们却不能把价钱理解为，耶稣可以根据其价值要求有权从他被冒犯的父那里取得对我们的赦免；而只能理解为这是父上帝根据其恩惠所要求的价钱。

第三十九章 论教会一词在经文里的意义

[39.1] 教会，耶和华的家。[39.2] 教会的本义。[39.4]
教会在什么意义上是唯一人格。教会的定义。[39.5] 基督
教国家与教会是一回事。

[39.1] 教会（Ecclesia）一词，在圣经各书里表示不同的事
物。它有时（但不经常）指上帝的家，也就是基督徒聚会公开履
行圣职的神殿，比如《哥林多前书》14.34 "妇女在教会中要闭
口不言"：不过这是在隐喻的意义上指在那里集会的会众；后来
一直被用来指该大厦本身，以区分基督徒与偶像崇拜者的神殿。
耶路撒冷的神殿是上帝的家①，和祷告的家；同样，基督徒所奉
献的用于崇拜基督的任何大厦，是基督的家：所以希腊教父们称
之为Κυριακή，耶和华的家：在我们的语言中称之为 *Kyrke* 和
Church，就是从这里来的。

[39.2] 教会（若不是指家），其意义便与希腊国家里
Ecclesia［集会］的意义相同，表示被召集起来听取官长讲话的公
民的集会；这在罗马国家里被称为 *Concio*［会议］：讲话的人被称
为 *Ecclesiastes*［与会者］和 *Concionator*［演讲者］。如果他们被

---

① 参看代下 5：14；来 3：6；来 10：21；彼前 4：17。

合法的权威召集（徒 19.39），就是"合法的集会"（*Ecclesia legitima*，ἔννομος Ἐκκλησία）。如果他们被喧嚣的、煽动性的呼声激起，就是"纷乱的集会"（Ἐκκλησία συγκεχυμένη）。

[39.3] 它有时也指有权成为会众却并未实际集会的人们，也就是指全体基督徒，无论他们分散得多遥远；比如经上说："扫罗却残害教会"（徒 8.3）；也正是在这个意义上，基督被称为教会之首。有时指一部分基督徒，如"请问他家里的教会安"（西 4.15）。有时仅指选民，如"作个荣耀的教会，毫无玷污、皱纹等类的病，乃是圣洁没有瑕疵的"（弗 5.27），意思是得胜的教会，或将来的教会。有时指基督教认信者聚合而成的会众，不论他们的认信是真是假，比如"告诉教会；若是不听教会，就看他像外邦人和税吏一样"（太 18.17），这里的教会就是这种意思。

[39.4] 唯有在这最后一种意义上，教会才能视为唯一人格；也就是说，才可以说它能意愿、宣告、命令、受人服从、制定法律或作出其他任何行动。如果缺乏来自一个合法会众的权威，那么汇集起来的一群人作出的任何行为，都是当时在场、并协助其实现的每个人的个别行为，而不是他们全体的行为，更不是不在场的人或在场而不愿作出这种行为的人的行为。依据这种意义，我下一个定义：教会，就是认信基督宗教，统一于唯一主权者人格中，应当听从他的命令集会，没有他的权威就不应集会的一群人。因为在一切国家里，若没有政治主权者批准的集会都是非法的，所以教会在任何禁止他们集会的国家里集会，都是非法集会。

[39.5] 这也得出，地上并不存在所有基督徒都必须服从的普世教会；因为地上并不存在所有其他国家都臣服的权力。世上有众多的基督徒，在若干君王和国家的领地里，但他们每个人都

要臣服于自己的国家，所以不可臣服于其他任何人格的命令。因此，一个能够发布命令、审判、赦免、判罪或作出其他任何行为的教会，与一个由基督徒组成的政治国家是一回事，称其为政治国家，因为其臣民是人；称其为教会，因为其臣民是基督徒。属世与属灵的统治，不过是为了让人们眼花缭乱、认不清他们的合法主权者而造出来的两个词而已。诚然，信众的身体在复活之后，不仅是属灵的，而且是永恒的；但在今生却是凡俗的，必朽坏的。因此，在今生，无论国家还是宗教，都只有属世的统治；对于任何臣民而言，传授国家和宗教的统治者禁止传授的任何教义，都不可能是合法的。而且，其统治者必须是唯一的；否则在国家内部，教会与国家、属灵派与属世派、正义之剑与信仰之盾，就必定会陷入党争和内战；（更有甚者）在每个基督徒自己的胸中，也必定会有基督徒与人交战。教会的圣师被称为牧师；政治主权者亦然。但是，如果牧师之间彼此互不相属以至于有唯一牧首，那么人们就会被教导互相冲突的教义；其中双方都可能错误，至少有一方必定错误。依据自然法，谁是这唯一的牧首，我已经作了说明，那就是政治主权者；圣经把这一职分指派给谁，我们会在接下来几章中看到。

第四十章　论亚伯拉罕、摩西、大祭司和犹大诸王时上帝国的权利

［40.1］亚伯拉罕的主权者权利。［40.2］亚伯拉罕具有处理其人民的宗教的独占权力。［40.3］不得自称私人的灵来反抗亚伯拉罕的宗教。［40.4］亚伯拉罕是上帝言语的唯一判断者和解释者。［40.5］摩西的权威之根据。［40.7］在摩西时代，摩西是（在上帝之下）犹太人的主权者，尽管亚伦有祭司之职。［40.8］一切灵都从属于摩西的灵。［40.9］摩西死后，主权在大祭司。［40.10］从约书亚到扫罗之间这段时期的主权者权力。［40.11］以色列诸王的权利。［40.12］宗教方面的至高权的实际，在列王时代，与其权利归属不一致。［40.14］被掳后犹太人没有稳定的国家。

［40.1］信者之父，第一个凭借信约进入上帝国的是亚伯拉罕。因最初的约就是和他订立的；在这约中，他使自己和他的后裔有义务承认并服从上帝的命令；其中不仅包括他能够借自然之光知晓的命令（比如道德法），而且包括上帝用特殊方式，通过梦和异象向他传示的命令。在道德法方面，他们已经负有义务，无需再以迦南地的应许来立约。就他们与其他一切人自然地受约束，必须服从全能的上帝而言，不存在任何契约，能增加或强化

这种义务：所以亚伯拉罕与上帝立的约，是要把在梦或异象中以上帝之名命令他的东西当成上帝的诫命，并传达给他的家族，让他们遵守。

[40.2] 在上帝与亚伯拉罕订立的这约中，我们可以看到对于上帝人民的统治有重要意义的三点。第一，在立约时，上帝只和亚伯拉罕说话。因此，上帝没有和他的任何家人或后裔立约，只能说他们的意志（这构成一切信约的本质要素）在立约前已包含在亚伯拉罕的意志中，因此他原本就有一种合法的权力，使他们履行他为他们约定的一切。因此上帝说："地上的万国都必因他得福。我眷顾他，为要叫他吩咐他的众子和他的眷属遵守我的道。"（创18.18，19）据此可以总结出这第一点，上帝未曾直接对其说话的人，要从他们的主权者那里接受上帝的明确诫命，就像亚伯拉罕的家人和后裔从他们的父亲、主人和政治主权者亚伯拉罕那里接受诫命一样。所以在每个国家里，没有得到相反的超自然启示的人，应当在外在行为和宗教认信方面服从其主权者的法律。至于人们内在的思想和信仰，是人间的统治者不可能知道的（唯有上帝知道人心），它们既不是意愿性的，也不是法律的结果，而是上帝的神秘意志和力量的结果，所以不属于义务的范围。

[40.3] 据此可以得出第二点，当亚伯拉罕的任何臣民自称得到来自上帝的私人异象、灵或其他启示，赞成亚伯拉罕所禁止的任何教义时，或当他们听从或拥护任何这种假冒者时，亚伯拉罕惩罚他们，就不为不合法；所以主权者可以合法地惩罚任何以其私人的灵反抗法律的人：因主权者在其国家里的地位，相当于摩西在其家族里的地位。

[40.4] 据此还可得出第三点，正如在亚伯拉罕的家族里，唯有亚伯拉罕知道什么是上帝之言，什么不是，在一个基督教国

家里，唯有主权者知道这一点。因为上帝只对亚伯拉罕说话，唯有他能够知道上帝说了什么，并向其家人解释，因此，在国家里有亚伯拉罕那种地位的人，才是上帝言语的唯一解释者。

[40.5] 这约曾和以撒重订，后来又和雅各重订，再后来就中断了，直到以色列人被从埃及人手中解救出来，到达西奈山下时，才由摩西重订（我以前在第三十五章中已说过），其方式使他们从那时起就成为特殊的上帝国。上帝的副手，当摩西在世时是摩西，其后这职位归亚伦及其后裔继承，对上帝而言，这国永远成为一个祭司的国。

[40.6] 凭借这一构造，上帝便取得一个国。但摩西并不是作为亚伯拉罕的权利继承者而拥有统治以色列人的权威，因为他不能根据世袭声称这种权利；所以显而易见，在以色列人民相信上帝对他说话之前，他们没有义务必须把他视为上帝的副手。因此（虽然他们与上帝立约），摩西的权威，有赖于他们对于他的圣洁、对他和上帝会谈的事实以及他行奇迹的真实性的意见，这种意见一旦改变，他们就不再有义务把他以上帝之名向他们提出的任何言语当成上帝的法律。因此，我们需要考虑，他们服从摩西的义务有什么其他的根据。使他们负有义务的，不可能是上帝的诫命，因为上帝没有直接对他们说话，而是通过摩西对他们说话。我们的救主谈到自己时说："我若为自己作见证，我的见证就不真。"（约 5.31）摩西若为自己作见证（尤其是在要求对上帝的人民具有王者权力一事上），他的见证就更不应当被接受。因此，他的权威，与所有君王的权威一样，必须以人民的同意和他们的服从承诺为根据。情况确实如此："众百姓见雷轰、闪电、角声、山上冒烟，就都发颤，远远地站立，对摩西说：'求你和我们说话，我们必听；不要神和我们说话，恐怕我们死亡。'"（出 20.18）这就是他们的服从承诺。正是由于这一承诺，他们

使自己有义务服从摩西当作上帝的诫命传达给他们的一切。

[40.7] 尽管这约建立了一个祭司的国，也就是说，由亚伦及其子孙世袭的国，但这应该理解为在摩西死后开始继承。因为不论谁作为国家的初始建立者创建秩序、确立政体，不论其政体为君主制、贵族制或民主制，都必须在他这样做时拥有对人民的主权者权力。摩西在其有生之年一直拥有这种权力，这在经上说得很清楚。首先，在上面引用的文本中，人民承诺服从他而不是服从亚伦。其次，"耶和华对摩西说：'你和亚伦、拿答、亚比户，并以色列长老中的七十人，都要上到我这里来，远远地下拜。惟独你可以亲近耶和华；他们却不可亲近；百姓也不可和你一同上来'"（出 24.1，2）。据此显而易见，摩西，即唯一被召到上帝那里去的人（而不是亚伦、其他祭司、七十长老以及禁止上去的百姓），是唯一对以色列人代表上帝位格的人，也就是说，是他们在上帝之下的唯一主权者。尽管后来经上说："摩西、亚伦、拿答、亚比户，并以色列长老中的七十人，都上了山。他们看见以色列的神，他脚下仿佛有平铺的蓝宝石，如同天色明净。"（出 24.9）然而这是在摩西先前已经上到上帝那里，把上帝向他说的话传给以色列人民之后才发生的。唯有摩西是为人民的事务去的；至于其他人，是作为随从他的尊者去的，他们有幸得以承受人民未得均沾的特别恩典，就是像下一节所说的，见到上帝，且还能活着，"他的手不加害在以色列的尊者身上。他们观看神；他们又吃又喝"，即活在世上：但没有从他那里带给人民任何诫命。又，正如在一切政治事务方面，到处都是"耶和华对摩西说"，在《出埃及记》第 25 至 31 章及《利未记》全书所载规定宗教仪式时，也是如此，而很少见到"对亚伦说"。亚伦制作的金牛犊，摩西把它投进火里。最后，关于亚伦的权威问题，当他和米利暗对摩西发动叛乱时，是上帝自己代摩西审判的（民

12）。在摩西与有权统治人民的人之间发生的问题上也是这样，当可拉、大坍、亚比兰并以色列会中的二百五十个首领（就是有名望选入会中的人），"在摩西面前一同起来，聚集攻击摩西、亚伦，说：'你们擅自专权！全会众个个既是圣洁，耶和华也在他们中间，你们为什么自高，超过耶和华的会众呢？'"（民16.3）上帝就使地开了口，把可拉、大坍和亚比兰以及他们的家眷都生吞下去，用火烧灭了那二百五十个首领。因此，唯有摩西具有在上帝之下对以色列人的主权，亚伦、人民以及人民的主要首领中的任何贵族都没有。不仅在政治事务中如此，在宗教事务中也如此，因为唯有摩西和上帝说话，因此唯有他能告诉人民，上帝要求于他们的是什么。没有人敢接近上帝与摩西说话的山，否则以死论处。耶和华说："你要在山的四围给百姓定界限，说：'你们当谨慎，不可上山去，也不可摸山的边界；凡摸这山的，必要治死他。'"（出19.12）又说："你下去嘱咐百姓，不可闯过来到我面前观看。"（出19.21）由此我们可以得出，在一个基督教国家里，谁据有摩西的地位，谁就是上帝的唯一信使和上帝诫命的唯一解释者。据此，在解释经文方面，任何人不应当逾越其主权者规定的界限。因为上帝如今既在圣经里说话，圣经便是西奈山；其界限是上帝在地上的代表者的法律。仰望圣经，在其中观看上帝奇妙的作为，学着去敬畏上帝，是允许的；但去解释圣经，即探听上帝对他指派在手下统治人民的人说些什么，并判断这人是否按照上帝的命令统治，便逾越了上帝给我们设定的界限，是亵渎不敬地窥视上帝。

〔40.8〕在摩西时代，除了摩西赞成和授权的人以外，并没有先知，或自称得了上帝的灵的人。在摩西时代，只有七十个人借着上帝的灵说预言，这些人都是摩西拣选的；关于他们，上帝对摩西说："你从以色列的长老中招聚七十个人，就是你所知道

作百姓的长老和官长的，到我这里来。"（民 11.16）上帝将灵分赐给他们，但这灵与赐予摩西的灵无异，经上说："耶和华在云中降临，对摩西说话，把降与他身上的灵分赐那七十个长老。"（民 11.25）但正如我已在前文（第三十六章）表明的，所谓的灵应理解为心灵；所以这个地方的意思不过是说，上帝赋予他们一种心灵，既符合又从属于摩西的心灵，让他们可以说预言，也就是说，凭借上帝之名对人民说话，以便（作为摩西的臣仆，根据摩西的权威）提出与摩西本人的教义相一致的教义。因为他们只是臣仆，其中两人在营里说预言，被认为是一件新奇、不合法的事；据同章第 27 和 28 节记载，他们被人告发了；约书亚不知道他们是借着摩西本人的灵说预言，便请摩西禁止他们。据此显而易见，任何臣民都不应当违反被上帝置于摩西地位的人所确立的教义，妄说预言或妄称得了灵。

[40.9] 亚伦死了，后来摩西也死了；这国作为一个祭司的国，根据所立的约，传与亚伦的儿子大祭司以利亚撒：上帝宣布他为地位仅次于自己的主权者，同时任命约书亚为军队的将军。关于约书亚，上帝明白地说："他要站在祭司以利亚撒面前；以利亚撒要在耶和华面前为他求问。他和以色列全会众都要遵以利亚撒的命出入。"（民 27.21）因此，宣战与媾和的最高权力在该祭司手中。最高司法权属于大祭司，因为律法书由他们保管；从《申命记》17.8，9，10 可以看出，唯有利未人和祭司能在民事诉讼中充任下属法官。至于敬拜上帝的方式，则毫无疑问，直到扫罗时代之前，大祭司都拥有最高权威。因此，政教权力均集于大祭司一人；任何人根据神授权利（即根据直接得自上帝的权威）进行统治时，都应当如此。

[40.10] 约书亚死后到扫罗时代的这段时期，《士师记》中提到时往往说"那时以色列中没有王"，有时还补充说"各人任

意而行"。这应当理解为，说"没有王"的地方，意思是以色列没有主权者权力。如果我们考虑这种权力的行为和运用，情形的确如此。因为在约书亚和以利亚撒死后，"有别的世代兴起，不知道耶和华，也不知道耶和华为以色列人所行的事。以色列人行耶和华眼中看为恶的事，去侍奉诸巴力。"（士2.10，11）犹太人具有圣保罗指出的一种品质，即不但在他们臣服于摩西的统治以前，而且在他们因自己的臣服而负有义务以后，还要寻求"征象"。然而征象和奇迹，其目的是发起信仰，而不是当人们已有信仰时，让他们不违背信仰；因为对于后者，人们受自然法约束。但是，如果我们不考虑统治的实施，而是考虑统治的权利，那么主权者权力仍在大祭司。因此，不论人们对士师（上帝特别拣选出来拯救他的叛乱臣民摆脱敌手的人）有怎样的服从，都不能用来作为理由反对大祭司在一切政治与宗教事务中的主权者权力。无论诸士师还是撒母耳本人，都是受了一种异乎寻常的而不是普通的呼召承担统治权；以色列人服从他们，不是出于义务，而是出于对他们在智慧、勇气或幸福中彰显出他们蒙受的上帝恩宠的尊崇。因此，直到那时为止，对政务与宗教的管制权利，是不可分割的。

[40.11] 继士师之后是列王时代：尽管在以前，无论宗教还是政治方面，一切权威属于大祭司，如今却属于王。因为由于上帝的力量，以及由于以色列人所订立的特殊圣约，此前掌握在上帝及在上帝之下的地上代治者大祭司手中的对人民的主权，如今经过上帝的同意，已被人民抛弃。他们对撒母耳说："现在求你为我们立一个王治理我们，像列国一样。"（撒上8.5）他们的意思是说，他们不愿再由祭司因上帝之名发布命令进行统治，而是要像列国一样，由一人对他们发号施令；所以他们在抛弃有君尊的大祭司时，也抛弃了上帝特有的统治权。而上帝同意了，对撒

母耳说："百姓向你说的一切话，你只管依从；因为他们不是厌弃你，乃是厌弃我，不要我作他们的王。"（撒上 8.7）在厌弃了祭司统治所依凭的上帝后，祭司手中便只剩下王允许他们拥有的权威，而其大小要视王的好坏而定。至于政治事务的治权，则显然完全操在王手中。在同一章（第 20 节）中，他们说，他们定要像列国一样，有王治理他们，统领他们，为他们争战；也就是，王无论在平时和战时，要有全部的权威。这权威也包括对宗教的规制：因为当时对于宗教的管制，除了摩西的律法，就是他们的国法之外，并没有上帝的其他话可作为依据。此外，我们看到："所罗门就革除亚比亚他，不许他作耶和华的祭司。"（王上 2.27）因此，他具有对大祭司的权威，就像他具有对其他臣民的权威一样：这是在宗教方面的至高权的一大标志。我们还看到，他行奉献圣殿之礼，为民祝福，亲自制作了那篇在所有教堂和祷告堂祝圣礼上用的杰出祷告文（王上 8），这是在宗教方面的至高权的另一大标志。又，我们看到，当圣殿中发现的律法书发生问题时，这问题不是由大祭司裁定的，而是由约西亚王派遣大祭司和其他人去见女先知户勒大（王下 22），这是在宗教方面的至高权的另一个标志。最后，我们看到，大卫使希伯伦族人哈沙比雅和他弟兄在约旦河以西的以色列人中为官，"办理耶和华与王的事"（代上 26.30）。他又派另一些希伯伦族人"在流便支派、迦得支派、玛拿西半支派（这些是住在约旦河外的其余的以色列人）中办理神和王的事"（代上 26.32）。这难道不是兼具那些想要将其分割的人所谓的属世权与属灵权的完整权力吗？总之，从上帝国最初创建起到被掳为止，宗教的至高权，始终与政治主权掌握在同一个人手中；在选扫罗为王以后，祭司就不再是主官之职，而是臣仆之职。

[40.12] 尽管就权利而言，政治与宗教的治权首先集于大祭

司，后来集于王，然而根据圣史，人民似乎并不理解这一点。其中有一大部分人，甚至是绝大部分人，只是在看到大奇迹或统治者事业中具有大能力或至福（这就相当于奇迹）时，才充分地相信摩西的名声或上帝和祭司之间的交谈。每当统治者使他们感到不满时，他们就乘机指摘政务或宗教，肆意更换政府或抗命不从，因此时常造成国家的内乱、分裂和灾难。例如，在以利亚撒和约书亚死后，下一代人没有见过上帝的奇迹，只能凭他们微弱的理性去判断，他们不知道自己受到祭司国之约的约束，不再理会祭司的诫命和摩西的任何律法，而是各人任意而行，在政治事务方面，服从他们不时认为可以把自己从邻国的压迫下拯救出来的人。他们不像他们应当做的那样求问上帝，而是求问这样一些男女，他们根据这些人对未来之事的预测，猜想他们是先知。他们的教堂里虽然有偶像，但如果有一个利未人作教堂祭司，他们就解释说他们崇拜以色列的上帝。

［40.13］后来，他们要求像列国一样有一个王，但并不打算背离对他们的王上帝的崇拜，而是对撒母耳的儿子们枉法感到绝望。他们要求立一个王为他们审理民事案件，而不是要让王改变他认为由摩西向他们推行的宗教。所以他们始终留有一种法律或宗教方面的口实，以便在他们有望得势时摆脱服从。人民请求立王，撒母耳不悦（因为上帝已经是他们的王，而撒母耳仅有一种在上帝之下的权威），但当扫罗不听他的话按照上帝的命令毁灭亚甲时，撒母耳就膏大卫为王，从扫罗的继承人手中接过王位继承权。罗波安不是偶像崇拜者，但当人民认为他欺压百姓时，这一政治的口实就使十个支派叛离他而归于偶像崇拜者耶罗波安①。

---

① 据圣经（王上 11：26 以下）记载，所罗门王死后，其子罗波安继位，以色列王国分裂为南北两国，当时约为公元前 931 年。南国在圣经里称为犹大，以耶路撒冷为首都，包括犹大和便雅悯两个支派，从罗波安王开始，到前 586 年西底家（转下页）

总体而言，在犹大和以色列诸王的全部历史中，始终有先知轨制诸王对宗教的侵犯，有时也轨制其国政的失误，比如约沙法王帮助以色列王攻打叙利亚人，遭到先知耶户指责（代下 19.2），希西家王把财物给巴伦使者看，遭到以赛亚指责（赛 39.3—7）。由此可见，尽管政治与宗教的权力都掌握在王手中，但除了因自然能力或至福而蒙恩的王之外，没有哪个王在运用权力方面是不受限制的。因此，从这些时期的实践来看，我们不能得出论点说，宗教方面的至高权不在王手中；除非我们认为它在先知手中，并总结说，因为希西家在天使像前向上帝祷告时，没有从天使像那里得到答复，后来由先知以赛亚作了答复，因此以赛亚是教会的至高首领；或者因为约西亚关于律法书问了女先知户勒大，因此他和大祭司对宗教事务都不具有至高权威，唯有户勒大具有；而我认为这并不是任何圣师的意见。

[40.14] 在被掳时期，犹太人根本没有国家。他们归回后虽然和上帝重新立约，却没有承诺服从以斯拉或其他任何人。不久之后，他们就臣服于希腊人，（其宗教在希腊人的风俗和魔鬼学与希伯来神秘哲学教义的影响下大为败坏）：在政治与宗教方面极其混乱，有关这二者的至高权，人们无法得出任何结论。因此，就《旧约》而言，我们可以得出结论说，任何人在犹太人中具有国家主权，他在上帝的外在崇拜事务方面也具有至高权威，并代表上帝，亦即代表圣父；尽管他并不被称为圣父，直到他派圣子耶稣基督降临人世，为人类赎罪，把人类带入他的永恒的国，获得拯救，直到永远。对此我们将在下一章中讨论。

（接上页）王亡于巴比伦为止。北国在圣经里称为以色列，由十个支派组成，先后以示剑、得撒、撒玛利亚为首都。从耶罗波安王开始，到前 722 年何细亚王亡于亚述为止。耶罗波安在任时曾铸造了两个金牛犊，"他就把牛犊一只安在伯特利，一只安在但。这事叫百姓陷在罪里，因为他们往但去拜那牛犊"（王上 12：29—30）。

第四十一章 论我们蒙福的救主的职分

[41.1] 基督的三重职分。[41.2] 他作为救赎者的职分。[41.3] 基督的国不在这世界。[41.4] 基督降临的目的是重订上帝国的约,并劝说选民接受这约,这是他的第二重职分。[41.5] 基督的传道既不违背当时犹太人的法律,也不违背凯撒的法律。[41.6] 他的第三重职分是(在圣父之下)作选民的王。[41.7] 基督在上帝国中的权威从属于他父的权威。[41.9] 同一个上帝是由摩西和由基督所代表的位格。

[41.1] 我们在圣经里看到,弥赛亚有三重职分:一是作为救赎者或救主;二是作为牧师、顾问或教师,也就是上帝派来使他已选择拯救的人皈信的先知;三是作为王,永恒的王,然而是在他父之下作王,就像摩西和大祭司在各自的时代那样。与这三重职分相对应的是三个时代。在他第一次降临时,他致力于为我们赎罪,为我们的罪在十字架上牺牲了自己。后来,他致力于使我们皈信,这部分地通过他本人、如今部分地由他的臣仆进行,而这项工作会持续到他再次降临时为止。当他再次降临后,将开始他对选民的荣耀统治,直到永远。

[41.2] 为了履行赎罪者的职分,即为我们的罪付出赎金(这种赎金就是死),他牺牲了自己,因而依照上帝的吩咐,担负

并带走了我们的罪孽。从严格的正义来讲，并非一个人的死（尽管这人无罪）能够弥补所有人的过犯；只是由于上帝的宽恕，才规定了他乐意开恩接受的这种赎罪祭。在旧的律法中（比如我们可以在《利未记》第16章读到），耶和华要求每年为所有以色列人赎罪一次，包括祭司和其他人在内。为此，亚伦要单独为自己和祭司宰杀一只公牛犊；至于其他人，他要从他们那里取两只公山羊，他要祭献其中一只，另一只是替罪羊，他要把两手按在它头上，承认人民的诸般罪孽，把这罪都归在羊头上，然后派适当的人手把它送到旷野，让这羊担负他们的一切罪孽逃逸。正如一只山羊的牺牲就足以作为全体以色列人的赎金（因为这是可接受的）；弥赛亚的死就足以作为全人类赎罪的价钱，因为上帝没有更多的要求。我们的救主基督的受难，在这里就像在《旧约》里以撒的祭献或上帝的任何其他预示中一样，被清晰地表现出来。他既是祭献的羊，又是替罪羊；"他被欺压，在受苦的时候却不开口；他像羊羔被牵到宰杀之地，又像羊在剪毛的人手下无声，他也是这样不开口。"（赛53.7）在这里他是祭献的羊。"他诚然担当我们的忧患，背负我们的痛苦。"（赛53.4）又，"耶和华使我们众人的罪孽都归在他身上"（赛53.6）。在这里他又是替罪羊。"他从活人之地被剪除，是因我百姓的罪过。"（赛53.8）在这里他是祭献的羊。又，"他要担当他们的罪孽"（赛53.11）。在这里他又是替罪羊。因此，上帝的羔羊就相当于这两只羊，祭献在于他的死，而担负着罪逃去则在于他的复活；他被圣父适时地接引上天，升天时被从人类的住处移去。

[41.3] 救赎者在进行救赎和付出赎金之前，对被救赎的事物没有权利，这赎金是救赎者的死，因此显而易见，我们的救主（作为人）在受难而死以前，也就是在化为肉身活在地上期间，并不是他所救赎的人的王。我是说，当时他没有因信徒在洗礼中

与他立的约而成为现世的王。不过，因为他们在洗礼中与上帝重新立了约，所以当上帝愿意把国交给他的时候，他们就有义务服从他（在他父之下）作王。因此，我们的救主明确说："我的国不属这世界。"（约18.36）鉴于圣经只提到两个世界，一个是现在的世界，将一直存在到审判日（这一日因而被称为末日）；一个是审判日之后的世界，那时将会有新天新地；因此基督的国要到普遍复活以后才会开始。这就是我们的救主说的："人子要在他父的荣耀里，同着众使者降临；那时候，他要照各人的行为报应各人。"（太16.27）按照各人的行为报应各人，乃是执行王的职分；这要到他在他父的荣耀里同众使者降临的时候才会实现。当我们的救主说："文士和法利赛人坐在摩西的位上，凡他们所吩咐你们的，你们都要谨守遵行。"（太23.2）① 他清楚地声明，在当时他没有把王者的权力归于他自己，而是归于他们。而且他确实是这样做的，他说："谁立我作你们断事的官，给你们分家业呢？"（路12.14）"我来本不是要审判世界，乃是要拯救世界。"（约12.47）但我们的救主降临这世界，他可以成为将来世界的王和审判者：因为他是弥赛亚，也就是基督，也就是受膏的祭司和上帝的主权者先知；这就是说，他将拥有先知摩西、继摩西之后的诸大祭司以及继祭司之后的列王所拥有的一切权力。圣约翰明确地说："父不审判什么人，乃将审判的事全交与子。"（约5.22）这句话与另一句"我来不是要审判世界"并不冲突，因为这句话说的是将来的世界，另一句说的是现在的世界。还有一处说，当基督再次降临世界时，"你们这跟从我的人，到复兴的时候，人子坐在他荣耀的宝座上，你们也要坐在十二个宝座上，审判以色列十二个支派。"（太19.28）也是如此。

---

① 正确出处，太23：2—3。

[41.4] 然则，如果基督生前在这世界没有国，那么他第一次降临是为了什么目的呢？是为了凭借一个新约，向上帝重建那原本凭借旧约属于上帝、又因以色列人的背叛，选出扫罗而断绝的国。为了做到这一点，他要向他们宣讲他是弥赛亚（即诸先知应许他们的王），并奉献自己，为那些因信仰而归顺他的人的罪而牺牲；当这民族普遍地拒绝他时，就要呼召外邦人中信奉他的人服从他。所以我们的救主在世期间有两重职分：一是宣告自己是基督，一是通过宣教和奇迹，劝服人们准备好如此这般生活，以便当他在威严中降临、掌管他父的国时，无愧于信徒享受的永生。因此，他传道的时期，经常被他本人称为复兴；这严格来讲并不是一个国，因而不能以此为根据，拒绝服从当时在任的官长，（他命令人们服从当时坐在摩西位上的人，并对凯撒纳税）。他只是向那些已蒙受上帝恩典，成为他的门徒的人，以及信奉他的人，预示将来的上帝国。由于这一原因，虔诚的人在归化于天国的时候，便被说成已经在恩典的国里。

[41.5] 因此，到那时为止，基督所行和所教的事中，没有一桩是削弱犹太人和凯撒的政治权利的。因为就当时犹太人的国家而言，无论统治者还是被治者，都在盼望弥赛亚和上帝国；如果他们的法律（在他降临时）禁止他宣告和证明他自己的身份，他们是不可能这样做的。因此，既然他只是通过传道和行奇迹尽力证明自己就是弥赛亚，所以他没有做任何违反他们法律的事情。他所声称的国，将在另一个世界：他叫所有的人服从当时坐在摩西位上的人，让他们向凯撒代他纳税，并拒绝成为审叛者。然则，他的言行怎么可能是煽动性的、倾向于推翻他们当时的政府呢？但上帝已决定让他牺牲，以便使他的选民恢复原先约定的服从，并作为实现这一意图的手段，利用他们的恶念与忘恩。这也不违反凯撒的法律。因为彼拉多本人尽管为了取悦犹太人，把

他交出来钉死在十字架上，但他事先却公开声言，他查不出这人有什么罪。而在写定罪名时，他没有像犹太人所要求的那样写成"他他自己说：我是犹太人的王"（约 19. 21），而是简单地写成"犹太人的王"（约 19. 19）。虽然他们鼓噪叫喊，他却拒绝改动，并说"我所写的，我已经写上了"（约 19. 22）。

[41. 6] 至于他的第三重职分是作王，我已经表明，他的国在复兴之前不会开始。但到复兴时他要作王，他不仅作为上帝为王，由于他的全能，他在这个意义上已经并将永远是全大地的王；而且由于他自己的选民因洗礼与他立的约，他要特别作他们的王。因此，我们的救主说，当"人子坐在他荣耀的宝座上"时，他的使徒"也要坐在十二个宝座上，审判以色列十二个支派"（太 19. 28）。他的意思是说，那时他将以他的人性为王；"人子要在他父的荣耀里，同着众使者降临；那时候，他要照各人的行为报应各人。"（太 16. 27）同样的说法，我们可以在《马可福音》13. 26、14. 62 中读到，《路加福音》22. 29，30 中关于时间问题说得更明确：我将国赐给你们，正如我父赐给我一样，叫你们在我国里，坐在我的席上吃喝，并且坐在宝座上，审判以色列十二个支派。"由此可见，圣父指派给他的国，不会出现在人子在荣耀里降临、并让他的使徒审判以色列十二个支派之前。但这里有人也许会问，天国里既然没有婚姻，那时人们会不会有吃喝呢？这里的吃喝指什么？我们的救主对此作了说明："不要为那必坏的食物劳力，要为那存到永生的食物劳力，就是人子要赐给你们的。"（约 6. 27）所以在基督的席上吃喝，意思是吃生命树的果子，也就是在人子的国里享受永生。根据这些地方以及其他许多地方，显而易见，我们救主的国将由他以他的人类本性行使职权。

[41. 7] 又，他那时要作王，不过是从属于父上帝，作为其

代治者，像摩西在旷野中那样，也像扫罗为王之前的大祭司以及后来的列王那样。因为关于基督的预言中有一句话，说他在职分方面会与摩西一样："我必在他们弟兄中间，给他们兴起一位先知像你。我要将当说的话传给他。"（申18.18）与摩西的这个相似之处，从我们的救主本人在世时的行为中也可以看出来。正如摩西选十二支派族长在他底下统治，我们的救主也选十二使徒，让他们将来坐在十二宝座上审判以色列十二个支派。正如摩西授权七十长老受圣灵，向百姓说预言，也就是（如我在前文中所说的）以上帝的名向人民说话；我们的救主也任命七十门徒向万国宣讲他的国和拯救。正如当有人向摩西告发七十长老中有两人在以色列营中说预言时，他为他们辩解说，他们这样做是有益于他的治理的；当圣约翰向我们的救主告发有人奉他的名赶鬼时，我们的救主为此辩解说："不要禁止他；因为不敌挡我们的，就是帮助我们的。"①（路9.50）

[41.8] 又，我们的救主在制定允许进入上帝国的圣礼与纪念上帝拯救他的选民脱离悲惨处境的圣礼这两点上，也与摩西相似。正如以色列的子民在摩西时代以前，以割礼作为他们被接纳进上帝国的圣礼，这圣礼在旷野中被废弃，他们到应许之地后被立即恢复；犹太人在我们的救主降临以前也有洗礼，也就是用水洗所有皈依以色列的上帝的外邦人。这一礼仪，宣讲基督已经降临世界的施洗约翰在接纳所有将自己的名归于基督的人时就用了；我们的救主制定了同样的礼仪，作为所有信奉他的人都要举行的圣礼。洗礼是因为什么产生的，经上没有正式说明；但或许可以认为，它是仿效摩西关于麻疯病的律法，其中规定，麻风病

---

① 在这句话中，霍布斯所依据的英王钦定本圣经中作"我们"，常见的版本一般作"你们"。

人要在以色列的营外度过一定的时间，之后若被祭司判定为洁净，就可以举行一次圣洗，然后准许入营。因此，这可能是洗礼中的洗的一种预示，以此方式，那些因信仰被洗去罪的麻疯病的人就通过庄严的洗礼被接纳进教会。还有一种推测，认为洗礼来自外邦人在一种罕见的情形下举行的仪式：那就是，当一个被认为已死去的人碰巧活过来时，旁人跟他打交道时会有所顾忌，就像是在跟鬼打交道一样，除非他像初生婴儿被洗去出生时的污秽那样，通过洗濯被人们接纳，这乃是一种新生。希腊人的这种仪式，很可能是在犹大处于亚历山大及其希腊继承者统治时期潜入犹太人的宗教的。但是，鉴于我们的救主不大可能纵容一种异教徒的仪式，所以它很可能是从害麻疯病后举行的法定洗濯仪式中产生的。至于另一种吃逾越节羊羔的圣礼，显然在主的晚餐圣礼中被模仿；其中掰饼和倒酒，使我们不忘记自己凭借基督的受难而从罪的苦难中被救出来，正像吃逾越节羊羔，使犹太人不忘记自己从埃及的奴役中被救出来一样。鉴于摩西的权威不过是从属性的，他不过是上帝的副手，由此可以得出，基督作为人的权威，就像摩西的权威一样，从属于他父的权威。这在以下各处说得更为清楚，他教我们祈祷"我们的父，愿你的国降临"，"国度、权柄、荣耀，全是你的"①；经上说"他要在他父的荣耀里降临"②，圣保罗说："末期到了，基督就把国交与父神。"（林前15.24）③ 以及还有很多极明确的地方。

　　[41.9] 因此，我们的救主在宣教和为王时，（像摩西一样）代表上帝的位格（Person）；上帝从那时起才被称为圣父，以前

———————————

① 太6：9—13；路11：2—4。
② 太16：27。
③ 林前15：24："再后，末期到了，那时基督既将一切执政的、掌权的、有能的都毁灭了，就把国交与父神。"

却不是这样；作为同一实体，由摩西代表的是一个位格，由他儿子基督代表的是另一个位格。因为 *Person* 是代表者的对应物，多个代表者，尽管属于同一个实体，却有多个 *Persons*。

第四十二章　论教会权力

[42.2] 论落在使徒们身上的圣灵。[42.3] 论三位一体。[42.5] 教会权力只是教导的权力。[42.6] 关于这一点的论据，根据基督本人的权力；[42.7] 根据"复兴"的说法；[42.8] 根据得鱼、酵、种籽的比方。[42.9] 根据信仰的本质；[42.10] 基督留给了政治君王的权威。[42.11] 基督徒做什么可以避免受到迫害。[42.12] 论殉道者。[42.15] 根据他们的各项使命得到的证据。[42.16] 传道；[42.17] 教导；[42.18] 施洗；[42.19] 赦罪与留罪。[42.20] 论绝罚。[42.21] 在没有政治权力的情况下运用绝罚，[42.23] 对叛教者无效。[42.24] 只对信徒有效。[42.25] 因什么过错而应施以绝罚。[42.26] 可遭受绝罚的人。[42.32] 论政治主权者成为基督徒之前的圣经解释者。[42.36] 论使圣经成为法律的权力。[42.37] 论十诫。[42.38] 论士师法和利未法。[42.39] 重申的法律。[42.41]《旧约》何时成为正典。[42.42]《新约》在基督徒主权者统治下开始成为正典。[42.45] 论使圣经成为法律的公会议的权力。[42.49] 论使徒时代选立教会官员的权利。[42.51] 马提亚被会众立为使徒。　[42.52] 保罗和巴拿巴被安提阿教会立为使徒。[42.54] 教会中的哪些职务是主官职务。[42.56] 教师之任

命。［42.58］什么是教会的臣仆；［42.59］以及如何选举。
［42.61］论教会的收入，根据摩西的律法。［42.63］在我们
救主时代以及后来。［42.65］福音臣仆靠其教众的捐助生
活。［42.67］身为基督徒的政治主权者有任命牧师的权利。
［42.71］唯有主权者的牧师权威是凭借神授权利，其他牧师
的都是凭借政治权利。［42.72］基督徒国王有执行各种牧师
职能的权力。［42.79］政治主权者若是基督徒，便是其领地
里的教会的首脑。［42.81］考察白敏枢机主教《论最高教会
权力》。［42.82］第一卷。［42.86］第二卷。［42.87］第三
卷。［42.89］第四卷。［42.90］支持教宗在信仰问题上的判
断绝对无谬的经文。［42.94］支持教宗在品行问题上的判断
绝对无谬的经文。［42.110］教宗与其他主教之间的至高权
问题。［42.121］论教宗的属世权力。

［42.1］为了理解教会权力是什么，在谁手里，我们要把我
们的救主升天后的时间划分为二：一是国王和政治主权者皈信以
前；二是他们皈信以后。因为在他升天后过了很长时间，才有国
王或政治主权者拥护并公开允许基督教传教。

［42.2］在中间这段时间里，显而易见，教会权力在使徒们
手里，继他们之后则是在他们任命去宣讲福音、使人皈信基督教
并引导皈信者走上得救之路的人手里，在这些人之后，这权力又
被交给他们所任命的另一些人，这是通过对受命者按手来实现
的，以此表示将圣灵或上帝的灵赐给他们所任命的人，即上帝的
臣仆，以推进上帝国。所以，按手只是他们宣讲基督和讲授其教
义的使命的印记，以按手礼赐予圣灵，是模仿摩西的做法。摩西
对他的臣仆约书亚用了这一礼仪，比如我们读到，"嫩的儿子约
书亚；因为摩西曾按手在他头上，就被智慧的灵充满"（申

34. 9）。因此，我们的救主把他的灵赐给使徒们，先是在复活之后和升天之前，通过"向他们吹一口气，说：'你们受圣灵！'"（约20. 22）然后是在升天之后，通过给他们降下"一阵大风"，"又有舌头如火焰显现出来"（徒2. 2，3），而不是通过按手，正如上帝也没有按手在摩西身上。后来，使徒们像摩西对约书亚所行的那样，通过按手传递同一个灵。所以据此显而易见，在最初没有任何基督教国家的时代，教会权力持续不断地保留在谁手中，那就是保留在凭借相继按手而从使徒那里接受该权力的人们手中。

[42.3] 在这里，我们看到上帝的位格第三次被代表。正如摩西和大祭司在《旧约》里是上帝的代表；我们的救主自己作为人居于地上期间是上帝的代表：圣灵亦然，也就是说，已接受圣灵的众使徒及其继任者，从此以后在传道和教导的职分方面代表上帝。但是（正如我在前面第十三章所表明的），人格/位格是被代表者，每当被代表时就是人格/位格；因此，已被代表三次的上帝，可以完全在严格意义上说是三个位格，尽管在圣经里，并没有把位格和三位一体这些词用在他身上①。诚然，圣约翰说：

①"第十三章"，应为"第十六章"。这里的论述，可对照阿奎纳《神学大全》第一集第29、30题关于位格（personae）定义等问题的阐述，阿奎纳的论旨大致如下：位格是具有理性本性的个别实体（substantia）。虽然在一切（物）类里，都有普遍和个别；实体却是借自己而成为个别的。那些具有理性的实体，进而以更独特和完美的方式，有自己的"个别"：这些实体有自己行为的主权。因此，这些具有理性的特殊个体，也有一个独特的名称，就是"位格"。位格所表示的，是那整个（物之）自然本性中最完美者，即那在理性本性中自立存在者。"一个人"的"人"着重人的"本性"，而"一个人"的"个"则着重人的"个别自立存在"。"个体"一词，适用于一切个别自立存在者；而"位格"一词，则专指具有理性本性的个体。我们每一个人或每一位，都各有自己所分有的人之本性，各自自立于这本性内，各有自己的实体和存在，我们是一位一体或一体一位。但上帝却是三位一体或一体三位，三位各有其自立，却又共同自立于唯一的上帝之本性或天主性内，共为一个实体，共有或共是一个存在。阿奎纳《神学大全》第一册，高旭东、陈家华译，中华道明会、碧岳学社，2009，第427—455页。

"在天上作见证的有三：就是父、道，与圣灵，这三样是一。"① （约壹 5.7）但就人格/位格的本义来说，这与三个位格的说法并不冲突，而是与之相契合，人格/位格的本义是被他者所代表者。因此，父上帝由摩西代表时是一个位格；由圣子代表时是另一位格；由众使徒以及凭借从他们那里得来的权威推行教化的圣师代表时是第三个位格；而这里的每个位格，都是同一个上帝的位格。但在这里有人会问，这三个位格所见证的是什么。于是圣约翰告诉我们："这见证就是神赐给我们永生；这永生也是在他儿子里面。"（约壹 5.11）又，如果有人问这见证出现在什么地方，答案很简单；因为上帝已通过他首先由摩西、其次由圣子本人、最后由众使徒即接受了圣灵的人所行的奇迹证实了这一点；所有这些人在他们各自时代都代表上帝的位格，或是说预言，或是宣讲耶稣基督。至于使徒，在最初十二个大使徒身上，见证基督的复活是使徒职分的属性；这在经上说得很清楚，当时要拣选一个新的使徒代替加略人犹大，圣彼得用了这些话："主耶稣在我们中间始终出入的时候，就是从约翰施洗起，直到主离开我们被接上升的日子为止，必须从那常与我们作伴的人中立一位与我们同作耶稣复活的见证。"（徒 1.21，22）这些话解释了圣约翰提到的"作见证"。在同一个地方又提到地上的另一个三位一体的见证。他说："在地上作见证的有三②：就是圣灵、水，与血，这三样也都归于一。"（约壹 5.8）也就是说，圣灵的恩典，洗礼和主的晚餐这两种圣礼，全部合为一个见证，向信徒的

---

① 此节经文，据霍布斯引用的英王钦定本译出。参看吴经熊《文理圣咏与新经全集》译文及注释："天上三证：曰父，曰道，曰神，三者一体。""此节于通俗拉丁译本有之。然近代注疏家与近代译本，则多以此节为后人所纂入，不见于古抄本。"

② 据霍布斯引用的英王钦定本译出。《约翰一书》5：7—8，和合本译文："并且有圣灵作见证，因为圣灵就是真理。作见证的原来有三：就是圣灵、水，与血，这三样也都归于一。"中译所据底本似乎是美国标准版（American Standard Version）。

良心确保永生；关于该见证，他说："信神儿子的，就有这见证在他心里。"（约壹 5.10）在地上的三位一体中，一不是事物的一；因圣灵、水和血不是同一种实体，尽管它们给出同一种见证；但在天上的三位一体中，诸位格是唯一上帝的、然而在三种不同的时间和场合中被代表时的位格。总之，根据经文只能直接推断出，三位一体的教义实质上是，始终是同一的上帝，既是由摩西代表的位格，也是由他儿子道成肉身代表的位格，还是由众使徒代表的位格。由众使徒代表时，他们借以说话的圣灵，就是上帝；由（既是神又是人的）圣子代表时，圣子就是上帝；由摩西和大祭司代表时，圣父（即我们的主耶稣基督的父）就是上帝。据此我们可以推断出，为什么圣父、圣子和圣灵这些表示神首的名称在《旧约》中从未使用过。因为他们是位格，也就是说，他们的名称来自代表；而这只有当不同的人在上帝之下统治和管辖中代表上帝的位格时，才是可能的。

［42.4］这样我们就看到，教会权力如何由我们的救主留给众使徒；他们又如何被赋予圣灵（以便他们更好地行使该权力），圣灵在《新约》中因此有时被称为 *Paracletus*，意为"协助者"，也就是被召来进行帮助的，不过通常译为"安慰者"。现在让我们研究这权力本身，它是什么，是对谁行使的。

［42.5］白敏枢机主教①在他的"第三大争论议题"中处理了关于罗马教宗的教会权力的若干问题，而且开篇就谈到这个问

---

① 罗伯·白敏（Roberto Francesco Romolo Bellarmino, 1542—1621），生于意大利，16 世纪后期至 17 世纪初期曾在罗马耶稣会学院从事讲授神学的工作，担任过天主教卡普阿总教区总主教，1930 年列入圣品，次年被尊为教会圣师，是特伦特会议上建立的基督公教正统的伟大捍卫者，在圣经拉丁文通俗本修订工作中发挥过极为重要的作用，其护教作品是《为基督教信仰中争论议题的辩论》（*Disputations de Controversis Christianae Fidei*），其中"第三大争论议题"，处理了罗马教宗的教会权力问题。

题：教会权力应当是君主制的、贵族制的还是民主制的，而这些类型的权力都是主权者的强制性权力。如果我们的救主留给他们的不是任何强制性权力，而只是这样一种权力，即宣扬基督的国并劝人们归顺它，通过诚言和忠告教导已归顺者要如何行事，以便在上帝国降临时被接纳，而且众使徒和其他福音臣仆是我们的教师而不是我们的命令者，他们的诚言不是法律而是有益的建议，那么这一争论就是徒然的。

［42.6］我在上一章已经表明，基督的国不属这世界，因此，他的臣仆（除非是王）也不能因他的名要求人们服从。如果这位最高的王在这世界没有君王的权力，那又凭什么权威要求人们服从他的官员呢？（我们的救主说）父怎样差遣了我，我也照样差遣你们。① 而我们的救主被差遣来，是要劝说犹太人归回他父的国，并邀请外邦人接受他父的国，而不是要在审判日来临之前作为他父的代治者在威严中掌权。

［42.7］从他升天到普遍复活之间的这段时间，不是称为"统治"，而是称为"复兴"；也就是为基督在审判日的第二次荣耀降临做准备；正如我们的救主说："我实在告诉你们，你们这跟从我的人，到复兴的时候，人子坐在他荣耀的宝座上，你们也要坐在十二个宝座上，审判以色列十二个支派。"（太 19.28）以及圣保罗说："用平安的福音当作预备走路的鞋穿在脚上。"（弗 6.15）

［42.8］我们的救主把这比作得鱼，也就是靠劝说，而不是靠强制，去赢得人们服从：因此，他没有对使徒们说，他会使他们成为宁录，就是"猎人者"，而是说"得人如得鱼一样"。这又

---

① 约20：21。

被比作面酵，撒种，一粒芥菜种的繁盛①；这些比方都排除了强制；因此在这段时间就不可能实际地作王。基督的臣仆的工作是传福音，也就是宣扬基督，为他的再次降临做准备，就像施洗约翰传福音是为他的第一次降临做准备一样。

〔42.9〕又，基督的臣仆在这世界的职分，是让人们信奉基督；但信仰既不依靠强迫或命令，且与之全然无关；而只是依靠从理性或人们已相信的某种事物中得出的确定性或可能性的论证。因此，基督的臣仆，在这世界并不因该称号而有权力惩罚任何人，仅仅是因为该人不信或反驳他们说的话；我是说他们不因基督的臣仆这一称号而有权力惩罚任何人；但如果他们因政治创建而有主权者的政治权力，那么他们确实可以合法地惩罚任何与他们的法律相抵触的言行。圣保罗在谈到他自己和当时其他福音传道者时明确地说："我们并不是辖管你们的信心，乃是帮助你们的快乐。"（林后 1.24）

〔42.10〕关于基督的臣仆在这世界中没有命令的权力，还可通过基督留给所有君王的合法权威加以证明，无论其为基督徒还是不信者。圣保罗说："你们作儿女的，要凡事听从父母，因为这是主所喜悦的。"（西 3.20）又说："你们作仆人的，要凡事听从你们肉身的主人，不要只在眼前侍奉，像是讨人喜欢的，总要存心诚实敬畏主。"（西 3.22）这些话是说给其主人是不信者的人；却吩咐他们在"凡事"上服从其主人。又，关于对君王的服从，他劝诫人们"顺服在上有权柄的，因为凡掌权的都是神所命的"，又说"我们必须顺服他们，不但是因为"恐惧招致他们的忿怒，"也是出于良心"（罗 13.1—6）。圣彼得也说："你们为主

---

① 宁录，创 10：9—11。得人的渔夫，太 4：19；可 1：17。面酵的比喻，太 13：33；路 13：21；林前 5：6；加 5：9。撒种的比喻，太 13：3—23；可 4：3—20；路 8：5—15。芥菜种的比喻，可 4：31—32；太 13：31—32；路 13：19。

的缘故，要顺服人的一切制度，或是在上的君王，或是君王所派罚恶赏善的臣宰。因为神的旨意原是要你们行善，可以堵住那糊涂无知人的口。"（彼前 2.13，14，15）圣保罗又说："你要提醒众人，叫他们顺服作官的、掌权的，遵他的命，预备行各样的善事。"（多 3.1）圣彼得和圣保罗说的这些君王和掌权的都是不信者，因此，对于上帝所命的那些拥有凌驾于我们之上的主权者权力的基督徒，我们就更要听从了。然则，如果基督的任何臣仆，命令我们做任何与我们作为其成员的国家的王或其他主权代表者的命令相违背的事，而我们又指望得到他们的保护，那我们怎么可能有义务服从他呢？因此显而易见，基督没有传给他在这世界的臣仆任何命令别人的权威，除非他们本身就具有政治权威。

[42.11] 但（有人会反对说）如果一个王、元老院或其他主权人格禁止我们信奉基督，那又怎么办？对此，我的回答是，这种禁止是无效的；因为信与不信绝不是随着人的命令来的。信仰是上帝的赠礼，人不能通过奖赏的承诺或酷刑的威胁来给予或剥夺。要是进一步问，如果我们的合法君王命令我们口头说我们不信基督，那么我们必须服从这种命令吗？口头的认信只是一种外在的东西，与我们借以表示服从的其他姿态相同；在这种情况下，心里坚守基督信仰的基督徒，具有先知以利沙准许叙利亚人乃缦所具有的同样自由。乃缦在心里已皈信了以色列的上帝；他说："你若不肯受，请将两骡子驮的土赐给仆人。从今以后，仆人必不再将燔祭或平安祭献与别神，只献给耶和华。惟有一件事，愿耶和华饶恕你仆人：我主人进临门庙叩拜的时候，我用手搀他在临门庙，我也屈身。我在临门庙屈身的这事，愿耶和华饶恕我。"（王下 5.17）① 这一点先知同意了，就叫他"平平安安地

---

① 正确出处，王下 5：17—18。

回去"。在这里，乃缦是在内心中相信；但他向临门像跪拜时，他在事实上却否认了真神，就仿佛他亲口说出这话一样。那么我们该如何回答我们救主的话，"凡在人面前不认我的，我在我天上的父面前也必不认他"①。对此我们可以说，一个臣民，比如乃缦，被迫了服从他的主权者而去做任何事，这样做不是因为他自己的心意，而是因为他的国家的法律，该行动就不是他的，而是他的主权者的；在这种情况下，在人面前否认基督的不是他，而是他的统治者，以及他的国家的法律。任何人如果指摘这一教义，认为它与真实不虚的基督教相冲突，那么我问他，假设在任何基督教国家里有一个臣民在内心中信奉穆罕默德教，若是其主权者又命令这人出席基督教教会的礼拜，否则处以死刑，那么他是否认为，该穆罕默德教徒从良心上说有义务因此受死，而不必服从其合法君王的命令呢？如果他说，这人应当受死，那么他就是授权所有的私人，为了维护自己的宗教，无论其是真是假，都可违抗他们的君王；如果他说，这人应当服从，那么他就给予自己他拒绝给他人的东西，违背了我们的救主说的"你们愿意人怎样待你们，你们也要怎样待人"②，也违背了自然法（这是上帝的不容置疑的永恒法）："己所不欲、勿施于人。"

［42.12］但是，关于我们在教会史中读到的所有不必要地抛弃了自己生命的殉道者，我们又怎么说呢？回答这个问题，我们要区分那些为此缘故而被处死的人：其中一些人受到了呼召，公开宣扬和信奉基督的国；另一些人没有受到这种呼召，所要求于他们的，只是他们们自己的信仰而已。前一种人，若是为耶稣基督从死里复活作见证而被处死，是真正的殉道者。因为（要是给该

---

① 太10：33。
② 太7：12，路6：31。

词下一个正确的定义），殉道者就是弥赛亚耶稣复活的见证人。除了那些在世上与他交往和在他复活后见到过他的人以外，没有人能成为这种人。因为一个见证人必须见到他所见证的，否则他的见证就不可靠。除了这种人以外，没有人能在严格意义上被称为"基督的殉道者"，这在圣彼得的这些话中是显而易见的："所以，主耶稣在我们中间始终出入的时候，就是从约翰施洗起，直到主离开我们被接上升的日子为止，必须从那常与我们作伴的人中立一位与我们同作耶稣复活的殉道者①（即见证人）。"（徒1.21，22）由此可见，一个人要成为基督复活的真理的见证人，也就是要见证耶稣是基督这一基督教基本信条的真理，必须是与他交往过并在他复活前后见过他的某个门徒，所以必须是他的初始门徒之一。而不是初始门徒的人，能够见证的不过是其前辈们这样说过，因此不过是他人之见证的见证人，不过是二级殉道者，或基督的见证人的殉道者。

[42.13] 一个人若为了坚持他自己从我们救主的生平史迹、使徒行传或使徒书信中得出的一切教义，或者他基于一个私人的权威而相信的一切教义，违抗政治国家的法律和权威，他就远远不是基督的殉道者，或基督殉道者的殉道者。只有为了一个信条而死才配得上这个光荣称号，这个信条就是："耶稣是基督"；就是那个已为我们赎罪，并将再度来临，使我们得救，在他的荣耀的国中得永生的。为了教士争权夺利的任何信条而死，都是没有必要的。使一个人成为殉道者的，不是见证人的死，而是这一见证本身，因为殉道者一词没有别的意思，而是指作见证的人，不管他是否因为他的见证而被处死。

---

① 此处，诸英译本圣经作 witness。霍布斯根据希腊文圣经用词μάρτυρα（即μάρτυς
［*mártus*］的单数受格），写作 a Martyr（that is a Witnesse），以强调殉道者就是见证人。

［42.14］同样，一个人若没有受到差遣去宣讲这一基本信条，却基于其私人权威承担其事，尽管他是见证人，因而要么是基督的一级殉道者，要么是基督的使徒、门徒及其继承人的二级殉道者，他却没有义务为该事业而受死。因为他没有受到呼召这样做，所以不需要为此而死。若是他失去他所期待从那些从未派他工作的人那里得到的报酬，他也不应当抱怨。因此，一个人若没有得到授权去宣讲基督道成肉身，就不能成为殉道者，无论是一级殉道者，还是二级殉道者；也就是说，只有那些受差遣去劝化不信者的人，才能够成为殉道者。对于已经信主、因而无需见证的人来说，任何人都不能成其为见证人，唯有对于否认、怀疑或没有听过的人来说，一个人才能够成为见证人。① 基督差遣他的众使徒和七十门徒，赋予他们传道的权威，他并没有差遣所有的信徒。他差遣他们到不信者中间去，（他说，）"我差你们去，如同羊进入狼群"（太 10.16），而不是如同羊进入另一个羊群。

［42.15］最后，福音书中明确记载着他们的各项使命，没有哪一项包含任何对会众的权威。

［42.16］我们首先看到十二使徒受差遣到"以色列家迷失的羊那里去"，并受命去宣讲"天国近了"（太 10.6—7）。宣讲/传

---

① 这里既说"一个人若没有受到差遣去宣讲这一基本信条，尽管他是见证人，因而是殉道者"，又说"一个人若没有得到授权去宣讲基督道成肉身，就不能成为殉道者"，行文前后矛盾。霍布斯的意思或许是：第一、耶稣基督的直接和间接的殉道者（见证人），没有必要为此受死。第二、只有合法权威派往不信者中间宣讲"耶稣是基督"这一信条的人，才可能成为殉道者。这段话的拉丁文版大意："一个人若没有受到派遣去宣讲这一信条，而是出于自己的意图这样做，尽管他是基督的初始见证人，或者基督的使徒、门徒及其继承人的见证人；然而他并没有义务为此受死；因为他这样做并非受到呼召或派遣。……因此，一个人若不是像那些被派去劝化不信者的人那样具有合法的权威去宣讲耶稣基督，便不可能成为殉道者。因为对于已经相信的人来说，见证人是不需要的，唯有对于否认、怀疑或没有听过的人来说，才需要见证人。"参看 Thomas Hobbes, *Leviathan*, III, *The English and Latin Texts* (ii), ed. Noel Malcolm, Oxford: Clarendon Press, 2012, 第 788—789 页。

道一词，原义是指传令官、使者或其他官员当众宣告国王来临之行为。但是，传令官无权命令任何人。七十门徒受差遣去当"收庄稼的工人，而非庄稼的主人"①（路10.2）；他们受吩咐去说"神的国临近你们了"（路10.9）；这里所说的国不是恩典的国，而是荣耀的国；他们还受吩咐去谴责那些不接纳他们的城，威胁说当审判的日子，所多玛所受的，比那城还容易受（路10.11），②我们的救主告诫他那两个争座位先后的门徒说，他们的职分是服侍：正如人子来，不是要受人的服侍，乃是要服侍人（太20.28）。因此，传道者没有主官的权力，而只有臣仆的权力，哪怕是基督也如此；我们的救主说："你们不要受拉比的称呼，因为只有一位是你们的师尊，乃至基督（救世主）。"③（太23.10）

[42.17] 他们的另一项使命是教导万民；正如《马太福音》28.19④和《马可福音》16.15中说："你们往普天下去，传福音给万民听。"因此，教导和传道是一回事。因为那些宣告王来临的人，若要叫人们归顺这王，就必须同时使人们知道，他是根据什么权利来临的，就像圣保罗对帖撒罗尼迦的犹太人所做的那样："一连三个安息日，本着圣经与他们辩论，讲解陈明基督必须受害，从死里复活；又说：'我所传与你们的这位耶稣就是基

----

① 根据霍布斯的文本译出。和合本译文："要收的庄稼多，做工的人少。所以，你们当求庄稼的主打发工人出去收他的庄稼。"

② 正确出处，路10：11—12。

③ 这节经文在英王钦定本中的完整表述为：But be not ye called Rabbi: for one is your Master, [even] Christ; and all ye are brethren. "但你们不要受拉比的称呼，因为只有一位是你们的师尊，[乃至] 基督（救世主）；你们都是弟兄。"Master（师尊/主人），希腊语原文διδάσκαλος，在圣经里一般用来指教师，耶稣在这里特别用来指其自己是向人显明救恩之路的那一位。

④ 太28：19："所以，你们要去，使万民作我的门徒，奉父、子、圣灵的名给他们施洗。"

督。'"（徒17.2，3）但是，根据《旧约》教导说"耶稣是基督"，也就是"耶稣是王"，是从死里复活的，并不等于说，人们在相信之后，必须服从告诉他们这一道理的人，违抗他们主权者的法律和命令；而只是说，他们应智慧地行事，具有耐心和信仰，服从这世界的官长，期盼日后基督的降临。

[42.18] 他们的另一项使命是"奉父、子、圣灵的名给他们施洗"①。什么是施洗？就是浸到水里。但是，奉任何事物的名把人浸到水里又是什么意思呢？这些关于施洗的话，意思是这样：受洗的人被浸到水里或用水洗濯是一个征象，标志着他成为新人，上帝的忠实臣民，就是那个其位格在古代当他统治犹太人时由摩西和大祭司所代表的上帝；标志着他成为圣子耶稣基督的忠实臣民，就是那个既是神又是人、已经为我们赎了罪，而且要在复活后在他永恒的国里以他的人性代表圣父的位格的圣子；标志着他承认众使徒的教义，他们是在圣父的灵、圣子的灵的协助下留下来领我们进入天国的向导，是通往那里的唯一可靠的途径。这就是我们在洗礼中的承诺，地上主权者的权威在审判日之前不会被取消，这是圣保罗所明确肯定的，他说："在亚当里众人都死了；照样，在基督里众人也都要复活。但各人是按着自己的次序复活：初熟的果子是基督；以后，在他来的时候，是那些属基督的。再后，末期到了，那时基督既将一切执政的、掌权的、有能的都毁灭了，就把国交与父神。"（林前15.22，23，24）显而易见，我们在洗礼中并没有在我们之上设立另一种权威，统治我们今生的外在行动，而只是承诺以使徒们的教义来指导我们走向永生之道。

[42.19] 赦罪与留罪的权力，也称为松绑与捆绑的权力，有

---

① 太28：19。

时也称为天国的钥匙①，是由施洗或拒绝施洗的权威而来的。因洗礼是这些人的效忠圣礼，这些人受到接纳，可进入上帝国，也就是说，可以得永生；也就是说，可得以免罪：永生是因犯罪而失去的，也因赦免人们的罪而得以恢复。洗礼的目的是赦罪；因此，当在五旬节听了圣彼得讲道而皈信的众人问，他们当怎样行的时候，圣彼得建议他们"要悔改，奉耶稣基督的名受洗，叫你们的罪得赦"②。因此，施洗乃是宣布人们被接纳进入上帝国，而拒绝施洗则是宣布他们被排除在外。由此得出，宣布把人赶出或留在上帝国的权力，被赋予这些使徒以及他们的替补者和继任者。因此，在我们的救主向他们吹气并说"你们受圣灵"（约20.22）之后，他在下一节中又说，"你们赦免谁的罪，谁的罪就赦免了；你们留下谁的罪，谁的罪就留下了"。这些话没有授予他们对悔改者的完全而绝对地恕罪或留罪的权威，唯有知晓人心、知晓人们悔改和皈信的真相的上帝才能如此恕罪与留罪，而只是授予他们有条件地这样做的权威。这种恕罪或解罪，如果被解罪者只是假装悔改，那么无需被解罪者的其他言行，就会沦为无效，对得救不起作用，相反还会加重其罪。因此，众使徒及其继任者仅根据悔改的外在标志行事，当它们出现时，他们便无权拒绝解罪，若是没有出现，他们也无权去解罪。这一点在洗礼中也要遵守，使徒们无权拒绝对已皈信的犹太人或外邦人施洗，也无权对未悔改者施洗。但是，对他人之悔改的真相，人们除了从其言行中得到的外在标志加以辨别外，别无他法，而言行容易流于伪善，这就导致另一个疑问，谁来当这些标志的判断者呢？这个疑问被我们的救主亲自解决了。他说："倘若你的弟兄得罪你，

---

① 太 16：19："我要把天国的钥匙给你，凡你在地上所捆绑的，在天上也要捆绑；凡你在地上所释放的，在天上也要释放。"

② 徒 2：38。

你就去，趁着只有他和你在一处的时候，指出他的错来。他若听你，你便得了你的弟兄；他若不听，你就另外带一两个人同去，要凭两三个人的口作见证，句句都可定准。若是不听他们，就告诉教会；若是不听教会，就看他像外邦人和税吏一样。"（太18.15，16，17）由此可见，关于悔改之真伪的判断，不属于任何一个人，而是属于教会，也就是属于信众的会议，或者说属于那些有权作他们代表的人。但除了审判之外，还需要宣告判词。这始终属于充当发言人的教会的使徒或某个牧师；我们的救主谈到这一点时说："凡你们在地上所捆绑的，在天上也要捆绑；凡你们在地上所释放的，在天上也要释放。"（太18.18）圣保罗的做法也与此相符，他说："我身子虽不在你们那里，心却在你们那里，好像我亲自与你们同在，已经判断了行这事的人。就是你们聚会的时候，我的心也同在。奉我们主耶稣的名，并用我们主耶稣的权能，要把这样的人交给撒但，败坏他的肉体，使他的灵魂在主耶稣的日子可以得救。"（林前5.3，4，5）也就是说，把他当成没有得到赦罪的人赶出教会。这里是由保罗宣告判词；但由于圣保罗当时不在场，所以首先要由信众会议听审案件，然后根据结果来定谳。但在同一章里，这种审判被更明确地归于信众会议："但如今我写信给你们说：若有称为弟兄是行淫乱的……这样的人不可与他相交，就是与他吃饭都不可。因为审判教外的人与我何干？教内的人岂不是你们审判的吗？"（林前5.11，12）。因此，将人赶出教会的判词要由使徒或牧师来宣告；但关于案件的是非曲直的审判则属于教会；也就是说，在国王和国家里有主权者权威的人皈信之前那段时期，由居住在同一座城的基督徒会议审判：比如说在哥林多，就由哥林多基督徒会议审判。

　　〔42.20〕掌管钥匙的这部分权力，即可将人赶出上帝国的权力，就是所谓的绝罚；其原文是 ἀποσυνάγωγον ποιεῖν，赶出会

堂，也就是赶出礼拜场所；这个词是从犹太人的习俗得来的，他们把自己认为在品行或教义方面会使别人受传染的人赶出会堂，就像根据摩西的律法把麻风病人从以色列的会众中隔离开，直到祭司宣告这人已洁净时为止。

[42.21] 绝罚的使用和效果，在没有得到政治权力支持时，只不过是没有被绝罚的人要避免与被绝罚的人来往而已。仅仅将被绝罚的人称为异教徒，也就是从未成为基督徒的人，是不够的，因为他们可以与后一种人共同饮食，与被绝罚的人却不能共同饮食。这在圣保罗的话中说得很清楚，他告诉他们，他先前曾禁止他们"与淫乱的人相交"（林前 5.9—10 等），但因为这样是不可能的，除非离开世界方可，所以他把范围局限于弟兄中行淫乱的和其他恶人，他说他们不可与"这样的人"相交，"就是与他吃饭都不可"（林前 5.11）。这相当于我们的救主说的："就看他像外邦人和税吏一样。"（太 18.17）税吏是国家收入的包税人和征收者，纳税的犹太人对之深恶痛绝，以至于税吏和罪人在他们中间被当作同一种人。因此，当我们的救主接受税吏长撒该的邀请时，虽然是去使他改信，却被人当成一桩罪行反对。因此，当我们的救主说了异教徒之后又加上税吏一词时，他确实禁止他们与被绝罚的人一起吃饭。

[42.22] 至于不让被绝罚的人进入会堂或会议场所，他们并没有权力这样做，这种权力属于该场所的主人，无论其为基督徒还是异教徒。因为所有的场所都理所当然地在国家的领地上，被绝罚的人和从未受过洗礼的人，都可以凭借民政官长的训令进入，就像保罗在皈信之前，凭借大祭司的训令要进入大马士革的会堂，逮捕基督徒，无论男女，将他们捆绑带到耶路撒冷（徒 9.2）。

[42.23] 由此可见，如果在政治权力迫害或不支持教会的地

方，一个基督徒成为叛教者，那么绝罚便无效力，既不能使其在这世界受损害，也不能使其恐惧未来。绝罚所以不能使他恐惧未来，是因为他不信了；绝罚所以不能使他受损害，是因为他借此重新获得此世的宠爱，而在将来世界的状况也不会比从未信教的人更坏。由于那些被赶出教会、可以更加自由地为恶的人的攻讦，受损害的反而是教会。

[42.24] 因此，绝罚只对信徒才有效，他们相信耶稣基督将在荣耀中再次降临，统治并审判死人和活人，并且会拒绝让那些仍留有罪的人，即被教会处绝罚的人进入他的国。这就是为什么圣保罗称绝罚是把被绝罚的人交给撒但。如果没有基督的国，那么在审判日之后，其他所有的国都要被撒但的国吞没。当信徒被处绝罚时，也就是说，当他们处在罪未被赦免的状态下时，他们所恐惧的正是这一点。借此我们可以理解，在基督教没有取得政治权力授权的时代，绝罚只是用来纠正品行方面的错误，而不是纠正意见方面的错误。因为这种惩罚，唯有相信和期待我们的救主再次降临并审判世界的人才能有所感受，而信这一点的人则无需其他意见，只要为人正直就能得救。

[42.25] 有一种因不义而遭受的绝罚。比如说，倘若你的弟兄得罪你，你先要私下指出他的错，然后带见证人同去，最后告诉教会，若他不听教会，"就看他像外邦人和税吏一样"（太18）①。有一种因"生活不检点"而遭受的绝罚，"若有称为弟兄是行淫乱的，或贪婪的，或拜偶像的，或辱骂的，或醉酒的，或勒索的，这样的人不可与他相交，就是与他吃饭都不可。"（林前5.11）但若一个人坚持"耶稣是基督"这一基础，却在其他不会破坏这一基础的问题上持有不同意见，那么因为这种异议而对他

---

① 正确出处，太18：15—17。

施以绝罚，这在经上却没有权威依据，在使徒中也没有先例。诚然，圣保罗有一段文本似乎与此相反："分门结党的人，警诫过一两次，就要弃绝（reject）他。"（多3.10）"分门结党的人"，是身为教会成员却传授教会所禁止的私人意见的人。对于这种人，圣保罗建议提多，在警诫过一两次之后，就予以"弃绝"。但（这里的）弃绝不是对此人施以绝罚，而是不再警诫他，不再理会他，搁置与他的争辩，把他当成孤僻自是的人。这位使徒还说："惟有那愚拙无学问的辩论，总要弃绝（avoid）。"（提后2.23）此处的弃绝和前文的弃绝，在原文中是同一个词 $\pi\alpha\rho\alpha\iota\tau o$；而愚拙的辩论，可以搁置却无需绝罚。又，"要远避愚拙的辩论"（多3.9），原文 $\pi\epsilon\rho\iota\hat{\iota}\sigma\tau\alpha\sigma o$（远避）相当于前文的"弃绝"一词。此外便没有地方可以像这样似是而非地得出结论，支持把相信这一基础的信徒驱赶出教会，仅仅是因为他们自身有一种或许缘于善良或虔诚的良心的独特上层建筑。相反，所有命令人们避免这种争论的地方，都是写来教训（像提摩太和提多之类的）牧师的，叫他们不要通过裁决每一个细微的争议而制定新的信条，因为这会给人们的良心增加不必要的负担，或促使人们破坏教会团结。这种教训，使徒们自己遵守得很好。圣保罗和圣彼得，尽管两人的争议十分激烈（我们可以从《加拉太书》2.11看出这一点），却没有互相把对方赶出教会。不过，在使徒时代，也有其他牧师不遵守这一点，比如丢特腓便因在会中为首而骄傲，把圣约翰本人认为适于接纳进教会的人驱赶出教会（约叁9以下）。在这样早期的时候，虚荣和野心就已进入基督的教会中了。

[42.26] 对一个人处以绝罚，有许多必要条件；第一，他必须是某个团体的成员，也就是某个合法会众的成员，也就是说，他必须是某个有权就对他处以绝罚的案件事由进行审判的基督教会的成员。没有团体，就不可能有绝罚；没有审判权，也就不可

能有做出判决的权力。

[42.27] 由此得出，一个教会不能被另一个教会处以绝罚：因为两个教会要么具有平等的权力互相给对方处以绝罚，在这种情况下，绝罚就不是规训，也不是一种权威行为，而是对友爱的分裂和瓦解；要么一个教会从属于另一个教会，以至于他们都只有一个声音，那么二者不过是一个教会，遭到绝罚的部分便不再是一个教会，而只是一群涣散的个人。

[42.28] 因为绝罚的判决意味着一种劝告，叫人不和被绝罚的人来往，甚至不要和他共食，所以如果一个主权君王或者会议遭到绝罚，这种判决便是无效的。根据自然法，所有臣民（在其主权者要求时）必须和其主权者来往，去觐见他；他们也不能合法地把他从他自己领地的任何地方驱逐出去，无论是圣地还是凡俗之地；没有他的许可，他们也不能离开他的领地；（当他赐宴以示荣宠时）更不能拒绝与他共同进食。至于其他君王和国家，因为不是同一会众的构成部分，所以要禁止他们与被处以绝罚的国家来往，无须任何其他的判决。因为使众多人联合成一个共同体的创建本身，就使共同体与共同体彼此分离；所以要使王与王、国与国之间彼此隔绝，不需要绝罚，绝罚并不比政治的性质本身有更大的作用，除非是要煽起君王之间的战争。

[42.29] 对于一个服从其主权者法律的基督徒臣民，不论其主权者是基督徒还是异教徒，绝罚都没有任何效力。因为如果他相信耶稣是基督，他就有上帝的灵（约壹 4.1）①，"神就住在他里面，他也住在神里面"（约壹 4.15），而一个人若有上帝的灵，住在上帝里面，上帝也住在他里面，便不可能因人们的绝罚而受

---

① 正确出处，约壹 4：2："凡灵认耶稣基督是成了肉身来的，就是出于神的；从此你们可以认出神的灵来。"

到任何损害。因此，相信耶稣是基督的人，丝毫不受被绝罚者所面临的一切危险的影响，不相信的，则不是基督徒。因此，一个真正的基督徒是不可能遭到绝罚的。而一个自称是基督徒的人，在他的伪善在其品行上显露出来以前，也就是在他的行为违反其主权者的法律以前，也不可能遭到绝罚，这种法律是品行的法则，是基督和他的众使徒命令我们要服从的。因为教会只能根据外在行动判断人的品行，而外在行动除非违反国家的法律，绝不可能是非法的。

［42.30］父母或师长遭到绝罚，并不禁止孩子与他们来往或共食。孩子既没有办法得到食物，禁止孩子和他们共食，在大多数情况下就等于迫使孩子完全不饮不食，而让孩子有权不服从父母和师长，是与使徒们的诚言相违背的。

［42.31］总之，绝罚的权力，不能超出我们的救主赋予教会的众使徒和牧师的使命所要达到的目的，即不以命令和强制去规范世人，而是通过教训和指导人们通往将来世界的得救之路去规范世人。就像任何一门学问的师长，当他的某个学生执意不执行他的准则时，师长可以抛弃他，却不可以指责他不义，因为学生并没有义务服从他；基督教教义的教师，也可以抛弃他的那些执意坚持非基督徒生活的门徒，但他不能说他们对他做了错事，因为他们没有义务服从他。对于提出这种抱怨的教师，可以用上帝在类似的地方对撒母耳的答复来回答他："他们不是厌弃你，乃是厌弃我。"[①] 因此，当绝罚缺乏政治权力的支持时，比如当一个基督教国家或君王被一个外国的权威处以绝罚时的情形，绝罚就是无效的，因而不应当具有威慑。所谓 *Fulmen excommunicationis*（绝罚的霹雳），是由罗马主教想象

---

① 撒上 8：7。

出来的，其本意是说他是万王之王，就像异教徒把朱庇特当成众神之王，并在诗和画中把他描绘成手持霹雳，降服并惩罚那些胆敢否定他的权力的巨人。这种想象基于两个谬误：第一，基督的国在这世界。这违背我们救主自己的话："我的国不属这世界"；① 第二，他是基督的代理人，不仅凌驾于他自己的臣民之上，而且凌驾于全世界所有基督徒之上。这在经上并没有根据，而相反的说法，我会在适当的地方予以证明。

[42.32] 圣保罗到帖撒罗尼迦的时候，那里有一个犹太人的会堂，"保罗照他素常的规矩进去，一连三个安息日，本着圣经与他们辩论，讲解陈明基督必须受害，从死里复活；又说：'我所传与你们的这位耶稣就是基督。'"（徒17.2，3）这里所说的圣经是犹太人的圣经，也就是《旧约》。听他证明耶稣是基督，从死里复活的人也是犹太人，而且已经相信圣经是上帝之言。听了这些话以后，有些人信（徒17.2，4），有些人不信（徒17.2，5）。他们既然都相信圣经，为什么信法不一样，有些人赞成、有些人反对引经据典的圣保罗的解释，而且每个人各自为解呢？因为圣保罗到他们那里，并没有任何合法的委任，他采取的方式不是命令，而仅仅是劝说；要做到这一点，他要么像摩西对在埃及的以色列人所做的那样行奇迹，使他们从上帝的作为中看出他的权威，要么根据公认的经文进行推理，让他们在上帝之言中看出他的教义的真理。但任何人若是依据成文的原理进行推理来劝说别人，他就使听他讲话的人成为判断这些原理的意义以及他根据原理所作推论的说服力的判断者。如果帖撒罗尼迦的这些犹太人不是判断者，那么谁是圣保罗征引经文所作出的主张的判断者呢？如果是圣保罗本人，他又何必征引经文来证明他的教义呢？

____

① 约18：36。

— 409 —

他只需这样说就够了：我在经上也就是你们的律法中看到是这样；我是基督差遣来解释这律法的。因此，任何人都不可能成为帖撒罗尼迦的犹太人必须遵从的圣经解释者，每个人都可以根据自己认为其主张与引文出处的意义相符或不相符，来决定信或不信。一般来讲，在世上的一切讼案中，凡是提出证据的人，都要把听取的人当成其证据的判断者。具体说到犹太人，根据明文规定，他们在所有难题上都必须接受当时以色列的祭司和审判官的裁决（申17）。但这应该理解为尚未皈信的犹太人。

［42.33］为了使外邦人皈信，征引他们所不信的圣经是没有用处的。因此，使徒们据理力争，驳斥他们的偶像崇拜，然后根据自己对基督的生平和复活的见证，劝他们信基督。所以关于解释经文的权威，当时还不可能有任何争议，因为一个人在不信的时候，除了自己的主权者对本国法律的解释以外，是没有义务听从任何人对任何经文的解释的。

［42.34］现在让我们考虑皈信本身，看其中有什么可以成为这种义务的原因。人们所皈信的，不过是对使徒们所宣讲的道。使徒们所宣讲的，不过是耶稣是基督，也就是说，耶稣是拯救他们并在将来世界中永远统治他们的王；因此他并没有死去，而是从死里复活，升入天堂了；有一天还会重新降临，审判世人，（世人也要复活受审，）按每个人的作为给予报偿。其中没有任何使徒宣讲自己或其他某个使徒是圣经的解释者，以至于所有成为基督徒的人都应当将其解释当作法律。因为解释法律是现世王国政务的职分，使徒们却无此职分。他们当时祈祷"愿你的国降临"，后来的牧师都这样祈祷，并劝诫皈信者服从当时自己族群的君王。《新约》尚未结集出版。每个福音传道者都是他自己的福音的解释者，每个使徒也是他自己书信的解释者。关于《旧约》，我们的救主本人对犹太人说："你们查考圣经，因你们以为

内中有永生；给我作见证的就是这经。"（约 5.39）假如他不打算要他们解释这些经文，他就不会叫他们去里面查考他是基督的证明，而是会自行解释，或者叫他们参照祭司的解释。

[42.35] 出现疑难时，众使徒和教会长老们就要聚集在一起，确定应该宣讲和教导什么教义，怎样向人民解释圣经，却没有夺走人民自己阅读和解释圣经的自由。众使徒向许多教会写过许多书信，以及训诲他们的其他著作；假如不让人们解释（也就是考虑）经文的含义，这些文字就是徒劳的。这就是使徒时代的情形，直到牧师们能够授权一个其解释会得到普遍支持的解释者时为止，而这要到国王成为牧师或牧师成为国王时才有可能。

[42.36] 当一部著作被说成是正典时，有两种意义：正典是指法则；而法则是指导人的行动的诚言。这种诚言虽然是教师对门徒或顾问对朋友提出的，没有权力强制对方遵守，但仍然是正典，因为它们是法则。但是，当它们是由接受者必须服从的人提出时，这些正典就是法律，而不仅仅是法则。因此，这里的问题是，使圣经亦即基督教信仰的法则成为法律的权力。

[42.37] 最初成为法律的那部分经文是十诫，是写在两块石版上，由上帝亲自交给摩西，再由摩西向人民宣布的。在此以前，并没有成文的上帝法；他尚未拣选任何人民成为他的特殊的国，所以除了自然法即铭刻在每个人自己心中的自然理性之诚言外，没有赐给人们任何法律。关于这两块法版，第一块包含着主权法：第一，他们不可服从或尊敬其他民族的神："除了我以外，你不可有别的神。"（出 20.3）据此，除了上帝，也就是原先通过摩西、后来通过大祭司与他们说话的，他们不得服从和尊敬任何其他神作为他们的王或统治者。第二，他们不可制作偶像来代表他，也就是说，他们不可在天上或地上为他们自己选择任何他们自己幻想的代表，而是要服从他任命承担该职分的摩西和亚

— 411 —

伦。第三，他们不可妄称耶和华的名，也就是说，他们不可轻率地谈他们的王，也不可对他的权利以及他的副手摩西和亚伦的职权提出异议。第四，每到第七日，他们应停止日常工作，用这一天来对他举行公共崇拜。第二块法版包含人伦责任，如当孝敬父母，不可杀人，不可奸淫，不可偷盗，不可作假见证害义等，最后是不可在心里设计互相侵害。现在的问题是，是谁赋予了这两块成文法版以法律的强制力。无疑，它们是由上帝亲自制定为法律的。但是，因为法律除了对于承认其为主权者决议的人以外，并不具有约束力，也不成其为法律。以色列人民既然不得走进西奈山听上帝对摩西说的话，他们怎么有义务服从摩西向他们宣布的这一切法律呢？其中一些的确是自然法，比如第二法版都是自然法，因此应当被视为上帝的法律，不仅适用于以色列人，而且适用于一切人。但是，就以色列人特有的那些法律而言，比如第一法版上的那些法律，这个问题仍然是存在的；除非宣布了那些法律之后，他们因这些话而当即就有义务服从摩西："求你和我们说话，我们必听；不要神和我们说话，恐怕我们死亡。"（出20.19）因此，唯有当时的摩西以及摩西以后的大祭司，就是上帝通过摩西宣布应掌管特属他的国的人，在地上有权力使这一小段十诫经文成为以色列国家的法律。但摩西、亚伦和继任的大祭司是政治主权者。因此，在当时，将圣经推尊或制定为法律的权力属于政治主权者。

[42.38] 士师法，也就是上帝为以色列的官长规定的法律，作为他们在维护正义和在审理人们之间的诉讼时作出判决的法则；利未法，也就是上帝专为祭司和利未人规定的作为仪式和典礼的法则；这些法律是由摩西一人传达给他们的，因此，凭借他们同样的承诺即承诺服从摩西而成为法律。这些法律在当时已写成文字，抑或尚未成文，而是摩西在山上同上帝住了四十日后向

人民口授的，经上没有说明，但它们都是实在法，相当于圣经，是由政治主权者摩西制定为正典的。

[42.39] 以色列人到了耶利哥对面的摩押平原后，准备进入应许之地，摩西在原先的法律上增加了若干其他的法律，因而称谓为《申命记》，也就是重申的法律。"这是耶和华在摩押地吩咐摩西与以色列人立约的话，是在他和他们于何烈山所立的约之外。"（申 29.1）摩西在《申命记》开篇讲解了原先那些法律之后，在该书第 12 章开篇至第 26 章结尾，增加了其他法律。摩西命令他们过了约旦河，把这律法写在墁上石灰的大石头上（申 27.1)①，摩西还亲自将它写成一书，交给"祭司利未子孙和以色列的众长老"（申 31.9），命令他们把它放在耶和华的约柜旁（申 31.26）；约柜里只盛放着十诫。摩西命令以色列的王抄录一本存起来的（申 17.18），并且经过长期遗失之后，在约西亚时代又从神殿中找到、根据他的权威被当成上帝的法律接受的，正是这部律法。而写作这部律法时的摩西和恢复这部律法时的约西亚，都具有政治主权。因此，把经文制定成正典的权力，迄今为止一直在政治主权者。

[42.40] 除了这部律法书以外，从摩西时代直到被掳后，就没有其他书在犹太人中间被接受为上帝的法律了。众先知（少数人除外）生活在被掳时期，其余则生活在被掳前不久，当时连他们的人身都受到假先知和被假先知引诱的国王的迫害，他们的预言就更没有被普遍接受为法律了。这部由约西亚定为上帝法律的书本身，以及上帝神迹的圣史，在被掳和耶路撒冷城被洗劫时遗失了，这在《以斯拉续编下卷》14.21 中说得很清楚："你的律法已被焚烧，你所行的和将要行的都无人知晓。"在被掳之前，

①"神的律法写在石头上。"（申 27：1—8）

从这部律法遗失时起（圣经里没有提及，但大概是在罗波安时代埃及王示撒劫掠神殿时，王上 14.26），到约西亚王重新寻获时止，他们并没有成文的上帝之言，而是凭自己的判断统治，或者是在被尊为先知的人的指导下统治。

[42.41] 由此我们可以推断，我们现今所具有的《旧约》，在被掳的那些人归回耶路撒冷在以斯拉领导下复国并重订犹太人和上帝的约之前，对犹太人来说既不是正典，也不是法律。但自此以降，这些经文就被当做犹太人的法律，所以由犹大七十长老译成希腊语，存放在亚历山大城的托勒密图书馆，且被承认是上帝之言。以斯拉既然是大祭司，而大祭司又是他们的政治主权者，所以显而易见，圣经从来都是由主权者的政治权力制定为法律的。

[42.42] 根据生活在基督教被君士坦丁皇帝正式承认之前时代的教父们的著作，我们可以发现，我们现有的《新约》各书被当时的基督徒（少数人除外，由于这种人数非常少，所以其余的人便称为大公教会，而他们则被称为异端人）奉为圣灵的指令，因而奉为信仰的正典或法则，这本身是他们对他们的教师的尊崇和意见；一般来讲，门徒对他们从中接受到各方面教义的第一代宗师的尊崇，都是不小的。因此，毫无疑问，当圣保罗写信给他所劝化的教会时，或者当基督的其他使徒和门徒写信给当时已拥护基督的人时，这些人便把他们的文字奉为真正的基督教教义。不过，当导致人们接受这种教义的是听道者的信仰，而不是教导者的权力或权威时，那就不是众使徒使他们的文字成为正典，而是每个皈信者使其成为自己的正典。

[42.43] 但这里的问题并不是，任何基督徒究竟使什么成为他自己的法律或正典，对此他根据什么权利予以接受就可以根据同样的权利再予以拒斥；这里的问题是，究竟是什么以此方式被

制定为他们的正典，以至于他们不能做任何与之相违背的事而不致于不义。如果说在国法尚未使其如此的任何地方，《新约》正是在这个意义上是正典，也就是法律，这就与法律的性质相违背了。因前文已经表明，法律是主权者（无论其为个人或会议）的命令，我们已赋予他以主权者的权威，使他以他认为合适的方式为我们制定行动的法则，在我们违反这些法则时惩罚我们。因此，任何其他人向我们提出主权统治者所没有规定的任何其他法则，都不过是建议和忠告；不论其好坏如何，被建议者可以拒绝遵守而不至于不义；当它违反已经确立的法律时，无论他认为它是多么好，遵守它就不可能不行不义之事。我是说，在这种情况下，他不论是在行动上还是在与他人谈论时，都不可遵守这一建议；尽管他可以不受责备地相信他的私人教师，希望自己有自由践行其忠告，并希望它被公开地接受为法律。因为内在信仰从本质上讲是不可见的，因而可排除在属人的管辖权之外；然而出自信仰的言行，若是破坏我们的公民服从，则无论在上帝面前，还是在人面前，都是不义的。我们的救主既然否认了他的国在这世界，他既然说过，他来不是为了审判世界，而是为了拯救世界，因此他除了叫我们服从国法以外，并没有叫我们服从其他任何法律。也就是说，他叫犹太人服从摩西的律法（他说"我来不是要废掉，乃是要成全"［太5］①），叫其他国民服从他们各自主权者的法律，叫一切人服从自然法。他本人和他的众使徒在其教导中建议我们遵守这些法律，以此作为在末日被他允许进入永恒的国、在其中获得保护和永生的一个必要条件。我们的救主和他的众使徒既然没有留下新的法律在这世界约束我们，而只留下新的教义使我们准备进入下一个世界，那么包含这种教义的

---

① 太5：17："莫想我来要废掉律法和先知。我来不是要废掉，乃是要成全。"

《新约》各书，在上帝授予权力的地上立法者命令我们服从它们之前，并不是具有强制性的正典，也就是说，并不是法律，而仅仅是优良而可靠的忠告，是罪人在得救之路上的指导，每个人可以自担风险地决定采纳和拒绝，而不至于不义。

[42. 44] 又，我们的救主基督交给他的众使徒和门徒的使命，是宣告他的国（不是现在的国，而是将来的国），教导万民，对信者施洗，凡接待他们的就住在他家，凡不接待他们的就把脚上的尘土跺下去；却不呼求天上的火下来烧毁他们，也不用武力强迫他们服从①。在这一切中，并不存在权力，而唯有劝说。他差遣他们去，如同羊进入狼群，而不是如同君临臣下。他们的使命不是制定法律，而是服从并教导人们服从既定的法律；所以如果没有最高政治权力的帮助，他们是无法使他们的文字成为强制性的正典的。因此，《新约》圣经唯有在合法的政治权力已经使其成为法律的地方才是法律。如果国王或主权者也使其成为他自己的法律，那么他并不是让自己臣服于那个劝化他的圣师或使徒，而是像众使徒那样，让自己直接臣服于上帝本身和圣子耶稣基督。

[42. 45] 对于那些拥护基督教教义的人来说，在迫害基督徒的时代和地方，那似乎赋予《新约》以法律之力量的，是他们自己在主教会议中制定的法令。我们读到，众使徒、长老和整个教会的公会议以这种方式说话："因为圣灵和我们定意不将别的重担放在你们身上，惟有几件事是不可少的。"（徒 15. 28）这种语气，意味着把重担加在已接受他们教义的人身上的权力。而把重担加在他人身上，似乎是使他人承担义务，因此，这次公会议的决议对当时的基督徒来说就是法律。不过，它们与其他这些告诫

———————————

① 耶稣差遣十二使徒的情形，太 10：5—15，可 6：7—13；路 9：1—6。

是一样的，并不是法律：应当悔改；当遵守诫命；信福音；到我这里来；变卖你所有的；分给穷人；① 等等；这些都不是命令，而是邀请和呼召人们归向基督教；就像《以赛亚书》55.1中说的："你们一切干渴的都当就近水来；没有银钱的也可以来。你们都来，买了吃；不用银钱，不用价值，也来买酒和奶。"因为，首先，使徒的权力和我们救主的权力一样，是邀请人们拥护上帝的国。他们自己也承认，这国（不是现在的国）是将来的国，而没有国的人，就不能制定法律。其次，假如他们的公会议决议是法律，那么不服从它们就不能无罪。但我们在经上任何地方都没有看到，不接受基督教教义的人在这方面犯了罪，而只是说他们死在罪中，也就是说，他们的罪在于他们违反他们应该服从的法律，这罪没有被赦免。这些法律是自然法，以及每个基督徒都已通过契约使自己顺服的国家的国法。因此，使徒可以加在他们所劝化的人身上的重担，其意思不是法律，而是向寻求得救的人提出的条件。这些人可以自担风险地予以接受或拒绝而不致犯下新罪，不过因他们过去的罪，并非没有被定罪以及被排斥在上帝国之外的危险。因此，关于不信者，圣约翰不说上帝的烈怒将临到他们身上，而是说"神的震怒常在他们身上"（约3.36）；不说他们将被定罪，而是说他们"罪已经定了"（约3.18）。除非我们认为不信的损害就是留罪，否则就无法想象信的利益就是赦罪。

〔42.46〕但有人会问，如果没有人有义务遵守他们的法令，那么使徒以及后来教会的其他牧师聚集在一起，就信仰和品行方

---

① "天国近了，你们应当悔改！"（太19：17）"你若要进入永生，就当遵守诫命。"（太3：2；太4：17）"日期满了，神的国近了。你们当悔改，信福音！"（可1：15）"凡劳苦担重担的人可以到我这里来，我就使你们得安息。"（太11：28）"若不是差我来的父吸引人，就没有能到我这里来的；到我这里来的，在末日我要叫他复活。"（约6：44）"去变卖你所有的，分给穷人。"（可10：21；路18：22）

面应该传授什么教义达成一致，又是为了什么目的呢？对此可以回答说，与会的众使徒和长老一旦进入公会议，就有义务传授他们在公会议中议决并规定要传授的教义，只要这种教义和他们有义务服从的先前的法律不冲突。但并不是说，所有其他基督徒都有义务遵守他们传授的教义。因为尽管他们可以审议他们每个人应该传授什么，他们却无法审议其他人应该做什么，除非他们的会议拥有立法权，而除了政治主权者，任何人都不具有立法权。因为尽管上帝是全世界的主权者，但我们没有义务把每个人借着上帝的名宣扬的东西当成上帝的法律，也没有义务把任何违背国法的东西视为法律，而国法是上帝明确命令我们遵守的。

[42.47] 既然使徒公会议的决议在当时不是法律而是建议，往后任何其他圣师们或公会议的决议，若没有政治主权者授权而集会，就更不是法律了。因此，《新约》全书虽然是尽善尽美的基督教教义法则，但除了凭借国王或主权议会的权威之外，凭借任何其他权威都无法使其成为法律。

[42.48] 使我们现有的圣经成为正典的第一次公会议并不明确：被归于继圣彼得之后的第一位罗马主教革利免所作的《使徒正典集》是有问题的。因为虽然那里列举出正典各书；但这些言辞，*Sint vobis omnibus Clericis et Laicis Libri venerandi, etc* "俾使其成为所有教士与平信徒敬重之书"，包含着教士与平信徒的区分，在那样接近圣彼得的时代是不用的。为确定正典经文而召集的第一次明确的公会议是老底嘉会议，（教会法第59条）禁止阅读教外书籍，这一训令不是对每个基督徒发布的，而是对有权在教会中公开宣读任何文字的人发布的，也就是说，仅仅是对教士发布的。

[42.49] 使徒时代的教会官员，有些是主官，有些是臣仆。主官负责向不信者宣讲上帝国的福音，掌管圣礼和礼拜，向已皈

信者讲授信仰和品行的法则。臣仆是执事之职，也就是说，在教会靠信徒自愿捐献所募集的公共基金生活的时代，他们奉命掌管教会的世俗事务。

[42.50] 最早和主要的主官官员是众使徒，最初是十二位；是由我们的救主亲自选立的，他们的职分不仅是传道、教导和施洗，还要成为殉道者，见证我们救主的复活。这个见证，是使徒身份得以与其他教会主官身份相区分的特有的实质性标志。对于使徒来说，要么在我们的救主复活后见过他，要么以前和他有交往，见过他的神迹以及他的神性的其他证据，因而可以被视为有充分资格的见证人。因此，在拣选一位新使徒代替加略人犹大时，圣彼得说："所以，主耶稣在我们中间始终出入的时候，就是从约翰施洗起，直到主离开我们被接上升的日子为止，必须从那常与我们作伴的人中立一位与我们同作耶稣复活的见证。"（徒1.21，22）在这里，"必须"一词暗示使徒的一个必要属性是在我们的救主以肉身显现的时候，与第一批首要使徒作伴。

[42.51] 不是由基督在世时选立的使徒，其中第一位是马提亚，他是这样被拣选的，那时约有一百二十名基督徒在耶路撒冷聚会（徒1.15），这些人指定了两人，正义者约瑟①和马提亚（徒1.23），于是众人为他们摇签，"摇出马提亚来，他就和十一个使徒同列"（徒1.26）。所以在这里我们看到，这位使徒的任命，是会众的决议，而不是圣彼得或十一人的决议，除非他们作为这会议的成员才能说是他们的决议。

[42.52] 在他之后，除了保罗和巴拿巴之外，再也没有任命过其他使徒；我们看到，任命这两人的方式是这样："在安提阿

---

① Joseph the Just，英王钦定本为"Joseph called Barsabas, who was surnamed Justus"，和合本译为"叫作巴撒巴、又称呼犹士都的约瑟"。

的教会中有几位先知和教师，就是巴拿巴和称呼尼结的西面、古利奈人路求与分封之王希律同养的马念并扫罗。他们侍奉主，禁食的时候，圣灵说：'要为我分派巴拿巴和扫罗，去作我召他们所作的工。'于是禁食祷告，按手在他们头上，就打发他们去了。"（徒13.1，2，3）

[42.53]由此可见，他们虽然受到了圣灵呼召，但他们的呼召是由特殊的安提阿教会向他们宣告的，他们的使命也是由其授权的。他们的呼召是成为使徒，这从他们都被称为使徒（徒14.14）这一点可以看到；正是由于安提阿教会的这一决议，他们成为使徒，圣保罗用圣灵呼召他时的话清楚地宣布这一点：他说自己是"奉召为使徒，特派传神的福音"（罗1.1），暗引圣灵的那句话："要为我分派巴拿巴和扫罗……"① 但既然使徒的工作是见证基督的复活，有人在这里会问：圣保罗在我们的救主受难之前不曾与他交往，又怎么能知道他复活呢？这个疑问很容易回答，我们的救主在升天后，在他去大马士革的途中从天上向他显现，"他是我所拣选的器皿，要在外邦人和君王，并以色列人面前宣扬我的名"②，所以他在主受难之后见过主，有权做他复活的见证人。至于巴拿巴，他在主受难前就是门徒。因此显而易见，保罗和巴拿巴是使徒，却（不仅仅是由最初的使徒们拣选和授权的）是由安提阿教会拣选和授权的；就像马提亚是由耶路撒冷教会拣选和授权的一样。

[42.54]我们语言中的主教（*Bishop*）一词，来源于希腊语*Επισκοπος*，表示任何事务的监督或主管，特别是指牧师或牧羊人；因此，不仅在最初是牧羊人的犹太人中，而且在异教徒中，

---

① 徒13：2。
② 徒9：15。

这个词都在隐喻的意义上表示王的职分，或对人民的统治和引导，无论他是以法律还是以教义进行统治。因此，众使徒是基督亲自简任的第一批基督教主教：在这个意义上，犹大的使徒职分被称为他的职分（徒 1.20）。后来，当基督教会中有长老受到指派，负责用他们的教义和忠告引导基督的羊群时，这些长老也被称为主教。提摩太是一位长老（在《新约》中，长老一词是职分的名称，也表示年老），而他也是一位主教。当时，主教们也满足于长老这一称号。非但如此，我们主所钟爱的使徒圣约翰本人在他的第二书信里就以这样的措辞开头，"作长老的写信给蒙拣选的太太"①。由此可见，在使徒时代，主教、牧师、长老、圣师亦即教师，不过是同一职分的多个不同名称，当时，教会的支配，靠的不是强制，而是教义和说服。上帝国尚待在一个新世界中降临：所以在国家拥护基督教信仰之前，在任何教会中都不可能有强迫的权威；因此，尽管有多种职务，却不存在多种权威。

[42.55] 教会中的主官职务，即使徒、主教、长老、牧师和圣师，他们的天职是向犹太人和不信者宣讲基督，并指导和教训信徒，除此而外我们在《新约》中就找不到其他主官职务了。福音传道者和先知这些名称，不是指任何职分，而是指各种人的可借以有益于教会的各种天赋：比如福音传道者，是凭借写下我们救主的生平和行为，其中有使徒圣马太和圣约翰、门徒圣马可和圣路加，以及就这个主题进行著述的其他任何人（比如圣多马和圣巴拿巴据说写过这方面的著作，只是教会不认可他们名下的书籍）；至于先知，则是凭借解释《旧约》的天赋，有时凭借向教会宣布他们的特殊启示。因为除了应得的天职和被拣选来负责教导之外，无论这些天赋，还是语言天赋，抑或驱赶魔鬼、治疗其

---

① 约贰 1：1。

他疾病的天赋，或者其他任何东西，都不能使人成为教会中的官员。

[42.56] 使徒马提亚、保罗和巴拿巴都不是由我们的救主自己指定的，而是由教会亦即基督徒大会选出的。马提亚是由耶路撒冷教会选出的，保罗和巴拿巴是由安提阿教会选出的。其他城市的长老和牧师也是如此，由这些城市的教会选出。为了证明这一点，让我们首先考虑，圣保罗在和巴拿巴接受使徒职任后，在那些他已使人们皈依基督教信仰的城里，如何进行长老的任命。我们读到，"二人在各教会中选立了长老"（徒 14.23）；乍一看，这也许可以作为一个证据，证明他们自己选举和授权给长老；但我们若是考虑原文，就可以明显地看出，是由每个城市的基督徒大会授权和选举长老。因为这里的原文是：χειροτονήσαντες αὐτοῖς πρεσβυτέρους κατ᾽ ἐκκλησίαν，也就是，那时他们在各会众中通过举手来任命长老。如今众所周知，在所有这些城市中，选举教会官长与官员的方式是根据多数投票来决定。因为区分赞成票与反对票的通常方法是举手，所以在任何城市中，要任命一名官员，都是将人民聚集在一起，通过多数票选出，无论是以举手表示多数，还是以声音表示多数，或者以球、豆子、石子表示多数，每个人都将其投入一个标明赞成或反对的容器中，因为不同城市在这方面有不同惯例。因此，是大会选出了他们自己的长老，使徒们只是大会的主席，负责召集信徒开会选举，宣布何人当选，并为当选人举行祝福式，即现在所谓的祝圣礼。由于这个原因，大会主席，当使徒缺席时由长老担任，就被称为 προεστῶτες [头人]，在拉丁语中被称为 Antistites [主席]，这些词表示大会的负责人，其职分是计算选票，并据此宣布当选人。如果得票相等，则加上自己的一票，以决事项。这便是公会议主席的职分。（因为所有的教会都

以同样的方式任命他们的长老）写到"设立"一词的地方，比如 ἵνα καταστήσῃς κατὰ πόλιν πρεσβυτέρους，"我从前留你在克里特，是要你……在各城设立长老"（多 1.5），我们应理解为同一件事，即他应该召集信徒，根据多数投票为他们任命长老。假如在一个城里，人们从未见过除了由大会选出的官长以外的其他官长，这城里成为基督徒的那些人，却想不到通过圣保罗以 χειροτονήσαντες（徒 14.23）一词明确表示的多数投票的方式，而是要通过其他方式，选举他们的教师和指导，也就是他们的长老（又称为主教），那就奇怪了：（只是后来皇帝们发现，为了在众多主教中间维持和平，有必要对他们进行管制，在此之前）主教的选举，从来都由各自城里的基督徒大会进行。

[42.57] 这也被持续至今的罗马主教选举办法证实。假如在任何城市任何地方的主教，当他离开该地去另一地任职的时候，有权选择另一人继承其牧职，那么他在自己最后居住和去世的地方，就更有权指派他的继任者了，而我们从未发现有哪个罗马主教指派其继任者。他们长期以来就是民选的，正如我们可以从达马酥与乌西济诺之间的选举所引起的叛乱中看到的那样；阿米阿努斯·马尔切利努斯说，这场叛乱之大，刺史尤文提乌斯无法在他们之间维持和平，被迫出城，在教堂里就有一百多人死于这次事件。虽然罗马主教最初由罗马全体教士选举，后来由枢机主教选举，却从来没有由前任指派继位的。因此，如果他们并不自称有权指派他们自己的继任者，那么我想我可以合理地得出结论说，若没有获得某种新权力，他们也无权指派其他主教的继任者。这种新权力，除了具有合法的权威，不仅有权教导、而且有权命令教会的人之外，任何人都无法从教会那里拿来赋予他们，而唯有政治主权者具有这种权威。

[42.58] 臣仆一词，原文是 Διάκονος，表示自愿为别人做事的人；臣仆与仆人的区别仅仅在于，仆人受自身条件的约束，有义务做别人命令他们做的事，而臣仆则只受自身事业的约束，因此只对自身承担的事业负有义务：所以讲授上帝之道的人，和掌管教会世俗事务的人，都是臣仆，只不过他们是不同人格的臣仆。教会的牧师，即所谓的传道臣仆①（徒 6.4），是基督的臣仆，传基督的道；但执事的职务，即所谓的管理饭食（徒 6.2），是为教会或会众提供的一种服事：所以，任何个人或整个教会从来不可能把他们的牧师称为臣仆，而只是把执事称为臣仆，无论他承担的职分是管理饭食，还是在最初各城的基督徒依靠公共资金和捐助为生时给他们分配给养，抑或照料祷告之家、银钱收入或教会的其他尘世事务，整个会众都可以正式地称他为他们的臣仆。②

[42.59] 作为执事，他们的职务是服侍会众，虽然有时他们也不忘各人凭其天赋宣讲福音并维护基督的教义，就像圣司提反③那样；或者既宣讲福音又施洗，就像腓利④那样。在撒玛利亚宣讲福音（徒 8.5）并为太监施洗（徒 8.38）的腓利，是执事

---

① *Ministers of the Word*，通常译为"传道人"。

② 这段话的大意是，臣仆（Minister）对应的希腊语原文 Διάκονος（Diakonos）一词，在圣经中既用来指服事上帝的人，也用来指服事其他人的人。随着时间推移，Deacon（执事）一词逐渐用来特指在教会中执行特定事务的人，如管理饭食、分配物资等；而 Minister 也倾向于指一些辅助性的、次要的职位，与牧师等主要职位有所区分。

③ 在《新约》圣经中，有姓名不同的 Stephen 和 Stephanas 两人，在和合本里都译作"司提反"。Stephanas 是哥林多教会的信徒，保罗曾亲自给他家施洗（林前 1：16 及本书 42.73）。Stephen 即圣司提反或殉道者司提反，是耶路撒冷教会最初选出的七个执事之一，协助使徒们管理教会。另外，他曾在各处的会堂与犹太人辩论，众人都抵挡不住，以致遭人以假见证控告，最后因维护信仰而被人用石头砸死，是耶稣受难后第一位殉道者。

④ 英文圣经中名叫 Philip 的共有四人。和合本把其中一人的名字译作腓利，另外三人都译作腓力，其中使徒腓力是耶稣基督最初任命的十二使徒之一，参看太 10：1—4；可 3：13—19；路 6：12—16。腓利，是耶路撒冷教会最初选出的七个执事之一，另见本书 42.78；43.15；44.22 等处。

腓利，而不是使徒腓力。因为显而易见（徒 8.1），当这位腓利在撒玛利亚传道时，使徒们正在耶路撒冷；当他们"听见撒玛利亚人领受了神的道，就打发彼得、约翰往他们那里去"（徒 8.14）；由于使徒的按手，那些受洗的人就受了（先前由腓利施洗时没有受的）圣灵（徒 8.15）①。因为圣灵之授予，必须由传道臣仆而不是由教会的臣仆主持洗礼或予以坚振。因此，为了给执事腓利施洗过的人的洗礼进行坚振，使徒们将自己的成员彼得和约翰从耶路撒冷派到撒玛利亚；两人授予以前仅仅领受过洗礼的人以各种恩典，亦即当时伴随着所有真信徒的圣灵之神迹。至于是哪些神迹，可以通过圣马可所说的话来理解："信的人必有神迹随着他们，就是奉我的名赶鬼；说新方言；手能拿蛇；若喝了什么毒物，也必不受害；手按病人，病人就必好了。"（可 16.17）② 这是腓利无法给予他们的，而使徒却可以给予；而且（从这个地方来看）实际上给予了每个真正信基督并由基督的臣仆亲自施洗的人：这种能力，是我们时代基督的臣仆无法授予的，或许真信徒甚为稀有，或许基督鲜有臣仆。

[42.60] 最初那批执事不是由使徒们选出的，而是由门徒会众即形形色色的基督徒选出的，这在《使徒行传》第六章里显而易见，我们在那里读到，十二使徒见门徒增多，就叫他们来，告诉他们，使徒撇下上帝的道去管理饭食是不合宜的，然后对他们说："所以弟兄们，当从你们中间选出七个有好名声、被圣灵充满、智慧充足的人，我们就派他们管理这事。"（徒 6.3）这里显而易见，尽管是使徒宣布他们当选，却是会众选举了他们；这在下文中说得更清楚："大众都喜悦这话，就拣选

① 正确出处，徒 8：18。
② 正确出处，可 16：17—18。

了七人……"①（徒6.5）

[42.61] 在《旧约》中，利未支派只能担任教会的祭司和其他低级官职。地业在（除去利未人以外的）其他支派中分配，其中约瑟支派又分为以法莲支派和玛拿西支派，这些支派仍是十二个。利未支派分得若干城邑居住，并城邑的郊野供他们牧养牲畜；但他们要拥有他们弟兄地上所产的十分之一的果实，为他们的当得之份。又，祭司的给养从这十分之一中取十分之一，加上部分供物和牺牲。因上帝对亚伦说："你在以色列人的境内不可有产业，在他们中间也不可有份。我就是你的份，是你的产业。"（民18.20）因上帝当时是王，并选立利未支派为他的公仆，他拨给他们公共收入，也就是他留给自己的那份，以维持其生计，即什一奉献和其他奉献；这就是上帝说"我是你的产业"的意思。因此，利未人被不为失当地称为 clergy，这个词来自 Κλῆρος，意思是份地或产业，这不是说他们比其他人更有资格成为上帝国的继承者，而是说上帝的产业是他们的给养。鉴于这时上帝自己是他们的王，摩西、亚伦和继任的大祭司是上帝的副手；所以显而易见，对什一奉献和其他奉献的权利，是由政治权力设立的。

[42.62] 在他们厌弃上帝要求立王以后，他们仍享有这一收入，但是，这权利却是由于列王从未将其从他们身上剥夺。当时公共收入是由代表公共人格的人支配的，在被掳之前，这人就是王。又，在被掳归回以后，他们仍像从前那样将什一奉献交纳给祭司。因此，直到当时为止，教会的生计是由政治主权者决定的。

[42.63] 关于我们的救主及其使徒的给养，我们只读到他们

---

① 根据霍布斯的引文。

有一个钱囊（由加略人犹大带着①）。而使徒的给养，那些身为渔人的，有时也利用自己的行当来取得。当我们的救主差遣十二使徒去传道时，叫他们"腰袋里不要带金银铜钱……因为工人得饮食是应当的"（太 10.9，10）。由此看来，他们日常的给养与他们的职务并非不相宜，因为他们职务是"白白地得来，也要白白地舍去"（太 10.8），他们的给养是那些相信他们所宣讲的关于他们的救主弥赛亚降临的好消息的人白白地赠予的。此外我们还可以加上我们的救主医好的人出于感恩而奉纳的东西，比如经上提到，"还有被恶鬼所附、被疾病所累、已经治好的几个妇女，内中有称为抹大拉的马利亚，曾有七个鬼从她身上赶出来，又有希律的家宰苦撒的妻子约亚拿，并苏撒拿，和好些别的妇女，都是用自己的财物供给他。"②（路 8.2，3）

〔42.64〕在我们的救主升天以后，各城的基督徒变卖了田产房屋，把卖得的价银拿来，放在使徒脚前，并依靠这钱共同生活（徒 4.34，35），这是出于善意，而不是出于义务，因为（圣彼得对亚拿尼亚说：）"田地还没有卖，不是你自己的吗？既卖了，价银不是你作主吗？"（徒 5.4）这表明，他无需靠撒谎来保留自己的田地和银钱，除非他自己愿意，否则他不必捐助任何东西。和使徒时代一样，后来直到君士坦丁大帝继位后的所有时代，我们发现，基督教会的主教和牧师的给养，不过是拥护他们教义的那些人的自愿捐献。当时还没有提到什一奉献，但在君士坦丁和他的儿子们的时代，基督徒对他们牧师的感情是十分深厚的，正如阿米阿努斯·马尔切利努斯（在描述达马酥与乌西济诺争夺主教职位所引起的叛乱时）所说，这职位值得他们争夺，因为当时

---

① 约 13；29。
② "供给他"，霍布斯的原文及其所据的英王钦定本如此。在其他版本的圣经里，这里一般作"供给耶稣及其门徒"。

的主教，由于他们的教众、尤其是主妇们的慷慨捐献，高车驷马，锦衣玉食，活得十分惬意。

[42.65] 但在这里有人可能会问，牧师是不是必须依靠施舍之类的自愿捐献生活？（圣保罗说：）"有谁当兵自备粮饷呢？有谁栽葡萄园不吃园里的果子呢？有谁牧养牛羊不吃牛羊的奶呢？"（林前9.7）又说："你们岂不知为圣事劳碌的就吃殿中的物吗？伺候祭坛的就分领坛上的物吗？"（林前9.13）这不就是说分领祭坛上的贡品作为他们的给养吗？然后他总结说："主也是这样命定，叫传福音的靠着福音养生。"① 从这个地方的确可以推论说，教会的牧师应当由他们的教众供养，却不能推论说，牧师们能决定其津贴的数量或种类，仿佛他们可以自己做主一样。因此，他们的津贴必须要么取决于他们的教众中每一个别的人的感恩和慷慨，要么取决于全体会众。取决于全体会众是不可能的，因为会众的决议在当时不是法律。因此，在皇帝和政治主权者制定法律解决该问题之前，牧师的给养不过是捐助。伺候祭坛的，靠教众所献出的东西生活。所以牧师可以取得教众献出的东西，却不能征收他们没有献出的。对于没有法庭的人来说，他们该在什么法院就此提出诉讼呢？或者，即使他们在自己人中间有仲裁人，当他们没有力量武装他们的官员时，谁来执行他们的判决呢？因此，除非通过全体会众，否则不可能对教会的任何牧师分配确定的给养，仅当全体会众的法令不仅具有正典的效力、而且具有法律效力时，才可能做到这一点，而这种法律只能由皇帝、国王或其他政治主权者制定。摩西律法中的什一奉献的权利，不能适用于当时为福音劳碌的人。因为摩西和大祭司是上帝之下的人民的政治主权者，上帝在犹太人中间的国是在现世，而

---

① 林前9：14。

基督的上帝国尚未来临。

[42.66] 至此已经阐明，教会的牧师是什么；他们的各项使命是什么（比如他们要传道、教导、施洗，在他们各自的会众里当主席）；教会的制裁即绝罚是什么，那就是在基督教被国法禁止的地方，让自己不和被绝罚者来往，在基督教受国法管辖的地方，将被绝罚者赶出基督徒会众；谁选举教会的牧师和臣仆（是会众）；谁为他们举行祝圣礼和祝福礼（是牧师）；他们应得的收入是什么（不过是他们自己的财产，他们自己的劳动所得，以及虔诚和感恩的基督徒的自愿捐献）。我们现在要考虑，拥护基督教信仰的政治主权者在教会中具有什么职分。

[42.67] 首先，我们要记住（正如前文第十八章已经证明），在所有国家里，判断哪些学说有益于和平与适于用来教导臣民的权利，不可分割地附属于最高政治权力，无论这权力在一个人，还是在一个会议。最平庸的人也能看出，人们的行动，源于他们关于这些行动会对自己有什么好处与坏处的意见，所以人们一旦认为他们服从主权者权力要比他们不服从对自己更有害，他们就会不服从法律，因而颠覆国家，酿成混乱和内战。一切政府之建立，都是为了避免这一点。因此，在所有异教徒的国家里，主权者都有人民的牧师这一名称，因为除非得到主权者的允许和授权，没有任何臣民可以合法地教导人民。

[42.68] 不能认为，异教国王的这种权利因其皈信基督就被剥夺。基督从未规定国王因信奉他而应该被废黜，也就是说，应该臣服于除了他之外的任何人，或者（换句话说），应该被剥夺维护臣民的和平与防御外敌所必需的权力。因此，基督徒国王仍然是其人民的最高牧师，有权任意任命牧师教导教会，即教导那些由其负责治理的人民。

[42.69] 又，假设选择牧师的权利（与国王皈信之前一样）

属于教会（正如本章已经表明），在使徒们自己的时代就是这样，那么这种权利也将属于作为基督徒的政治主权者。由于他是基督徒，他批准教导之事，由于他是主权者（相当于代表教会），他选出的教师就是由教会选出的教师。当一个基督徒会议在基督教国家里选举其牧师时，选出牧师的是主权者，因为选举是凭借他的权威进行的；同样，当一个城镇选举其镇长时，这种选举是主权者的行为：所做的每个行为都是主权者的行为，没有他的同意，一概无效。因此，关于由人民或由教士选举牧师，无论从历史中可以得出什么例证，这些例证都不能成为反对政治主权者权利的证据，因为选举牧师的人，是凭借主权者的权威进行选举。

[42.70] 既然在每个基督教国家里，政治主权者是最高牧师，他的全体臣民教众归他负责治理，因此，正是凭借他的权威，所有其他牧师得以设立，有权施教以及履行其他所有的牧师职分，从这里也可以得出，所有其他牧师，正是从政治主权者那里，获得他们的教导和传道的权利以及其他的相关职能，他们不过是他的臣仆，就像城镇的官长、法院里的审判官和军队的将帅，不过是那个作为整个国家的官长、一切案件的审判官和全军将帅的人的臣仆，这种人始终是政治主权者。这里的理由，不是因为教导者是他的臣民，而是因为被教导者是他的臣民。假设一个基督徒国王把任命他领地的牧师的权威交给另一个国王，（就像许多基督徒国王允许教宗拥有这种权力那样），那么他并没有因此设立一个凌驾于他自己之上的牧师，也没有因此设立一个凌驾于他的人民之上的最高牧师。因为那样会剥夺他的政治权力，这种权力取决于人们对于自己对他负有什么责任的意见，以及他们对于另一个世界里的惩罚的恐惧，也会取决于圣师们的技能和忠诚，圣师与其他类型的人一样，既有可能野心勃勃，也有可能愚昧无知。因此，如果一个外人有权指派教师，那么这种权威是

由他在其中推行教导的领地的主权者赋予他的。基督教圣师是我们训蒙的师傅，引领我们走向基督教，但国王是家长，可以在外人的推荐下，而不是在外人的命令下，为其臣民聘请师傅，特别是当对臣民的不良教导将使推荐者显然大获其利时就更不会如此。国王也没有义务留用他们，除非是为了公共利益，而只要保留着其他实质性的主权权利，国王就要同时负责照顾公共利益。

[42.71] 因此，如果有人问一个正在履行其职分的牧师，就像祭司长和人民的长老问我们的救主说："你仗着什么权柄作这些事，给你这权柄的是谁呢？"（太 21.23）那么他能够作出的正当答复不过是，他作这事凭借的是国家的权威，即国王或代表国家的会议赋予他的权威。除了最高牧师之外，所有牧师履行其职责，是凭借主权者的权威，即政治权利（*Iure Civili*）；而国王和其他一切主权者履行其最高牧师的职分，是凭借上帝的直接权威，即神授权利（*Iure Divino*）。因此，唯有国王才能在自己的称号中加上"蒙上帝恩典国王某某"，表示自己只顺从上帝。主教在其委任状开头处应当写"承国王陛下恩典某教区主教"；或像政治臣仆一样写上"奉陛下之名"。因为写上"蒙上帝之眷顾"时，意思便与"蒙上帝恩典"相同，尽管有所掩饰，但他们就否认他们的权威是从政治国家得来的；并狡猾地逃脱政治臣服的锁链，违背国家的统一和防御。

[42.72] 但是，如果每个基督徒主权者都是他自己臣民的最高牧师，那么他似乎既有权传道（这也许没有人会否认）；也有权施洗和掌管主的晚餐圣礼，并使神殿和牧师成圣服侍上帝，这是大多数人会否认的，一方面是因为他们通常不这样做，一方面是因为掌管圣礼，以及将人和地方奉献为神圣用途，要求这样一种人行按手礼，就是从使徒时代以来，通过同样的按手礼前后相传，受命承袭这一职掌的人。因此，为了证明基督徒国王有权施

洗和祝圣，我要提出一个理由，不仅说明他们为什么通常不这样做，而且说明只要他们愿意，如何无需行通常的按手礼就能够这样做。

[42.73] 毫无疑问，任何国王若是精通学术，就可以根据自己授权别人在大学里宣读讲稿的那种权利，亲自宣读讲稿。不过，因为总揽国家政务占用了他的全部时间，所以他不方便亲自处理这种具体事务。一个国王只要愿意，就可以坐在审判席上听审并判决各种案件，也可以授权其他人以他的名义这样做，但是，他所肩负的命令和统治的职分，使他必须持续地掌管全局，而将这些臣仆的职分交给他底下的其他人。同理，我们的救主（肯定有权施洗）也没有亲自给任何人施洗（约 4.2），而是差遣他的使徒和门徒给人施洗。圣保罗也一样，由于需要在遥远的各地传道，他只给极少数人施过洗，在所有哥林多人中，他只给基利司布、该犹和司提反施过洗（林前 1.14，16），这是因为他的主要职分是传道（林前 1.17）。由此可见，身负（治理教会等）较大职分就可以免去较小的职分。因此，基督徒国王不施洗的原因是显而易见的，由于同样的原因，现在由主教施洗的人很少，由教宗施洗的人就更少了。

[42.74] 至于授权国王施洗和祝圣，是否需要通过按手礼，我们可以这样考虑：

[42.75] 按手礼是犹太人中最古老的公共仪式，用以指明并确定一个人的祷告、祝福、祭献、祝圣、诅咒或其他言说中所意欲的人或其他事物。所以雅各给约瑟的两个儿子祝福时，"伸出右手来，按在以法莲的头上，以法莲乃是次子，又剪搭过左手来，按在玛拿西的头上，玛拿西原是长子"（创 48.14）。他有意这样做（尽管他们是由约瑟领到他跟前的，因为他在祝福时不得不剪搭着伸出手），以便指明，他打算给谁更大的祝福。所以在

— 432 —

奉献燔祭时，按照吩咐，亚伦"要按手在公牛的头上"（出29.10），以及"要按手在这羊的头上"（出29.15）。《利未记》1.14和8.14中也这样说。同样，摩西在立约书亚为以色列人的首领时，也就是使他成圣服侍上帝时，"按手在他头上，嘱咐他"（民27.23），指明和确定当他们作战时应服从谁。在为利未人祝圣时，上帝吩咐，"以色列的子民要按手在利未人头上"①（民8.10）。在对亵渎耶和华的人定罪时，上帝吩咐，"叫听见的人都放手在他头上；全会众就要用石头打死他"（利24.14）。为什么只有听见的人要按手在他头上，而不是祭司、利未人或其他执法者呢？难道不是其他人无法在会众眼前指明是谁亵渎了圣名及应当死吗？用手指明一个人或任何其他事物给人看，比叫名字给人听更不容易发生错误。

［42.76］这一仪式被严格地遵守，以至于在同时为整个会众祝福而无法通过按手来完成时，亚伦仍然"向百姓举手，为他们祝福"（利9.22）。我们还看到在异教徒中也有类似的神殿祝圣仪式，祭司把手放在神殿的某一根柱上，口中不住地念祝圣辞。在对上帝的公开礼拜方面，要指明任何个别的事物，用手指给人看，而不是说话给人听，是十分自然的。

［42.77］因此，这种仪式在我们救主的时代并不是新的。睚鲁在女儿生病的时候，求我们的救主，所求的不是去治她的病，而是"按手在她身上，使她痊愈"（可5.23）。又说，"那时，有人带着小孩子来见耶稣，要耶稣给他们按手祷告"（太19.13）。

［42.78］根据这个古老的礼仪，使徒、长老和长老会本身，为他们任命的牧师按手，同时为其祷告，使其接受圣灵；而且，当出现新情况时，按手不止一次，经常进行多次；但目的是一样

---

① 据霍布斯引用的英王钦定本译出。

— 433 —

的，就是适时而虔诚地指明某个人，使其承担一般的牧职，或承担特定的使命。所以经上说"使徒祷告了，就按手"在七执事头上（徒6.6）；这样做不是赋给他们圣灵（前文第3节表明，他们在被选出来之前就被圣灵充满了），而是把职务指派给他们。在执事腓利使撒玛利亚的一些人皈信后，彼得和约翰就下到那里去，"按手在他们头上，他们就受了圣灵"（徒8.17）。不仅使徒，而且长老也有这种权力：圣保罗劝提摩太"给人行按手的礼，不可急促"（提前5.22）；也就是，不要轻率地指派人担任牧师的职务；我们在《提摩太前书》4.14看到，"众长老按手"在提摩太头上：但这应该理解为，某人根据众长老的指派来这样做，这个人很可能是他们的 προεστώς 或发言人，可能就是圣保罗本人。因为在他写给提摩太的第二封信中说："使你将神藉我按手所给你的恩赐，再如火挑旺起来。"（提后1.6）顺便指出，这里所谓的圣灵，不是指三位一体中的第三位格，而是牧职所必需的恩赐。我们还看到，圣保罗受过两次按手礼，一次是在大马士革他受洗时，是由亚拿尼亚给他举行的（徒9.17，18），另一次是在安提阿他最初被派出去传道时（徒13.3）。因此，就牧师的任命而言，这种仪式的用途是指明他们赋予这种权力的人。但是，如果当时有任何基督徒以前就已经具有教导的权力，那么为他施洗，也就是使他成为基督徒，并没有赋予他新的权力，而只是使他宣讲真正的教义，即正确地使用他的权力。因此，按手礼是不必要的，洗礼本身就足够了。但是，每个主权者在基督教出现之前都有教导和任命教师的权力，因此，基督教并没有给他们新的权利，而只是引导他们讲授真理，所以除了在洗礼中进行的按手之外，并不需要任何按手礼来授权他们行使任何一部分牧师职能，即施洗和祝圣。在《旧约》中，虽然当主权在大祭司期间，唯有祭司有祝圣的权利，但是，当主权在国王手中时，情况却并非如此。我们读到，所罗门为民祝福，使神殿为圣，并进行了现在所有基督教堂和礼拜堂的祝圣礼中奉为典范的公开祷告（《列王纪上》第8章）。由此看来，他不仅具有统治教会的权利，而且有行使教会职能的权利。

[42.79]由于政教权利集合于基督徒主权者一身，显而易见，基督徒主权者对其臣民拥有各种可以被赋予人的、治理人们在政治与宗教方面的外在行动的权力，可以制定自己认为最合适的法律来治理其臣民，既因他们是国家，又因他们是教会，因为国家与教会都是同一群人。

[42.80]因此，他们只要愿意，就可以（像现在许多基督徒国王所做的那样）将臣民宗教事务方面的统治权交给教宗；但是，教宗在这方面是从属于他们的，而且教宗在他人的领地上履行这一职分，乃是凭借政治权利，即政治主权者的权利，而非凭借神授权利，即上帝的权利。因此，当主权者为了其臣民的利益认为有必要时，可以解除教宗的这项职权。他们只要愿意，可以将照管宗教的事情交给一个最高牧师或一个牧师大会，按自己认为最有利的方式赋予他们对教会或者对彼此的权力，可以赋予他们大主教、主教、神父或长老之类的荣誉封号，可以随心所欲地为他们的给养制定法律，无论是用什一税还是用其他方式供给，他们这样做是出于真挚的良心，而唯有上帝是良心的审判者。任命正典圣经的审定者和解释者的，正是政治主权者。因为是他使圣经成为法律。让绝罚具有效力的，也是政治主权者，若不是有那些法律和惩罚可以降伏冥顽不化的恣意妄为者，使他们与教会的其他成员团结一致，绝罚只会遭到蔑视。总之，对于涉及行动和言语的一切政教事项，他都有最高权力，因为只有行动和言语是可知的和可以控诉的，至于无法被控诉的事，除了知道人心的上帝之外，并没有审判者。这些权利是所有主权者都具有的，无

论其为君主还是会议，因为他们既是一国基督教人民的代表，也是其教会的代表：因为一个基督教会和一个基督教国家是一回事。

[42.81] 虽然我在这里和在本书其他地方所说的这一点似乎十分清楚，足以断定最高教会权力属于基督徒主权者，然而，由于罗马教宗对这一权力提出的普遍声称，主要由白敏枢机主教在他关于大祭司的争议中得到在我看来最强有力的维护，所以我认为有必要尽可能简短地考察一下其论述的根据和说服力。

[42.82] 在他关于这个主题所写的五卷书中，第一卷包含三个问题：第一，君主制、贵族制或民主制，何者是最优政体；结论是都不是，他主张三者混合的政体。第二，这些政体中何者是教会的最优政体；结论是混合政体，但君主制的成分应当最多。第三，在这个混合君主制中，圣彼得是否具有君主之地位。关于他的第一个结论，我已经充分证明（第十八章），人们必须服从的一切政府，都是唯一的和绝对的。在君主制中，只有一个人居于最高地位，在国家里具有任何一种权力的其他人，都是由于他乐意时的委托，才具有权力，并以他的名义行使权力。在贵族制和民主制中，只有一个最高议会，具有与君主制中属于君主的同一权力，这不是一种混合主权，而是一种绝对主权。至于三种政体何者最优，这是无可争议的，只要其中任何一种政体已经确立，当前的政体就应当始终被认为是最优政体而受到支持，因为去做任何旨在颠覆当前政体的事情，都是违反自然法和神的实在法的。此外，就任何牧师而言（除非他们具有政治主权），何种政体是最优政体，对他们的权力没有任何影响，因为他们的天职不是用诫命来统治人，而是用论据教导人、劝说人，让人们自己考虑应当拥护还是拒绝所教与的教义。君主制、贵族制和民主制，实际上是向我们划分出三种主权者，而不是三种牧师，或者

我们可以说，划分出三种家长，而不是三种训蒙师傅。

[42. 83] 因此，第二个结论，关于教会的最优政体，与教宗在他自己领地之外的权力问题无关。因为在所有其他国家里，他的权力（如果他具有任何权力的话）仅仅是师傅的权力，而不是家长的权力。

[42. 84] 第三个结论，即圣彼得是教会的君主，他提出的主要论据是《马太福音》的一段话："我还告诉你，你是彼得，我要把我的教会建造在这磐石上；阴间的权柄不能胜过他。我要把天国的钥匙给你，凡你在地上所捆绑的，在天上也要捆绑；凡你在地上所释放的，在天上也要释放。"（太 16. 18，19）若仔细考虑就会发现，这段话不过是证明，基督的教会以唯一一个信条为基础，那就是彼得以全体使徒的名义认信的、使我们的救主趁机将这里引用的这段话说出来的信条。为了清楚地理解这一点，我们要考虑，我们的救主本人以及施洗约翰和众使徒所宣讲的不过是这个信条，即他是基督；所有其他信条所要求的信仰，都以这个信条为基础。约翰最先开始只宣讲"天国近了"（太 3. 2）。然后我们的救主本人也宣讲了同样的道（太 4. 17），当他将使命交给十二使徒时，除了这一条之外，经上没有提到他宣讲任何其他信条（太 10. 7）。这是基本的信条，是诸教会之信仰的基础。后来使徒们回过意来，晓得他说的，他问他们所有人，不单是问彼得："人说我人子是谁？"（太 16. 13）他们说："有人说是施洗的约翰；有人说是以利亚；又有人说是耶利米或是先知里的一位。"然后他又问他们所有人（不单是问彼得）："你们说我是谁？"（太 16. 15）于是圣彼得代他们全体答道："你是基督，是永生神的儿子。"我认为这是整个教会信仰的基础；因此我们的救主趁机说："我要把我的教会建造在这磐石上。"由此可见，所谓教会的基石，是指教会信仰的基本信条。但有人会反对说，既然如此，我

— 437 —

们的救主为什么要插上"你是彼得"这句话呢？假如这段文字的原文被严谨地翻译，原因就很容易看出来。因此我们要考虑，使徒西门姓"磐石"（这是叙利亚语 *Cephas* 和希腊语 *Petrus* 的意思），我们的救主在他认信了这条基本信条之后，提到他的名字，这样说道："你是磐石，我要把我的教会建造在这磐石上。"这就相当于说，这个信条即我是基督，是我要求于那些成为我的教会之成员的人的一切信仰的基础。这种提到名字的事，在日常言语中并不罕见。可是，假如我们的救主本来打算在圣彼得身上建造他的教会，却说"你是磐石，我要把我的教会建造在这磐石上"，这便是一种奇怪而含糊的说法；他要是说"我要在你身上建立起我的教会"，却同样提到他的名字，便会十分清楚而没有任何歧义。

〔42.85〕至于往下的话，"我要把天国的钥匙给你"云云，不过是我们的救主也对他的所有门徒说的话："凡你在地上所捆绑的，在天上也要捆绑；凡你在地上所释放的，在天上也要释放。"（太 18.18）但是，无论如何解释，毫无疑问，这里所赋予的权力属于所有最高牧师，所有基督徒政治主权者在自己领地上就是这样的最高牧师。其情形就好比是，圣彼得或我们的救主本人已使他们①中的任何一个人相信他，承认他的国。不过，因为他的国不属这世界，所以他把使其臣民皈信的最高者监管权留给了该人，若非如此，他便剥夺了该人的主权，因为教导的权利是不可分割地附属于主权的。以上就是对他的第一卷的驳斥，他在其中想证明，圣彼得曾经是普世教会的君主，也就是说，是世界上所有基督徒的君主。

〔42.86〕第二卷有两个结论：其一，圣彼得是罗马主教，死

---

① 指前文的基督徒主权者。

于罗马；其二，罗马教宗是他的继任者。这两点一直备受质疑。假设它们是真的，然而如果所谓罗马主教，意思是教会的君主，或教会的最高牧师，那么做这个主教的，就不是西尔维斯特，而是（第一位基督徒皇帝）君士坦丁。和君士坦丁一样，所有其他基督徒皇帝都是罗马帝国的最高主教，我是说罗马帝国，而不是整个基督教世界。因为其他基督徒主权者在他们各自的领土上，对一个本质上是附着于他们主权的职位，拥有同样的权利。这可以作为对他的第二卷的答复。

[42.87] 在第三卷中，他处理了这一疑问，教宗是否为敌基督？就我而言，我找不出任何论据证明，教宗是圣经里使用该词所表示的那个意义上的敌基督，我也不会从敌基督的品质中提出任何论据，来否定他在任何其他君王或国家的领地上现在行使的或以前行使过的权威。

[42.88] 显而易见，《旧约》的先知们曾预言、而且犹太人也期待一个弥赛亚，亦即基督，他将在他们中间重建在撒母耳时代被他们厌弃的上帝国，当时他们要求像列国一样有一个王。他们的这种期待，使得他们易受那些心怀异志且狡黠有术之人的欺骗，那些人既有窃国的野心，又有以虚假的奇迹、伪善的生活及似是而非的演说和教义欺骗人民的伎俩。因此，我们的救主和他的使徒事先警告人们，要防备假先知和假基督。假基督是自称基督却不是基督的人，他们在严格意义上被称为敌基督，就像当教会由于选举两个教宗而发生分裂时，一个称呼另一个为敌教宗，或假教宗。因此，敌基督在本义上有两个本质性的标志：其一，他否认耶稣是基督；其二，他自称是基督。第一个标志是由圣约翰在他的第一封信中确定的："凡灵不认耶稣，就不是出于神，这是那敌基督者的灵。"（约壹 4.3）另一个标志是在我们救主的话中表达出来的："将来有好些人冒我的名来，说：'我是基督'"

（太 24.5）；又说："那时，若有人对你们说：'基督在这里'，或说：'基督在那里'，你们不要信！"① 因此，敌基督必然是假基督；也就是某个冒称自己是基督的人。根据这两个标志，即否认耶稣是基督，肯定自己是基督，可以得出，他必然也是真基督耶稣的敌人，这是敌基督一词的另一个常见意思。但在这众多的敌基督中，却有一个特定的敌基督，ὁἈντίχριστος，即"这敌基督"，或确定的"敌基督"，是一个特定的人，而不是一个不确定的敌基督。鉴于罗马教宗既不自称基督，又不否认耶稣是基督，我不明白他怎么能被称为敌基督。这个词并不是指一个妄称自己是基督的副手或总代理的人，而是指一个妄称自己是基督的人。这个特定的敌基督的时代也有某种标志，那时，但以理所说的"那行毁灭可憎的"（但 9.27）要站在圣地（太 24.15），必有空前绝后的大灾难，"凡有血气的总没有一个得救的；只是为选民，那日子必减少了"（太 24.22）。但这灾难还没有到来，因为在这灾难过去后，日头就变黑了，月亮也不放光，众星要从天上坠落，天势都要震动。我们的救主要有大荣耀，驾着天上的云降临。（太 24.29）② 因此，这敌基督还没有到来，教宗则前后递嬗，已有许多。诚然，教宗擅自给所有基督徒国王和基督教国家颁布律法时，便是窃据基督没有让他承担的此世的国，但教宗之窃国，并非以基督的身份，而是为了基督，与敌基督并不相干。

[42.89] 在第四卷中，为了证明教宗是一切信仰和品行问题的最高判断者，也就是世上所有基督徒的绝对君主，他提出三个命题：第一，他的判断是绝对无谬的；第二，他能够制定真正的法律，并惩罚不遵守其法律的人；第三，我们的救主把教会的所

---

① 太 24：23。
② 出自《马太福音》24：29—30。

有管辖权授予了罗马教宗。

[42. 90]为了证明教宗判断的绝对无谬，他征引圣经。第一处经文是《路加福音》22. 31：“主又说：‘西门！西门！撒但想要得着你们，好筛你们像筛麦子一样；但我已经为你祈求，叫你不至于失了信心。你回头以后，要坚固你的弟兄。’”[①] 根据白敏的阐述，基督在这里给了西门彼得两个特权：其一，他的信心不会丧失，他的任何继任者的信心也不会丧失；其二，他和他的任何继任者，都不会就信仰和品行的任何问题作出谬误的规定，或与前任教宗相反的规定。这是一种奇怪的、十分牵强的解释。而细心地阅读这一章会发现，在整部圣经中，没有任何地方比这一处经文更反对教宗的权威。祭司长和文士想方设法要在逾越节杀害我们的救主，犹大打定主意要出卖他，宰杀逾越羊羔的那一天到了，我们的救主和他的使徒们一起吃逾越节的筵席，他说，他不再吃这筵席，直到上帝的国降临，同时告诉他们说，他们当中的一个要出卖他。这时候，使徒们就彼此对问是哪一个；同时由于听到他们的主吃下一个逾越节筵席将是他作王的时候，他们就起了争论：他们中间哪一个可算为大。我们的救主于是对他们说，外邦人有王治理他们，那掌权管他们的称为恩主，意思是丰足；但我对你们不可能这样，你们必须努力相互服侍。我把国赐给你们，正如我父把国赐给我一样；那是我现在要用我的血取得、而在我再次降临以前却不能拥有的国；到那时，你们将坐我的席上吃喝，并且坐在宝座上，审判以色列十二个支派。然后他对圣彼得说，西门！西门！撒但设法提出一个这世界的统治权，来削弱你们对未来的信心；但我已经为你祈求，愿你们的信心不会丧失；因此你们要注意，你们皈信并懂得我的国在另一个世

_____

[①]　正确出处，路22：31—32。

界以后，要坚固你们弟兄的这种信心。对此，圣彼得就像一个不指望任何此世权威的人，回答说："主啊，我就是同你下监，同你受死，也是甘心！"① 由此可见，圣彼得不仅没有被赋予在这世界中的管辖权，而且有责任教导所有其他使徒，他们没有人会具有这种管辖权。至于圣彼得在信仰问题上的最终判决的绝对无谬性，从这段文本中能推导出的仅仅是，彼得应当继续相信基督将在审判日再次降临并统治这国，这段文本没有把这国给予他的继承者们，因为我们看到，他们是在现在的世界中要求这国的。

[42.91] 第二处经文是《马太福音》第16章："你是彼得，我要把我的教会建造在这磐石上；阴间的权柄不能胜过他。"② 我在本章中已经表明，由此证明的不过是阴间的权柄不能胜过彼得的认信，就是为这番话提供了契机的认信，即，耶稣是上帝的儿子基督。

[42.92] 第三处经文是《约翰福音》21.16，17："你喂养我的羊"。这话包含的不过是一种教导的使命。如果我们认为，其余的使徒也被包含在羊这一名称内；那么这就是最高的教导权力；然而这仅限于没有基督徒主权者获得这一至高权的时代。但是，我已经证明，基督徒主权者在他们自己的领地里是最高牧师，他们受命担任这一职务，是由于他们受洗，而无需另外举行按手礼。当他由于具有对其臣民的绝对权力，而已被指明为有权以他所愿意的任何教义去教导臣民时，这种按手礼作为指明人的一种仪式，是不需要的。因为正如我以前所证明的，主权者由于其职分，通常就是最高教师，因此由于自己受洗而有义务教导基督的教义。当他们忍受其他人教导其臣民时，他们这样做就有不

---

① 路22：33。

② 太16：18。

顾自己灵魂的危险；因为上帝对于教育他的人民和仆人的事情，会要求家长负责。上帝说："我眷顾他，为要叫他吩咐他的众子和他的眷属遵守我的道，秉公行义。"（创18.19）说的是亚伯拉罕本人，而不是一个佣工。

[42.93] 第四处经文是《出埃及记》28.30："又要将乌陵和土明放在决断的胸牌里"，乌陵和土明，他说被七十士译本译为 δήλωσιν καὶ ἀλήθειαν，即证明和真理：然后他得出结论说，上帝已经把近乎绝对无谬的证明和真理给了大祭司。但是，无论被给予的是证明和真理本身，抑或不过是劝诫祭司要努力查明真相和正直地作出判断，然而由于它被给了大祭司，它就被给了政治主权者，因为在以色列国家里，大祭司是地位仅次于上帝的政治主权者，而且它是一种证据，支持政治主权者的证明和真理，即对其臣民的至高教权，反对教宗的自封的权力。这些就是他为了证明教宗在信仰问题上的判断绝对无谬，举出的所有经文。

[42.94] 为了证明教宗对品行的判断绝对无谬，他举出一段经文，《约翰福音》16.13："只等真理的圣灵来了，他要引导你们明白一切的真理。"（他说）所谓一切的真理，至少意味着得救所必需的一切真理。但是，即使作出这一让步，他也没有赋予教宗比任何认信基督教而没有被诅咒的人更多的绝对无谬性。因为如果任何人在那种想要得救就必须不得犯错的要点上犯了错，他就不可能得救；因为那是得救的唯一必要条件，一旦欠缺，就不可能得救。这些要点是什么，我在下一章会根据圣经加以说明。我在这里只想说，即使我们承认，教宗绝无可能以任何谬误来教训人，但这并不足以使他在另一个君王的领地上获得任何管辖权，除非我们可以说，一个人从良心上讲在任何时候都有义务把工作派给最优秀的工人，即使他原先已经把工作应许给了别人。

[42.95] 除了经文之外，他还根据理性争辩说，如果教宗在

必要事项上可能犯错，那么基督就没有对教会的得救作出充分的准备，因为他已命令教会遵从教宗的指示。但是，这个理由是无效的，除非他表明，基督在什么时候、什么地方作了这一命令，或提到了教宗。不仅如此，即使我们承认，给圣彼得的一切都给了教宗，然而，鉴于圣经里并没有命令任何人服从圣彼得，所以当教宗的命令违背一个人的合法主权者的命令时，他服从教宗就不可能是正义的。

[42.96] 最后，教会和教宗本人都没有宣称过他是世界上所有基督徒的政治主权者，因此，所有的基督徒并没有义务承认他在品行问题上的管辖权。因为政治主权与品行争议中的最高裁判权是一回事。国法的制定者，不仅是行动之正义和不义的宣告者，而且是行动之正义和不义的制定者。人们的品行，除了视其是否符合主权者的法律以外，没有任何东西使其成为正义的或不义的。因此，当教宗在品行争议方面声称有至高权时，他便是教导人们不服从政治主权者。这是一个错误的教义，与我们的救主和他的使徒在经上传给我们的诸多诫言相违背。

[42.97] 为了证明教宗有权制定法律，他征引多处经文。第一处是，"若有人擅敢不听从那侍立在耶和华你神面前的祭司，或不听从审判官，那人就必治死；这样，便将那恶从以色列中除掉。"（申17.12）为了答复这一点，我们要记住，地位仅次于上帝的大祭司，是政治主权者；所有的审判官都要由他选立。因此，这些引语听上去像是在说，"若有人擅敢不听从当时的政治主权者或他那些履行职务的官员，那人就必治死……"这显然是支持政治主权，而反对教宗的普世权力。

[42.98] 第二，他征引《马太福音》16.19，"凡你在地上所捆绑的……"并把它解释为文士和法利赛人的那种捆绑，"他们把难担的重担捆起来，搁在人的肩上"（太23.4）。他说这是指

制定法律，然后得出结论说，教宗可以制定法律。但是，这也只是支持政治主权者的立法权。因为文士和法利赛人坐在摩西的位上，而摩西是以色列人民的地位仅次于上帝的主权者。因此我们的救主命令门徒，凡他们所吩咐的都要去行，但不要效法他们的行为。也就是说，遵守他们的律法，但不效法他们。

［42.99］第三处是《约翰福音》21.16：“你喂养我的羊”；这不是制定法律的权力，而是去教导的命令。制定法律属于家长，他可以根据自己的判断选择他的家庭牧师，也可以这样选择一个师傅教他的孩子。

［42.100］第四处，《约翰福音》20.21，是反对他的。那句话是，“父怎样差遣了我，我也照样差遣你们”。但是，我们的救主被差遣来是以他的死为信的人赎罪，以及通过他本人和他的使徒传道，使他们做好准备进入他的国；他本人说，这国不属这世界，并教导我们为它的降临祷告，只是拒绝告诉使徒，它什么时候降临（徒1.6，7），当这国降临时，十二使徒将坐在十二个宝座上（每个宝座与圣彼得的一样高），审判以色列十二个支派。既然父上帝没有差遣我们的救主在现今世界中制定法律，我们可以从经上得出结论说，我们的救主差遣圣彼得，不是要在这里制定法律，而是要劝人们坚固信心，期待他再次降临；在这段时间里，臣民要服从他们的君王，君王既要自己信，又要尽力使其臣民信；这就是主教的职分。因此，这处经文最为强有力地支持教会的至高权与政治主权的结合，这与白敏枢机主教引证的目的相反。

［42.101］第五处是《使徒行传》15.28，29：“因为圣灵和我们定意不将别的重担放在你们身上，惟有几件事是不可少的，就是禁戒祭偶像的物和血，并勒死的牲畜和奸淫。”在这里他把“重担”注释成立法权。但是，读这段经文时，谁又能说，使徒

— 445 —

的这种口吻，用于提出建议与用于制定法律一样恰切呢？法律的口吻是，"我们命令"，但"我们认为好"只是提出忠告者通常使用的口吻。他们把提出忠告这种重担放在别人身上，尽管这是有条件的，那就是，如果他们给予忠告的人能达到他们的目的：禁戒勒死的物和血就是这种重担；这重担不是绝对的，而是在他们愿意不犯错的情况下才成为重担。我以前（第二十五章）已经表明，法律与建议的区别在于，法律的理由来自法律制定者的意图和利益；而建议的理由来自被建议者的意图和利益。而在这里，使徒们仅仅是为了皈信的外邦人的利益，即这些人的得救；而不是为了他们自己的利益；因为他们尽力而为之后，无论是否被人服从，都会得到自己的报偿。因此，这个会议的决议①不是法律，而是建议。

[42.102] 第六处是《罗马书》第 13 章："在上有权柄的，人人当顺服他，因为没有权柄不是出于神的。"② 他说，这不仅指世俗的君王，而且指教会的君王。对此，我的回答是，首先，并没有教会的君王，只有那些亦是政治主权者的君王；君王们的领地不得超过其政治主权的限度；在这些界限之外，他们可以被接纳为圣师，却不可能被承认为君王。因为假如使徒的意思是叫我们既臣服于我们自己的君王，又臣服于教宗，那么他就教给我们一个教义，那是基督自己告诉我们不可能实现的，即侍奉两个主人③（太 6.24）。这使徒在另一处虽然说："所以，我不在你们那里的时候，把这话写给你们，好叫我见你们的时候，不用照主

---

① 这个会议，指《使徒行传》第 15 章记载的耶路撒冷会议，其决议即雅各在会上所说的话："所以据我的意见，不可难为那归服神的外邦人；只要写信，吩咐他们禁戒偶像的污秽和奸淫，并勒死的牲畜和血。因为从古以来，摩西的书在各城有人传讲，每逢安息日，在会堂里诵读。"（徒 15：19—21）

② 罗 13：1。

③ 见本书 20.4 注。

所给我的权柄严厉地待你们。"(林后 13.10)但这不意味着他声称有权将他们当中的任何人处死、监禁、放逐、鞭打或罚款，这些都是惩罚；而是意味着他声称有权对他们进行绝罚。(在没有政治权力的情况下)绝罚不过是不与他们来往，就像不与异教徒或税史来往一样，这在许多情况下或许会让绝罚者比被绝罚者更痛苦。

[42.103] 第七处是《哥林多前书》4.21："是愿意我带着刑杖到你们那里去呢？还是要我存慈爱温柔的心呢？"但这里所谓的刑杖，也不是指官长惩罚罪犯的权力，而只是绝罚的权力；绝罚本身就其性质而言并不是惩罚，而只是宣告基督在审判日拥有他的国时将施加的惩罚。到那时它也不是像施加给违法臣民的那种严格意义上的惩罚，而是施加给藐视我们的救主对天国之权利的那种敌人或反叛者的报复。因此，这段经文并不证明，任何不具有政治权力的主教，具有立法权力。

[42.104] 第八处是《提摩太书》3.2："作监督的，必须……只作一个妇人的丈夫，有节制，自守……"① 他说这是一条法律。我曾经以为，除了教会的君主圣彼得之外，没有人能在教会中制定法律。但即使这一诫言是凭借圣彼得的权威制定的，我也看不出有什么理由称之为法律，而不是称之为忠告；因为提摩太并不是圣保罗的臣民，而是他的门徒；提摩太所负责的教众，也不是他在王国中的臣民，而是他在基督的学校中的学生。假如他给提摩太的诫言都是法律，这一条为什么又不是法律呢？"因你……屡次患病，再不要照常喝水，可以稍微用点酒。"② 良医的诫言为什么不能一条条地成为法律呢？使一个人的诫言成为

---

① 正确出处，《提摩太前书》3：2。
② 提前 5：23。

法律的，难道是命令式的言说方式，而不是对他个人的绝对服从吗？

［42.105］同理，第九处，《提摩太前书》5.19："控告长老的呈子，非有两三个见证就不要收。"这是一条智慧的诫言，而不是法律。

［42.106］第十处是《路加福音》10.16："听从你们的就是听从我；弃绝你们的就是弃绝我。"毫无疑问，藐视基督差遣来的人的建议，就是藐视基督本人的建议。但现在除了被合法的主权者任命的牧师以外，又有谁是基督差遣来的呢？得到合法任命的人，谁不是由最高牧师任命的呢？在基督教国家里，得到最高牧师任命的人，谁不是根据国家主权者的权威被任命的呢？因此，从这处经文得出，当主权者是基督徒时，听从主权者就是听从基督；藐视基督徒国王所批准的教义，就是藐视基督的教义：这不是白敏在这里想要证明的，而是恰恰相反。但这一切都与法律毫不相干。不仅如此，一个基督徒国王，作为其臣民的牧师和教师，并没有因此使自己的教义成为法律。他不能使人们有义务相信；尽管作为政治主权者，他可以制定适合他的教义的法律，使人们有义务去做某些事，有时甚至使人们有义务去做他们本来不会做、而且他不应该命令的事；然而，若它们是他所命令的，它们便是法律；因服从法律而作出的外在行动，若缺乏内心的认可，便是主权者的行动，而不是臣民的行动，在这种情况下，臣民的行动只是一种工具，根本没有其自身的任何动机；因为上帝命令要服从法律。

［42.107］第十一处是这位使徒以人们用来表示命令的方式提出建议之辞的所有地方，或者把听从其建议称为服从的所有地方。因此，白敏所征引的经文有，《哥林多前书》11.2：

"我称赞你们，因你们保持我传给你们的诚言。"① 希腊语是："我称赞你们，因你们坚守我所传给你们的。"这绝不意味着它们是法律或其他任何东西，而是好心的建议。《帖撒罗尼迦前书》4.2："你们原晓得，我们凭主耶稣传给你们什么命令。"希腊语是 παραγγελίας ἐδώκαμεν，同前一句引文一样，相当于 παρεδώκαμεν，我们传给你们的。这并不能证明使徒们的教训超出了建议的范围；尽管正如第 8 节中所说："那弃绝它们的，不是弃绝人，乃是弃绝神。"因为我们的救主降临，不是要审判这世界，不是要在这世界上作王，而是为罪人牺牲自己，并在他的教会中留下圣师带领人们归向基督，而不是驱赶人们归向基督，基督从不接受强迫造成的行动（一切法律所产生的都是这种行动），只接受人心的内在皈信，这不是法律的产物，而是建议和教义的产物。

[42.108]《帖撒罗尼迦后书》3.14："若有人不服从我们这信上的话，要记下他，不和他交往，叫他自觉羞愧。"② 他从服从一词推论说，这封书信是帖撒罗尼迦人的法律。皇帝的书信诚然是法律。因此，假如圣保罗的书信也是法律，他们就要服从两位主人了。但是，服从一词，在希腊语中是 ὑπακούει，不仅表示听从或执行有惩罚权利之人的命令，而且表示听从或执行为了我们好而给予我们的建议。因此，圣保罗没有叫他们把那些不服从的人杀掉、鞭打、监禁，或处以罚金，这些都是立法者会做的事；他只是叫他们不和他交往，叫他自觉羞愧。由此可见，基督

---

① 霍布斯的引文：I commend you for keeping my precepts as I delivered them to you. 引文中的 precepts（诚言）一词，英王钦定本作 ordinances，其他英译本一般作 traditions。和合本译文："我称赞你们，因你们凡事记念我，又坚守我所传给你们的。"

② 根据霍布斯提供的文本译出，英文 obey 及 obedience，在本书中通译为"服从"。

徒所敬畏的，不是使徒的威权，而是他在信徒中的威信。

[42.109] 最后一处是《希伯来书》13.17："你们要服从那些引导你们的，且要顺服，因为他们为你们的灵魂时刻警醒，好像那将来交账的人。"这里也刻意用服从来表示遵从他们的建议。我们服从的理由不是出自我们牧师的意志和命令，而是出自我们自己的利益，因为他们所警醒的是我们灵魂的得救，而不是为了提升他们自己的力量和权威。假如这里的意思是，他们所教导的都是法律，那么不仅教宗，而且每个牧师在其堂区都拥有立法权。又，那些必须服从自己的牧师的人，是没有权力检讨其命令的。那么，我们对于圣约翰所吩咐的，又该说什么呢？他吩咐我们："一切的灵，你们不可都信，总要试验那些灵是出于神的不是，因为世上有许多假先知已经出来了。"（约壹 4.1）因此显而易见，我们可以对我们牧师的教义提出异议，但没有人能对法律提出异议。政治主权者的命令被各方面都承认为法律：假如在他自己之外还有谁能制定法律，那么整个国家以及一切和平与正义便必然停息：这违背一切神法与人法。因此，从经上的这些地方或任何其他地方，都无法征引任何文本能够证明，教宗的法令在他不具有政治主权的地方是法律。

[42.110] 他要证明的最后一点是：我们的救主基督已经将教会管辖权直接交给了教宗而非其他任何人。在这里他处理的不是教宗与基督徒国王之间的至高权问题，而是教宗与其他主教之间的至高权问题。首先他说，大家一致认为，主教的管辖权至少通常凭借神授权利，即上帝的权利。为此，他征引《以弗所书》4.11，圣保罗在那里说，基督升天以后，"他所赐的，有使徒，有先知，有传福音的，有牧师和教师"。然后他推论说，他们凭借上帝的权利诚然具有管辖权，却不承认那是他们直接从上帝那里得来的，而认为是通过教宗得来的。但是，假如可以说一个人

— 450 —

凭借神授权利具有其管辖权，却不是直接得自上帝，那么在一个基督教国家里，有什么合法的管辖权，即便是政治的合法管辖权，不同样是凭借神授权利得来呢？因为基督徒国王具有直接得自上帝的政治权力，他手下的官长根据他的委任，履行各自的职务，在这方面他们与根据教宗任命行事的主教们一样，都是凭借间接的神授权利行事。一切合法权力属于上帝，最高统治者的权力直接来自上帝，在最高统治者之下拥有权威的人的权力间接地来自上帝。因此，他要么必须承认，国家里的每个官员都是凭借上帝的权利具有其职位的；要么肯定不能坚持说，除了教宗本人之外，任何主教是这样具有其职位的。

［42.111］但是，这整个争论，也就是基督究竟是只把管辖权留给了教宗，还是也留给其他主教，如果在教宗具有政治主权的那些地方之外的地方加以考虑，便是一个微不足道的争论：因为任何教宗在自己不是主权者的地方，根本没有任何管辖权。因为管辖权是听审并决断人与人之间的争讼的权力，只能属于有权规定是非法则的人，也就是说，属于有权制定法律，并用正义之剑迫使人们服从其判决的人，无论其判决是他自己宣布的，还是由他任命的法官宣布的。而除了政治主权者之外，没有人可以合法地这样做。

［42.112］因此，他征引《路加福音》第6章说，我们的救主召集他的门徒，并拣选出其中十二人，叫他们使徒①，他因此证明，我们的救主拣选了他们（除了马提亚、保罗和巴拿巴），并给予他们权力和命令去传道，而不是去判断人与人之间的争讼：因为这是他自己也拒绝承担的权力，他说："谁立我作你们

---

① 太10：1—4；可3：13—19；路6：12—16。

断事的官，给你们分家业呢？"① 在另一个地方说："我的国不属这世界。"② 但是，没有权力听审和判断人与人之间的争讼的人，是不能说具有任何管辖权的。然而，这并不妨碍我们的救主给予他们在世界各地传道和施洗的权力，只要他们没有受到自己的合法主权者禁止；因为基督自己和他的使徒们已在各种地方明确地命令我们在一切事情上都要服从我们自己的主权者。

[42.113] 他打算用来证明主教从教宗那里获得管辖权的论据，（鉴于教宗自己在其他君王的领地上就没有管辖权）都是徒劳的。然而，因为这些论据却相反地证明，主教所具有的管辖权都是来自其政治主权者，所以我要逐一列举：

[42.114] 第一个论据出自《民数记》第 11 章，那里说，摩西不能独自担当管理以色列人民事务的全部责任，上帝命令他拣选七十个长老，并取摩西的灵分赐给这七十个长老。这里的意思不是说上帝削弱了摩西的灵，因为这根本没有使他减轻负担，而是说他们都从他那里得到了权威。在这里他正确而直白地解释这处经文。但是，鉴于摩西在犹太人的国家里拥有全部主权，所以显而易见，这表示他们的权威来自政治主权者。因此，这处经文证明，在每个基督教国家里，主教都是从政治主权者那里获得其权威，仅只在教宗自己的领土上，而不是在任何其他国家的领土上，才是从教宗那里获得其权威。

[42.115] 第二个论据是根据君主制的性质提出的。在君主制中，所有的权威在一人手中，其他人的权威都是从他那里得来的。而他认为，教会的政体是君主制。这也可以用来支持基督徒君主。因为他们真正是他们自己人民的君主，也就是说，他们自

---

① 路 12：14。
② 约 18：36。

己教会的君主（因为教会与一国基督教人民是一回事）。而教宗的权力，即便他是圣彼得，也既不是君主制，也没有什么"那其"或"克拉西"①的东西，而只是说教的权力，因为上帝不接受被迫的服从，而只接受心甘情愿的服从。

[42.116] 第三个论据，来自圣彼得的圣座被圣西普里安称为首脑、本源、根本、太阳，主教的权威正是来源于此。但根据自然法（自然法是比除了一人之外的任何圣师的言辞更好的对错原则），每个国家的政治主权者是首脑、本源、根本、太阳，一切管辖权正是来源于此。因此，主教的管辖权来自政治主权。

[42.117] 第四个论据来自他们管辖权的不平等。他说，假如上帝曾经直接地给予他们管辖权，那么他所赐予的管辖权和品秩就应该是平等的；但是我们看到，有些主教只是一个城镇的主教，有些主教是几百个城镇的主教，有些主教是若干行省的主教；这些差异不是由上帝的命令决定的；因此，他们的管辖权不是属于神的，而是属于人的；有人的管辖权大，有人的管辖权小，随教会君王的心意而定。假如他以前已证明教宗对所有基督徒拥有普世管辖权，那么这个论据是可以用来为他的目的服务的。但是，这一点并没有得到证明，而且众所周知，教宗的广泛管辖权是由那些拥有它的人即罗马皇帝赋予他的（君士坦丁堡牧首基于同样的头衔，即帝国首都和皇帝驻地的主教，要求与他平起平坐），由此得出，所有其他主教都是从他们在其中行使管辖权的那个地方的主权者获得其管辖权的。由于这个原因，他们并

---

① "那其"和"克拉西"，原文为 Archical 和 Cratical，是霍布斯利用 Monarchical（君主制）和 Democratical（民主制）生造的两个词，而这两个词分别含有希腊语ἀρχή（支配，主权）和κρατέω（统治）。这里仿照"安那其"和"德谟克拉西"，译作"那其"和"克拉西"。参看 Thomas Hobbes, *Leviathan*, III, *The English and Latin Texts* (ii), ed. Noel Malcolm, Oxford: Clarendon Press, 2012，第 905 页注 hs。

不是凭借神授权利拥有其权威；所以教宗在除了他同时是政治主权者的地方之外，也不是凭借神授权利拥有其权威。

[42.118] 他的第五个论据是，如果主教的管辖权直接来自上帝，那么教宗就不能予以褫夺，因为他不能做任何违背上帝所命的事。这个推论很好，而且证明得很有力。但他说，教宗能够褫夺、并且褫夺过主教的管辖权。这也可以说是对的，他在自己的领地里，或者在任何其他赋予他这种权力的君王的领地里，可以凭借教宗权利这样做；却不能凭借教宗权利到处这样做：因为这种权力在每个基督徒主权者自己的统治权范围内属于主权者，与主权不可分割。在以色列人民（凭借上帝对撒母耳的命令）仿照列国为自己立一个王之前，大祭司具有政治统治权；只有大祭司能派任或罢免低级牧师。但这种权力后来掌握在国王手中，这可以通过白敏的同一论据加以证明；因为假如祭司（不论是大祭司还是任何其他人）直接从上帝那里获得其管辖权，那么国王就不能从他那里夺走它；因为他不能做任何违背上帝所命的事。但可以肯定的是，所罗门王就曾撤掉大祭司亚比亚他的大祭司职位（王上 2.26，27），并以撒督代替亚比亚他（王上 2.35）。因此，国王为了良好地治理其臣民，同样可以任命和撤掉主教。

[42.119] 他的第六个论据是，如果主教拥有其管辖权乃是凭借神授权利（即直接来自上帝），那么主张这一说法的人应当拿出上帝之言来加以证明：但他们却拿不出。这个论据很好，因此我不加以反对。但这个论据也同样可以用来证明教宗本人在其他君王的领地上没有任何管辖权。

[42.120] 最后，他提出英诺森和利奥这两位教宗的证词作为证据；我不怀疑，他可以有充分的理由，征引几乎自圣彼得以来所有教宗的证词。考虑到人性中根深蒂固的权力欲，无论谁成为教宗，都会受到诱惑，支持同样的意见。然而，他们这样做却

像英诺森和利奥那样，只能为自己作见证，因此他们的见证是无益的。

[42.121] 在第五卷中，他有四个结论。第一，教宗不是全世界的主宰；第二，教宗不是整个基督教世界的主宰；第三，教宗在自己的领土之外并不直接拥有任何世俗的管辖权。这三个结论都容易承认。第四，教宗在其他君王的领地里间接地拥有最高的属世权力：这是可否认的；除非他所谓的间接，意思是说教宗是通过间接手段得到的，那么这便也可以承认。但我认为，当他说教宗间接地得到这种权力时，他的意思是说，这种属世的管辖权是他的权利，但这种权利不过是从他的牧师权威得来的，除非他把它交给另一个人掌握，否则他便不能行使其牧师权威：因此最高政治权力必然附属于（他所谓的属灵的）牧师权力，因此，他有权在自己认为有利于灵魂得救的时候，使王国易手。

[42.122] 在我开始考虑他证明这一学说的论据之前，先不妨揭开这一学说的后果；在各自国家里拥有政治主权的君王和政府，可以自己考虑，承认这一学说，对他们是否合适，是否有助于他们自己的臣民的利益，他们在审判日要为之负责的，乃是其臣民。

[42.123] 如果有人说，教宗（在其他国家的领土上）并不直接地拥有最高政治权力，那么我们要理解为，他不是像其他政治主权者那样，根据被治者的原初臣服来要求这种权力。因为很明显，而且我在这部论著中已经充分证明，所有主权者的权利最初都是来自每一个被治者的同意；无论他们选择他是为了共同防御敌人，比如说他们一致同意任命一个人或一个会议来保护他们；还是为了通过归顺敌方征服者，挽救自己的生命。因此，当教宗否认直接地具有对其他国家的最高政治权力时，他不过是否认他的权利以那种方式得来；他却仍以另一种方式声称这种权

力，也就是（无须被治者的同意）通过自己就任教宗时上帝赋予他的权利（这就是他称所谓的以间接的方式）。但无论他以什么方式作为借口，这个权力都是相同的，（如果人们承认那是他的权利），他可以在自己认为有利于灵魂得救时随心所欲地随时废黜君王和政府；因为他还声称对于这种权力是否有利于人们灵魂的得救，只有他有权作出判断。这一教义，不仅白敏以及其他圣师在他们的布道和书籍中讲授，而且某些公会议已颁布为教令，教宗们也在时机允许的时候相应地付诸实践。在教宗英诺森三世领导下召开的第四次拉特兰会议，（在第三章《论异端》）有这一条教会法：如果国王在教宗的告诫下不清洗其国内的异端人，并因此遭到绝罚后一年之内不进行弥补，其臣民可解除他们的服从。这种做法在各种场合都可以看到，比如废黜法国国王希尔佩里克，将罗马帝国转交给查理大帝，压制英格兰约翰国王，转移纳瓦拉王国，以及近年来在反对法国亨利三世的联盟中以及许多事件中都是这样。我认为很少有君王不认为，这是不公正和不适宜的。但我希望他们抉择一下，要当国王还是当臣民。一个人不能服侍两个主人。因此，他们应该使自己解脱出来，要么将统治权的缰绳完全掌握在自己手中，要么把它们完全交到教宗手中，俾使那些愿意服从的人因其服从而获得保护。因为属世权力与属灵权力的区分不过是言辞。当危险地与另一个间接权力分享权力时，就像与一个直接权力分享一样，权力实际上就被分割了。但是现在来谈谈他的论点。

[42.124] 第一个论点是，政治权力臣服于属灵权力：因此，拥有属灵的最高权力的人，有权指挥属世的君王，并为了属灵事务而处置他们的世俗事务。至于属世权力与属灵权力之间的区别，让我们考虑一下，究竟在什么意义上可以说，属世的或政治的权力臣服于属灵权力。这两个词只在两种说法中才有意义：当

我们说一种权力臣服于另一种权力，意思要么是拥有一种权力的人臣服于拥有另一种权力的人，要么是一种权力之于另一种权力，就像手段之于目的。我们无法理解，一种权力具有凌驾于另一种权力之上的权力；或者一种权力能够对另一种权力具有权利或命令权。因为臣服、命令权、权利和权力，都不是权力的偶性，而是人的偶性。一种权力可能从属于另一种权力，就像马鞍匠的技艺从属于骑手的技艺一样。即使人们承认，政治统治权是作为使我们获得属灵幸福的手段而设立的，却也不能得出，如果一个国王拥有政治权力，而教宗拥有属灵权力，那么国王就必须服从教宗，甚于每个马鞍匠必须服从每个骑手。因此，就像技艺之间的从属关系，并不能推论出其操业者的之间的臣服关系一样，从统治权的从属关系，也不能推论出统治者的臣服关系。因此，当他说政治权力臣服于属灵权力时，他的意思是说，政治主权者臣服于属灵的主权者。其论点就等同于，政治主权者臣服于属灵主权者，因此，属灵的君王可以命令属世的君王。在这里，结论与他本应该证明的前提相同。但为了证明这一点，他首先征引这个理由：国王、教宗、教士与平信徒组成唯一国家；也就是说，构成唯一教会：在所有团体中，各成员都是相互依赖的；但属灵的事物不依赖属世的事物；所以，属世的事物依赖属灵的事物，因此臣服于属灵的事物。在这一论证中，有两个严重的错误：一是所有的基督徒国王、教宗、教士和所有其他基督徒组成唯一国家。因为显而易见，法国是一个国家，西班牙是另一个国家，威尼斯是另一个国家，不一而足。这些国家都是由基督徒组成的，因此是若干个基督徒团体，也就是若干个教会：它们的若干个主权者代表它们，它们因此像自然人一样能够命令、服从、行事和遭受苦难；没有任何一个总教会或普世教会是这样，除非它有一个代表；它不可能在地上有一个代表；因为假如它在地上有一个代表，那么毫无疑问，整个基督教世界就是一个国家，其主权者是属灵和属世事务方面的代表。教宗要使自己成为这个代表，缺乏我们的救主没有给他的三件事：命令权、审判权、惩罚权，而不是（通过绝罚）逃避那些不接受他的教诲的人。尽管教宗是基督唯一的代理人，但在我们的救主再次降临之前，教宗无法行使他的统治权；而即便到那时，审判世界的也不是教宗，而是圣彼得本人和其他使徒。

[42.125] 他的第一个论点的另一个错误是，他说，国家的成员就像自然人体的各部分一样互相依赖。他们诚然结合为一体，但他们所依赖的，仅仅是国家的灵魂，即主权者。灵魂一旦失散，由于缺乏对一个人所共知的主权者的共同依赖，任何人都不会与别人结合在一起，国家就会解体而陷入内战，正如自然人体的各部分由于缺乏一个使之维系在一起的灵魂，消解而归于尘土。因此，这一类比中没有任何东西，可以从中推论出，平信徒依附于教士，或属世的官员依附于属灵的官员，而只能推论出两者都依附于政治主权者。政治主权者确实应当使他的政治命令指向灵魂的拯救，但他因此只臣服于上帝本身。这样一来，你们就看到第一个论点中精心编造的谬论，为的是要欺骗那些无法区分在通往目的道路上行动之间的从属地位，与对手段的经营中人与人之间的臣服关系的人。因为无论对于何种目的来说，手段都是由自然决定的，也就是由上帝本身以超自然的方式决定的；但是，使人们使用这些手段的权力，在每个国家里都根据自然法（自然法禁止人们违背被给予的信仰）被交给政治主权者。

[42.126] 他的第二个论点是：每个国家由于假定自身是完美具足的，可以命令任何其他并不臣服于它的国家，并强制其改变政府的行政；不仅如此，如果它不能通过其他方法，防止自身免于另一国的君王将对他们进行的侵害，便可以废黜该国君王，

— 458 —

安排另一个人代替他的位置；更有甚者，一个属灵的国家可以指挥一个属世的国家，当他们无法捍卫属灵的利益时，可以改变其政府行政，废黜其君王，并改立其他人。

［42.127］一个国家为了保护自己免受侵害，可以合法地做他在这里所说的一切，这是非常正确的；而且已在前文中作了充分的证明。假如世界上确实有一个不同于政治国家的属灵国家，那么，其君王便可以由于对他的侵害，或为了确保将来不受这种侵害，通过战争来作为补偿及保卫自身；总之就是通过废黜、杀戮或制伏，或进行任何敌对行为。但根据同一理由，一个政治主权者在受到或害怕受到类似侵害时，向属灵的主权者发动战争同样地合法；我相信这超出了白敏枢机主教从他自己的命题中作出的推论。

［42.128］但是属灵的国家在这世界上并不存在：因为它与基督的国是一回事，基督自己说，他的国不属这世界；而是在他复活时存在于将来的世界，那时，为人正义而又相信他是基督的人，（尽管他们自然的身体死了）他们属灵的身体要复活；那时，我们的救主将审判世界，征服他的敌人，并建立一个属灵的国。同时，鉴于世上并没有任何人的身体是属灵的，所以在肉身的人中间不可能有任何属灵的国家；除非我们把那些负有教导的使命、使人准备在复活时被接纳入基督的国的传道者称为一个国家，而我已证明，这种国家是不存在的。

［42.129］第三个论点是，当一个不信者或异端的国王努力使基督徒陷入其异端或不信神之说时，基督徒若容忍这个国王，便是不合法的。而一个国王是否使其臣民陷入异端，要由教宗来判断。因此，教宗有权决定是否要废黜君王。

［42.130］对此，我的回答是，这两个论断都是虚假的。就基督徒（或无论任何宗教的信徒）而言，不论他们的国王制定了

什么法律，即便是有关宗教的法律，如果他们不容忍其国王，那就违背了他们的信仰，违背神圣的自然法与实在法：除了政治主权者之外，臣民中没有任何人能成为异端的审判者。因为异端不过是违反公共人格（即国家的代表者）命令教导的意见，顽固地坚持的私人意见。由此可见，公开指定讲授的意见不可能是异端；授权这种意见的主权君王也不可能是异端人。因为异端人不过是顽固地捍卫某种被其合法君主禁止的教义的私人。

[42.131] 但为了证明基督徒不能容忍不信者或异端的王，他征引《申命记》17.15 的经文，上帝禁止犹太人在立王时选择外邦人；并由此推论说，基督徒选择一个不是基督徒的人作王是非法的。诚然，一个人若是基督徒，也就是说，若已承担义务在我们的救主来临时接受他为王，那么他选择一个他知道会以恐吓和劝说努力使他违背其信仰的人在这世界中作王，便是大大地蔑视上帝。但（他说）选一个不是基督徒的人作王，与当他被选出时不把他废黜掉，是同样危险的事。对此我要说，问题不在于不废黜他会有什么危险，而在于废黜他是否合乎正义。选择他为王，在某些情况下可能是不正义的，但是，当他被选中后再予以废黜，在任何情况下都不可能是正义的。因为这始终是对信仰的违背，因而违反自然法，也就是违反上帝的永恒法。我们在经上也没有读到使徒时代把这种教义当成基督的教义，直到教宗拥有罗马的政治主权之前在罗马皇帝时代也没有这样。但他已对此答复道，古代的基督徒之所以没有废黜尼禄、戴克里先、尤利安、瓦伦斯，仅仅是因为他们缺乏属世的武力。也许吧。但是，我们的救主只要召请就可以得到十二营永生不死、无坚不摧的天使来帮助他，难道也缺乏武力来废黜凯撒，或至少是废黜那找不出他的过错而又无义地把他交给犹太人钉十字架的彼拉多吗？或者，如果使徒们缺乏属世的武力废黜尼禄，那么他们是否有必要在给

新入教的基督徒的书信中教导他们，要像他们所做的那样，服从他们已确立的权力，（当时的尼禄就是其中之一，）而且教导他们不应该因为害怕其烈怒、而是应该为了良心的缘故而服从呢？难道我们要说，他们是因为缺乏实力，才不仅服从，而且还用违心的话来教训人？因此，基督徒容忍其异端君王，或批准讲授错误学说的君王（任何人的教义如果是公共教义，我就不能称他为异端人），并非因为缺乏实力，而是为了良心的缘故。而关于教宗的属世权力，他进一步征引圣保罗当时在异教君王统治下指派过不是由那些君王所任命的审判者（林前 6）；这不是真的。圣保罗只是劝告他们从自己的弟兄里面选出一些人当仲裁者来缓解他们的分歧，而不是在异教审判者面前彼此告状。这是一条有益的诚言，充满了善意，就是在最好的基督教国家里也适于付诸实践。至于臣民容忍一个异教君王或犯错的君王对宗教可能产生的危险，对于这个问题，一个臣民是没有能力作出判断的。假如他有能力作出判断，那么教宗的属世臣民也可以判断教宗的教义。正如我以前已经证明的，每个基督徒君王都是他自己臣民的最高牧师，犹如教宗是他自己臣民的最高牧师一样。

[42.132] 第四个论点来自君王的洗礼，在洗礼中，他们为了成为基督徒，都将自己的权杖交给基督，并承诺遵守和捍卫基督教信仰。诚然如此，因为基督徒国王不过是基督的臣民，但他们仍可以是教宗的同侪，因为他们是自己的臣民的最高牧师，教宗即使在罗马本地，也只不过是国王和牧师。

[42.133] 第五个论点来自我们的救主所说的话："你喂养我的羊。"这句话就赋予牧师所需的一切权力，比如驱逐狼的权力，异端人就是这种狼；羊发狂或以角抵其他羊时加以监禁的权力，邪恶的国王（尽管身为基督徒）就是这种羊；以及给予羊群以适宜的食物的权力。他由此推论说，圣彼得由基督赋予了这三种权

力。对此，我的回答是，这些权力中的最后一项只是教导的权力或命令。至于第一项权力，也就是驱逐狼亦即驱逐异端的权力，他引用的经文是："你们要防备假先知。他们到你们这里来，外面披着羊皮，里面却是残暴的狼。"（太 7.15）但异端人并不是假先知，或者说根本就不是先知：即使承认这里所说的狼是异端人，使徒也没有得到命令要杀掉他们，或者当他们是国王时要废黜他们；而只是要提防、逃离和避开他们。防备假先知这个建议也不是对圣彼得或对任何使徒提出的，而是对跟随他上山、大部分还没有皈信的犹太人提出的。因此，如果这句话赋予了人驱逐国王的权力，那么这种权力不仅被给予了私人，而且被给予了根本不是基督徒的人。至于分离和监禁发狂的羊（他指的是拒绝臣服于罗马牧师的基督徒国王）的权力，则我们的救主也拒绝在这世界上亲自承担这种权力，而是建议让麦子与稗子长在一起，直到审判日；更没有把这种权力交给圣彼得，圣彼得也不能把它交给教宗。圣彼得和所有其他牧师都受到吩咐，要把那些不服从教会的基督徒，也就是不服从基督徒君主的基督徒，当作异教徒和税吏看待。人们既然不主张教宗具有高于异教徒君王的权威，他们也不应当主张他具有高于那些被看成异教徒的人的权威。

[42.134] 但他仅仅从教导的权力中，就推论出教宗对国王的强制权力。（他说）牧师必须给他的羊群适宜的食物，因此，教宗可以而且应当强迫国王们履行他们的职分。由此可以得出，教宗作为基督徒的牧师，是万王之王，所有基督徒国王，要么应当承认这一点，要么应当在自己的领地上承担起最高牧师之责。

[42.135] 他的第六个也是最后一个论点是根据实例提出的。对此，我的回答是，首先，实例证明不了什么。其次，他征引的几个实例甚至不能证明近似正确的东西。耶何耶大杀死亚他利雅（王下 11）的事实，要么是由于约阿施王的权威，要么是大祭司

犯的可怕罪行，在扫罗王当选后，大祭司便只是一个臣民而已①。圣安布罗斯对狄奥多西皇帝绝罚的事实②，如果他果真那样做的话，便是一桩死罪。至于教宗格里高利一世、格里高利二世、匝加利亚和利奥三世，他们在自己的争讼中作出的判决是无效的；他们按照这一教义而作出的决议，是人类所能犯下的最大的罪行（匝加利亚的决议尤其如此）。关于教会权力，就说这么多；白敏的这些论点，假如他是作为私人提出来，而不是作为教廷的维护者反对其他所有基督徒君王和政府提出来，我原本是不会长篇大论地加以考察的。

---

① 亚他利雅是犹太王国第五任君主约兰的妻子，在他们的儿子即犹太王国第六任君主亚哈谢去世后，亚他利雅起来剿灭王室，篡了国位，成为犹大王国唯一一位女王，在位六年。当亚他利雅剿灭王室时，祭司耶何耶大营救并养育了亚哈谢的儿子、当时还是婴儿的约阿施。约阿施七岁时，耶何耶大发动政变，处死了亚他利雅，推举约阿施继位。事见《列王经》第 11 章。

② 公元 390 年，由于罗马皇帝狄奥多西不久前曾下令在帖撒罗尼迦展开的一场大屠杀，米兰主教安布罗斯禁止罗马皇帝狄奥多西进入教会，并拒绝让他领受圣餐。

第四十三章　论一个人被接纳进天国的必要条件

[43.1] 同时服从上帝与人的难题；[43.2] 对于那些能够分辨什么是得救所必要的人而言，便不再是难题。[43.3] 得救所必要的一切都包含在信仰与服从之中。[43.4] 何种服从是必要的；[43.5] 以及服从于何种法律。[43.6] 在基督徒的信仰中，被相信的是谁。[43.7] 基督教信仰的诸多原因。[43.8] 由听道而得的信仰。[43.11] 基督教信仰的唯一必要信条。 [43.12] 根据福音书作者的意旨来证明；[43.13] 根据使徒的传道；[43.14] 根据教义的简易性；[43.15] 根据正式且明晰的经文。[43.16] 根据它作为其他一切信条的基础。[43.18] 其他信条在何种意义上可以被称为必要的。[43.19] 对于得救而言，"信仰"与"服从"都是必要的；[43.20] 它们分别如何有助于得救。[43.22] 既服从于上帝又服从于国家主权者，这二者并非不一致，无论主权者是基督徒，[43.23] 或是不信者。[43.24] 结论。

[43.1] 在基督教国家里，叛乱和内战最常见的借口，长期以来都源于一个尚未充分解决的难题，即同时服从上帝与人，而他们的诫命有些时候是互相对立的。十分明显，当一个人收到两

个互相对立的命令且明知其中一个是上帝的命令时，他就应当服从这个命令而非另一个命令，即便那是他的合法主权者（无论其为君主还是主权议会）的命令，或是他父亲的命令。因此，问题就在于，当人们收到以上帝的名义发出的命令时，在许多情况下他们不知道，这个命令是否来自上帝，抑或只是命令者出于自身的私人目的而滥用上帝之名。就像在犹太人的教会中，有过许多假先知，通过捏造的梦境和异象，在人民中沽名钓誉；在基督教会中，历来也有假教师，通过幻想的、虚假的教义，在信众中沽名钓誉；并且靠这种声誉（这正是野心的本质）统治人民，谋取私利。

〔43.2〕不过，一个人若能够分辨什么对于他被接纳进上帝国是必要的，什么不是必要的，这个既服从上帝又服从地上的政治主权者的难题，便无足轻重了。如果政治主权者的命令可以服从而不致丧失永生，不服从就是不义的；于是就有使徒的诚言："你们作仆人的，要凡事听从你们肉身的主人"①，"你们作儿女的，要凡事听从父母"②，以及我们救主的诚言："文士和法利赛人坐在摩西的位上，凡他们所吩咐你们的，你们都要谨守遵行。"③ 但如果其命令万不得服从，否则就不得不遭到永死的诅咒；那么服从便是疯狂，于是就有我们救主的建议："那杀身体、不能杀灵魂的，不要怕他们。"（太 10.28）因此，要避免因不服从地上的主权者而在这世界遭到的惩罚，以及因不服从上帝而在将来世界遭到的惩罚，人们就需要受到教导，分清楚为了永恒的得救，什么是必要的，什么不是必要的。

〔43.3〕得救所必要的一切，包含于两种德性，信基督，服

---

① 西 3：22。
② 西 3：20。
③ 太 23：2—3。

从法律。后者若圆满具足，对我们来说就够了。但是，因为我们都犯了不服从上帝法律的罪，不仅是原来亚当的过犯，而且也有我们实际的违反，所以现在要求我们，不仅要在有生之年始终保持服从，而且要使自己过去的罪得到赦免，这种赦免是对我们信基督的奖赏。除此之外，得救便不需要其他事物了。这在以下的话中是显而易见的：天国只对罪人关闭，也就是说，只对不服从或违反法律的人关闭，而不对悔改并相信得救所必要的一切基督教信条的人关闭。

[43.4] 在我们所有行动中把意愿当作事实接受的上帝所要求于我们的服从，乃是一种真诚的努力，即努力服从他；亦可用所有表示这种努力的名词来称之。因此，服从有时被称为爱，因为爱表示服从的意愿，我们的救主亲自使我们对上帝和彼此的爱成为对整个律法的成全；有时被称为正直，因为正直不过是让每个人各得其所的意愿，也就是服从法律的意愿；有时被称为悔改，因为悔改意味着远离罪，与回心转意、愿意服从是一回事。因此，不论任何人，只要真诚地欲求履行上帝的诫命，或真心地悔改自己的过犯，或全心全意地爱上帝，爱邻如己，就具有被接纳进上帝国所必要的一切服从。假如上帝要求完全的无罪，那就没有任何凡人可以得救了。

[43.5] 但是，上帝给我们的诫命是什么呢？经摩西之手给予犹太人的律法，都是上帝的诫命吗？如果是，为什么基督徒没有被教导要服从它们呢？如果不是，除了自然法之外，还有什么是上帝的诫命呢？我们的救主基督没有给我们新的法律，而是劝我们遵守约束我们的法律，也就是自然法和我们各自主权者的法律。他在登山宝训中也没有为犹太人制定任何新的法律，而只是阐述了以前约束他们的摩西律法。因此，上帝的法律不过是自然法，其中最重要的是，我们不得违背我们的信仰，这是一条诫

命，要我们服从我们彼此之间通过相互的契约而建立的、在我们之上的政治主权者。上帝的这条法律命令我们服从国法，因而也命令我们服从圣经的所有诫言（正如我在前一章中所证明的那样），当国家主权者将圣经规定为法律时，它才是法律，否则便只是建议，一个人可以自担风险地不予服从而不为不义。

［43.6］现在我们既然已知道得救所必要的服从是什么，以及应该服从谁。接下来我们要考虑，在信仰方面，我们应该相信谁，为什么相信，以及要得救的人必须相信的条款或要点是什么。首先，关于我们相信谁的问题，因为我们不可能在不知道一个人所说的话之前就相信他，所以他必须是我们已经听过其说话的人。因此，亚伯拉罕、以撒、雅各、摩西和众先知相信的，是以超自然方式对他们说话的上帝本身；与基督交往的使徒和门徒相信的，是我们的救主本身。至于父上帝和我们的救主都没有对其说过话的人，却不能说他们相信的是上帝。他们相信的是使徒，在使徒之后则是教会的牧师和圣师，就是劝他们信奉《旧约》和《新约》之记载的那些人。所以，从我们救主的时代以来，基督徒的信仰，先是以他们牧师的声誉为基础，后来是以使《旧约》和《新约》被接受为信仰法则的那些人的权威为基础；而这只有基督徒主权者才能做到；因此，基督徒主权者乃是最高牧师，也是基督徒现在唯一一听到传达上帝之言的人，只有上帝如今还以超自然方式对其说话的人不在此例。但是，因为"世上有许多假先知已经出来了"，所以（正如圣约翰告诫我们），其他人要试验那些灵，看他们"是出于神的不是"（约壹 4.1）。鉴于审查教义的权力属于最高牧师，因此所有未得到特殊启示的人所要相信的，（在每个国家里）都是最牧师，也就是政治主权者。

［43.7］人们为什么相信基督教的某个教义，其原因是多种多样的：因为信仰是上帝的赠礼，他按照他认为合适的方式，使

之在各人身上发生作用。对于基督教信仰中的某个要点，我们之所以相信，最通常的直接原因是，我们相信圣经是上帝之言。但我们为什么相信圣经是上帝之言，却聚讼纷纭，一切没有得到很好地陈述的问题都必定如此。因为人们没有使问题变成"我们为什么相信"的问题，而是使问题变成"我们如何知道"的问题；仿佛"知道"和"相信"是一回事。然后，一方以教会的绝对无谬为其知识的根据，另一方以私人之灵的见证为根据，双方都没有得出各自所宣称的结论。一个人若不是首先知道圣经的绝对无谬，又怎么会知道教会的绝对无谬呢？或者，一个人怎么会知道自己的私人之灵只是一种基于其教师的权威和论证、或基于他对自己天赋的妄想而得来的信念呢？此外，圣经里找不到任何地方，能够推论出教会的绝对无谬，遑论任何个别教会的绝对无谬，又遑论任何个别人的绝对无谬！

[43.8]因此显而易见，基督徒并不是知道、而仅仅是相信圣经是上帝之言；而上帝通常乐于提供给人们、使他们相信的手段，是通过自然的方式，也就是说，是从他们的教师那里得来的。圣保罗关于基督教信仰的教义是："信道是从听道来的"（罗10.17），也就是从听我们的合法牧师的话来的。他还说："人未曾信他，怎能求他呢？未曾听见他，怎能信他呢？没有传道的，怎能听见呢？若没有奉差遣，怎能传道呢？"（罗10.14，15）由此可见，相信圣经是上帝之言的通常原因，和相信我们所有其他信条的原因相同，那就是听了法律允许和指定教导我们的人的话，比如说我们家里的父母，我们教会里的牧师。这一点根据经验可以看得更清楚。在基督教国家里，人人都相信、或者至少承认圣经是上帝之言，而在其他国家里，却很少有人如此，这难道不是因为在基督教国家里，人们从小就受到这种教导，而在其他地方，人们受到不同的教导吗？

［43.9］不过，如果教导是信仰的原因，为什么不是所有人都相信呢？因此，可以肯定地说，信仰是上帝的赠礼，而他只给他愿意给的人。尽管如此，因为他是通过教师给予他们，所以信仰的直接原因是听道。在一所学校里，许多人一起学习，有些人受益，有些不受益，就受益者而言，学识的原因是师傅，却不能由此推断，学识不是上帝的赠礼。一切好事都来自上帝，但拥有它们的人，却不是都能说自己受到默示，因为这意味着一种超自然的赠礼和上帝的直接干预，自称具有这种默示的人就等于自称先知，要受到教会的试验。

［43.10］但是，无论人们是否知道、相信或承认圣经是上帝之言，如果我根据其中毫不含糊的地方说明哪些信条是得救所必要的，而且是唯一必要的，那么他们就肯定需要知道、相信或承认这些信条。

［43.11］唯一必要（*Vnum Necessarium*）的信条，亦即圣经使之成为得救之必要条件的，是这一信条，耶稣是基督。所谓基督，意思是王，上帝在《旧约》中通过先知应许要差遣一个王到世上来，永远在他之下统治（犹太人和列国中相信他的人），并给予他们因亚当的罪而失去的永生。当我根据经文证明了这一点之后，我将进一步表明，其他信条在什么时候以及在什么意义上也可称为必要的。

［43.12］为了证明"耶稣是基督"这一信条是得救所必要的全部信仰，我的第一个论据，来自福音传道者的宗旨，即通过描述我们救主的生活来确立"耶稣是基督"这一信条。《马太福音》的要旨是，耶稣是大卫的后裔；由童贞女所生；以下这些都是真基督的标志：东方贤士前来朝拜，把他当作为犹太人的王；希律也出于同一原因要杀害他；施洗约翰宣告他是王；他自己和他的使徒们也宣讲他是王；他不是作为文士，而是作为一个有权威的

人讲授律法；他只用口说话就能治好病，还行了许多其他奇迹，这都是预言基督要做的事；他进入耶路撒冷时，被称颂为王；他预先警告他们要提防所有其他自称是基督的人；他因自称是王而被捕，受审，被处死；十字架上所写的罪状是"拿撒勒的耶稣，犹太人的王"。这一切的目的都是叫人相信"耶稣是基督"。因此，这是《马太福音》的宗旨。而所有福音传道者的宗旨（通过阅读就可以看出）都是这个。因此，全部福音书的宗旨就是确立这唯一的信条。圣约翰明确地以此作为他的结论："记这些事，要叫你们信耶稣是基督，是永生神的儿子。"（约20.31）

[43.13] 我的第二个论据，来自使徒在我们的救主在世时和升天后传道的主题。在我们救主的时代，使徒被差遣出去宣讲上帝国（路9.2）；无论是在《路加福音》9.2中，还是在《马太福音》10.7中，他赋予他们的使命都只是，"随走随传，说：'天国近了！'"也就是说，耶稣是弥赛亚，是基督，是将来的王。在他升天后，他们所传的道也一样，这在《使徒行传》17.6中是显而易见的，圣路加说："他们就把耶孙和几个弟兄拉到地方官那里，喊叫说：'那搅乱天下的也到这里来了，耶孙收留他们。这些人都违背凯撒的命令，说另有一个王耶稣。'"[①] 在这一章第2和3节中也说："保罗照他素常的规矩进去，一连三个安息日，本着圣经与他们辩论，讲解陈明基督必须受害，从死里复活；又说：'我所传与你们的这位耶稣就是基督。'"

[43.14] 第三个论据，来自经上宣称得救所需要的信仰都甚为简易的那些地方。假如要得救就必须在内心里赞同如今所教导的关于基督教信仰的一切教义（而其中绝大部分教义充满了争议），那么世上最难的事，莫过于成为一个基督徒。这样一来，

① 正确出处，徒17：6—7。

— 470 —

和耶稣一起钉在十字架的两个强盗中的一个虽已忏悔、却不能由于他说了这句话而得救，"主啊，你得国降临的时候，求你记念我"（路23.42，43）。他凭这句话见证的不过是"耶稣是王"这一信条。经上便不会说，"基督的轭是容易的，他的担子是轻省的"（太11.30）；也不会说信他的小子（太18.6）；圣保罗不会说："神就乐意用人所当作愚拙的道理拯救那些信的人。"（林前1.21）大概从未想过圣餐变体、炼狱以及如今强加于人的其他种种信条的圣保罗本人也不会得救，更不会骤然成为教会中那么伟大的一位圣师。

[43.15] 第四个论据，来自许多表述明晰、在解释上无所争议的地方。第一处是《约翰福音》5.39："你们查考圣经，因你们以为内中有永生；给我作见证的就是这经。"我们的救主在这里说的圣经只是《旧约》，因为《新约》在当时还没有写出来，犹太人不可能查考。但《旧约》中并没有关于基督的记载，而只是提到当他降临时人们可借以认识他的标志，比如他是大卫的后裔，生于伯利恒，由童贞女所生，行大神迹，等等。因此，相信这位耶稣就是他，便足以获得永生。而超出充分的便是不必要的，所以无需其他信条。第二处是(《约翰福音》11.26)"凡活着信我的人必永远不死。"因此，相信基督，就是足以获得永生的信仰；因而无需更多的信仰。而相信耶稣，与相信耶稣是基督，二者是一回事，这在随后几节经文中是显而易见的。当我们的救主对马大说："你信这话吗?"（约11.26）她回答说："主啊，是的，我信你是基督，是神的儿子，就是那要临到世界的。"（约11.27）因此，仅有这一信条就足以获得永生，而超出充分的便是不必要的。第三处是《约翰福音》20.31："但记这些事要叫你们信耶稣是基督，是神的儿子，并且叫你们信了他，就可以因他的名得生命。"第四处是《约翰一书》4.2："凡灵认耶稣基督是

成了肉身来的，就是出于神的；从此你们可以认出神的灵来。"以及《约翰一书》5.1："凡信耶稣是基督的，都是从神而生，凡爱生他之神的，也必爱从神生的。"《约翰一书》5.5："胜过世界的是谁呢？不是那信耶稣是神儿子的吗？"第五处是《使徒行传》8.36，37："太监说：'看哪，这里有水，我受洗有什么妨碍呢？'腓利说：'你若是一心相信，就可以。'他回答说：'我信耶稣基督是神的儿子。'"因此，相信"耶稣是基督"这一信条便足以受洗，也就是足以被接纳进入上帝国，因而这是唯一必要的信条。一般而言，当我们的救主对任何人说"你的信救了你"，他这样说的原因都是对方的某种认信，直接地或在结果上蕴含一个信仰，"耶稣是基督"。

[43.16] 最后一个论据，来自将这一信条作为信仰基础的那些地方：因为坚持这一基础的人便可得救。第一处是《马太福音》24.23："那时，若有人对你们说：'基督在这里'，或说：'基督在那里'，你们不要信！因为假基督、假先知将要起来，显大神迹、大奇事。"① 我们在这里看到，必须要坚持"耶稣是基督"这一信条，哪怕讲授相反说法的人会行大神迹。第二处是《加拉太书》1.8："但无论是我们，是天上来的使者，若传福音给你们，与我们所传给你们的不同，他就应当被咒诅。"但是，保罗和其他使徒宣讲的福音只有这一信条，"耶稣是基督"：为了相信这一信条，我们连天上使者的权威都要拒绝，遑论任何教导相反信条的凡人的权威。因此，这是基督教信仰的基本信条。第三处是《约翰一书》4.1："亲爱的弟兄啊，一切的灵，你们不可都信，总要试验那些灵是出于神的不是，因为世上有许多假先知

---

① 正确出处，太 24：23—24。

已经出来了。凡灵认耶稣基督是成了肉身来的，就是出于神的。"① 据此显而易见，这一信条是尺度，准则，所有其他信条都可据此加以估价或试验，因此是唯一的基本信条。第四处是《马太福音》16.18，圣彼得认信了这一信条，对我们的救主说："你是基督，是永生神的儿子。"之后我们的救主说："你是彼得，我要把我的教会建造在这磐石上。"我由此推断，这一信条是教会所有其他教义赖以建造的基础。第五处是，"因为那已经立好的根基就是耶稣基督，此外没有人能立别的根基。若有人用金、银、宝石、草木、禾秸在这根基上建造，各人的工程必然显露，因为那日子要将它表明出来，有火发现；这火要试验各人的工程怎样。人在那根基上所建造的工程若存得住，他就要得赏赐。人的工程若被烧了，他就要受亏损，自己却要得救；虽然得救，乃像从火里经过的一样。"（林前 3.11，12 等）这些话一部分明白易懂，另一部分隐喻难解。从明白易懂的部分中可以推断，宣讲"耶稣是基督"这一根基的牧师，即便从中得出错误的推论（人人有时难免犯错），仍然可以得救；而那些不是牧师而是听道者的人，若相信其合法牧师教导给他们的话，就更可以得救了。因此，这一信条就够了，其他信条并不是得救所必需的。

〔43.17〕现在来看隐喻的部分，如"人的工程若被烧了，他就要受亏损，自己却要得救；虽然得救，乃像从火里经过的一样。"（"火"的原文作διὰ πυρός,）其中没有什么与我根据其他明白易懂的话所得出的结论相冲突。不过，因为有人据此提出证明炼狱之火的证据，所以我也要在这里向你们提供我关于以火验道和以火救人的意义的推测。在这里，使徒似乎暗引先知撒迦利亚的话，撒迦利亚在谈到重建上帝国时这样说："这全地的人，

---

① 正确出处，约壹 4：1—2。

三分之二必剪除而死，三分之一仍必存留。我要使这三分之一经火，熬炼他们，如熬炼银子；试炼他们，如试炼金子。他们必求告我的名，我必应允他们。"（亚 13.8，9）审判日是上帝国的重建之日，圣彼得告诉我们，在那一日将有席卷世界的大火，其中恶人将消亡，而上帝要拯救的其余的人，将安然脱离那火，并在其中得到试炼（如金银在火中被炼去渣滓），焚化他们的偶像崇拜，最终只呼求真神的名（彼后 3.7，10，12）。圣保罗在这里所暗指的是，"那一日"（即审判日，我们的救主要来复兴曾在以色列的上帝国的大日）要用审判来检验每个人的教义，哪些是金、银、宝石、草木、禾秸；然后，那些在真确根基上构建虚假结论的人，将目睹他们的教义受到谴责，尽管如此，他们自己仍会得救，在这全世界的大火中毫发无损，永远活着，只是求告唯一真神的名。从这个意义上说，这里没有什么跟圣经的其余部分不一致的东西，也看不出任何炼狱之火的影子。

[43.18] 但在这里有人会问，对于得救来说，相信上帝无所不能，相信他是世界的创造者，相信基督已复活，相信其余一切人都要在末日从死里复活，是不是跟相信"耶稣是基督"同样地必要呢？对此，我的回答是，它们是必要的，还有很多信条也是必要的，但它们都包含在这一信条里面，而且可以或难或易地从中演绎出来。因为有谁看不出，相信耶稣是以色列的上帝的儿子、又相信以色列人把上帝视为万物的全能创造者的人，同时也相信上帝是万物的全能创造者呢？或者，一个人若不相信耶稣从死里复活，又怎么会相信他是永远统治的王呢？因为一个死人是不可能履行王的职分的。总之，坚持"耶稣是基督"这一根本信条的人，也就明确地坚持他认为可从中正确地演绎出来的一切，并在隐含的意义上坚持可据此推理出来的一切，哪怕他不具有足够的技巧来辨识这种推理。因此，有理由坚持认为，相信这一信

条就足以使悔改者被赦罪，从而使他们进入天国。

[43.19] 我既已表明，得救所要求的一切服从，就在于服从上帝法律的意愿，也就是说，在于悔改；同样，得救所要求的一切信仰，都包含在"耶稣是基督"这一信条中；我将进一步征引福音书，证明得救所必要的一切都包含在这二者的结合中。在我们的救主升天后的五旬节当日，那些听圣彼得讲道的人问他和其他使徒，说："弟兄们，我们当怎样行？"（徒2.37）圣彼得回答他们说："你们各人要悔改，奉耶稣基督的名受洗，叫你们的罪得赦，就必领受所赐的圣灵。"（徒2.38）所以悔改和受洗，也就是相信"耶稣是基督"，是得救所必需的一切。又，当我们的救主被一个官员问及："我该做什么事才可以承受永生？"（路18.18）他回答说："诫命你是晓得的：'不可奸淫；不可杀人；不可偷盗；不可作假见证；当孝敬父母。'"（路18.20）当他说他已经遵守时，我们的救主又说："要变卖你一切所有的，分给穷人，就必有财宝在天上；你还要来跟从我。"（路18.22）这就相当于说，信靠作为王的我。因此，成全律法和相信耶稣是王，是使人获得永生所要求的一切。第三，圣保罗说："义人必因信得生。"（罗1.17）不是每个人，而是"义人"；因此，信仰和正义（即做义人的意愿，或悔改）是获得永生所必需的一切。我们的救主传道说："日期满了，神的国近了。你们当悔改，信福音！"（可1.15）所谓福音就是基督降临的佳音。因此，悔改，并相信耶稣是基督，是得救所必需的一切。

[43.20] 既然信仰和（悔改一词所蕴含的）服从二者同时作用，对于我们的得救是必要的，争论我们因其中何者称义的问题，便是不相干的。然而，清楚地说明二者各以什么方式有助于得救，以及在什么意义上说我们因一者称义和因另一者称义，却并非不相干。首先，假如正直是指事工本身的正义，就没有人可

以得救，因为没有触犯过上帝法律的人是不存在的。因此，当我们被认为是因事工称义时，事工应理解为意愿，因为上帝总是将意愿当成事工本身来接受，无论就好人还是坏人而言都一样。仅仅是在这个意义上，一个人才被称为正义或不义，他的正义才使他称义，即因上帝的接受而使他获得正义的称号；才使他能"因信得生"（哈 2.4），而以前他是不能的。所以正义使人称义，意思是，称义相当于称一个人为义人，而不是指履行律法，以至于惩罚他的罪便是不义。①

[43.21] 但是，当一个人的祈祷虽不充分却被接受时也可以说他称义了，比如当我们祈祷说我们愿意且努力去成全律法，并悔改我们的过失，而上帝将此当成执行本身予以接受时，就是这样。因为上帝只在信徒那里，才把意愿当成行动来接受，所以使得我们的祈祷奏效的是信仰，正是在这个意义上说，唯独信仰使人称义。因此，信仰和服从都是得救所必要的，它们各自却是在不同的意义上可以说使人称义。

[43.22] 像这样说明了得救所必要的是什么之后，就不难调和我们对上帝的服从和对政治主权者的服从，无论其为基督徒或不信者。如果他是基督徒，他就容许"耶稣是基督"这一信条，以及其中包含的或通过明确推理演绎出来的一切信条，这是得救所必要的全部信仰。因为他是主权者，所以他要求人们服从他自己的所有法律，也就是所有的国法，其中包含所有的自然法，即上帝的所有法律。因为除了自然法以及作为国法之组成部分的教会法（因为能制定法律的教会便是国家）之外，便再无其他神法。因此，任何人服从他的基督徒主权者，都不妨碍他相信和服

---

① 拉丁文版：正义使人称义，意味着正义使一个人称为"义人"，而不是意味着一个人已经圆满地履行了律法，以至于他不可能被正义地惩罚。

从上帝。但是，假若一个基督徒国王在"耶稣是基督"这一根基上做出许多错误的推论，也就是说，搭起一些草木禾秸的上层建筑，并令人讲授它们，可是圣保罗既然说过，这样的国王会得救，那么奉他的命令讲授它们的人就更会得救了，更遑论一个不从事教导而只是相信自己的合法教师的人。如果一个臣民被其主权者禁止认信自己的某些意见，那么他有什么正当理由不服从呢？基督徒国王可能会在演绎推论方面犯错，而这又由谁来判断呢？当问题涉及一个人自身的服从时，他是否可以自行判断呢？或者，除了教会（即代表教会的国家主权者）所指定的人之外，其他任何人可以作出判断吗？或者，倘若教宗或某个使徒作出判断，他在演绎推论时会不会不犯错呢？当圣保罗当面顶撞圣彼得时，他们二人难道没有哪一位在上层建筑方面犯错吗？因此，上帝的法律与一个基督教国家的法律之间不可能有任何矛盾。

〔43.23〕当政治主权者是不信者时，每个反抗他的臣民都犯了反对上帝法律（因为这是自然法）的罪，并拒绝使徒的建议，即每个基督徒，凡事要服从于他们的君王，作儿女的和作仆人的，凡事要服从于他们的父母和主人。至于他们的信仰，那是内在的，不可见的；他们具有乃缦所具有的自由①，而无需为此以身犯险。但是，如果他们为此以身犯险，那他们就应当期盼天上的奖赏，而不应当控诉他们的合法主权者，更不应当向他开战。一个人若有正当的殉道时机却不欣然就义，便不具有他所认信的信仰，只不过是假装有此信仰，粉饰自己的顽梗而已。但是，有哪个不信主的国王竟会如此无理，明知自己有一个臣民在等待着现今世界被焚毁后基督的再次降临，并打算到那时服从基督（这是相信耶稣是基督的意义所在），而与此同时认为自己有义务服

---

① 参看上文 42.11。

从这位不信主的国王的法律（所有基督徒在良心上都有义务这样做），却还是要处死或迫害这样一个臣民呢？

[43.24] 关于上帝国和教会政治，说这么多就够了。我在这里不打算提出自己的任何立场，而只是想表明，在我看来，从基督教政治的诸原理（也就是圣经）中可以演绎出哪些推论来证实政治主权者的权力和他们的臣民的责任。在征引经文时，我努力避开那些晦涩难解或有争议解释的文本，只征引意思最明白易懂、与整部为了在基督里重建上帝国而写作的圣经的一贯精神和宗旨最相符合的文本。解释任何著作的真义，不应当只依据单纯的字句，而是应当依据作者的宗旨，断章取义而不考虑文本主旨的人，不可能从文本中清楚地得出任何东西，而只会通过把经文的原子像灰尘一样抛撒在众人眼前，使每件事物变得更加模糊，这正是那些不追求真理而只寻求自身利益之人的惯用伎俩。

第四编　论黑暗王国

第四十四章　论曲解经文引起的属灵黑暗

[44.1] 何谓黑暗王国。[44.2] 教会尚未完全脱离黑暗。[44.3] 属灵黑暗的四个原因。[44.4] 曲解圣经的错误，关于上帝国。[44.5] 把上帝国曲解为现今教会；[44.6] 教宗为上帝的总代治者；[44.7] 牧师为神职人员。[44.11] 误以为祝圣礼是法术所导致的错误。[44.12] 洗礼中的咒术。[44.13] 婚礼、临终圣事、探病礼、处所祝圣中的咒术。[44.14] 来自对永生和永死的曲解的错误。[44.16] 炼狱的教义、驱魔术和召唤幽灵。[44.17] 被引用来支持前面已经回答过的上述教义的经文。[44.18] 对贝扎从中推断出上帝国从复活开始的经文的回答。[44.19] 对《马可福音》的阐释。[44.20] 为了证明教宗的权力，对其他经文的滥用。　[44.21] 圣经的祝圣仪式并没有驱魔术。[44.23] 根据经文，灵魂的永生得自恩典，而非自然。[44.20] 何谓永苦。[44.30] 对引用来支持炼狱的经文的回答。[44.32] 对《新约》中支持炼狱的经文的回答。[44.34] 如何理解为死者洗礼。

[44.1] 除了我前面已论述过的这些属神的和属人的主权者

权力以外，圣经里还提到另一种权力，即"这幽暗世界的统治者"①（弗 6.12）；"撒但的国"（太 12.26），"鬼王别西卜的国"（太 9.34），也就是说，统治出现在空气中的幽灵的国：由于这个原因，撒但也被称为"空中掌权者的君王"（弗 2.2），因为他在这世界的黑暗中统治，又被称为"这世界的王"（约 16.11）。因此，与信者（也就是"光明之子"）相反，在他支配下的人们被称为"黑暗之子"。鉴于别西卜是他的领地空中和黑暗的居民幽灵的王，因此黑暗之子、魔鬼、幽灵或幻想的灵，在隐喻的意义上表示同一回事。考虑到这一点，圣经的这些话中和其他地方载明的黑暗王国，不过是一个骗子联盟，他们为了在现今世界取得统治人们的权力，努力以黑暗和错误的教义，扑灭人们身上的自然之光和福音之光，破坏人们进入将来上帝国的准备。

[44.2] 正如从一出生就完全失去肉眼之光的人，对于这种光一无所知；没有人能在想象中设想比他在某阶段通过外向感觉所感知到的更大的光：就福音之光与知性之光而言也是如此，没有人能够设想比他曾经获得的光更大的光。由此可见，人们除了通过从降临到他们身上的不可预见的灾祸进行推理之外，是没有其他办法认识他们自身的黑暗的。撒但的国中最黑暗的部分，是上帝的教会之外的部分；也就是说，在那些不信耶稣基督的人们中间。但我们却不能说，因此教会（作为歌珊地）享有完成上帝吩咐我们的工作所必要的一切光。在基督教世界中，如果我们不是身处黑夜，或至少身处迷雾之中，那么为什么几乎从使徒时代开始，人们就以对外战争或内战互相排挤呢？为什么人们在自己的命运中稍遇坎坷时，或在他人的命运中稍遇荣显时，会如此怅然若失呢？为什么在奔向同一个终点线即幸福时，会如此纷纭歧

---

① 据霍布斯引用的英王钦定本译出。

路呢？

[44.3] 敌人一直存在于我们天生无知的黑夜里，撒下属灵错误的稗子。第一是通过滥用和扑灭圣经之光：因为我们在不懂圣经的情况下便会犯错。第二是通过引入异教诗人的魔鬼学，也就是说，引入他们关于魔鬼的荒诞教义，这些魔鬼不过是大脑中的偶像或幻影，它们本身并没有任何不同于人类想象的真实性质；比如死人的鬼魂、妖精和其他的老妇奇谈都属于此类。第三是通过在圣经里混入形形色色的宗教残余，以及希腊人特别是亚里士多德的虚空而错误的哲学。第四是通过在这二者中混杂虚假的、不确定的传统和伪造的、不确定的历史。所以我们会由于听从那引诱人的邪灵及伪善外表下的说谎之人的魔鬼学而犯错（或者用《提摩太前书》4.2关于说谎之人的原话），"这等人的良心如同被热铁烙惯了一般"，明知故犯地撒谎。关于其中第一点，即通过滥用经文引诱人们，我打算在本章中作出简短地讨论。

[44.4] 对经文的最大和主要的滥用，是牵强附会地用经文来证明，在圣经里多次提到的上帝国是现今教会，或者说是现在活着的基督徒众，或者说是将在末日复活的、死了的基督徒众。所有其余的滥用，要么是这种滥用的结果，要么从属于这种滥用。然而，上帝国最初由摩西的事工在犹太人当中建立，犹太人因此被称为特殊民族，后来当他们拒绝继续被上帝统治，而要求像列国一样立王，并选出扫罗为王时，这国就中断了，上帝自己是同意这样做的，我之前在第三十五章已作了更详细的证明。自此以后，除了他根据自己的意志，以他无限的权力进行统治，在过去、现在与将来是一切人和一切受造物的王以外，便没有以约建立或以其他方式建立的上帝国了。不过，他通过他的先知应许，当他在他奥秘中为之指定的时间完全到来时，当他们通过悔

— 483 —

改和生活上的改邪归正而归向他时，他要恢复这国，再次统治他们。不仅如此，他还要召外邦人进入这国，让他们基于皈信和悔改的同等条件，享受他作王的幸福；他还应许派遣他儿子进入这世界，以他的死为他们赎罪，让他们根据他的教义准备好迎接他的再次降临。由于这再次降临还未出现，上帝国还未降临，我们现在不在其他任何按约建立的王底下，唯在我们的政治主权者底下，只不过基督徒由于已经获得在他再次降临时被接纳的应许，已在恩典的国。

[44.5] 由于这个错误，即现今教会是基督的国，就应当有某个人或某个会议替我们如今在天上的救主说话，颁布律法，对所有基督徒代表他的人格，或者在基督教世界的多个部分中应当有许多人或许多会议做这件事。这种在基督之下的王者权力，教宗声称自己普遍地具有，而各国当地的牧师会议则声称属于他们（圣经只把它赋予政治主权者），引起十分激烈的争论，以至于扑灭自然之光，造成人们知性中的巨大黑暗，使他们看不清到他们已保证服从的人是谁。

[44.6] 由于教宗的这一声称，即声称他是基督在现今教会中的总代理，（现今教会据说是福音书告诉我们的基督的国）就有如下教义：一个基督徒国王必须由主教加冕；仿佛他是从这种仪式里，才得到他头衔中"蒙上帝恩典"（*Dei gratiâ*）的字句；仿佛他唯有由上帝在地上的总代治者的权威加冕之后，他才成为蒙受上帝恩典的王；仿佛每个主教，不论其主权者是谁，都要在其祝圣仪式上宣誓绝对服从教宗。由于这一声称，就有在教宗英诺森三世领导下召开的第四次拉特兰会议的教义（第三章《论异端》）："如果国王在教宗的告诫下不清洗其国内的异端，并因此遭到绝罚后一年之内不进行弥补，其臣民可解除他们的服从。"这里所谓的异端，是指已被罗马教会禁止持有的一切意见。这样

一来，一旦教宗与其他基督徒君王们之间的政治意图有所冲突，这种情况是经常发生的，往往会在臣民中间引发混淆，以至于臣民们无法分辨窃据他们合法君王之位的外国人与他们自己奉为合法君王的人。在这种心灵的黑暗中，他们受他人野心的引导，不辨敌友地互相攻打。

［44.7］由于这种意见，即现今教会是上帝国，导致教会的牧师、执事和所有其他臣仆自称神职人员，而称其他基督教徒为平信徒，也就是民众。神职人员是指这些人，他们的生活给养是上帝在治理以色列期间为自己保留的那部分收入，他把它分配给利未支派（他们是他的公仆，不像他们的弟兄们那样具有份地以资生活）作为他们的产业。教宗（既声称现今教会如同以色列王国一样是上帝国）便声称这种收入作为上帝的产业，属于他自己及其从属臣仆，神职人员这个名称是符合这一声称的。由此一来，什一税和付给利未人的其他贡物，作为以色列人中上帝的权益，长期以来由教士根据神授权利索取，从基督徒身上征收。这样一来，各地人民不得不承担双份的纳贡义务，一份交给国家，另一份交给神职人员；其中付给神职人员的那份由于是他们收入的十分之一，所以相当于一个雅典国王（当时被认为暴君）向其臣民征收来支付全部公务费用的赋税的两倍，因为他征收的不过是二十分之一，却足以丰盈有余地用来维持国家。在犹太人的王国中，当上帝的祭司作王时期，什一税和贡物是全部的公共收入。

［44.8］由于把现今教会当成上帝国这一错误，造成国法与教会法之间的区分：国法是主权者在自己的领地上的法令，教会法是教宗在同一领地上的法令。这种正典，尽管只是正典，亦即建议性的法则，在帝国转移给查理大帝以前，一直是由基督徒君王自愿接受；然而后来随着教宗的权力增大，却成为命令性的法

则，皇帝们本身为了避免被蒙蔽的人民陷入更大不幸，被迫让它们通过成为法律。

[44.9] 这样一来，在教宗的教会权力完全被接受的所有领地上，犹太人、突厥人和外邦人只要在奉行和认信他们的宗教时不触犯政治权力，他们在宗教方面就会受到罗马教会宽容，然而一个基督徒虽是外国人，若不属于罗马宗教，就犯了死罪；因为教宗声称，所有基督徒都是他的臣民。要不然的话，迫害一个外国基督徒，因为他认信他自己国家的宗教，与迫害一个不信者一样，都是违反万民法的，甚至比这还要严重，因为不反对基督的人，便与他同在。

[44.10] 这样一来，在每个基督教国家都有某些人因教会的自由权而免于纳贡义务和政治国家的审判，因为不仅僧侣和修士如此，而且教区神职人员也如此，而这些人在许多地方相对于平民占有极高的比例，以至于若有必要，仅仅从他们当中就可以征集一支军队，足以为战斗的教会进行任何针对他们自己的君王或其他君王的战争。

[44.11] 对经文的第二种普遍滥用，是把祝圣礼变成法术或魔法。在经文中，祝圣是用虔诚得体的语言和动作，把一个人或任何其他事物从普通的用途中划分出来，奉献给上帝；也就是说，使其成圣，或者说使其成为上帝的，并且只由上帝任命为他的公仆的那些人使用（正如我已经在第三十五章中详细证明的那样），这并没有改变那个成圣的事物，只是改变其用途，使其从凡俗和普通，变得神圣和专用于服侍上帝。但若是有人声称，事物自身的本性或性质因这些言辞而改变，这就不是祝圣，而是上帝的超乎寻常的作为，或者虚空而渎神的法术。但是，（鉴于人们在祝圣中经常声称事物性质的改变）不能认为那是超乎寻常的作为，而应认为那不过是法术或咒术，他们借此叫人们违反自己

的视觉和其他一切感觉所得到的证明，相信事物本性发生了其实并未发生的改变。例如，如果在主的晚餐圣礼中，祭司不是使饼和酒成圣而专用于服侍上帝（这不过是将其与普通用途分开，以表示使人们记念自己因基督受难，为我们的过犯在十字架上舍身流血，而得到救赎），而是妄称由于他说了我们的救主说过的这些话，这是我的身体，这是我的血，饼就不再是饼，而是变成救主的身体；虽然就受餐者的视觉或其他感觉而言，并没有出现任何在祝圣礼之前没有出现过的东西。经上说埃及术士把他们的杖变成蛇，把水变成血，他们被认为只是通过行邪术来欺骗旁观者的感觉，却被视为巫师。如果他们的杖根本没有变得像蛇，念过咒语的水也没有变得像血，或者像除了水之外的任何东西，但他们却面不改色地对国王说，这是看起来像杖的蛇，看起来像血的水，我们对他们又该作何感想呢？这既是魔法，也是谎言。然而在祭司的日常行为中，他们却恰恰通过将圣洁之言变成咒语，做着同样的事情，这种咒语并不产生任何感觉上的新东西；但他们却面不改色地对我们说，它已经将饼变成了人，更有甚者，变成了上帝，要求人们对之加以崇拜，仿佛那是代表上帝与人的我们救主本身，从而犯了最严重的偶像崇拜。假如声称那已不再是饼而是上帝，就足以为其偶像崇拜开脱；那么当埃及人竟有脸说他们敬拜的韭葱和圆葱不是真的韭葱和圆葱，而是其形状或外观背后的神，为什么相同的借口不适用于他们呢？"这是我的身体"这句话相当于"这表示或代表我的身体"；这是一个常见的比喻，但从字面上去理解，便是一种滥用；即便从字面上去理解，其适用范围也不能超出基督自己亲手使之成圣的那饼。因为他从来没有说过，无论任何祭司只要就着无论任何饼说，"这是我的身体"，或"这是基督的身体"，那饼就会立即被变体。罗马教会以前也从未确立过这种圣餐变体论，直到英诺森三世时代，情况才有所改变；这是不超过五百年的事，那时教宗权力极盛，时代的黑暗变得极为深沉，以至于人们就连给他们吃的饼也分辨不清，当饼上印有十字架上的基督的形像时更是如此，仿佛他们叫人们相信那饼已被变体，不仅变成了基督的身体，而且变成了他那十字架的木头，他们在圣礼中确实两样都一起吃着了。

[44.12] 类似的咒术而非祝圣，也用于施洗的圣礼中：在每个位格和整个三位一体上滥用上帝的名，念到每一位时就画十字，从而形成符咒。首先，当祭司制作圣水时，他们念道："我奉全能父上帝的名，奉他的独子我们主耶稣基督的名，因着圣灵之力，召唤汝，这受造之水，愿你成为受召唤之水，驱除敌人的所有权柄，消灭和根除敌人……"① 为加到水里去的盐祝福也这样念："愿你成为受召唤之盐，愿你撒到之处，恶魔的一切幻影和奸邪都一扫而尽，一切污鬼都被日后必再次降临、审判生者和死者的救主消除。"为油祝福也这样念："愿敌人的一切力量、魔鬼的一切宿主，撒但的一切进攻和幻影，都被这受造之油驱除。"对于要受洗的婴儿，也会用许多符咒。首先，在教堂门口，祭司要在孩子脸上吹三口气，并念道："污鬼啊，出来吧，让圣灵保惠师进去。"仿佛所有的孩子在祭司对之吹气以前都是魔鬼附体者似的。在他进入教堂前，祭司还要像前面一样念道："我召唤你……出来吧，离开这上帝的仆人。"在他受洗前，这个驱魔术还要再重复一次。这些以及其他咒术，就是在举行洗礼和主的晚餐圣礼中用来取代祝福仪式和祝圣仪式的咒术；在这两种圣礼中，凡是供那些神圣用途的事物，除了祭司的污秽不洁的吐沫以外，都有某种固定的驱魔术。

---

① 在这些祝圣祷文中，霍布斯似乎故意以 conjure（召唤）取代实际使用的 consecrate（祝圣），以增强其讽刺。祷文中的"受召唤之水"，"受召唤之盐"，应为"受祝圣之水"，"受祝圣之盐"。

[44.13] 其他仪式，诸如婚礼、临终圣事、探病礼、教堂和墓地祝圣，都免不了用符咒；因为在这些仪式中要使用念过咒语的油和水，用时滥划十字，滥念大卫的圣洁之言，"主啊，求你用牛膝草洁净我"①。把这一切当成具有魔力、能驱除幻影和假想的灵的东西来用。

[44.14] 另一个普遍的错误，来自对"永生""永死"和"第二次死亡"这些词的曲解。虽然我们在圣经里清楚地读到，上帝创造了亚当，使之处于永生的状态中，永生是有条件的，也就是说，前提是他不违背上帝的诫命。永生不是人性的本质要素，而是由于生命树的功效，只要他没有犯罪，他就可以尽情地吃上面的果子。他犯罪后，就被赶出乐园，以免他再吃上面的果子，永远活着。基督的受难是为所有信他的人赎罪，因此为所有信徒恢复永生，而且只为他们恢复永生。但是，现在与过去很长时间以来的教义则不然，而是认为，每个人从本性上讲都具有永生，因为人的灵魂是不朽的。所以，乐园入口的火焰之剑虽然能阻挡一个人走向生命树，却不能阻挡他获得上帝因他的罪而从他身上剥夺的永生，也不能使他需要基督的牺牲来恢复永生，因此，不仅信者和义人，就连恶人和异教徒，都要享受永生，完全不会遭受任何死亡，更不会遭受第二次的永死。为了掩饰这一点，据说所谓第二次的永死，意思是第二次的永生，只是生活在苦刑中，这种措辞除了在这里以外从来没有用过。

[44.15] 这所有的教义，仅仅是基于《新约》中一些比较晦涩的地方。然而，从圣经的整体宗旨来看，这些地方十分明显是另一种意思，而且对基督教信仰来说是不必要的。假设一个人死后，除了尸体之外什么都没有留下，上帝既能用他的话把无生命

---

① 诗51：7。

的尘土变成生物，他难道就不能同样轻易地再用一句话使一具死去的尸体复活，让他永远活着，或者让他再次死去吗？经文中的灵魂，始终表示生命或生物，与灵魂相结合之物，活物。在创世的第五日，上帝说，水要多多滋生 *reptile animæ viventis*，有生气的爬行物，英语译为有生命的物。又，上帝创造了大鱼，*et omnem animam viventem*；英语中是"各样有生命的物"。人的情形也是这样，上帝用地上的尘土造人，将生气吹到他脸上，*et factus est homo in animam viventem*，他就成了有生气的活人。挪亚从方舟出来后，上帝说，他将不再灭 *omnem animam viventem*，即"各种活物"。《申命记》12.23 说："不可吃血，因为血是灵魂"，也就是"生命"。从这些地方可以看出，如果灵魂是指无形体的实体，可脱离身体而存在，那么对于任何其他生物，也可以像对于人那样进行推论。但是，信者的灵魂不是因其自身的本性，而是借着上帝的特殊恩典，从复活时起永远留在他们的身体里，我想我在第三十八章已经依据圣经充分地证明了这一点。至于《新约》中有的地方说，任何人的身体与灵魂要被扔进地狱之火，那只不过是指身体和生命被扔进地狱之火，也就是说，他们将被活生生地扔进欣嫩谷的永火之中。

[44.16] 正是这个后门，给了黑暗教义进入的通道。首先进来的是关于永恒苦刑的教义，然后是关于炼狱的教义，随之而来的是亡魂在外面游荡、尤其是在祝圣过的、荒僻的或黑暗的地方游荡的教义。于是就有了驱魔术和召唤幽灵的借口，为死者招魂的借口，以及赎罪亦即暂时或永远免于炼狱之火的教义。据说在这炼狱之火中，这些无形体的实体将因煅烧而得到净化，变得适合于天堂。在我们救主的时代之前，人们由于普遍沾染了希腊人的魔鬼学，因而认为，人的灵魂是有别于身体的实体，因此当每个人的身体死去时，无论其为敬虔或邪恶，他的灵魂都必定因其

— 490 —

本身的性质而继续存在，他们不承认其中有上帝的任何超自然恩赐。教会的圣师们长期以来就怀疑，这些灵魂在复活时与躯体重新结合之前究竟住在什么地方，曾一度认为它们驻留在祭坛下，但后来罗马教会发现给它们建造出这炼狱之地更有利可图，根据晚近时代一些教会的说法，这炼狱已被摧毁。

[44.17] 现在让我们考虑哪些经文看来最能证实我在这里提到的这三个普遍的错误。关于白敏枢机主教征引的用于支持由教宗治理的现今上帝国的经文，（与之相比，没有任何东西可以更好地用来当证据加以卖弄了）我已作出了回答，并清楚地表明，摩西建立的上帝国以选出扫罗为王而告终，自此以后，祭司从未根据自己的权威废黜过任何国王。大祭司对亚他利雅所做的事，所凭借的不是他自己的权利，而是她的儿子、年轻的约阿施王的权利①；而所罗门凭自己的权力废黜了大祭司亚比亚他，并另立一人代替他。就所有可以拿来证明基督的上帝国已经在这世界的经文而言，最难回答的地方既不是白敏征引的经文，也不是罗马教会的任何其他人征引的经文，而是贝扎②征引的经文，他认为上帝国将从基督复活开始。但他是否打算据此赋予长老会在日内瓦共和国以最高的教会权力，并因此赋予每个长老会在其他每个国家以这种权力，或者赋予国王和其他政治君王以这种权力，我不知道。因为在具有那种教会政体的地方，长老会已声称他们有权绝罚他们自己的国王，并成为宗教的最高审判者，其情形不下于教宗普遍地声称具有这种权力。

[44.18] 这些话是："我实在告诉你们，站在这里的，有人

---

① 约阿施不是亚他利雅的儿子，而是她的孙子。参看 42.135 及注释。
② 泰奥多尔·贝扎（Theodore Beza，1519—1605），法国籍新教神学家与知识分子，加尔文的重要门徒和加尔文在日内瓦职务的继任者。贝扎在早期的宗教改革运动中扮演了重要角色，是反君权运动（Monarchomachs）的成员，反对绝对君主制。

在没尝死味以前，必要看见神的国大有能力临到。"（可9.1）从字面上看，这些话所肯定的，要么是那时站在基督身旁的人还活着，要么是上帝国必然在现今世界中。然后还有一个更困难的地方。使徒在我们的救主复活之后和升天之前，问我们的救主说："你复兴以色列国就在这时候吗？"耶稣对他们说："父凭着自己的权柄所定的时候、日期，不是你们可以知道的。但圣灵降临在你们身上，你们就必得着能力，并要在耶路撒冷、犹太全地，和撒玛利亚，直到地极，作我的见证（殉道者）。"（徒1.6）[①] 这就等于说，我的国还没有降临，你们也不会知道它何时会降临；因为它会像夜间的盗贼一样到来，但我要差遣圣灵来，借着圣灵你们将有能力，通过传道向全世界见证我的复活，我所行的事，我所教导的教义，使他们信我，并期待在我再次降临时获得永生。这又怎么会跟基督的国在他复活时降临的说法相一致呢？还有，圣保罗说："你们是怎样离弃偶像，归向神，要服侍那又真又活的神，等候他儿子从天降临。"（帖前1.9，10）在这里，"等候他儿子从天降临"就是等他降临成为有权力的王。假如他的国当时就已存在，就没有必要等候。又，假如像贝扎根据那段经文（可9.1）所说，上帝国在复活时就已开始，那为什么自从基督复活以后基督徒一直在他们的祷告中说"愿你的国降临"呢？因此显而易见，圣马可的话不能这样来解释。我们的救主说，站在这里的，有人在没尝到死味以前，必要看见上帝国大有能力临到。假如这国会在基督复活时降临，为什么要说"有人"而不说"所有人"呢？因为他们都活到基督复活之后。

[44.19] 但是，要求对这段经文作准确解释的人，让他们先解释我们的救主对圣彼得说的关于圣约翰的这句话："我若要他

---

① 徒1：7—8。

等到我来的时候，与你何干?"(约 21.22) 根据这句话，有一个传闻说他不会死。不过这个传闻的真实性，既没有得到肯定，认为这句话是可靠的根据，也没有得到否定，认为这句话不可靠；只是留下一句没有得到理解的话。同样的困难也存在于《马可福音》的那个地方①。如果我们可以根据这里以及在《路加福音》中重复这句话②之后接下来的文本推测其含义，那么并非不可能认为，这句话与登山改变形像有关，接下来几节对此作了描述，其中说:"过了六天，耶稣带着彼得、雅各、约翰（不是全部门徒而是其中几个）暗暗地上了高山，就在他们面前变了形像，衣服放光，极其洁白，地上漂布的，没有一个能漂得那样白。忽然，有以利亚同摩西向他们显现，并且和耶稣说话……"③ 因此，他们便看见基督在荣耀和威严中，正像他将要降临时那样；因为他们甚是惧怕。这样一来，我们救主的应许就通过异象得以实现。这是一个异象，这一点或许可以从《路加福音》中推断出来，其中复述了同样的故事（9.28 及以后），并说，彼得和他的同伴都打盹，但是，这一点肯定可以从《马太福音》17.9 中推断出来（在那里叙述了同一个故事），我们的救主吩咐他们说:"人子还没有从死里复活，你们不要将所看见的告诉人。"无论如何，从这个地方不能得出任何论据，证明上帝国开始于审判日以前。

[44.20] 至于其他用来证明教宗对政治主权者的权力的经文（除了白敏征引的经文之外），比如，基督和他的使徒有两把剑，即属灵之剑与属世之剑，他们说，基督将两把剑都给了圣彼得；

---

① 指"我实在告诉你们：站在这里的，有人在没尝到死味以前，必要看见神的国大有能力临到。"(可 9：1)
② 即《马可福音》9：1 的那句话，在《路加福音》9：27 中出现了同样的话。
③ 可 9：2—8。《路加福音》9：28—36 叙述了同一个故事，文字稍有出入。

又比如，日月两个天体，大的表示教宗，小的表示国王；人们还可以从圣经第一节推断说，所谓的天，意思是教宗，地，意思是国王。这不是依据经文立论，而是对君王的肆意凌辱，这种情形，自从教宗们对自身的强大极有把握之后就成为时尚，他们藐视一切基督徒国王，践踏皇帝的脖颈，用《诗篇》91.13的话拿他们和经文开玩笑："你要踹在狮子和虺蛇的身上，践踏少壮狮子和大蛇。"

[44.21] 至于祝圣仪式，虽然大部分取决于教会统治者的明辨和判断，而不取决于圣经，但教会统治者有义务按照事情本身的性质所要求的准则，使仪式、言语和动作既得体又有意义，或者至少与事情相称。当摩西为属于他们的帐幕、祭坛和一切器具祝圣时（出40.9），他用上帝吩咐为此目的而造的油膏它们，它们都成圣了，没有任何驱魔或赶鬼的事。同一个以色列的政治主权者摩西，当他为（大祭司）亚伦和他儿子们祝圣时，确实用水（不是驱过魔的水）洗他们，给他们穿上圣衣，又用油膏他们，他们就成圣了，可以给耶和华供祭司的职分。这是对他们的简单而得体的洁净和装扮，然后他把他们呈给上帝，当上帝的仆人。当所罗门王（以色列的政治主权者）为他所建造的殿宇祝圣（王下8)[1] 时，他站在以色列全体会众面前，在给他们祝福之后，他便感谢上帝，感谢上帝使他父亲立意建殿，并赐神恩于他自己，让他完成建殿。然后他向上帝祷告，请他接受那个家，尽管它与他无限的伟大不相称，请他垂听他的仆人在里面或（如果他们不在殿里）向此处的祷告。最后，他献上平安祭，为这个家行奉献之礼。这里面没有游行仪式，国王站在他最初的位置上，没有驱过魔的水，没有"洁净我"云云，也没有不相干地运用在其

---

[1] 王上8：12—63。

他场合所说的话，只有得体而理性的言语，这些言语用于向上帝奉献为他新建的家，是最合适的。

[44.22] 我们没有读到任何地方说，圣约翰为约旦的水驱魔；腓利为他用来给太监施洗的河水驱魔；在使徒时代，也没有哪个牧师把他的唾沫放到受洗者的鼻子上，然后说 *In odorem suavitatis*，即当作馨香的供物和祭物献与神；其中吐唾沫的仪式因其不洁，以及那段经文的应用因其轻浮，都不能凭借任何人的权威而得到辩护。

[44.23] 有人认为，与身体分离的灵魂永远活着，不仅选民的灵魂如此，这是因为特别的恩典以及我们的救主以牺牲自己为信者恢复了亚当因罪而失去的永生，而且被摒弃者的灵魂也永远活着，因为永生是随人类的本质自然地得来的属性，无需上帝的其他恩典，就已普遍地赋予一切人。经上许多地方，乍一看似乎足以证明这种看法，但当我对比它们与我在前面（第三十八章）从《约伯记》第14章征引的经文，在我看来它们可能引起的不同解释比约伯的话还要多。

[44.24] 首先是所罗门的话："尘土仍归于地，灵仍归于赐灵的神。"（传 12.7）如果没有其他经文意义与之直接相反，这句话大可用来支持这一解释，那就是唯有上帝知道，而人不知道，人死后，人的灵魂会变成什么样子；这同一位所罗门在同一卷书中以我给出的这个意思说了同样的话。他这样说："（人与兽）都归一处，都是出于尘土，也都归于尘土。谁知道人的灵是往上升，兽的魂是下入地呢?"（传 3.20，21）也就是说，除了上帝，没有人知道；关于我们不理解的事物，我们也常说，天知道是什么，天知道在哪里。《创世记》5.24："以诺与神同行，神将他取去，他就不在世了"《希伯来书》11.5 对此阐述道：他"被接去，不至于见死，人也找不着他，因为神已经把他接去了；

— 495 —

只是他被接去以先，已经得了神喜悦他的明证"。这话不仅支持灵魂的不朽，同样支持身体的不朽，证明这种接引升天，是得了上帝喜悦的人所特有而非与恶人同在的人所共有，取决于恩典而非取决于自然。但从另一方面说，除了从字面意义去解释之外，我们还能怎么解释所罗门的这些话呢？他说："因为世人遭遇的，兽也遭遇，所遭遇的都是一样：这个怎样死，那个也怎样死，气息都是一样。人不能强于兽，都是虚空。"（传3.19）就字面意思而言，这里没有说灵魂的自然不朽，也没有跟选民因恩典而享有的永生有任何矛盾之处。"我以为那未曾生的，比这两等人更强。"（传4.3）也就是说，比活着的人和活过的人强。假如所有活过的人，其灵魂都是不朽的，这就是一句难以理解的话，因为这样一来，有不朽的灵魂，反倒是比根本没有灵魂更糟糕。又，"活着的人知道必死；死了的人毫无所知"（传9.5）。也就是说，在身体复活以前就本性而言如此。

[44.25] 另一个似乎支持灵魂的自然不朽的地方是，我们的救主说亚伯拉罕、以撒和雅各活着：但这说的是上帝的应许，以及他们复活的确定性，而不是说他们当时实际活着。上帝对亚当说，在他吃禁果的日子，他必定死，也是同样的意思，就是说，从那时起他就是已判决的死人，却没有立即执行，直到将近一千年后他才死去。所以亚伯拉罕、以撒和雅各，在基督说话时，是因应许活着的，在复活之前却不是实际地活着。财主和拉撒路的故事①，如果我们（如其所是地）把它看成一个寓言，和这些话并不矛盾。

[44.26] 但在《新约》的其他一些地方，似乎把不朽直接归属于恶人。因为显而易见，他们都要复活接受审判。此外，还有

① 路16：19—31。

许多地方说，他们要进入永火、永苦、永罚；并说良心的虫是永远不死的；而这一切都包含在永死一词中，这个词通常被解释为在苦刑中永生。然而，我却找不出任何地方说任何人会永远生活在苦刑中。而且上帝作为仁慈的父，在天上与地上可以行他愿意行的一切，众人的心都在他的掌握中，作用于我们的行动和意志，一个人若没有他的自由恩典，就不会有善的倾向，也没有对恶的悔改；似乎也很难说他会永无休止地以人们所能想象的、甚至无法想象的一切极端折磨，惩罚人们的过犯。因此，我们要考虑经文中的永火以及类似说法的含义是什么。

〔44.27〕我已经表明，基督的国从审判日开始。在那日，信者将以荣耀和属灵的身体复活，在他的永恒的国里成为他的臣民：他们既不嫁娶，也不饮食，不会像他们在自己的自然身体中那样；而是各自永远活着，没有生育所造成的族类永恒。被摒弃者也将复活，为他们的罪接受惩罚。同样，那些以地上的身体在那日活着的选民，他们的身体会突然改变，成为属灵的和不朽的。但是，认为那些构成撒但国的被摒弃者的身体，也要成为荣耀的或属灵的身体，或者认为他们要像上帝的天使一样，既不饮食，也不生育，或者认为他们的生命将和所有信者和没犯罪时的亚当的生命一样，在他们各人身上是永恒的，经文中没有任何地方能证明这种看法，除了那些关于永苦的地方，而那些地方可以作另外的解释。

〔44.28〕从这里可以推断，就像复活后的选民将恢复亚当没有犯罪以前的状态，被摒弃者也要处于亚当和他的后裔在犯罪后的状态。只不过上帝应许给亚当和他的后裔中信他并悔改的人一个救赎者，而没有应许给像被摒弃者那样在罪中死去的人。

〔44.29〕考虑到这些事情，提到永火、永苦或永远不死的虫的经文，与第二次的永死的教义，就死这个词的自然本义而言并

— 497 —

不矛盾。在欣嫩谷、陀斐特①或任何地方为恶人准备的火或苦刑会永远持续下去，而且永远不会缺乏恶人在里面受苦，但不是每一个恶人或任何一个恶人会永远在里面受苦。因为被留在亚当犯罪后所处的状态中的恶人，在复活时也和他们过去一样生活，有婚嫁，有凡俗和必朽坏的身体，就像全人类现在的情形一样，因此他们在复活之后可能还和他们以前那样生育不息：因为经上并没有与此相反的地方。圣保罗谈到复活时，只是把它理解为复活得永生，而不是复活受惩罚。关于前者，他说："所种的身体是必朽坏的，复活的是不朽坏的；所种的是羞辱的，复活的是荣耀的；所种的是软弱的，复活的是强壮的；所种的是血气的身体，复活的是灵性的身体。"（林前15）② 对于那些复活受惩罚的人的身体，这样的事情是谈不上的。我们的救主谈到复活后人的本性时，也是指复活得永生，而不是复活受惩罚。其文本是《路加福音》20.34，35，36，这是一段内容丰富的经文："这世界的人有娶有嫁；惟有算为配得那世界，与从死里复活的人也不娶也不嫁；因为他们不能再死，和天使一样；既是复活的人，就为神的儿子。"这世界的儿女，即那些处于亚当留给他们的状态中的儿女，有娶有嫁，也就是必朽坏并生育不绝，这是人类的不死，而不是个人的不死：他们不配算作赢得下一个世界并从死里绝对复活的人，而只是短时期作为那个世界的囚徒，为的仅仅是接受因他们的顽梗而要受到的适当惩罚。只有选民是复活的儿女，也就是说，是永生的唯一继承者：只有他们不可能再死去。正是他们而不是被摒弃者，与天使平等，是上帝的儿子。就被摒弃者而言，复活后还有第二次的永死：在复活与他们第二次的永死之

---

① 王下 23：10。

② 林前 15：42—44。

间，只不过是一段受惩罚和折磨的时间，惩罚和折磨会由于接连不断的罪人而持续，只要这种人会通过繁殖而永续不绝。

[44.30] 如我所说，正是基于这个主张离开身体的灵魂的自然永恒的教义，建立起炼狱的教义，因为假设永生只靠恩典，那么除了肉体的生命，便不会有生命，在复活之前，便不会有不朽。白敏从正典《旧约》经文中征引的支持炼狱的文本，首先是经上提到的大卫因扫罗和约拿单禁食（撒下 1.12）①，以及因押尼珥的死禁食（撒下 3.35)②。他③说，大卫的这种禁食，是为了在他们死后在上帝手里为他们取得某种东西，因为在他为争取他自己的孩子的康复而禁食后，当他知道孩子死了，他马上就吩咐人摆饭④。灵魂既然有一个与肉体相分离的存在，而对于已经在天堂或地狱的灵魂而言，人的禁食无法为它们取得什么。这就得出，有些死人的灵魂，既不在天堂，也不在地狱。因此，他们必定在第三个地方，那一定是炼狱。他就这样使出了吃奶的劲儿，把这些地方穿凿附会为炼狱的证据。但是，显而易见，用于死者的哀悼和禁食仪式，如果死者的生命对于哀悼者来说无利可

---

① 《撒母耳记上》31：1—4 记载，扫罗及其三个儿子约拿单、亚比拿大、麦基舒亚在基利波山被非利士人杀死。《撒母耳记下》1：12 记载，大卫听到扫罗的死讯，"悲哀、哭号、禁食到晚上，是因扫罗和他儿子约拿单，并耶和华的民以色列家的人倒在刀下"。

② 押尼珥是扫罗的侄子，扫罗军队的元帅。扫罗在基利波山战死后，押尼珥将扫罗唯一幸存的小儿子伊施波设带到约旦河以东的玛哈念，立他作以色列国王。只有犹大支派归从大卫，大卫在希伯仑作王，双方时有战争。后来，押尼珥与伊施波设发生矛盾，押尼珥随即投效大卫。但是，约押在希伯仑城门旁边暗杀了押尼珥。大卫将押尼珥葬在希伯仑。《撒母耳记下》3：33—37 记载大卫为押尼珥举哀，大卫起誓说："我若在日头未落以前吃饭，或吃别物，愿神重重地降罚与我！""以色列众民才知道杀尼珥的儿子押尼珥并非出于王意。"押尼珥死后不久，伊施波设被暗杀，大卫成为统一的以色列的国王。

③ 白敏。以下直到 44.40 再次提到贝扎之前，霍布斯的论战对象均为白敏。

④ 《撒母耳记下》12：15—23 记载，上帝因大卫与乌利亚的妻子拔示巴通奸而降罚于大卫，"耶和华击打乌利亚妻给大卫所生的孩子，使他得重病。所以大卫为这孩子恳求神，而且禁食……"

图，那么哀悼和禁食就是用来表达对死者个人的尊敬，如果哀悼者可以从他们的生命中受益，那么哀悼和禁食就是出于哀悼者个人的损失。所以，大卫对扫罗和押尼珥表示尊敬，在他自己的孩子死后，他接受了日常的饮食，聊以自慰。

[44.31] 在他从《旧约》中征引的其他地方，并没有任何证据的色彩。凡是其中包含怒气、火、焚烧、净化、洁净等词语的经文，只要任何教父在布道中以修辞的方式将其应用于已被相信的炼狱教义，他都会把它举出来。《诗篇》37.1：“耶和华啊，求你不要在怒中责备我，不要在烈怒中惩罚我。”① 假如奥古斯丁没有用“烈怒”来形容地狱之火，用“不快”来形容炼狱之火，这句话与炼狱有什么关系呢？《诗篇》66.12：“我们经过水火，你却使我们到丰富之地。”以及其他类似的文本（当时的圣师们想用这些经文来装饰或扩充他们的布道文或注释），他们强拉硬拽地使之适合于自己的目的，这句话与炼狱有什么关系呢？

[44.32] 但他还征引《新约》的其他地方，却不是那么容易回应。第一处是《马太福音》12.32：“凡说话干犯人子的，还可得赦免；惟独说话干犯圣灵的，今世来世总不得赦免。”他据此认为炼狱存在于将来世界，有些在这世界没有得到赦免的罪，在那里可以得到赦免。不过显而易见，只有三个世界，一个是从创世到大洪水、被水摧毁的世界，在圣经里被称为旧世界，另一个是从洪水到审判日、将要被火摧毁的世界，即现今世界，第三个是从审判日以后永远存在的世界，称为将来世界，人们一致认为，在将来世界中是不会有炼狱的。因此，将来世界和炼狱是不相容的。但是，我们救主的那些话是什么意思呢？我承认它们很

---

① 霍布斯此处使用的是通俗拉丁文本圣经章节号，英王钦定本的章节号是诗 38：1。参看 Thomas Hobbes, *Leviathan*, III, *The English and Latin Texts* (ii), ed. Noel Malcolm, Oxford: Clarendon Press, 2012，第 997 页注释 dm。

难与现在一致接受的所有教义相调和，而且坦白地承认圣经过于深奥，无法凭借浅薄的人类知性去窥知，也不是什么耻辱。但我会把经文本身所暗示的东西提出来，供更有学问的神职人员考虑。首先，干犯圣灵，即三位一体的第三位格，乃是干犯圣灵所在的教会；这似乎是在对比我们救主的温和与牧师们的严厉，我们的救主在地上教导世人时，宽宏大量地忍受人们对他的冒犯，而在他之后的牧师们，却严厉地对待那些否认他们来自圣灵的权威的人。他仿佛说，你们这些否认我的权力甚至要把我钉在十字架上的人，只要你们悔改并归向我，就会被我赦免。但如果你们否认借着圣灵教导你们的那些人的权力，他们却是无情的，不会原谅你们，而是要在这世界中迫害你们（虽然你们归向我，除非你们也归向他们），让你们（差不多像他们一样）无法免除将来世界的惩罚。因此，这些话可以被视为对时代的预言或预测，在基督教会中一直是这样看的。或者，如果不是这个意思，（我在这种疑难之处并不固执己见）也许复活后可能会留有一些地方，供罪人悔改。还有另一处经文，似乎与此相符合。考虑到圣保罗的这些话："不然，那些为死人受洗的，将来怎样呢？若死人总不复活，因何为他们受洗呢？"（林前 15.29）人们或许可以像有些人那样推断说，在圣保罗时代，有一种替死者接受洗礼的习俗（就像现在的信者是无信仰能力的婴儿之信仰的担保人一样），为他们已故的朋友作担保，保证他们做好准备，在我们的救主再次降临时服从并接受他为王，这样，将来世界中罪的赦免便无需炼狱。但这两种解释都有许多似是而非的论点，以至于我无法信服，而是要提出来向那些彻底精通圣经的人请教，是不是有与这些解释截然相反的更清楚的经文。如果仅仅就这些地方而言，我认为经文明显使我相信，无论在这段经文中，还是在其他经文中，都没有炼狱一词，也没有炼狱这种东西，也没有任何东西证明，必然有一个地方供脱离身体的灵魂存在，对于拉撒路死去四天时的灵魂来说没有这种地方，对于罗马教会声称正在炼狱中受折磨之人的灵魂来说也没有这种地方。上帝既能将生命赋予一块泥土，也同样能给一个死人重新赋予生命，将他无生命的和腐烂的尸体，更新为一个荣耀的、属灵的、不朽的身体。

[44.33] 另一处是《哥林多前书》第3章，其中说，那些在真正的根基上建造禾稿草木工程的人，他们的工程将毁灭，但他们自己仍会得救，就像从火里经过一样，白敏会把这火当作炼狱之火。正如我以前说过的，这些话是暗引《撒迦利亚书》13.9，其中说："我要使这三分之一经火，熬炼他们，如熬炼银子；试炼他们，如试炼金子。"这说的是弥赛亚在权力和荣耀中降临；也就是说，在审判日，在现今世界的大火中降临，选民不会在这大火中被消灭，而是会被熬炼，也就是说，将抛弃他们错误的教义和传统，把它们焚烧殆尽，以后只求告真神的名。同样，使徒谈到坚持"耶稣是基督"这一根基并在此根基上建立一些其他错误的教义的人，说他们不会被复兴这世界的火吞噬，而是会通过这火而走向得救，以便看清并放弃他们以前的错误。建造者是牧师，根基是耶稣是基督，草木禾稿是由于无知或软弱而从中得出的虚假推演，金、银、宝石是他们的正确教义，熬炼或净化是放弃他们的错误。在这一切之中，根本没有燃烧无形体的实体亦即无法承受折磨的灵魂这回事。

[44.34] 第三处是前面所提到的《哥林多前书》15.29关于死者的洗礼，他从中得出结论说，第一，为死者作祷告并非无益，并据此说，有炼狱之火。但这两点都不正确。在对洗礼一词的许多解释中，他首先赞成的是，洗礼在隐喻的意义上表示悔改的洗礼，从这个意义上说，当人们禁食、祷告和施舍时，他们便受洗了：因此，为死者洗礼和为死者祷告是一回事。但这个隐

喻，无论是在圣经里还是在任何其他语言的用法中都没有实例，也不符合圣经的一贯精神和宗旨。洗礼一词也被用来指浸在自己的血泊中，就像基督钉在十字架上以及大多数使徒为他作见证时的情形（可 10.38，路 12.50）。但很难说，祈祷、禁食和施舍与浸在血泊中有任何相似之处。这个词在《马太福音》3.11（这个地方似乎支持炼狱的存在）用来指以火净化。但很明显，这里提到的火和净化，与先知撒迦利亚所说的话是一样的："我要使这三分之一经火，熬炼他们……"（亚 13.9）在他之后，圣彼得也说："叫你们的信心既被试验，就比那被火试验仍然能坏的金子更显宝贵，可以在耶稣基督显现的时候得着称赞、荣耀、尊贵。"（彼前 1.7）圣保罗说："这火要试验各人的工程怎样。"（林前 3.13）但圣彼得和圣保罗谈到的是基督第二次显现时的火，先知撒迦利亚谈到的是审判日的火；因此，《马太福音》的这个地方可以作同样解释，所以炼狱之火不是必要的。

［44.35］对死者洗礼的另一种解释，就是我前面提到的那种，他认为是第二可能的解释：他由此推断出为死者祷告的用处。因为如果那些没有听说过基督，或不信基督的人，在复活之后可以被接纳进基督的国；那么在他们死去以后和复活以前，他们的朋友为他们祷告，并非徒劳无益。但是，即便承认，由于信者的祷告，上帝可以使一些没有听过人们宣讲基督、因而不可能弃绝基督的人皈信他，即便承认，人们在这方面的爱是无可指责的；然而，这也不可能得出任何有利于炼狱的结论；因为从死里复活是一回事，从炼狱中复活是另一回事；从炼狱中复活，是从一种生活到另一种生活，从苦刑折磨的生活到享乐的生活。

［44.36］第四处是《马太福音》5.25："你同告你的对头还在路上，就赶紧与他和息，恐怕他把你送给审判官，审判官交付衙役，你就下在监里了。我实在告诉你，若有一文钱没有还清，

你断不能从那里出来。"在这个寓言中，犯法的人就是罪人，对头和审判官就是上帝，路就是今生，监狱就是坟墓，衙役就是死亡。罪人不会复活得永生，而是会得到第二次死亡，除非他已还清最后一文钱，或基督以自己的受难代他还清，这是各种罪的完全赎金，无论较小的罪还是较大的罪行，都因基督的受难而变得同样可宽恕。

[44.37] 第五处是《马太福音》5.22："凡无缘无故地向弟兄动怒的，难免受审判；凡骂弟兄是拉加的，难免公会的审判；凡骂弟兄是魔利的，难免地狱的火。"他从这些话中推断出三种罪和三种惩罚。这些罪中，唯有最后一种罪，应受到地狱之火的惩罚。因此，在今生之后，较小的罪将在炼狱中受惩罚。这一推论，在任何对它们已给出的解释中都找不到影子。在今生之后，听审和决定各种不同罪行的法庭，难道会像在我们的救主时代的犹太人中间区分为审判官与公会那样，有所区分吗？审判权难道不是全都归属于基督和他的使徒吗？因此，要理解这段经文，我们不能孤立地考虑，而是要与前后文联系起来考虑。我们的救主在这一章中解释摩西的律法，犹太人认为，只要他们不违反其字面意义，那么无论他们如何违反立法者的意图，这律法仍得以履行。因此，他们认为唯有杀了人，才是违反第六条诫命；唯有跟不是自己妻子的女人睡觉，才是违反第七条诫命。而我们的救主告诉他们，一个人在内心里无缘无故对弟兄动怒，便是杀人；他说，你们听见有人说摩西的律法，"不可杀人"，"凡杀人的，难免受审判官审判"，或由七十人开庭会审；但我告诉你们，无缘无故地向自己的弟兄动怒，或者骂弟兄是拉加和魔利的，就是杀人，将在审判日由基督和他的使徒开庭审判，受到地狱火的惩罚。所以，这些话不是用来区分不同的罪行，不同的法庭和不同的惩罚，而只是用来谴责在罪与罪之间强生分别，犹太人不是根

据服从上帝的意志的差异，而是根据他们属世的法庭的差异得出这种分别。这些话并向他们表明，有意伤害弟兄的人，虽然从结果看来只是辱骂，甚至完全没有表现，也将由审判官或公会投入地狱火中，在审判日，这将是相同的而不是不同的法庭。考虑到这一点，我无法想象从这段经文中能得出什么东西来支持炼狱。

[44.38] 第六处是《路加福音》16.9：“要藉着那不义的钱财结交朋友，到了钱财无用的时候，他们可以接你们到永存的帐幕里去。”他征引这段经文以证明为已故的圣徒招魂。但这里的意思很明白，我们应该用自己的钱财与穷人交朋友，让他们在活着的时候为我们的祷告。“怜悯贫穷的，就是借给耶和华。”①

[44.39] 第七处是《路加福音》23.42：“耶稣啊，你得国降临的时候，求你记念我！”他说，因此今生之后便有赦罪。但这个推论并不好。我们的救主当时就会宽恕他；当他在荣耀中再次降临时，将记得使他复活得永生。

[44.40] 第八处是《使徒行传》2.24，圣彼得谈到基督：“神却将死的痛苦解释了，叫他复活，因为他原不能被死拘禁。”他将这段话解释为基督下降到炼狱中，使那里的一些灵魂摆脱苦刑。然而很明显，被释放的是基督，不能被死亡或坟墓拘禁的是他，而不是炼狱中的灵魂。但是，如果仔细研究贝扎在关于这个地方的注释中所说的话，那么人人都会发现，文中的“痛苦”应为“拘禁”；那么在这段经文中，就再也找不出支持炼狱的理由。

---

① 箴 19：17。

第四十五章 论魔鬼学以及外邦人的其他宗教残余

〔45.1〕发光体的光沿着一条直线或多条直线，被不透明的
物体反射，或通过半透明物体时被折射，在视觉器官上造成的印
象，在上帝设置了这种器官的生物身上，引起一种对该印象所从
出的对象的想象；这种想象被称为视觉，而且似乎不是单纯的想

象，而是我们身外的那个物体本身；同样，当一个人猛烈地挤压自己的眼睛时，就他而言，他眼前似乎有身外的光，那是只有他感知到的光；因为根本没有这种东西在他身外，而只有他内部的器官因向外的阻力压迫而造成的运动，使他这样思想。这种压力造成的运动，在引起压力的对象被移走后仍然持续，就是我们所谓的想象、记忆，以及（在睡眠中，在器官因疾病或暴力而处于巨大的骚动不宁时，则是）梦，关于这些东西，我已在第二、三章中简要地讲过。

[45.2] 视觉的这种性质，从未被古代那些自称具有自然知识的人发现，更不用说那些对不切实用的事物（比如说知识）无所用心的人。对于感觉和想象中的这些形象，人们很难不把它们设想为真正在我们身外的事物。有人说，它们（因为消失不见，人们不知道它们去了哪里，以及是如何消失的）是绝对无形体的，也就是非物质的，或者说是无质料的形式；是没有任何有色或有形物体的颜色和形状；它们愿意时，能够把气态物体（像衣服一样）穿上，使自身变得对我们的肉眼可见。还有人说，它们是物体和生物，却是由空气或其他更精微的以太物质制成，当它们被看见时是聚集的。但他们都一致把它们通称为魔鬼。仿佛他们所梦见的死者，并非他们自己大脑的居民，而是空气、天堂或地狱的居民；并非幻影，而是鬼魂。其中的道理就好比有人说，他在镜中看到自己的鬼魂，或者在河中看到星辰的鬼魂，或者把太阳的一尺左右的普通影像称为那个照亮整个可见世界的巨日的魔鬼或鬼魂，因此像许多具有为他们带来祸福的不可知的即无限的力量的事物一样，总是使他们感到恐惧，从而使异教国家的统治者有机会通过建立魔鬼学（其中诗人作为异教的祭司长，特别得到尊崇或宠用），轨制他们的这种恐惧，以维持公共和平与臣民对统治者的必要服从。他们把其中一些说成是善魔，另一些说

成是恶魔，前者激励人们服从，后者是制止人们违反法律的缰绳。

[45.3] 他们称之为魔鬼的是何种事物，一部分可以从最古老的希腊诗人赫西俄德的神谱中看出来，一部分可以从其他史书中看出来，对此我以前在本论第十二章已有论述。

[45.4] 希腊人通过殖民和征服，把他们的语言和文字传播到亚细亚、埃及和意大利，其中必然有他们的魔鬼学，或（用圣保罗的话说）他们的"魔鬼的道理"。① 因而，这种疫病也传给了分散在犹大、亚历山大城以及其他地方的犹太人。但他们没有（像希腊人那样）把魔鬼这一名称兼用于善灵和恶灵，而是只用于恶灵。至于善魔，他们称之为上帝的灵，并认为它们进入谁的身体，谁就成为先知。总之，一切奇异之事，如果是好事，他们就归之于上帝的灵，如果是恶事，他们就归之于某个魔鬼，即 κακοδάιμων，也就是恶魔。因此，他们把鬼附之人称为 demoniac，这种人就是我们所谓的疯子或精神病人，或者害癫痫病的人，或者说出了他们不能理解而被认为荒唐的言语的人。此外，他们常说，污秽不堪的人有污鬼附体，哑巴有哑鬼附体，对于施洗约翰，由于他禁食的奇异之举，他们说他被鬼附着（太11.18），对于我们的救主，因为他说人若遵守他的道，就永远不尝死味，他们说："现在我们知道你是鬼附着的。亚伯拉罕死了，众先知也死了。"（约8.52）又，因为他说："为什么想要杀我呢?"他们回答说："你是被鬼附着了，谁想要杀你?"（约7.20）由此可见，关于幻影，犹太人具有同样的看法，认为它们不是幻影，不是大脑中的偶像，而是独立于想象而真实存在的事物。

[45.5]（有人会问）这种教义如果不正确，我们的救主为什

————————————

① 提前4：1。

么不加以驳斥并教导相反的教义呢？非但如此，他为什么多次使用那些似乎证实这种教义的说法呢？对此，我的回答是，首先，当基督说"魂无骨无肉"① 时，他尽管表明灵存在，却不否认它们是物体。圣保罗说："复活的是灵性的身体。"② 他承认灵的性质，但那是有形体的灵；这是不难理解的。因为空气和许多其他东西都是物体，尽管不是骨肉之体，或肉眼可以辨识的其他粗物。但是，当我们的救主对鬼说话，命令他离开某人时，如果他所说的鬼，意思是谵妄、疯癫之类的疾病，或一种有形体的灵，这种说法是不是不恰当呢？疾病听得见话吗？或者，在已经充满生命和元气的骨肉之体中，可能有另一个有形体的灵吗？因此，是不是有既没有身体也不是单纯的想象的灵存在呢？对于第一个问题，我的回答是，我们的救主对他所治愈的疯狂或疯癫下命令，并不比他斥责热病或斥责风和海更不恰当，因为这些也听不见话，也不比上帝对光、天空、太阳和众星的命令更不恰当，因为它们在存在之前，也听不见话。但这些话并非不恰当，因为它们表示上帝之言的力量，（当时通常把疯狂或疯癫理解为魔鬼，用魔鬼这一称呼）命令疯狂或疯癫离开人体，是再恰当不过的。对于第二个问题，涉及它们是无形体的，我在经上没有发现任何地方，可以从中推断说，任何人除了被他自己的灵，也就是使他的身体自然运动的那个灵附体之外，被任何其他有形体的灵附体。

[45.6] 据圣马太说，我们的救主在圣灵像鸽子一样落在他身上后，立即"被圣灵引到旷野"（太 4.1）；《路加福音》以这些话复述了同一件事："耶稣被圣灵充满……在圣灵中被引

---

① 路 24：39。

② 林前 15：44。

到旷野。"① （路 4.1） 由此可见，这里所谓的"灵"是指圣灵。这不能解释为灵附体；因为基督和圣灵是同一实体，这不是一个实体或身体附着于另一种实体或身体。接下来几节经文说，"魔鬼又领他到圣城去，叫他站在殿顶上"，我们是否可以由此得出结论说，他被魔鬼附了体，或者被暴力领到那里去呢？又，"魔鬼又领他上了高山，霎时间把天下的万国都指给他看。"在这里我们不认为他被魔鬼附了体或受到魔鬼强制；根据字面意思，也没有一座山高到足以让他看见天下万国。那么，这个地方的意思，除了他自己进入旷野，以及他被带上带下、从旷野到圣城、从那里又到一座山上是一个异象之外，还能有别的什么意思吗？《路加福音》的措辞也与此符，他不是被圣灵引到旷野，而是在圣灵中被引到旷野；而关于他被领到山上和被领到圣殿顶上的事，他说的和圣马太说的一样：与异象的性质相符合。

[45.7] 又，圣路加说加略人犹大："撒但入了他的心。他去和祭司长并守殿官商量，怎么可以把耶稣交给他们。"② 对于这句话，可以这样回答，所谓撒但（也就是敌人）入他的心，意思是出卖他的主和夫子的敌对背叛的意向。正如所谓圣灵在经文中经常被理解为由圣灵所赐的恩典和善良倾向，所谓撒但入他的心，同样可以理解为基督及其门徒的敌人的邪恶思想和意图。正如很难说，在犹大有这种敌对意图之前，魔鬼就已入了他的心；说他首先在心中已是基督的敌人，然后魔鬼入了他的心，同样是不相干的。因此，撒但入他的心与他邪恶的目的，二者是一回事。

[45.8] 但是，如果不存在非物质的灵，也不存在有形体的

---

① 根据霍布斯征引这句经文的用意，对译文作了微调。和合本译文："耶稣被圣灵充满……圣灵将他引到旷野。"诸英译本作 led by the Spirit，霍布斯却特别强调不是 led by the Spirit，而是 led in the Spirit。

② 加 22：3—4。

灵附缠人体的事，人们又可以问，为什么我们的救主和他的使徒不用明明白白的话把这种道理教导给人民，使他们对此不再怀疑呢？不过对于基督徒得救而言，这些疑问与其说是必要的，不如说是令人感到好奇。人们同样可以问，基督本可以把信仰、虔诚和各种美德给予一切人，为什么他只给予某些人而不是一切人呢？他为什么把对自然原因和科学的探索留给人们的自然理性和勤劳，而不以超自然的方式启示给一切人或任何人呢？还有很多诸如此类的疑问。对这些疑问，或许可以征引经文得出可能的和虔敬的理由。就像上帝带领以色列人进入应许之地时，并没有制伏周围各国，使他们在那里获得安宁，而是留下其中一些国家，像荆棘一样存在于他们周围，以不时唤醒他们的虔敬和勤劳，我们的救主在指导我们走向他的天国时，同样没有摧毁一切自然疑问的难题，而是留下它们，以锻炼我们的勤劳和理性。他传道的宗旨仅仅是向我们表明一条简易直接的得救之路，即相信这一信条：耶稣是基督，是永生神的儿子，他被派到这世界，为了我们的罪而牺牲自己，而当他再次降临时，他要在荣耀中作王，拯救他的选民永远脱离敌人之手。神鬼附体的意见对此并无妨碍，尽管这可能使有些人背离正道，标新立异而一意孤行。假如我们要求圣经对一切使我们在执行上帝命令时感到困扰的疑问都作出说明，那么我们同样可以抱怨摩西，他写下了大地、大海、人类和兽类是何时被造出来的，却没有写下这些鬼神是何时被造出来的。总之，我看到经上说有天使、善灵与恶灵，却没有说它们像人们在暗中、梦中或异象中看到的幻影一样是无形体的，拉丁人把这种幻影称为 *spectra*［影像］，并把它们当成魔鬼。我看到经上说有形体的灵，（虽精微不可见）却没有说有任何人的身体被这种灵附缠或寄居，而圣徒的身体会是圣保罗所说的灵性的身体。

［45.9］然而，相反的教义，也就是认为有无形体的灵，却一直在教会里十分流行，以至于在这个基础上建立的驱魔术（即用法术驱鬼，尽管已经罕见，而且是悄悄地实行），至今仍未绝迹。早期教会中有很多鬼附之人，而疯子或患其他怪病的人却很少。在我们的时代，经常听说和看到很多疯子，却很少听说或看到鬼附之人。这不是由于事物的性质变了，而是由于名称变了。但是，为什么直到使徒时代为止以及后来一段时间，教会的牧师确实治愈了那些怪病，而现在人们却看不到他们这样做呢？同样，为什么如今每个真正的信者并不能做出当时的信者所做出的一切呢？比如我们看到："奉基督的名赶鬼；说新方言；手能拿蛇；若喝了什么毒物，也必不受害；手按病人，病人就必好了。"（可16.17，18）他们做这一切时并没有用其他的话，只说是"奉耶稣的名"，这是另一个问题。很有可能，这些超乎寻常的恩赐，是在人们完全信靠基督、寻求他们在他未来的国中的幸福的时代给予教会的，所以，当人们追求权威和财富，依赖自己的智谋建立一个此世的国时，上帝的这种超自然恩赐就再次从他们身上被夺走。

［45.10］外邦宗教的另一个遗物是偶像崇拜，这既不是摩西在《旧约》中建立的，也不是基督在《新约》中建立的，也不是从外邦人那里传入的，而是他们皈信基督后在他们中间遗留下来的。在我们的救主传道之前，外邦人的普遍宗教，是将因外部物体在他们的感觉器官中的印象而残留于他们大脑中的那些显象当作神明来崇拜，这种显象通常称为观念、偶像、幻影、幻想，是那些引起它们的外部物体的表象，并不比在梦中呈现于我们面前的那些事物更真实。这就是为什么圣保罗说，"我们知道偶像在世上算不得什么。"① 这不是说他认为金属、石头或木头的神像

---

① 林前 8：4。

什么都不是，而是说他们因神像而尊敬或恐惧的事物，或者他们以为是神明的事物，不过是存在于他们大脑运动中的纯属虚构之物，没有位置、居所、运动或存在。以神的荣耀崇拜这些事物，正是圣经里所说的偶像崇拜与背叛上帝。上帝既是犹太人的王，他的副手先是摩西，后来是大祭司；如果允许人民崇拜（代表他们自己想象的）神像并对之祷告，他们就不再依赖无形无相的真神，也就不再依赖他的最高臣仆摩西和大祭司，而是每个人随自己的欲望各自为政，以至于国家覆亡，他们就因缺乏统一而毁灭。因此，上帝的第一条律法是：他们不可奉外邦人的神为神，而只可奉唯一的真神，就是降恩与摩西说话的神，由摩西传给他们律法和指示，为他们维持和平，拯救他们脱离敌人之手。第二条律法是：他们不得为自己制作任何形像，崇拜他们自己的发明。① 因为废黜一个王，与臣服于由邻国设立或由我们自己设立的另一个王，是一回事。

［45.11］据说支持建造形像并加以崇拜的经文，或者说支持在崇拜上帝的地方建造形像的经文，首先是两个实例，一是上帝约柜上的二基路伯，一是铜蛇。其次，有些经文命令我们崇拜某些与上帝相关的造物，比如崇拜他的脚凳。最后，还有一些经文准许以虔诚之道尊敬圣物。但在考察这些经文的说服力之前，为了证明这些说法究竟是什么，我必须首先阐明应该如何理解所谓的崇拜及形像和偶像。

［45.12］我在这部论述的第十章已经表明，尊敬就是高度评价一个人的力量：这种价值是通过我们将他与旁人进行比较来衡量的。但因为在力量方面，没有什么可以与上帝相比较；所以我们以低于无限的价值去评价上帝，就不是尊敬他，而是不尊敬

---

① 出20：3—4；申5：7—8。

他。从严格的本质而言，尊敬是隐藏于人内心之中的。但是，人们的内在思想，外在地表现于言行，是我们尊敬的征象，这些征象被称为崇拜，即拉丁语中的 CULTUS。因此，对之祷告、发誓、服从、尽职尽责地服侍，总之，一切表示害怕冒犯或希望取悦的言行，都是崇拜，不管这些言行是真诚的，还是假装的：因为它们表现为尊敬的征象，所以一般称为尊敬。

[45.13] 我们对我们认为不过是人的国王和当权者表现出的崇拜，是公民崇拜。但我们对我们所认为的神表现出的崇拜，无论为言语、仪式、姿态或其他行为，都是神圣崇拜。在一个王面前俯伏跪拜，心里认为王只是人，这不过是公民崇拜。因认为教堂是上帝的家而在教堂里脱帽的人，其崇拜是神圣崇拜。有些人不从崇拜者的意图，而是在 δουλεία 与 λατρεία① 这两个词中去寻求神圣崇拜与公民崇拜区别，他们欺骗了自己。因为尽管有两种奴仆：一种是绝对地处于主人力量掌握中的人，比如战争中被俘虏的奴隶及其所出，他们的身体不由自己的力量掌握（他们的生命取决于他们主人的意志，只要稍不服从就会丧失），像牲畜一样被买卖，他们被称为 Δοῦλοι，即名副其实的奴隶，他们的服侍被称为 Δουλεία；另一种是（因受雇或希望从其主人那里获得利益）自愿服役的人，被称为 Θῆτες，即家仆，对于他们的服侍，主人的权利只限于双方所立信约中包含的权利。这两种奴仆的共同之处是，他们的劳动都由他人指派：Λάτρις 一词是二者的通名，表示为他人工作的人，不论是作为奴隶，还是作为自愿的仆人。因此，Λατρεία 总称一切服侍；但 Δουλεία 只表示奴隶的服侍，以及奴役的处境：两者在经文中交替地使用（表示我们对

① δουλεία 与 λατρεία，分别相当于 slavery（奴役）和 service（服侍）。

— 514 —

上帝的服侍），Δουλεία，因为我们是上帝的奴隶；Λατρεία，因为我们服侍他。在各种服侍中不但包含着服从，而且包含着崇拜，也就是表示尊敬的动作、姿态和言辞。

[45.14] 从最严格的意义上讲，形像是可见事物的外观：在这个意义上，可见物体在幻觉中呈现的幻想形式、幻影或外表，都只是形像；诸如人或其他事物因反射或折射在水中的影像；在空中直接看到的太阳或星星的影像；它们不是存在于所见事物之中或它们似乎所在的位置中的真实事物；它们的大小和形状与对象的大小和形状也不一样；由于视觉器官或透镜的变化，是可变的，当对象不在场时还经常出现在我们的想象或梦中；或者就像只取决于想象的事物一样，变成其他的颜色和形状。这些形像，在原初和最恰当的意义上被称为观念或偶像，这个词源于希腊人的语言，在他们那里，Εἴδω 一词表示观看。它们也被称为幻影，这在同一种语言中意思是幻象。人类的一种自然能力，即所谓的想象，便是从这些形像中来的。由此可见，世上并没有、也不可能有任何由不可见事物造成的形像。

[45.15] 同样显而易见的是，不可能有无限事物的形像。因为由可见事物的印象所造成的一切形像和幻影，都是有形状的，而形状是在各方面都确定的量。因此，不可能有上帝的形像，也不可能有人的灵魂的形像，或精灵的形像，只可能有可见物体的形像，也就是本身有光或被照亮的物体，才可能有形像。

[45.16] 尽管一个人可以幻想他从未见过的、由多个不同造物的各部分拼凑成的形状，比如诗人可以制作出半人马、喷火怪和其他从未见过的怪物，他也可以把物质赋予这些形状，用木头、粘土或金属制作它们。这些制作物也被称为形像，并非因为它们是任何有形体的事物的外观，而因为它们是制作者大脑中的某些幻想居民的外观。但这些偶像原初存在于大脑时，与它们在

物质中被绘制、雕刻、塑造或铸造出来时，存在着彼此之间的相似性，因此，凭借技艺制作的物体，可以说是凭借自然制作的幻想性偶像的形像。

[45.17] 不过，在形像一词的更广泛用法中，也包含着一个事物被另一个事物代表。因此，地上的主权者可以称为上帝的形像，而低级官长可以称为地上主权者的形像。很多时候，在外邦人的偶像崇拜中，很少考虑他们的物质偶像与他们幻想中的偶像的相似性，然而前者却被称为后者的形像。一块未经斫削的石头曾经被当作海神尼普顿，还有很多与他们设想的诸神的形状相差甚远的其他形状。如今，我们看到童贞马利亚和其他圣徒的很多形像，彼此不同，并不对应于任何人的想象，然而却很好地服务于建立它们的目的，就是仅仅通过名字来代表史书上记载的人物，对于他们，每个人都可应用他自己制作的心灵形像，或者完全不应用任何形像。因此，在最广泛的意义上，形像不是某个可见事物的外观，也不是其表象，而是二者的结合，就像大多数情形下那样。

[45.18] 但偶像一词在圣经里还进一步被用来表示被当作神来崇拜的太阳、众星、任何其他可见或不可见的造物。

[45.19] 既已说明崇拜是什么，形像又是什么，我现在要把它们放在一起，检讨第二条诫命和经上其他地方所禁止的偶像崇拜是什么。

[45.20] 形像崇拜，就是自愿做那些作为尊敬之征象的外在行为，所尊敬的要么是形像的物质，即木、石、金属或其他一些可见的造物，要么是大脑的幻影，因为物质所形成的东西正是大脑幻影的外观或表象，或者尊敬这两者的结合，比如一个由物质与幻想构成的有生命的身体，以其为身体与灵魂的结合。

[45.21] 在一个有力量和权威的人面前，或在君王宝座前，

或当他不在场的时候在他规定用于这一目的的其他地方，脱帽致敬，是以公民崇拜之礼崇拜这个人或君王。这作为一种尊敬之征象，尊敬的不是其脚凳或地方，而是其人，这不是偶像崇拜。但是，如果做这件事的人，认为君王的灵魂在脚凳上，或者向该脚凳呈递请愿书，便是神圣崇拜和偶像崇拜。

[45.22] 向一个国王祈求他能够为我们做的事，尽管我们在他面前俯伏跪拜，也不过是公民崇拜，因为我们只承认他具有凡人的力量。但自愿地向他祈求好天气或只有上帝才能为我们做的事，却是神圣崇拜和偶像崇拜。相反，如果一个国王用死亡或其他严厉的肉体惩罚的恐怖强迫一个人这样做，这便不是偶像崇拜：因为主权者通过法律的恐怖命令别人对他自己进行的崇拜，并不表示对他服从的人内心把他当成神来尊敬，而是表示该人希望免于一死或免予苦难的生活，不是内在尊敬之征象的，就不是崇拜，因此也就不是偶像崇拜。也不能说，这样做的人使他的弟兄跌倒，或给他设下绊脚石。因为在这种情况下，不论该人多么聪明，多么有学问，别人都不能因此争辩说，他赞成这种做法，而只能说他是出于恐惧，这不是他的行为，而是他的主权者的行为。

[45.23] 在某个具体地方崇拜上帝，或将脸转向一个神像或确定的地方，不是崇拜或尊敬该地方或该形像，而是承认它是神圣的，也就是说，承认该形像或地方被从普通的用途中划分出来。因为这正是神圣一词的意思，这并不意味着该地方或形像具有任何新的本性，而是意味着它因划归上帝而具有一种新的关系，因此这不是偶像崇拜，正像以下各种情形都不是偶像崇拜：在铜蛇前崇拜上帝；犹太人离开自己的国家以后，祷告时将脸转向耶路撒冷圣殿；摩西在燃烧的荆棘前脱去鞋，那个地方属于西奈山，上帝选择在那里显现，并将他的律法赐给以色列人民，因

— 517 —

此那里是圣地，不是因其固有的圣洁，而是因为被划归上帝使用；基督徒在教堂里崇拜，这些教堂曾因国王或教会的其他真正代表的权威，为此目的被庄严地奉献给上帝。但是，崇拜上帝，认为他居住在该神像或地方，或使之具有生命，也就是说，以为无限的实体在一个有限的地方，便是偶像崇拜；因为这种有限的神，不过是大脑的偶像，没有任何真实的东西，经上通常称之为虚无、虚谎或什么都不是。崇拜上帝，不是因为他存在于该地方或形像中，或使之具有生命，而是为了记住他或他的某些业绩，如果这个地方或形像，是因私人权威而不是因我们主权者牧师的权威被奉献或建立的，便是偶像崇拜。因为"不可为自己雕刻偶像"是诫命。上帝命令摩西建造铜蛇，他不是为自己制作的，所以没有违反这一诫命。但是，亚伦和人民造金牛犊，没有上帝的权威作为根据，所以是偶像崇拜；不仅因为他们以为它就是上帝，还因为他们没有得到他们的主权者上帝或上帝的副手摩西的授权，就使它用于宗教事务。

[45.24] 外邦人把朱庇特或其他人当作神灵来崇拜，这些人活着的时候，也许是有过丰功伟绩的人；把很多男男女女当作神灵之子来崇拜，认为他们介于不朽的神灵与凡人之间。这是偶像崇拜，因为他们这样做，并没有来自上帝的权威为依据，既不是遵循他的永恒的理性法则，也没有他的实定和启示的旨意。但是，虽然我们的救主是一个人，我们也相信他是不朽的上帝，是上帝的儿子，但这不是偶像崇拜；因为我们确立这种信仰，不是基于我们自己的幻想或判断，而是基于经上启示的上帝之言。在圣餐礼中，如果基督的话"这是我的身体"，表示他本人和他手中貌似饼的东西，并祭司们曾经奉为圣以及任何时间会奉为圣的看似饼的东西，都是许多的基督身体，而所有这些身体又都是一个身体；那么这就不是偶像崇拜；因为这是由我们的救主授权

的。但是，如果这句经文不是表示这一点（因为无法征引其他经文来加以证明），那么，因为它是对人类制度的崇拜，所以它是偶像崇拜。仅仅说上帝能把饼变成基督的身体是不够的：因为外邦人也认为神是万能的，并以此作为他们的偶像崇拜的托词，声称他们的木头和石头变成全能的神。

[45.25] 尽管有人声称，神的默示是圣灵以超自然的方式进入一个人，而不是通过教义或研究获得上帝的恩典，但我认为，他们陷入一个十分危险的困境。因为如果他们不崇拜那个他们认为像这样被默示的人，他们就因不尊敬上帝的超自然临在而陷入不虔诚。又，如果他们崇拜他，他们就犯了偶像崇拜；因为使徒们绝不会允许被人们这样崇拜。因此，最保险的方式是相信，所谓鸽子降临在使徒身上，基督赐予他们圣灵时对他们吹气，以按手来赐予圣灵，这些可以理解为上帝乐意使用的或规定使用的征象，表示他应许他会帮助这些人在研究中宣讲他的国，在他们的交往中不使他人跌倒，而是启迪他人。

[45.26] 除了对形像的偶像崇拜以外，还有对它们的一种堕落崇拜；这种崇拜也是一种罪，却不是偶像崇拜。因为偶像崇拜，是凭借内在而真实的尊敬之征象进行的崇拜；而恶表式崇拜，不过是貌似的崇拜，有时候可能结合着一种对所要崇拜的形像或幻想性的魔鬼或偶像的发自内心的憎恶。这种崇拜不过是源于对死亡或其他严厉惩罚的恐惧，如果崇拜者是像光一样引导别人、被别人效法的人，那么它在崇拜者身上仍是一种罪。因为追随他们步伐的人不免会跌倒在宗教的道路上。而我们不在意的那些人，他们的榜样作用不会对我们发生任何作用，只会使我们勤奋和谨慎，因而不是我们跌倒的原因。

[45.27] 因此，如果一个牧师受到合法呼召教训和指导他人，其知识备受推崇，他出于恐惧，向偶像表现出外在的尊敬，

那么除非他使自己对它的恐惧和勉强之情与自己的崇拜之情一样明显，否则他便会因看上去赞同偶像崇拜而使他的弟兄跌倒。因为他的弟兄从其教师或自己所推崇的渊博之士的行为进行论证，得出结论认为这本身是合法的。这种恶表是罪，而且是一种确定的恶表。① 如果一个人不是牧师，也不因在基督教教义方面的知识具有杰出的声誉，他做同样的事，而别人仿效他，这就不是确定的恶表，因为其他人没有理由仿效这种榜样：他们不过是借口恶表，好在人前为自己开脱。一个处在偶像崇拜的国王或国家的权力之下的不学无术之人，如果被命令对偶像进行崇拜，否则以死论处，那么他在心中憎恶这偶像就好，尽管他要是有宁死不从的勇气会更好。但如果一个牧师，作为基督的信使，肩负着向万民教导基督的教义的使命，也做了这样的事，那么，这不仅对其他基督徒的良心来说是有罪的恶表，而且是背信弃义地放弃他自身的责任。

[45.28] 综上所述，关于形像崇拜，一个人若是崇拜某个形像或造物，无论尊敬其物质，抑或尊敬他以为寓居于其中的他自己的任何想象，抑或尊敬二者的结合，或者他若是相信这种东西无需耳目就可听取他的祷告，或看见他的奉献，那么他就犯了偶

---

① 阿奎纳在《神学大全》第二集第二部第 43 题中对恶表进行了讨论："恶表是'提供堕落机会的不正当言行'。""当一个人走在一条形体的路上的时候，遇到一个阻碍，可能他会因而跌倒；这样的阻碍，就是 scandalon（绊脚石）。同样，当一个人走在一条精神的路上时，可能因另一个人的言行而使自己跌倒或堕落；也就是说，一个人可能用他的威迫利诱，或不良的榜样，引诱别人犯罪，这是真正的 scandalon，即所谓的恶表。"一个人的言行，故意引诱另一个人犯罪，或者具有本来会引诱人犯罪的性质，这种的行为叫作"主动的恶表"。一个人的言行无意引诱另一个人犯罪，也没有能引诱气质不良的人犯罪的性质，譬如，一个人嫉妒另一个人的善行。这时，那做出正直行为者，在他方面，并没有提供什么使人堕落的机会，只是这第二个人，把这个行为变成了犯罪的机会，所以，这是没有主动的，而只有"被动的恶表"。参看阿奎纳《神学大全》第八册，胡安德译，中华道明会、碧岳学社，2009，第 267 页以下。

像崇拜。一个人若是因害怕惩罚而装出这样的崇拜，如果他是被他的弟兄们奉为楷模的人，那么他就犯了罪。但一个人若是在某个形像前或在某个地方崇拜世界的造物者，该形像或地方不是他自己制作或选择的，而是听了上帝之言的诚命，比如犹太人有一个时期在二基路伯前、在铜蛇前，或面对耶路撒冷（这只有一段时间）崇拜上帝，那么他就没有犯偶像崇拜。

［45.29］至于如今在罗马教会中实践的圣徒、形像、遗物和其他事物的崇拜，我认为，它们不是上帝之言所允许的，也不是从那里教导的教义引入罗马教会的；而在很大程度上，是外邦人最初皈信时遗留下来的，后来又得到罗马主教的支持、确认和扩充。

［45.30］至于从经上征引的那些证据，即上帝吩咐建立的形像的例子，建立它们，不是为了让人民或任何人崇拜它们，而是让他们在它们面前崇拜上帝本身，比如说在约柜上的基路伯前和在铜蛇前崇拜上帝。我们在经上没有看到祭司或任何其他人崇拜基路伯；相反，我们读到，希西家打碎摩西所造的铜蛇，因为人民仍向铜蛇烧香（王下 18.4）。此外，写下这些例子，不是为了使我们效法，认为我们也应该借口在形像面前崇拜上帝而建造形像，因为第二条诚命的话"你们不可为自己雕刻偶像"，区分了上帝命令建立的形像与我们为自己建立的形像。因此，从基路伯或铜蛇推论出人类发明的形像，从上帝下令的崇拜推论出人们的随意崇拜，这种论证并不好。我们也要考虑到，就像希西家因为犹太人崇拜铜蛇而将它打碎，好让他们不再这样做，基督徒主权者也应该打碎其臣民惯于崇拜的形像，俾使这种偶像崇拜不再有机会存在。因为如今在崇拜形像的地方，无知的人民确实相信那些形像中有一种神力，他们的牧师告诉他们，有些神像曾经说过话、出过血、行过奇迹，他们把这种奇迹理解为圣徒所行的奇

迹，认为圣徒要么是神像本身，要么住在其中。以色列人崇拜金牛犊时，认为他们是在崇拜把他们带出埃及的上帝，然而这是偶像崇拜，因为他们认为金牛犊就是上帝，或者在其肚子里藏着上帝。虽然有人可能认为人们不可能如此愚蠢，以至于认为神像就是上帝或圣徒，或者因这种观念对它进行崇拜，然而很明显，经上所说的情形恰恰相反，当金牛犊被制造出来时，人们说，"以色列啊，这是领你出埃及地的神"（出 32.2）①，拉班的那些神像被称为他的神（创 31.30）。我们每天从各种各样的人身上看到，那些除了衣食安乐之外无所用心的人，会满足于相信任何荒谬的说法，而不费神去检讨它，除非有明确的新法律作为根据，总是坚持认为他们的信仰是不可剥夺的。

[45.31] 但他们从其他地方推断说，描画天使是合法的，描画上帝本身也是合法的：其根据是上帝在伊甸园里行走、雅各在梯子顶端看到上帝以及其他异象和梦境的经文。但异象和梦境，无论是自然的还是超自然的，都只是幻影：描画其中任何一个形像的人，所制作的不是上帝的形像，而是他自己的幻象，这是制作偶像的形像。我不是说，根据想象作画是一种罪，而是说，但当它被画出来时，把它当作上帝的代表，便违反第二条诫命，它除了用于崇拜之外，别无其他用处。天使和死者的形像也适用上述说法，除非是作为朋友或值得纪念的人的纪念像：在这种情况下，对形像的使用就不是对形像的崇拜，而是对（已故而非在世的）人的世俗尊敬。但如果我们对圣徒的形像这样做，其理由不过是我们认为他在死后没有感觉时也会听取我们的祷告，并为我们对他的尊敬感到高兴，我们便将超凡的力量归于他，因此这便是偶像崇拜。

---

① 正确出处为出 32：4。

［45.32］因此，既然无论在摩西的律法中，还是在福音书中，都没有凭据支持对人们为自己建立的形像或上帝的其他代表进行宗教崇拜，或者崇拜天上、地上或地下任何受造物的形像；而基督徒国王作为上帝的活的代表，受其臣民的崇拜，不得以任何表示高估其权力的行为，认为他具有超出凡人所能够拥有的权力，无法想象，如今盛行的宗教崇拜，是因曲解圣经而被引入教会的。因此只能认为，这是崇拜神像的外邦人皈信时自己没有摧毁神像而给教会留下来的。

［45.33］其原因是对形像的制作技艺赋予过度的评价，这使那些技艺的主人在皈信基督以后，尽管不再把它们当成鬼神进行宗教崇拜，却仍然把它们留在自己的家里，借口是用这种方式来尊敬基督、童贞马利亚、众使徒以及早期教会的其他牧师；因为只要给它们起新的名字，很容易把以前称为维纳斯和丘比特的神像，变成童贞马利亚和她的儿子我们救主的神像，把朱庇特的神像变成巴拿巴的，把墨丘里的神像变成保罗的，等等。随着世俗的野心逐渐蔓延到牧师身上，使得他们要努力取悦新入教的基督徒，并使得他们自己也喜欢这种崇拜，希望在自己死后可以跟已经获得它的人一样受到崇拜，因此，对基督和他的使徒的形像崇拜，日益变成偶像崇拜。只是在君士坦丁时代以后不久，几位皇帝、主教和教会公会议才看到其非法性，并加以反对，但为时已晚，或过于软弱无力。

［45.34］封圣徒，是外邦宗教的另一个遗物，这既不是对圣经的曲解，也不是罗马教会的新发明，而是与罗马国家本身一样古老的习俗。在罗马，第一个被封圣的人是罗慕路斯，根据在元老院前发誓的尤利乌斯·普罗库卢斯讲述，罗慕路斯死后与其讲过话并使其相信，他住在天堂，在那里被称为奎里努斯，并将保佑他们的新城邦，于是元老院对他的神圣给予公开的见证。尤利

— 523 —

乌斯·凯撒和他之后的其他皇帝也有类似的见证，也就是说，被封为圣徒。因为这种见证，就是现在的封圣，相当于异教徒的 Ἀποθέωσις［神化］。

［45.35］也正是从罗马异教徒那里，教宗获得了大祭司长（*Pontifex Maximus*）的名称和权力。在古代罗马国家里，拥有这个名称的人，在元老院和人民之下具有管理一切宗教仪式和教义的最高权威。当奥古斯都·凯撒将国家改为君主制时，他为自己取得的不过是这个职位以及保民官的职位（也就是国家与宗教的最高权力），继任的皇帝也享有同样的权力。但是，当第一位信奉和公开承认基督教的皇帝君士坦丁在世时，让罗马主教（在他的权威下）掌管宗教，这和他的认信是一致的：尽管他们似乎没有很快拥有祭司长的名称，而是后来才由主教们为自己取得，以巩固他们对罗马各省主教所行使的权力。不是圣彼得的任何特权，而是皇帝始终愿意支持的罗马城的特权，使他们对其他主教拥有这样的权威。这可以从以下事实看出，君士坦丁堡主教在皇帝将这座城市定为帝国首都时，声称与罗马的主教地位平等，尽管经过一番争夺之后，教宗最终获胜，成为大祭司长，但他仅仅是凭借皇帝的权利成为大祭司长的，在帝国之外却不是。当皇帝失去在罗马的权力之后，即便是教宗本人从皇帝手中夺走权力，他在任何地方也不是大祭司长。从这里我们可以顺便看出，教宗没有对其他主教的优越地位，除非在他自己是政治主权者的领地上，或者在皇帝拥有政治主权、并明确地选定教宗在他之下作为他的基督徒臣民的首席牧师地方。

［45.36］在游行队伍中运载神像，是希腊人和罗马人宗教的另一个遗物。他们把他们的偶像用战车从一个地方运到另一个地方，专门用于这种用途的战车，罗马人称之为 *Thensa* 和 *Vehiculum Deorum*［神车］；形像被放在框子或神龛中，他们称

— 524 —

之为 *Ferculum*［轿］：他们所谓的 *Pompa*，就是今天所谓的游行队伍。据此，在元老院授予尤利乌斯·凯撒的神圣荣誉中，有一项是在竞技场战车赛的游行队伍中为他设立 *Thensam et Ferculum*［神车和轿］；相当于让他像神一样被抬着来回走，就像今天教宗被瑞士卫兵打着华盖抬着走一样。

［45.37］这些游行队伍中还有在神像前点燃的火炬和蜡烛，希腊人和罗马人都这样做。后来罗马的皇帝也受到同样的尊敬；比如我们读到，卡利古拉接受帝位时，被一群人簇拥着从米塞努姆回罗马，一路上设有圣坛，摆列着祭祀的牺牲和燃烧的火炬。卡拉卡拉是人们点着香、撒着鲜花和δαδουχίαις［打着火炬］迎入亚历山大城的，因为Δαδουχίοι就是希腊人在游神时拿着的点燃的火炬。随着时间的推移，虔诚而无知的人们，经常在教会里用类似的游行来尊敬他们的主教，其中也有蜡烛、我们救主和圣徒的形像。蜡烛的使用就是这么来的，而且是由古时候的公会议定下来的。

［45.38］异教徒也有 *Aqua Lustralis*［圣水］。罗马教会也在圣日中模仿他们。他们有他们的酒神节，我们有与之相应的觉醒节。他们有土星节，我们有狂欢节，忏悔星期二的仆人自由。他们有普里阿普斯游行，我们把五月柱拿进场地树起来围着跳舞，舞蹈是一种崇拜。他们有所谓的丰收节游行，我们有祈祷周田野游行。我并不认为这些就是外邦人最初皈信基督教以来留给教会的所有仪式，但这是我目前所能想到的一切。如果有人好好地看一看，关于希腊人和罗马人的宗教仪式给历史留下了什么，我毫不怀疑，他会发现更多的这种外邦宗教的旧空瓶，罗马教会的圣师们因疏忽或野心，在里面注入了基督教的新酒，这新酒早晚会使其破裂。

第四十六章　论源于虚空哲学和
荒诞传说的黑暗

[46.1] 何谓哲学。　[46.2] 明智不是哲学的组成部分。
[46.3] 虚假结论不是哲学的组成部分；[46.4] 超自然启示
也不是；[46.5] 基于作者权威得来的学问也不是。[46.6]
哲学的开端和进程。[46.7] 雅典人的哲学学校。[46.10]
犹太人的学校。[46.11] 希腊人的学校是无益的。[46.12]
犹太人的学校是无益的。[46.13] 何谓大学。[46.14] 从亚
里士多德形而上学中传入宗教的错误。[46.15] 关于抽象本
质的错误。[46.22] 立定不动的现在。[46.23] 一个物体同
时在多个地方与多个物体同时在一个地方。[46.24] 自然哲
学中的荒谬，比如重力是重量的原因。[46.25] 把量给予已
作成的物体。[46.26] 注入灵魂。[46.27] 幻象的无处不
在。[46.28] 意志，意愿的原因。[46.29] 无知，一种神秘
的原因。[46.31] 一个人造成不协调的事物，另一个人造成
它们的不协调。　[46.32] 私人欲望，公共利益的尺度。
[46.33] 以为合法婚姻不贞洁。[46.35] 除平民政体之外的
一切政体都是暴政；[46.36] 应该由法律而不是由人来统
治。[46.37] 法律应该统治良心。[46.38] 以私意解释法
律。[46.40] 经院神学家的语言。[46.41] 来自传说的错

误。[46. 42] 压制理性。

[46.1] 所谓哲学，意思是通过从某个事物的产生方式到其属性、或者从其属性到其可能的产生方式的推理而获得的知识，其目的在于在物质和人力允许的范围内制造人类生活所需要的结果。因此，几何学家通过推理，从图形的构造中找出其中的许多属性；从诸多属性中找出构造图形的新方法，其目的在于能测量土地、水面，以及无限的其他用途。天文学家根据太阳和星辰在天空各部分的起落和运行，找出昼夜和年岁季节的原因，借此他可以记录时间，以及其他类似的知识。

[46.2] 根据这个定义，显而易见，我们不应该将原始认识，即其中包含着明智的所谓经验，算作哲学的组成部分。因为这种认识并不是通过推理获得，而是人与野兽都具有的；只是对过去一连串事态的记忆，其中只要忽略任何一个细微的条件就会改变结果，使最明智者的期待落空。而从正确推理中产生的，无不是普遍、永恒和不变的真理。

[46.3] 因此，我们不应该把任何虚假结论算作哲学：因为以自己理解的词语进行正确推理的人，绝不可能得出虚假的结论。

[46.4] 任何人通过超自然启示知道的东西，由于不是通过推理获得的，所以也不算哲学。

[46.5] 根据书籍的权威进行推理得到的结果也不算哲学。因为这不是从因到果的推理，也不是从果到因的推理，所以不是知识，而是信仰。

[46.6] 推理能力既是使用言语的结果，任何通过推理发现的普遍真理，都不可能与语言本身一样古老。美洲的野人不乏优良的道德格言，他们也有一点算术来加减不太大的数字，但他们

并不因此是哲学家。就像许多谷类和酿酒植物，在人们知道它们的功效，或用它们来作为营养物，或把它们栽种在田地和果园中以前，就零星地分布于原野和森林，那时人们吃的是橡子，喝的是水；从一开始起也有各种正确、普遍而有益的思辨，它们是人类理性的自然植物。但它们起初为数稀少，人们靠粗陋的经验为生，没有学术，也就是说，没有从谬误和推测的野草和常见植物中分离出知识本身，进行播种和培植。其原因是人们缺乏闲暇，不得不全力以赴获取生活必需品，以及保卫自己免受邻人侵犯。直到大型国家建立之前，不可能出现相反的情形。闲暇是哲学之母，国家是和平与闲暇之母。哲学研究最初兴起于古时繁荣的大型城邦。印度的天衣派僧人，波斯的穆护，迦勒底和埃及的祭司，是公认的最古老的哲学家，而这些国家是最古老的王国。当希腊人和西方其他民族的国家（也许不比卢卡或日内瓦更大）尚未获得和平，当他们互相恐惧，除了互相防范之外没有闲暇去观察任何事物时，哲学并没有在他们中间兴起。最后，当战争将这些较小的希腊城邦统一成为数不多的几个更大的城邦时，希腊才出现七贤，以智慧闻名；其中有的以道德和政治格言著称，其他人以迦勒底人和埃及人的学问即天文学和几何学著称。但我们没有听说当时有任何哲学学校。

[46.7] 在雅典人因波斯大军瓦解而取得海上统治权，进而取得亚洲和欧洲的爱琴海沿岸所有岛屿和沿海城邦的统治权，变得富裕以后，那些在国内和国外都没有工作的人便闲着无事，"只将新闻说说听听"（徒17.21，圣路加语），或者向城邦里的青年人公开讲论哲学。每位宗师都有其讲学的场所。柏拉图在一个公共运动场，称为学园，因一个名叫阿卡德摩斯的人而得名；亚里士多德在潘神庙的步道，称为吕刻昂；有一些人在柱廊下，或者说有顶的步道，是商人的货品落地贩卖之处；另一些人在另

一些地方；他们在那里讲授或讨论自己的意见，度过他们的闲暇；有些人不拘任何地方，只要能把城邦里的青年人聚集在一处听讲就行。卡内亚德斯在罗马担任大使时也这样做：这导致加图劝告元老院赶快把他打发走，以免罗马的青年人喜欢听了他高谈阔论（他们认为如此）而败德丧行。

[46.8] 正因如此，他们讲论哲学的场所便称为 Schola［学校］，这个词在他们的语言中意思是闲暇；他们的讲论则称为 Diatribae，意思是消磨时光。哲学家本身也有其宗派之名，有些宗派的名称来自他们讲学的场所：追随柏拉图学说的人被称为学园派；亚里士多德的追随者被称为逍遥派，得名于他讲学的步道；芝诺的弟子称为廊下派，得名于柱廊；就仿佛我们会以摩尔菲尔德、保罗教堂和交易所来给人们命名，因为他们经常在那里聚会、空谈和闲游。

[46.9] 不过，人们十分崇尚这种习惯，以至于随着时间的推移，这种习惯传遍了整个欧洲，以及非洲的大部分地区；因此，几乎在每个国家都有由政府建立和维持的学校，用于讲演和辩论。

[46.10] 在我们救主的时代之前与之后，犹太人也有学校；不过在那里讲的是他们的律法。虽然它们被称为会堂，也就是人民的集会；但由于律法是在每个安息日都要宣读、阐释和辩论的，因此除了名称之外，它们与公共学校在性质上没有什么不同；不仅在耶路撒冷，而且在犹太人居住的每一个外邦人城市都有。在大马士革有这样一座学校，保罗进入那里行迫害之事。① 另外，在安提阿、以哥念和帖撒罗尼迦也有这样的学校，

---

① 霍布斯这里的叙述与圣经记载不同。根据《使徒行传》第9章，保罗打算到大马士革，迫害那里的基督徒。在去大马士革的路上，保罗见到异象，皈信了基督教。保罗到了大马士革后，"就在各会堂里宣传基督"（徒 9：20）。参看 Thomas Hobbes, *Leviathan*, III, *The English and Latin Texts* (ii), ed. Noel Malcolm, Oxford: Clarendon Press, 2012, 第 1058 页注释 n。

保罗进入那里与人辩论：自由人的会堂，并昔兰尼人、亚历山大人、西西里人和亚细亚人的会堂①也是这样；也就是说，它们是在耶路撒冷的外方自由人和犹太人的学校，是那些与圣司提反辩论之人的学校（徒 6.9）。

[46.11] 但这些学校的效用是什么呢？如今，可以靠学校里的读书和辩论获得什么知识呢？几何学是一切自然科学之母，我们拥有几何学，却不是受了任何学校的恩惠。希腊人最优秀的哲学家柏拉图，禁止所有不具备一定程度的几何学知识的人进入他的学校。有许多研究这门科学的人，使人类得到了很大的益处。但他们的学校则闻所未闻，也不曾有任何几何学家的宗派，他们也不具有哲学家的名称。这些学校的自然哲学，与其说是科学，不如说是梦呓，是以毫无意义和无关紧要的语言陈述的，教哲学的人如果没有首先获得丰富的几何学知识，就难免这种情形。自然以运动发生作用，如果不知道线条和图形的比例和属性，就无法知道运动的方式和程度。他们的道德哲学，不过是对自身激情的描述而已。品行的法则，就是规定诚实与不诚实、正义与不正义以及一般地讲善与恶的法则，如果没有政治统治，便是自然法；在政治统治中，则是国法。然而，他们却根据自己的好恶来制定善恶的法则：这样一来，因人们的品味千差万别，就不会有人们一致同意的任何事物，每个人各行其是，肆意妄为，使国家归于覆亡。他们的逻辑本应该是推理方法，却不过是一堆诡辩之

---

① 这里所谓的昔兰尼人、亚历山大人、西西里人和亚细亚人，指流散到这些地方、后来回到耶路撒冷的犹太人。这些人回到耶路撒冷后，各有自己的会堂。"当时有称利百地拿会堂的几个人，并有古利奈、亚历山大、基利家、亚细亚各处会堂的几个人都起来和司提反辩论。"（徒 6：9）利百地拿，即 *Libertini*，自由人，指获释的奴隶；古利奈、亚历山大、基利家，分别指今天利比亚的昔兰尼、埃及的亚历山大城、意大利的西西里。所谓"各处会堂"，指这些人在耶路撒冷的会堂，也就是霍布斯所谓的"在耶路撒冷的外方自由人和犹太人的学校"，而不可理解为在昔兰尼、亚历山大城、西西里等地的犹太人会堂。

词和牵强附会的发明，以便迷惑那些对他们提出质疑的人。总之，（就像其本人是古代哲学家之一的西塞罗所言）世上没有任何事物，竟会荒谬到在古代哲学家当中也没有人支持。我相信，人们在自然哲学领域所能说出的最荒谬的话，莫过于现今所谓的亚里士多德形而上学，他在《政治学》中所说的大部分内容与治道最相抵牾，他的《伦理学》的大部分内容是最愚蠢不过的说法。

［46.12］犹太人的学校原初是摩西律法的学校；摩西吩咐，每七年末在住棚节上，要在众人面前宣读这律法，让他们听，使他们学习（申 31.10）。因此，（在被掳之后实行的）每个安息日讲述律法的做法，其目的不过是让人们熟悉他们要服从的诫命，并向他们讲解先知的著作。但从我们的救主对他们的许多指责中可以明显地看出，他们用虚假的注释和虚空的传说腐蚀了律法的经文；他们也几乎不了解众先知，以至于他们既不承认先知们预言的基督，也不承认他作出的业绩。因此，通过他们在会堂里的讲演和辩论，他们把他们的律法教义变成一种关于上帝和灵的不可思议之性质的怪诞哲学。这是他们把希腊人虚空的哲学和神学，与他们自己从圣经里较为晦涩、最易妄加穿凿的地方以及从他们祖先的荒诞传说中得出的幻想杂糅在一起的产物。

［46.13］现在所谓的大学，是将同一个城镇或城市的许多公学合并到一个管理当局之下形成的。其中，主要的学院开设的是三个专业，罗马宗教，罗马法和医学。至于哲学研究，不过是罗马宗教的婢女，由于唯有亚里士多德的权威在其中流行，这种研究严格来讲不是哲学（其性质不取决于作者），而是亚里士多德学。至于几何学，由于它只服从严格的真理，所以在晚近时代以前，根本就没有什么地位。如果任何人凭与生俱来的聪明才智，在这个领域具有一定程度的造诣，那么他通常会被认为是魔法

师，而他的技艺是魔鬼的技艺。

[46.14] 现在，让我们看看部分地来自亚里士多德、部分地因知性的盲目而传入大学并从大学传入教会的虚空哲学的具体纲要，我首先要研究其原则。有一种第一哲学，其他哲学都应当以它为根据，第一哲学主要包括对所有名称中最普遍的那部分名称之意义的正确界定。这种界定，其作用在于避免在推理中的含糊和模棱两可之处，通常称为定义，比如说物体、时间、空间、物质、形式、本质、主体、实体、偶性、力量、作用、有限、无限、数量、性质、运动、行动、激情的定义，以及对于解释一个人关于物体的本性和生成的构想来说必要的其他名称的定义。对于这些术语的阐释（即意义的确定），在经院学派中通常称为形而上学，是亚里士多德哲学的一部分，即以形而上学为标题的那部分。但其意思却不同，在那里，形而上学是指写作于、或放置于他的自然哲学之后的各卷书籍，但经院学者将它们理解为超自然哲学书籍：形而上学一词将承载这两种意思。事实上，那里所写的东西，绝大多数是无法理解的，而且与自然理性如此抵牾，以至于谁要是认为，世上有任何东西能凭借它来加以理解，就必须相信它是超自然的。

[46.15] 根据这些形而上学，其与圣经混杂在一起而形成经院神学，我们被告知，世界上存在着某些与物体相分离的本质，他们称之为抽象本质和实体性的形式。为了解释这种黑话，这个地方需要予以超乎寻常的关注。我要请求那些不习惯这种论述的人原谅我去适应那些习惯于此的人。世界（我的意思不仅是使其热爱者得名为尘世之人的尘世，而是宇宙，即一切存在的万物之总体）是有形体的，即是物体，具有大小的维度，即具有其长度、广度、深度。每一部分物体也是物体，具有同样一些维度，因此宇宙的每个部分都是物体，而不是物体的东西，就不是宇宙

— 532 —

的组成部分。因为宇宙就是万有，而任何不是其组成部分的东西，便是虚无，因而不存在于任何地方。据此却不能得出结论说，灵是虚无：因为灵有维度，因此灵其实是物体。尽管在日常言语中，物体一词只是给予那些可见的或可触摸的物体，也就是具有一定程度的不透明度的物体。但人们称灵是无形体的；这个名称更为尊贵，因此可以更虔诚地用来指上帝本身；对于上帝，我们不考虑什么属性最能表达他的本性，他的本性是不可思议的，但只考虑什么属性最能表达我们尊敬上帝的愿望。

[46.16] 为了知道他们基于什么根据说存在着抽象本质或实体性的形式，我们要考虑这些词语的本义是什么。词语的使用，乃是为我们自己记录并向他人表明我们心灵中的思想和观念。其中有些词语是人们所感知的事物的名称，比如作用于我们感觉、在我们的想象中留下印象的那些物体的名称就是如此。另一些是想象本身的名称，也就是说，是我们对自己见过或记忆的一切事物所具有的那些观念或心灵形像的名称。还有一些是名称的名称，或言语类型的名称：比如，普遍的、复数的、单数的，是名称的名称；定义、肯定、否定、真、假、三段论、疑问句、承诺、信约，是特定言语形式的名称。还有一些名称，是用来说明从一个名称到另一个名称的推演或矛盾的；比如当一个人说，"人是一种物体"时，他的意思是说，"物体"这个名称作为同一事物即"人"的若干名称中的一个，必然是"人"这个名称的后项，这个推演，以"是"（Is）一词把它们连接在一起来表示。正如我们使用 Is，拉丁人使用 Est，而希腊人使用 Ἔστι，使用该词的所有变格。世界上所有其他民族是否在其本国语言中都有对应的词，我不知道；但我相信他们并不需要。因为将两个名称按顺序放在一起，只要习惯如此（因为言辞的力量是习惯赋予的），就可以和 Is、Be 或 Are 等词语一样，用来表示它们的推演。

[46.17] 如果确实如此，有这样的语言，其中没有任何与 *Est* 或 *Is*、*Be* 对应的词，使用这种语言的人进行推断、得出结论和各种推理的能力却不比希腊人和罗马人差。但这样一来，从这个词中衍生出来的实体、本质、本质的、本质性这些术语，以及其他依据这些术语而来的最经常运用的术语，会变成什么呢？因此，它们不是事物的名称；而是我们用来说明我们设想从一个名称或属性到另一个名称或属性的推演的符号：比如当我们说，"人是有生命的物体"，我们的意思不是说，"人"是一回事，"有生命的物体"是另一回事，"是"又是另一回事；而是说，"人"与"有生命的物体"是一回事；因为这个推演，"如果他是人，那么他是有生命的物体"，是一个由"是"一词所表示的真值推演。因此，诸如"成为一个物体""行走""说话""生活""看见"之类的不定式；以及表示同一回事的"物质性""行走""言谈""生命""视觉"等，不是事物的名称；我在别处已对此做了更充分的说明。

[46.18] 但是，我既声称在这里想要说明的不过是统治与服从的教义所必要的东西，（也许有人会说）在这种性质的一部作品里，谈这些精微的东西，究竟出于什么目的呢？我的目的是为了使人们不再受到有些人的欺骗，他们凭借这种建立在亚里士多德的虚空哲学上的"可分离的本质"的教义，以空名吓唬人们，使他们不再服从自己国家的法律；就像人们以一件空的紧身衣、一顶帽子和一截弯曲的棍子吓唬鸟儿，使它们离开谷物一样。基于这种理由，他们说，当一个人死去并埋葬后，他的灵魂，也就是他的生命，可以离开他的身体行走，可以被人在夜间在墓地中看到。基于同样的理由，他们说，一块面包的形状、颜色和味道在他们说没有面包的地方也存在。基于同样的理由，他们说，信仰、智慧和其他美德有时从天上"被浇灌"到一个人身上，有时

"被吹"入他身上，仿佛有德之人和他们的德行可以分离；他们还说了许多动摇臣民对自己国家的主权者权力的依赖关系的话。如果一个人认为服从可以被浇灌或吹入自己身上，谁会努力遵守律法呢？如果一个祭司能制作上帝，谁会不服从他而去服从自己的主权者或上帝本身呢？一个人若是怕鬼，难道会不尊敬那些能制造圣水、把鬼从他身边赶走的人吗？这足以作为例子说明，亚里士多德的"实体"和"本质"给教会带来的错误：有人可能知道这是虚假的哲学，却因为害怕遭到苏格拉底的命运，便把它当成符合并支持他们宗教的东西写了出来。

[46.19] 一旦陷入这种"分离的本质"的错误，他们就必然会卷入随之而来的许多其他的荒谬中。他们既以为这些形式是真实的，便不得不为他们指定某个空间。但因为他们认为它们是无形体的，没有一切量的维度，众所周知，空间就是维度，而且只能被物质的东西填充，他们不得不作出一个区分以维护自己的信用，那就是，天使存在于任何地方，不是"以包围的方式"（*circumscriptive*），而是"以限定的方式"（*definitive*）①；这些术语只是空言，在这里毫无意义，在可以将它们的虚空性掩饰起来的拉丁语中才说得过去。因为对一个事物的包围，无非是确定或限定其地方，因此这两个用来作区分的术语是一回事。具体说到人的本质，就是（他们说的）人的灵魂，他们肯定灵魂的存在，认为它全部存在于人的小指头里，又全部存在于人体的其他每个（不论怎样小的）部分之中，然而，整个身体的灵魂并不比任何部分中的灵魂更多。谁能够相信上帝会接受这些荒谬说法

----

① 阿奎纳在《神学大全》第一集第 52 题第 2 节中说："形体之占有地方，是以包围的方式，为地方所界定。可是天使之占有地方，不是以包围的方式，因为天使不为地方所界定，而是以限定的方式，因为天使在一个地方的方式，使他不能在另一个地方。"阿奎纳《神学大全》第二册，陈家华、周克勤译，中华道明会、碧岳学社，2009，第 102 页。

呢？然而，对于那些相信与形体分离的无形体的灵魂存在的人来说，这些都是有必要相信的。

[46.20] 当他们到头来要说明一个无形体的实体如何能感受到痛苦，在地狱或炼狱的火焰中遭受酷刑折磨时，他们什么都答不上来，只好说无法知道火如何煅烧灵魂。

[46.21] 又，运动是位置的变化，而无形体的实体物质不占据位置，他们却煞费苦心地要使这两个问题看上去变得可能，那就是，没有形体的灵魂是怎样进入天堂、地狱或炼狱的；人的鬼魂（以及它们出现时穿的衣服）夜间是怎样在教堂、墓园和其他坟地中行走的。对此我不知道他们能如何回答，除非他们说，鬼魂是"以限定的方式"而不是"以包围的方式"行走，或者是"以属灵的方式"而不是"以属世的方式"行走：因为这种别出心裁的区分对任何疑难都同样适用。

[46.22] 至于永恒的含义，他们认为，永恒不是无穷无尽的时间延续；因为那样的话，他们就不能解释，为什么上帝的旨意和对未来事物的预定不是先于他对这些事物的预知，就像有效原因先于结果，或动因先于作用一样；也不能解释，他们关于上帝的不可思议之本性的其他大胆的意见。但他们会教导我们说，永恒是当下的静止，是（正如经院学派所谓的）*Nunc-stans* [立定不动的现在]；这个词他们自己不懂，别人也不懂，就像他们以 *Hic-stans* [立定不动的此处] 来表示一个无限大的空间一样。

[46.23] 尽管人们在思想中通过计算一个物体的各部分来划分该物体，在计算它的各部分时，也计算它所占据的各部分地方；我们在创造许多部分时，也必然创造出那些部分的许多地方。因此，在任何人的心灵中，都不可能想象存在着比所占地方更少或更多的部分。然而，他们却要使我们相信，由于上帝的全能力量，一个物体可以同时存在于许多地方；许多物体可以同时

存在于一个地方：仿佛我们如果说存在的东西不存在，或者存在过的东西没有存在过，就是承认神的力量。这些不过是他们被迫陷入的矛盾的一小部分，这种矛盾源于他们对神的不可思议的本性，不是加以仰慕和敬仰，而是从哲学上展开争论；我们给上帝所加的属性，不可能表示上帝是什么，而是应当表示我们希望以我们能想到的最好的名称去尊敬上帝。但是，敢于冒险去推理上帝之本性的人，从这些表示尊敬的属性中，一开始就丧失了他们的知性，陷入接连不断、无穷无尽的难题；其情形就像一个不懂宫廷礼仪的人，去见一个比同他经常交谈的人更伟大的人，一进门就跌跌碰碰，为了撑住身子，却让斗篷滑落下来，为了找回斗篷，却让帽子掉落下来，一阵手忙脚乱之后，暴露出自己的惊慌失措和粗野无礼。

[46.24] 至于物理学，即关于自然事态的从属的第二因的知识，他们除了许多空话之外什么也没提出来。如果你想知道为什么有些物体自然地向地面坠落，而另一些物体自然地从地面上升，经院学派会告诉你，根据亚里士多德，下坠的物体是"重的"，正是这种重使它们坠落。但是，如果你问他们所说的"重"是什么意思，他们会把它定义为走向地心的一种努力。因此，东西向下坠落的原因，是一种想要处下的努力。这就相当于说，物体下降或上升是因为它们下降或上升。或者他们会告诉你，地心是重物休息和保全的地方；因此他们努力到那里：仿佛石头和金属有欲望，或者像人一样能分辨它们要去的地方；或者它们和人不一样，喜欢休息；或者一块玻璃在窗户上不如掉到街上安全。

[46.25] 如果我们想知道为什么同一个物体（不增加什么东西），有时看起来比另一个时候更大，他们会说，它看起来更小的时候是"变密"了；看起来大的时候是"变疏"了。那么"变密"与"变疏"是什么意思呢？变密，意思是完全相同的物质，

量比以前少；变疏，意思是完全相同的物质，量比以多。仿佛可能存在着某种不具有一个确定的量的物质一样；量不过是物质亦即物体的定值；根据这种定值，我们说一个物体比另一个大多少或小多少。或者说仿佛一个物体被制作出来时根本没有量，后来根据人们想要的疏密程度，赋予它或多或少的量。

[46.26] 至于人的灵魂的原因，他们说是 *creatur infundendo* 和 *creando infunditur*，也就是说，它是通过注入被创造，并通过创造被注入的。

[46.27] 至于感觉的原因，他们说是无处不在的相，即无处不在的对象的影子或幻象；它们是眼睛的幻象时便是视觉，是耳朵的幻象时便是听觉，是颚的幻象时便是味觉，是鼻子的幻象时便是嗅觉，是身体其余部分的幻象时便是感受。

[46.28] 至于从事任何具体行动的意志亦即所谓的 *volitio* 的原因，他们归之于官能，也就是人们具有的、有时愿做这件事、有时愿做那件事的一般能力，这就是所谓的 *voluntas*，从而使力量成为行为的原因。就好像是把人们的善行或恶行的原因归之于他们做这些事的能力一样。

[46.29] 在很多情况下，他们把自己的无知当作自然事态的原因；只是用其他的言辞加以掩饰：比如他们说，命运是偶然事物亦即他们不知道原因的事物的原因；又比如，他们将许多结果归因于神秘性质，也就是他们不知道、因而（他们认为）别人也不知道的性质。他们还把许多结果归因于同感、反感、相反相成（antiperistasis）、特殊性质，以及其他类似的术语；这些术语既不表示产生它们的动因，也不表示产生它们的作用。

[46.30] 如果像这样的形而上学和物理学还不是虚空的哲学，那就没有任何虚空的哲学了，也不需要圣保罗警告我们要避免它了。

［46.31］至于他们的道德和政治哲学，也同样荒谬或更为荒谬。如果有人做不义之行动，即违法行动，他们会说，上帝是法律的第一因，也是不义行动和所有其他一切行动的第一因；但绝不是不义即行动不符合法律的原因。① 这是虚空的哲学。人们不妨说，一个人作出一条直线并一条曲线，另一个人造成它们的不协调。这就是所有在知道前提之前就得出结论的人的哲学；他们自称能理解那些不可思议的事物，以及把表示尊敬的属性当作表示本性的属性；以为提出这种区分，是用来支持自由意志的教义，也就是不服从于上帝意志的人的意志。

［46.32］亚里士多德和其他异教哲学家根据人的欲望来界定善恶。只要我们认为善恶是根据各人自己的法律支配每个人，那么这种做法是不错的，因为在人们除了自己的欲望之外便没有其他任何法律的状态下，是不可能有善恶行动的普遍法则的。但是在国家里，这种尺度却是错误的：并非私人的欲望，而是法律，亦即国家的意志和欲望，才是尺度。然而，这种教义仍然被奉行，人们根据自己的激情来判断自己的、他人的和国家本身的行动的善恶；人们完全不顾公共的法律，只是根据自己的看法把事物称为善或恶；只有受誓言约束而必须服从自己的上级的僧侣和修士除外，而每个臣民都应当认为自己受自然法约束，必须服从政治主权者。这种关于善恶的私人尺度，是一种不仅虚空、且对公共国家有害的教义。

［46.33］认为婚事与贞洁或节欲相抵触，因而认为它是道德

---

① 阿奎纳《神学大全》第二集第一部第 79 题。其论证大致如下：罪的行为是一种事物，也是一种行为，从这两方面说，都来自上帝。就行动之为行动而言，上帝是一切行动之原因。但是，罪是指带有欠缺的事物和行为，这欠缺是出于受造的原因，即自由意志，这是由于它脱离第一动因之秩序，即上帝之秩序。总之，上帝是罪行的原因，而不是罪的原因，因为他并不是使行动有欠缺的原因。参看阿奎纳：《神学大全》第五册，刘俊馀译，中华道明会、碧岳学社，2009，第 342—343 页。

上的罪恶，这也是虚空和伪造的哲学；把贞洁和节欲作为禁止神职人员结婚的根据的人就是这样以为的。他们公开承认，教会的制度要求那些持续地侍奉圣坛和主持圣餐礼的神职人员，为了持续地保持贞洁、节欲和纯洁，应持续地远离女人。因此，他们把合法地与妻子同房当成不贞洁和不节欲，从而使婚姻成为一种罪，或者至少是一种十分肮脏下流的事，以至于使人不适合于侍奉祭坛。如果制定这条法律是因为与妻子同房违反贞洁、有失节欲，那么一切婚姻都是罪恶了；如果因为婚姻对于献身于上帝的人来说过于肮脏污秽，那么人人都做的许多自然的、必要的、日常的事情，就更使人不配做祭司了，因为它们更加污秽。

[46.34] 但是，这种禁止祭司结婚的秘密根据，似乎不是轻易地奠定的，它既不是基于道德哲学中的错误，也不是基于宁愿单身而不愿结婚的偏好；这种偏好源于圣保罗的智慧，他意识到，对于在基督徒受迫害的时代中经常被迫从一国逃到另一国的福音传道者而言，为照顾妻子儿女所拖累，是多么地不便；而是基于后世的教宗和祭司想要使自身成为神职人员亦即上帝国在此世的唯一继承者的意图，为此，有必要剥夺他们婚姻的权利，因为我们的救主说：在他的国降临时，上帝的人民"也不娶，也不嫁，乃像天上的使者一样"（太22.30），也就是成为属灵的人。他们既已自称为属灵的人，（在没有必要的时候）允许自己拥有妻室，便是一种矛盾。

[46.35] 他们从亚里士多德的政治哲学中学会了把除了平民国家（比如当时的雅典国家）以外的各种国家都称为僭主政治。所有的国王，他们都称为僭主；将他们制伏的拉栖第梦人所设立的三十位贵族统治者，他们称为三十僭主。他们称民主制下的人民状态为自由。其实僭主原初所指的不过是君主。但是，当希腊大部分地区废除这种政体以后，这个名称开始不仅表示它以前的

意思，而且带有人民对国家的仇恨。正如罗马在废黜了国王以后，国王就变成可憎的名称，一切人都自然会认为，任何因怨恨而被给予仇敌的属性，都含有某种重大的缺陷之意。当同一些人对那些掌管民主政体或贵族政体的人感到不满时，他们用不着寻找侮辱性的名称来表达他们的怒气，而是很容易把前者称为无政府状态，把后者称为寡头政体或少数人的僭主政治。冒犯人民的事情只不过是统治他们的方式不是他们每个人自己认为合适的方式，而是公共代表者（无论其为一个人还是一个多人会议）认为合适的方式；也就是说，由一个专断的政府来进行：为此他们给上司起各种恶名；或许直到内战结束后不久，人们才知道，如果没有这种专断的政府，战争就会永远持续下去；使得法律具有力量和权威的，并非言辞和承诺，而是人和武力。

〔46.36〕亚里士多德政治学中的另一个错误是认为，应该由法律而不是由人来统治。有哪个具有自然感觉的人，纵使不能读写，会看不出自己是被他恐惧的、并认为他若不服从就会杀死或伤害他的人统治呢？有谁会认为法律亦即文字和纸张在没有人为干预和武力的情况下能伤害到自己呢？这是许多致命的错误之一：它们使得人们每当不喜欢自己的统治者时，就归附那些称其为僭主的人，并认为对其发动战争是合法的：而它们却时常在讲坛上被神职人员念念不忘。

〔46.37〕他们的政治哲学中还有一个错误，不是从亚里士多德、西塞罗或任何其他异教徒那里学来的，那就是通过检讨和审查人们持有的想法，把仅仅是行动规则的法律的力量扩展到思想和良心领域，纵使其言语和行动符合法律规定。于是，人们要么因为说出他们的真实思想而受到惩罚，要么因为害怕受到惩罚而被迫说谎。诚然，政治官长打算任用一个臣仆负责教导人民时，可以询问他是否愿意宣讲如此这般的教义，若遭到拒绝，可以不

— 541 —

任用他。但是，当一个人的行动没有受到法律禁止时，强迫他指控自己意见方面的过犯，便是违反自然法的；尤其是在这些人那里，他们教导说，一个人若在基督教信仰方面抱有错误意见死去，就会受到诅咒，要永远遭受极端苦刑的折磨。有谁明知道一个错误中有巨大危险，他对自己天生的爱惜却不使他让自己的灵魂根据自己的判断去冒险，而是要根据另一个对他受到的诅咒毫不关心的人的判断去冒险呢？

[46.38] 在缺乏国家授权也就是没有得到国家代表者许可的情况下，私人凭己意解释法律，是政治学中的另一个错误：但这不是从亚里士多德或任何其他异教哲学家那里得来的。因为他们谁都不否认，制定法律的权力就包含着在必要时解释法律的权力。无论在任何地方，圣经只要是法律，难道不是被国家权威制定为法律，因而是国法的一部分吗？

[46.39] 同样的错误还有，除主权者之外的人把国家未作出限定的权力限定于任何人，比如说，在法律没有限制宣讲福音的自由的地方，有人将此事局限于某个特定阶层的人执掌。如果国家允许我传道或教导别人，也就是说，如果国家没有禁止我，那就没有任何人能禁止我。如果我置身于美洲的偶像崇拜者中，我作为基督徒，虽然不是受到任命的牧师，难道我应该认为，在没有收到罗马的命令之前宣讲耶稣基督，是一种罪吗？或者如果我已经传了福音，难道我不应该回答他们的疑问，向他们阐释圣经，也就是说，难道我不应该教导他们吗？但对于这件事，有些人可能会说，就像要让他们掌管圣礼一样，事出必要，就应视为支持充分的传道权；这个说法是正确的：但同样正确的是，无论何事，若出于必要，应予特许，而同样的事，若法不禁止，则无需特许。因此，禁止人们承担政治主权者并未禁止他们承担的这些职能，乃是剥夺一种合法的自由，违背政治统治之道。

[46.40] 经院神学的圣师们引入宗教的虚空哲学，其例子可谓不胜枚举，人们若是愿意，可以自己去看。我只补充一点，就是经院神学家的著作，大部分不过是一连串毫无意义的奇怪而粗鄙的言辞，或者不同于西塞罗、瓦罗以及古罗马所有语法学家提出的通行拉丁语用法的言辞。假如有人认为它们信而有征，那么（正如我以前所说的）就请他看一看，他是否能把任何经院神学家的著作翻译成任何现代语言，比如法语、英语或其他某种丰富的语言：因为在这些语言中无法弄通的东西，在拉丁语中同样是不可理解的。这种无意义的语言，我虽不能说它是虚假的哲学，然而它具有一种性质，不仅可以遮蔽真理，而且使人们自以为真理在握，停止进一步的探索。

[46.41] 最后是从虚假或来历不明的记载中引入的错误，其中包括，关于圣徒生平传记中胡编乱造的奇迹的所有传奇，被罗马教会圣师们引用来证明他们的地狱和炼狱教义与驱魔术法力的关于幽灵、鬼魂的所有记载，以及在理性和圣经里都毫无根据的其他教义，还有他们称之为未成文的上帝之言的所有传说：这些东西不是老妇奇谈又是什么！其中有些东西虽然散见于古代教父的著作中，但教父们也是人，也会轻易相信虚假的传闻；他们为了见证自己所信之事为真而提供的意见，对于（根据圣约翰的建议，约壹 4.1）去试验灵的人而言，其作用不过是在涉及罗马教会权力（对于这种权力的滥用，他们要么从不怀疑，要么从中受益）的所有事情中，使他们的证词因过于轻率地相信传闻而变得不可信；那些最真诚的人，若不具有关于自然原因的渊博知识（比如教父们就是这样的人），通常是最容易轻信的。就本性而言，最善良的人最不会怀疑别人存心欺诈。格里高利教宗和圣伯纳德有一些关于幽灵的说法，说它们在炼狱中；我们的比德也这样说：但我相信，这些东西无不是依据其他人的传闻。如果他们

或任何其他人讲述他们自己所知道的这类故事，那么他们也不会因此使这种虚空的传闻得到进一步证实；而只是暴露出他们自己的软弱或欺诈而已。

[46.42] 除了引入虚假哲学之外，我们还可以指出，有些没能力判断真假的人，既不是凭借合法的权威，也不是凭借充分的研究，却压制真哲学。我们自己的航海术就表明了这一点，所有精通人类知识的人现在都承认对跖点的存在；而且日益明显的是，年岁日月是由地球转动决定的。然而，人们只要在著作中假设这种学说，以便公开提出赞成或反对的理由，就会因此受到教会权威的惩罚。但这又有什么理由呢？难道是因为这些意见与真宗教相违背吗？如果它们是正确的，就不可能与之相违背。因此，首先就让其真理性由能干的法官加以检验，或由自称懂得相反意见的人加以反驳吧。难道是因为它们与已建立的宗教相违背吗？那就让它们被其讲授者所服从的那些人的法律亦即国法进行压制吧。因为违反法律规定讲授真哲学的人，他们的不服从可以合法地受到惩罚。难道是因为它们支持造反或叛乱、扰乱政局吗？那就让负责公共安宁的人凭借其权力，也就是凭借政治权威，把它们压制下去，并对其教师进行惩罚吧。因为（在任何地方，教士须服从国家），无论教士凭借自身的权利，尽管他们称之为上帝的权利，为自己取得任何权力，都只是一种篡夺。

第四十七章 论这种黑暗产生的利益 及其归属

[47.1] 因一桩罪行受益的人，可推定为其始作者。[47.2] 战斗的教会是上帝国，最初是罗马教会讲授的。[47.4] 被长老会坚持。[47.5] 绝对无谬。[47.6] 其他主教的顺从。[47.7] 神职人员的豁免权。[47.8] 祭司和献祭的名称。[47.9] 结婚圣礼。[47.10] 祭司的独身生活。[47.11] 耳语告解。[47.12] 封圣徒和宣布殉道者。[47.13] 圣餐变体，忏悔，赦免。[47.14] 炼狱，赎罪券，因事功称义。[47.15] 魔鬼学，驱魔术。[47.16] 经院神学。[47.17] 属灵黑暗的作者是谁。[47.21] 教宗制与妖精国的比较。

[47.1] 西塞罗充满敬意地提到一位姓卡西乌斯的人，罗马人中的一位严厉的法官，他办理刑事案件中有一个习惯，（当证人的证词不充分时）问 *Cui Bono* [为了谁的利益]，也就是说，被告人因此罪行获得过、或有望获得什么利益、荣誉或其他满足。因为在推定中，能最清楚地透露始作者信息的，莫过于该行动的利益。在这里，我打算根据这个法则研究一下，在基督教世界的这部分地区，谁可能以这些与人类和平社会相违背的教义，把人民迷惑了这么久。

[47.2] 首先，认为现今地上战斗的教会是上帝国（即荣耀的国，或应许之地，而不是恩典的国，恩典的国不过福地的应许），这个错误关联着这些世俗利益：首先，教会的牧师和教师由此有权作为上帝的公仆治理教会，进而（因为教会和国家是同一个人格）成为国家的负责人和统治者。凭借这项名义，教宗得以说服所有基督徒君王的臣民相信，不服从他就是不服从基督本身；在他与其他君王之间的一切分歧中，他们（因受属灵权力一词的迷惑）都应背弃自己的合法主权者；教会实际上成为凌驾于所有基督教国家之上的一个世界帝国。虽然他们最初被授予了权利，有权成为基督教教义的最高教师，这种权利是由基督徒皇帝授予、并在皇帝之下在罗马帝国境内行使，对此教宗们自己是认可的，他们接受"大祭司长"的称号，这是政府的一种官职；但是，在帝国分裂和解体之后，却不难强迫已经臣服于他们的人民接受另一个称号，即圣彼得的权利；这样做不仅是为了保全他们自称具有的全部权力，而且要把这种权力扩展到各基督教行省，尽管罗马帝国已不再统一。（考虑到人们掌权的欲望）一个世界帝国的这种利益，足以作为一种推定，充分地证明，自称具有、且长期以来享受这个帝国的教宗们，是其赖以实现的教义即认为现今地上的教会是基督的国的始作者。一旦承认这一点，就必须认为，基督在我们中一定有某种副手来向我们传达他的诫命。

[47.3] 在某些教会已否弃教宗的这种普遍权力之后，人们有理由期待，那些教会中的政治主权者都会恢复他们以前曾经掌握、却被不明智地放弃掉的权利。在英格兰实际上就是这样，只不过国王用来掌管教政的人，坚持认为他们的职务是因神授权利而来的，所以他们似乎篡夺得一种对于政治权力的独立地位，即便那不是一种至高权：只要他们承认国王有权任凭自己的喜好剥夺他们的职务，他们就只是貌似篡夺得这一地位而已。

〔47.4〕但是，在长老会取得这种职权的地方，尽管罗马教会的其他许多教义被禁止讲授，但这一教义仍被保留下来，就是认为基督的国已经来临，它是从我们的救主复活时开始的。*Cui Bono*〔为了谁的利益〕？他们从这一教义中有望获得什么益处呢？相当于教宗有望获得的益处：对人民拥有主权者权力。人们对自己的合法主权者施以绝罚，在他自己的王国里把他排斥在所有对上帝的公共礼拜的场所之外，当他努力用武力来导正他们时，则以武力相抗拒，是为了什么呢？或者说，没有来自政治主权者的任何授权，就对任何人施以绝罚，剥夺其合法的自由，也就是夺得对自己的弟兄的一种不合法的权力，究竟是为了什么呢？因此，宗教里这种黑暗的始作者是罗马教会和长老会的神职人员。

〔47.5〕在这方面，我也要提到有利于他们在获得这种属灵主权后保有它的那些教义。首先是认为，教宗在其公共身份方面不可能犯错。因为相信这一点正确的人，不论教宗提出任何命令，有谁不会甘愿服从呢？

〔47.6〕其次是认为，不论在任何国家里，所有其他主教，既不具有直接来自上帝的权利，也不具有间接来自其政治主权者的权利，而仅只具有间接来自教宗的权利。根据这种教义，在每个基督教国家里都有许多权势人物（主教就是这样的人物）依附并服从于教宗，尽管他是一个外国的君王；这样一来，如果任何国家不臣服于他按照自己的意愿和利益进行的统治，他就能够发起一场反对该国家的内战。

〔47.7〕第三是认为，这些主教以及所有其他祭司、所有僧侣和修士都免受国法制裁。这样一来，在每个国家中都有一大部分人，享受法律的利益，受到政治国家权力的保护，却不负担任何公共费用；也可以不和其他臣民一样，为自己的罪行受到惩

罚；他们就可以不惧怕任何人，只惧怕教宗；只依附于他，支持他的世界帝国。

［47.8］第四是给予他们的祭司（即在《新约》中不过是长老的人）以 *Sacerdotes*［司祭］的名称，这在上帝作王的犹太人中是政治主权者及其公仆的头衔。又，使主的晚餐变成一种献祭，有助于使人们相信教宗对所有基督徒拥有与摩西和亚伦对犹太人相同的权力，也就是说，当时的大祭司所具有的一切政教权力。

［47.9］第五是认为婚姻是一种圣礼。这一教义使神职人员有权判断婚姻的合法性，从而有权判断哪些孩子是合法婚姻所生，从而有权判断世袭王国的继承权。

［47.10］第六是禁止祭司结婚，这有助于确保教宗对国王的权力。因为如果国王是祭司，他就不能结婚，也不能将他的王国传给他的后代，如果他不是祭司，那么教宗就会自称对他和他的人民具有教权。

［47.11］第七，为了确保他们的权力，他们通过耳语告解获得的政治国家中君王和大人物的意图的信息，要优于这些人能够获得的教会国家的意图的信息。

［47.12］第八，通过封圣徒和宣布殉道者来确保自己的权力，他们诱使头脑简单的人誓死不屈地顽抗政治主权者的法律和命令，如果政治主权者因教宗的绝罚而被宣布为异端人或教会的敌人，（按照他们的解释）也就是教宗的敌人。

［47.13］第九，他们通过赋予每一个祭司制作基督的权力、掌管忏悔圣礼的权力，并赦罪与留罪的权力，来确保自己的权力。

［47.14］第十，由于炼狱、因事功称义和赎罪券的教义，神职人员发财致富。

［47.15］第十一，由于他们的魔鬼学、驱魔术以及与此相关

的其他事物，他们使得或自以为使得人民更加敬畏他们的权力。

[47.16] 最后，在大学里讲授的亚里士多德的形而上学、伦理学和政治学，经院学者的无谓的区分、粗鄙的术语和晦涩的语言，都是根据教宗的权威建立和规制的，有助于他们防止这些错误被发现，并使人们将虚空哲学的 *Ignes fatui*［鬼火］误认为福音之光。

[47.17] 以上这些如果还嫌不够，那么还可以补充他们其他的黑暗教义，其利益显然在于建立一种凌驾于基督教人民的合法基督徒主权者之上的非法权力，或当这种权力建立起来后则加以维持，或在于这种权力的支持者的尘世的财富、荣誉和权威。因此，根据上述 *Cui Bono*［为了谁的利益］的法则，我们可以公正地宣称，这一切属灵黑暗的始作者，乃是教宗和罗马的神职人员，以及其他努力在人们心灵中确立这个错误教义的人，即现今在地上的教会就是圣经里提到的上帝国。

[47.18] 但有些皇帝和其他基督徒主权者，在他们的统治下，这些错误以及教士侵夺其职权的类似情况起初得以悄然蔓延，扰乱他们的领地和臣民的安宁；他们虽因缺乏对事态发展的预见以及对其教师之意图的洞察力而同受其害，但仍可被视为他们自己和公众所遭到的损害的帮凶。因为如果没有他们授权，起初就不可能有任何煽动性的教义被公开宣扬。我是说，起初他们本可以阻止这种情况发生，但一旦人们被那些属灵人士控制，就没有任何人可以想出行之有效的人为补救措施。至于上帝会提供的补救措施，他从来都不失时机地摧毁所有针对真理的人类阴谋，我们要顺承他的美意。他常常允许他的敌人尽享荣华，野心极度膨胀，以至于其中的暴力行为会使人觉醒，张开被前辈的谨慎封闭起来的眼睛，并使人们由于诛求过甚而失掉一切，就像彼得的网因圈住许多鱼而险些裂开一样。然而，那些试图抵制此类

— 549 —

侵夺的人的轻举妄动，在他们的臣民觉醒之前，只会增强他们所抵制的权力。因此，我不责备腓特烈皇帝为我们的同胞阿德里安教宗执鞭坠蹬，因为当时他的臣民的心态就是如此，假如他不这样做，他就不可能继承帝国。但我要责备这些人，他们在其权力完整时，由于让这些教义在他们自己领地里的大学中被铸造出来，当一届又一届的教宗登上了所有基督徒主权者的王座，骑在他们及其人民头上随意作威作福时，为教宗们执鞭坠蹬。

[47.19] 但是，人们的这些发明如何编织就可以如何拆解，方法相同，只是顺序颠倒而已。这张网始于许多权力要素，那就是使徒们的智慧、谦逊、诚实以及其他美德。皈信基督教的人们服从他们，不是出于义务，而是出于敬意。他们的良心是自由的，他们的言行只受政治权力管辖。后来，随着基督羊群的增加，长老们聚集商讨应该教导什么，于是就承担义务，不教导任何与他们的会议决议相违背的教义，这使人认为，人民有义务服从长老们的教义，当有人拒绝服从时，应拒绝与这种人来往（当时称为绝罚），不是因为他们是不信者，而是因为他们不服从。这是给基督徒的自由打上的第一个结。随着长老们的数量不断增加，主要城市或行省的长老取得了对堂区长老的权威，并自封为主教。这是给基督徒的自由打上的第二个结。最后，罗马的主教由于帝都的关系，取得了凌驾于帝国内所有其他主教的权威（在很大程度上是凭借皇帝自己的意愿，以及凭借大祭司长的头衔，最终在皇帝变得虚弱无力时则是凭借圣彼得的特权）。这是第三个也是最后一个结，也是教宗权力的整体组合和架构。

[47.20] 因此，分析或解决问题要以同样的方法进行，不过要从最后打的结开始，就像我们可以从英格兰的超政治教政管理的解体中看到的情形那样。首先，教宗的权力被伊丽莎白女王完全瓦解，那些以前根据教宗的权利履行职权的主教，后来开始根

据女王及其继任者的权利履行同样的职权，尽管他们因保留着神授权力的措辞，被认为是根据直接来自上帝的权利取得其职权的：这样便解开了第三个结。在此之后，英格兰的长老们最近废除了主教制度：这样便解开了第二个结。几乎在同一时代，长老会成员的权力也被剥夺了：因此，我们又回到原始基督徒的独立状态，每个人都可以随自己的心愿追随保罗、矶法或亚波罗：要是没有争论，没有根据我们对其臣仆之为人的偏爱来衡量基督的教义（使徒在《哥林多前书》中谴责过这个错误），这也许这是最好的方式。首先，因为除了圣言之外，不应当有任何权力凌驾于人们的良心之上；而圣言并不总是按照栽种者和浇灌者的目的，而是按照上帝本身的目的，作用于每个人身上的信仰。其次，因为就那些教导每一个小错误都蕴含巨大危险的人而言，要求一个有自己理性的人追随其他人的理性，或者追随多数人的声音是不合理的，这几乎等同于将他的救赎置于赌博中。那些教师不应当对失去他们的古老权威感到不满。因为没有人比他们更清楚，保持权力，与获得权力，靠的是同一些美德，那就是智慧、谦逊、教义的清晰以及交往的真诚，而不是靠压制自然知识和自然理性的风气，不是靠晦涩的语言，不是靠声称自己满腹经纶却苦于无法表达，不是靠装神弄鬼的欺骗或是其他一些过失，这些过失在上帝教会的牧师身上不仅仅是过失，更是容易使人们在他们的权威受到压制时跌倒的恶表。

[47.21] 但这一教义，即认为如今的战斗教会是《旧约》和《新约》中说的上帝国，被世人接受之后，追求与之相关的职位的野心和竞争，特别是追求担任基督的代理人这一重责大任的野心和竞争，以及获得教会内的主要公职之人的排场，便逐渐显露出来，以至于人们丧失了对牧师职能应有的内在敬意：因为当时在政治国家中有任何权力的最聪明的人，只需依靠君王的权威，

— 551 —

便足以拒绝对他们进一步的服从。自从罗马主教因自称是圣彼得的继承人而被公认为总主教以后，他们整个的等级制度或者说黑暗王国，可以不为失当地比之为妖精国；即英格兰老妇人关于幽灵鬼怪在夜间所做之事的奇谈。有人若是考虑一下这巨大的教会支配权的起源，就会很容易看出，教宗制不过是已死掉的罗马帝国的幽灵，戴着皇冠端坐在其坟墓上。教宗制正是在那异教权力的废墟中突然兴起的。

[47.22] 他们在教堂和公开活动中所用的语言，是在世界上任何国家都不通用的拉丁语，这不是古罗马语言的鬼魂又是什么？

[47.23] 妖精们无论身处何国，都只有一个共同的王，我们有些诗人称之为奥伯伦王，而圣经称之为别西卜，鬼王。同样，教士们无论身处谁的领地，他们也只承认一个共同的王，教宗。

[47.24] 教士们是属灵的人，是幽灵般的神父。妖精们是精灵、鬼怪。妖精和鬼怪居住在黑暗中，居住在荒野和坟墓中。教士们行走在教义的幽暗中，行走在修道院、教堂和教堂墓园中。

[47.25] 教士们有其主教座堂，这种教堂无论耸立在任何城镇，都由于圣水和所谓驱魔咒语而具有一种力量，使那些城镇成为都市。妖精们也有其统治着周围地区的魔法城堡和某些巨型鬼怪。

[47.26] 妖精们不会被抓来追究它们所造成的伤害。同样，教士们也不见于政治国家的法庭。

[47.27] 教士们利用一些混合了形而上学、奇迹、传说和被滥用的经文的咒语，使青年不能运用理性，除了执行教士们所吩咐的事情之外一无是处。同样，妖精们据说会把小孩子从摇篮里带出来，将他们变成天生的傻瓜，就是平民因此所谓的小精灵，爱淘气使坏。

[47.28] 妖精们在什么店铺或工作间里施展其法术，老妇们

有自己的看法。但众所周知，神职人员的工作间，是接受教宗权威规训的大学。

[47.29] 妖精们对任何人不满意时，据说会派遣小精灵去整他们。教士们对某个政治国家不满意时，也会制造出类似的小精灵，即迷信的、受蛊惑的臣民，通过宣扬叛乱来整他们的君王，或者用一个受到花言巧语蛊惑的君王去整另一个君王。

[47.30] 妖精们不结婚，其中却有淫魔与血肉之躯的凡人交合。祭司们也是不结婚的。

[47.31] 教士们通过无知而敬畏他们的人的捐赠和什一税来刮地皮。鬼故事中也说妖精们跑进乳品场去刮奶油皮大吃特吃。

[47.32] 妖精国通行什么货币，在鬼故事中没有记载。但教士们收取钱财，接受的是我们所使用的同一种货币，尽管他们需要给人付钱时，给的通常是封圣、赎罪券和弥撒。

[47.33] 教宗制与妖精国之间的相似之处，除此之外还有，正如妖精国只存在于愚夫愚妇的幻想中，这些想象源于老妇人或古代诗人的传说，教宗（在他自己的政治领地之外）的属灵权力，也只是在于被迷惑的人们对其逐绝罚的恐惧中，这种恐惧源于虚假的奇迹、虚妄的传说以及对圣经的错误诠释。

[47.34] 因此，亨利八世和伊丽莎白女王用驱魔术把他们驱逐出去，便不是什么难事。但这个罗马的幽灵，现在虽然已经离开，在中国、日本和西印度群岛等贫瘠无水之地往来传道，但谁知道他会不会再回来，甚至带回一群比他自己更恶的鬼，进入这打扫干净的屋子并居住下来，使这里的结局比起初更糟糕呢？因为声称上帝国属于这世界，并要借此在其中取得不同于政治国家权力的另一种权力的，不仅仅是罗马神职人员。关于政治学说，这就是我打算说的一切。在我回顾过后，我愿意将其交给我的国人，以资审查。

回顾和总结

[48.1] 由于心灵的某些自然能力之间的对立，以及不同激情之间的对立，又由于它们与社会交往的关联，有人提出一种论证，推论说任何人都不可能充分地倾向于履行一切政治责任。他们说，判断力的严苛使人吹毛求疵，不易原谅他人的谬误和弱点；相反，想象力的敏捷则使思想不够稳定，无以准确地明辨对错。此外，在一切权衡和辩论中，坚实推理的能力都是必要的，若没有这种能力，人们的决断就是鲁莽的，判决就是不义的。然而，若没有动人的辩才博取关注和赞同，理性的作用则微乎其微。但这些能力是对立的，前者基于真理的原则，后者基于公认的意见，不论其是真是假，以及基于人们的激情和利益，这是人人各殊和变化不定的。

[48.2] 在诸激情中，勇敢（我指的是对受伤和暴死的藐视）使人倾向于私人复仇，有时还使人努力扰乱公共和平。胆小常使人逃避公共防御。他们说，这二者不能并存于一人身上。

[48.3] 考虑到人们的意见及品行之间普遍存在的对立，他们说，对于此世事务迫使我们与之交往的一切人，要抱持长久的政治友爱是不可能的，这种事务几乎无非是一场为了荣誉、财富和权力的永不停歇的竞争。

[48.4] 对此，我的答复是，这些诚然是很大的难题，但并

非不可能。通过教育和规训，它们可以、而且有时确实是相互协调的。判断力和想象力可以存在于同一个人身上，却是随他所追求的目标之要求而交替存在。就像以色列人在埃及，有时被关起来从事作砖的劳动，有时跑到户外捡草，同样，判断力有时可以锁定于某种考虑上，而想象力则在另一时候满世界游荡。（尽管在自然科学中或许不然，但在道德科学中）理性和辩才同样可以很好地并存。无论何处，人们若有可能美化和偏爱谬误，就更有可能美化和偏爱真理，只要他们有真理可以美化。同时，惧怕法律和不惧怕公敌之间也不存在任何矛盾，放弃侵害和原谅他人的侵害之间亦复如此。因此，人的本性和政治责任之间并没有某些人所想象的那种不一致。我就知道一例，明晰的判断力与广阔的想象力、理性的力量与优雅的辩才、战斗的勇气与对法律的恐惧全都出色地结合于一人身上，他就是我最尊贵的朋友西德尼·哥多尔芬先生，他不憎恨任何人，也不遭任何人憎恨，却不幸于上次内战开始时，在一次公开冲突里，被一个不明身份和不辩对象的凶手杀害了。

［48.5］对于第十五章所提出的自然法，我还要补充这一条：每个人根据本性必须尽力在战争中保护他在和平时自己借以得到保护的权威。一个人既自称有一项自然权利保全自己身体，就不能自称有一项自然权利，消灭他自己借其力量得以保存的那个人：这显然与他自己相矛盾。虽然这条自然法可以从该章中已提出的某些自然法推论出来，然而时代却要求人们灌输并记住这条自然法。

［48.6］因为我在最近印行的各种英文书籍中看到，内战至今还没有充分地使人们认识到，在什么时候臣民对征服者负有义务，征服是什么，征服怎样使人们有义务服从征服者的法律。因此，为了使人们在这方面进一步得到满意的答案，我要说，一个

人成为一个征服者的臣民的时间点是，如果该人有自由臣服于他，当该人以明确的言辞或其他充分的征象同意做他的臣民时。至于一个人何时有自由臣服，我先前在第二十一章末尾已说明过，即如果一个人对自己的原主权者唯负有一个普通臣民的义务而没有其他任何义务，就该人而言，那就是他的生计处于敌人的警卫队和驻军范围以内时；因为这时他不再有原主权者的保护，而只凭自己的贡献受到敌人保护。因此，鉴于这种贡献在所难免，在任何地方都被视为合法（尽管这是对敌人的一种协助），所以完全的臣服，这不过是对敌人的一种协助，便不能被视为非法。此外，考虑到那些臣服的人不过是用自己的部分财产协助敌人，而那些抗拒的人则是用全部财产协助敌人，就没有理由把他们的臣服或妥协称为对敌人的协助，反而要称为对敌人的损害。但是，如果一个人除了臣民义务以外还负有一种附加的士兵义务，那么只要旧政权还在坚守阵地，并在其军队或驻防军中为他发放给养，他就没有自由臣服于新政权。在这种情况下，他不能埋怨说没有得到保护和没有得到当兵的生计。但是，当这些也失去时，一个士兵就可以向他感到最有希望的方面寻求保护，而且可以合法地臣服于他的新主人。关于这个问题，如果他愿意，那么他何时可以合法地这样做，就说这么多。因此，如果他这样做，那么他无疑必须做一个真正的臣民，因为一个合法订立的契约，是不可能合法地违背的。

[48.7] 由此也可以理解，人们何时可以说是被征服，征服的性质和征服者的权利包括什么：这种臣服就是包含这一切的东西。征服不是胜利本身，而是根据胜利，获得对人们的人格的一种权利。因此，被杀死的人是被制伏而不是被征服。被俘获、投入监狱或以镣铐拘禁的人尽管被制伏，却没有被征服，因为他还是敌人，而且如果他有能力，他就可以自救。一个人如果基于服

从的承诺而具有被容许的生命和自由，那么他在这时就被征服而成为臣民，而不是在这以前。罗马人常说，他们的将军已平定了某省，用英语说就是征服了某省；当一个地区的人民承诺 *Imperata facere*［唯命是从］时，也就是做罗马人民所命令的事情，这地区便因胜利而被平定：这就是被征服。但这种承诺可以是明确的，也可以是默许的：明确的承诺，是以诺言表示的；默许的承诺，则是以其他征象表示的。例如，一个没有被要求作出这种明确承诺的人（因为他是一个自身力量或许微不足道的人），如果他公开地生活在他们的保护下，他就被认为是臣服于该政府。但如果他隐秘地生活在那里，他就有可能遭到对国家的间谍和敌人所做的任何事情。我不是说他做了什么不义的事（因为公开的敌对行为并不能这么说），我只是说他可以正义地被处死。同理，如果一个人的祖国被征服时他在外面，他就没有被征服，也不是臣民；但如果他回国时臣服于这个政府，他就必须服从它。因此，用一个定义来说，征服（对它下定义的话）就是根据胜利获得主权权利。这种权利是由于人民的臣服而获得的，他们通过这种臣服，与胜利者订立契约，为了生命和自由而承诺服从。

　　［48.8］在第二十九章，我已写下了国家解体的一个原因，即由于缺乏绝对和独断的立法权力，致使立国的基础不健全。因缺乏这种权力，政治主权者就只好时断时续地掌握正义之剑，就好像它太烫，抓不住似的。其中一个缘故是（我在那里没有提到），他们全都会为他们最初借以取得其权力的战争进行辩解，（正如他们认为）他们的权利取决于这种战争，而非取决于占有。例如，英格兰历代国王的权利仿佛都取决于征服者威廉的事业的善良，以及他们是他最直系的后裔；这意味着，全世界今天或许根本就没有臣民服从于主权者的关系：在这里尽管他们无谓地想

要为自己辩护，他们却是在为心怀野心的人在任何时候对他们和他们的继承人所发动的成功的叛乱辩护。因此我提出，任何国家死亡的一个最有力的种子是，征服者们不但要求将来人们的行动臣服于他们，而且要求人们赞同他们过去的一切行动；其实世界上根本没有什么国家，其开端在良心上是说得过去的。

[48.9] 因为僭主制一词，其所指不多不少相当于主权一词，无论主权是在一人或在多人中，只不过使用前一名词的人们，被认为是对他们所说的僭主怀有怒气。所以我认为，容忍人们对僭主制公开表示仇恨，就是容忍人们对国家普遍怀有仇恨，这是另一个邪恶的种子，和前一个不相上下。因为要为征服者的事业辩护，往往有必要指责被征服者的事业：但这两者对于被征服者的义务来说都不是必要的。以上就是我认为在回顾本书第一、二编分时适合讲的话。

[48.10] 在第三十五章，我已根据圣经充分地说明，在犹太人的国家里，上帝本身因与该民族立约而成为主权者，他们因此被称为特殊民族，有别于世界上其余的民族；对于其余的民族，上帝不是根据他们的同意，而是根据他自己的力量进行统治。而在这个王国中，摩西是上帝在地上的代治者，正是摩西告诉他们，上帝指定用什么法律来治理他们。但是，我没有写出什么人是被派来行刑（尤其是死刑）的官员，不像后来，我当时并不认为这是有必要考虑的事。我们知道，一般而言，在一切国家里，体刑的执行，要么交给主权者的卫兵或其他士兵，要么交给集缺乏生计、藐视荣誉和心肠狠毒于一身而营谋这种职位的人。但在以色列人中，他们的主权者上帝的一条实在法是，被判死罪的人要由人民用石头砸死，证人首先投第一块石头，接着便由其他人投掷。这条法律指明了谁是行刑者，而不是指明在定罪和宣判之前，任何人可以向他投石头。如果会众就是法官，那么证人在行

刑前仍要陈词，除非罪行是当着会众的面犯下的，或者是当着合法法官的面犯下的；因这时除了法官本身就不再需要其他证人了。然而，因这种诉讼程序并没有被人彻底理解，从而导致一种危险的意见，认为任何人在某些情形下都可以根据狂信的权利而杀死另一个人；仿佛古时上帝国中对犯罪者行刑，并非根据主权者的命令进行，而是根据私人狂信的权威进行似的：我们若考察那些貌似有利于这种说法的经文，就会发现正好相反。

[48.11] 首先一处经文，利未人进攻那些制作并崇拜金牛犊的百姓，杀了他们三千人，这是根据摩西传达上帝亲口发出的神谕而做出的：这在《出埃及记》32.27 中是显而易见的。当一个以色列妇人的儿子出言渎神时，听到的人并没有杀他，而是把他带到摩西面前，摩西把他关押起来，等候上帝判处，见《利未记》25.11，12①。此外《民数记》25.6，7，非尼哈杀死了心利和哥斯比，也不是根据狂信的权利而杀的：他们的罪行是在集会面前犯下的；并不需要证人，法律也是大家都知道的，而他是显而易见的主权继承人；而且要点是，他的行为的合法性完全有赖于事后摩西的批准，而对此他没有任何理由感到疑虑。这种将来批准的推定，对于一个国家的安全而言有时是必要的，比如说，在一场突发的叛乱中，任何能够以自身的力量将叛乱在最初开始爆发的地区镇压下去的人，即便没有明确的法律或训令，他也可以合法地予以镇压，只要在当时或事后得到批准或赦免。《民数记》35.30 中明确地说："无论谁故杀人，要凭几个见证人的口把那故杀人的杀了。"而有见证人就假定有正式的审判，因之也就否定了狂信权利的借口。摩西有关引诱他人行偶像崇拜即（在上帝国中）背弃上帝的人的法律，（《申命记》13.8）禁止遮庇这

---

① 正确出处，利 24：11—12。

种人，规定告发人将他治死，并投掷第一块石头；却不能在未判罪前杀死他。有关偶像崇拜的诉讼程序被明确记载如下（《申命记》17.4，5，6）：上帝在这里作为法官谕令人民，当一个人被指控犯有偶像崇拜罪时，要认真地查明事实，若发现犯罪事实确凿，再用石头将他打死，但仍然要由证人投第一块石头。这不是私人的狂信，而是公众的判罪。同样地，若一个父亲有一个悖逆的儿子，律法规定他要把他的儿子带到本城的法官面前，然后由本城的众人用石头将其打死（《申命记》21.18）。最后，圣司提反被人用石头打死，所假借的理由正是这些律法，而不是私人的狂信：因为他在被带去行刑以前，曾向大祭司申诉。以上各处地方以及圣经里任何经文都没有任何话容许根据私人的狂信行刑，私人的狂信往往只是无知加激情的产物，违背国家的正义与和平。

[48.12] 我在第三十六章说过，经上并没有说明，上帝如何超自然地对摩西说话；也没有说明，他是否像经常通过梦境、异象以及超自然的声音对其他先知说话那样对摩西说话。上帝从施恩座上对他说话的方式，明确记载于《民数记》7.89：“摩西进会幕要与耶和华说话的时候，听见法柜的施恩座以上、二基路伯中间，有与他说话的声音，就是耶和华与他说话。”但没有说明，上帝和摩西说话的方式跟他和撒母耳、亚伯拉罕等先知说话的方式比起来，特异之处究竟何在，对于这些先知，上帝也是以声音（即通过异象）对他们说话，除非是说其差异在于异象的清晰度。因为“面对面”和“亲口”① 等说法对于神性的无限性和不可思议性说来是不能根据字面理解的。

[48.13] 关于本书的整体学说，我至今仍认为其原理是正确

---

① 出 33：11：“耶和华与摩西面对面说话”（the Lord spake unto Moses face to face）；民 12：8：“我要与他面对面说话”（With him will I speak mouth to mouth）。

和恰当的，其推理是坚实的。我把主权者的政治权利与臣民的责任和权利都建基于已知的人类自然倾向和自然法条款；这些东西，凡是认为自己的理性足以管辖私人家庭的人都不应当不知道。至于这种主权者的教会权力，我把它建基于本身明确而又符合全部圣经宗旨的经文。因此我相信，仅仅为了求知而阅读本书的人会从中得到知识。但那些已通过著作、公共话语或出格的行动，致力于支持相反意见的人，就不会这么容易满足了。在这种情形下，人们自然会一边阅读，一边心不在焉，搜寻着对所读内容的反对意见：在一个人们利益发生变化的时代，（鉴于用来创建一个新国家的学说必然与引起一个旧国家解体的学说背道而驰）这种反对意见可谓不可胜计。

[48.14] 在讨论基督教国家的那一编里，有一些新的学说，在已完全确立起相反学说的国家里，一个臣民擅自透露它们，可能构成窃据教师地位的过错。但在这个时代，人们不仅呼吁和平，而且呼吁真理，把我认为正确且显然有利于和平和忠诚的学说贡献出来，让那些尚在考虑的人参考，乃是拿新酒装在新瓶中，二者将具存无缺。我以为，当新学说在一个国家里不致造成麻烦与紊乱时，人们一般不致于泥古不化，以至于宁愿执着于古代的谬误，而不愿接受业经确证的新真理。

[48.15] 我最拿不准的是我的表述；不过我相信（除开手民之误以外）其并不晦涩。与近来的时尚相反，我没有援引古代诗人、演说家和哲学家来装点门面，这么做（不论好坏如何）出自我的判断，基于许多的理由。首先，一切学说的真理要么依据理性，要么依据圣经，这二者使许多作家获得信誉，但其本身却不是因任何作家而获得信誉的。其次，有关的问题不是事实问题，而是权利问题，所以与见证人无关。第三，古代作家中，很少有不时常与自己和他人相矛盾的，这使得他们的证词是不够的。第

四，仅仅由于信而好古而被接受的意见，从根本上讲并不是引用者的判断，而只是（像打呵欠一样的）口口相传之言。第五，人们为自己的腐坏学说插上他人智慧的丁香，常常有不可告人的企图。第六，我发现人们援引的古人，并不像他们那样援引更早的作家来装点门面。第七，像人们常有的情形那样，把囫囵吞下的拉丁语和希腊语词句原封不动地吐出来，这证明他们消化不良。最后，我尊崇那些明晰地写下真理，或使我们能更好地自己去寻求真理的古人；但对于古代本身，我不认为有什么值得尊崇的。如果我们尊崇时代，那么当下就是最古老的时代。说到作家的老，我不确定，一般而言，被给予这种尊誉的人写作时，是否比正在写作的我更老。但仔细考虑就会发现，对古代作者的称赞并非出自对已死者的尊崇，而是出自在世者的竞争和相互嫉妒。

[48.16] 总之，就我所知，在这一整部论述与我以前关于同一题材所写的拉丁文著作中，没有任何东西违背上帝之言或有失体面，也没有任何东西会扰乱公共安宁。因此我认为，它印行于世是有益的，若大学方面可以拿事的人所见略同，在大学中讲授就更有益了。鉴于大学是政治和道德学说的泉源，传道士与士君子从这里汲取自己所能找到的泉水，（在讲坛上和谈话中）把它喷洒在人民身上，因此应当特别留心使之纯洁，不受异教政治学家的毒素和引诱人的邪灵的咒术污染。通过这种方式，大多数人在知道自己的责任之后，就不那么容易被少数心怀不满、为了实现其目的而反对国家的人士的野心所利用；对于他们的和平与防御所需的捐税，也就不那么悲伤了；统治者本身亦没有理由，以公帑维持任何超出保卫公众自由、抵御外敌侵略进犯所必需的过于庞大的军队。

[48.17] 到此为止，我已完成了由当前时代的无序状态所引起的、对于政治的和教会的统治权的论述，既不畸轻畸重，也不

墨守成规，除了向人们阐明保护与服从之间的相互关系以外，别无用心，人类的自然状态和神法（包括自然的和实定的神法）要求人们严格遵守这一关系。尽管在国运变革时，（由于有那些推翻旧政府的人而显得民怨沸腾，而建立新政府的人老是被赶下台）可能不会有吉星高照，使这种性质的真理得以托庇诞生；不过在这个时代，我认为它不会遭到公共教义的审订者或任何愿意维持公共和平的人的谴责。抱着这一希望，我将回到我关于自然物体的已中断了的思辨，（若上帝赐予我健康完成这一思辨）我希望其中的新意令人感到的喜悦，不逊于有关这个人工身体的学说中的新意经常令人感到的冒犯。因这种真理不会与任何人的利益或乐趣相反对，是人人都会欢迎的。

译名对照表

Aaron 亚伦

Abaddon 无底坑使者

Abdera 阿布德拉

Abiathar 亚比亚他

Abihu 亚比户

Abimelech 亚比米勒

Abiram 亚比兰

Abner 押尼珥

Abraham 亚伯拉罕

absolute power 绝对权力

absurdity 荒谬

Academia 学园

Academics 学园派

Academus 阿卡德摩斯

acception of persons 偏袒

accident 偶性

Achan 亚干

Achor 亚割谷

actor 表演员，行为人

Adam 亚当

admiration 羡慕

adultery 奸淫，通奸

aediles 营造官

Africa 非洲

Agag 亚甲

Agar 夏甲

Agenor 阿戈诺尔

Agur 亚古珥

Ahab 亚哈王

Ahijah 亚希雅

Alexander the Great 亚历山大大帝

Alexandria 亚历山大城

Amaziah 亚玛谢

Amazons 亚马逊人

ambarvalia 丰收节

ambition 野心

Ambrose, St 圣安布罗斯

America 美洲

Ammianus Marcellinus 阿米阿努斯·马尔切利努斯

Ammon 阿蒙

Ammonites 亚扪人

Amos 阿摩司

Ananias 亚拿尼亚

anarchy 无政府状态

angel 天使，使者

anger 怒气

Antichrist 敌基督

Antioch 安提阿

Antipodes 对跖点

antistites 主席

anxiety 焦虑

aphorism 格言

Apocrypha 次经

Apollo 阿波罗

Apollos 亚波罗

Apostle 使徒

apparition 幻象，幻影

appetite 欲望，嗜欲

aqua lustralis 圣水

Aquinas, St Thomas 圣托马斯·阿奎纳

arbitration 仲裁

archbishop 大主教

Aristides 阿利斯泰德

aristocracy 贵族制

Aristotle 亚里士多德

arrogance 傲慢

art 技艺，学问

article of peace 和平条款

artificial man 人工的人

ascarides 蛔虫

Asia 亚洲

assembly 会议

astrology 占星术

astronomy 天文学

Athaliah 亚他利雅

atheism 无神论

Athens 雅典人

Augustine, St 圣奥古斯丁

Augustus, Emperor 奥古斯都皇帝

author 作者，授权人，始作者

authority 权威

automata 自动物

avarice 贪婪

aversion 厌恶

Azariah 亚撒利雅

Baal 巴力

Babel 巴别塔

Babylon 巴比伦

bacchanalia 酒神节

Bacchus 巴库斯

Balaam 巴兰

baptism 洗礼，施洗

Barnabas, St 圣巴拿巴

baron 男爵

beatifical vision 荣福直观

beauty 美

Becket, St Thomas 圣托马斯·贝克特

Bedlam 疯人院

Beelzebub 别西卜

Bellarmino, Roberto 罗伯·白敏

benefactor 恩人

benevolence 仁慈，捐助

Bersabee 别是巴

Bethel 伯特利

Bethlehem 伯利恒

Beza, Theodore 泰奥多尔·贝扎

bishop 主教

blushing 脸红

bodies politic 政治团体

body 物体，身体，人体

Book of the Wars of the Lord, the
　《耶和华战记》

brazen serpent 铜蛇

Brutus, Marcus 马尔库斯·布鲁
　图斯

Cabalists 阴谋集团

Cadmus 卡德摩斯

Caesar 凯撒

Caesar, Augustus 奥古斯都·
　凯撒

Caesar, Julius 尤利乌斯·凯撒

Caiaphas (Caiphas) 该亚法

Cain 该隐

Canaan 迦南

canon 正典

canonization 封圣徒

canon law 教会法

Canterbury 坎特伯雷

Canticle of Canticles《雅歌》

Caracalla, Emperor 卡拉卡拉皇帝

Carneades 卡内亚德斯

carnival 狂欢节

council 公会议

Cassii, the 卡西乌斯（姓氏）

Catiline 喀提林

Cato, Marcus (Cato the Elder)
　加图

Caucasus 高加索山

cause 原因

Centaur 人头马

Cephas 矶法

Cerberus 塞博琉斯

Ceres 克瑞斯

Chaldaea 迦勒底

charity 仁爱

Charlemagne 查理大帝

charm 咒语

Charon 鬼官卡隆

charter 特许状

chastity 贞洁

Cherubim 基路伯

Chief Justice 首席法官

Chilperic 希尔佩里克

China 中国

Christ 基督

Christendom 基督教世界

Christianity 基督教

Christian politics 基督教政治

Christians 基督徒

Chronicles, Books of《历代志》

Church 教会

Chuza 苦撒

Cicero, Marcus Tullius 西塞罗

circumcision 割礼

circumscriptive 以包围的方式

civil society 文明社会

civitas 城邦，国家

Clement, St 圣革利免

clergy 神职人员

coat of arms/escutcheon 纹章，盾
徽

coelum empyreum 光天

cofferer 司库

Coke, Sir Edward 爱德华·柯克
爵士

colony 殖民地

Comforter 保惠师

command 命令

commander 将帅

commodious living 舒适生活

commodity 商品

common good 共同利益

Common Law 普通法

common ownership 公有

common people 平民

Common Pleas 公诉

common sense 共通感

commonwealth 国家

compassion 同情

competition 竞争

complaisance 随和

concord 和谐

condensation/rarefaction 变密，变
疏

confession, auricular 耳语告解

confidence 信心

conjuration 法术，召唤术

conquest 征服

conscience 良心

consecration 祝圣

consent 同意

Constantine I, Emperor 君士坦丁
一世皇帝

Constantinople 君士坦丁堡

consubstantiation 同质共在

contempt 藐视

continence 节欲

contract 契约

contumely 轻侮

Corah 可拉

Corinthians 哥林多人

corporeal 有形体的

Councils of the Church 教会公会
议

counsel/counsellor 建议/顾问

counterfeiting 假冒

courage 勇敢

covenant 约，信约

covetousness 贪欲

cowardice 懦弱

craft (craftiness) 狡黠

Cretans 克里特人

crime 罪行

Crispus 基利司布

cruelty 残忍

cui bono 为了谁的利益

cultus 崇拜

Cupid 丘比特

curiosity 好奇心

custodes libertatis 自由监护人

custom 习惯，风俗

Cyrenians 昔兰尼人

damage 损害

Damascus 大马士革

Damasus, Pope 达马酥教宗

Dan 但

Daniel 但以理

Dathan 大坍

David, King 大卫王

Day of Judgement 审判日

deacon 执事

Decalogue 十诫

definition 定义

definitive 以限定的方式

dehortation 劝阻

Dei gratia 蒙上帝恩典

dejection 沮丧

Delos 提洛斯

Delphi 德尔斐

Demetrius 底米丢

democracy 民主制

democrats 民主派

demoniacs 鬼附之人

demonology 魔鬼学

demon/devil 魔鬼

depeculation 侵吞

deposition 废黜

deputy 代议员

desire 欲望，嗜欲

despair 绝望

despotical dominion 专制的支配权

Diabolus 恶魔

Diana 狄安娜女神（亚底米）

diffidence 疑心，疑忌

Diocletian 戴克里先

dignity 尊严

Disciple 门徒

discourse 推衍

discretion 明辨

dishonour 不尊敬

displeasure 不快

disposition 性情

divination 占卜术

divine right 神授权利

divines 神学家

Doctor of the Church 教会的圣师

dominion 支配权

Domitian, Emperor 图密善皇帝

dramatic poetry 戏剧

dream 梦

due 应得物

Dutch 德语

duty 责任

ecclesia 教士

Ecclesiastes《传道书》

ecclesiastical power 教会权力

ecclesiastical prince 教会君王

Ecclesiasticus《德训篇》

economy 经济

Eden 伊甸园

Egeria 埃格利亚

— 568 —

Egyptians/Egypt 埃及人/埃及

elder 长老

elective king 选立的国王

Eliah 以利亚

Elisha 以利沙

Elizabeth I 伊丽莎白一世

emulation 争胜

enchantment 法术

endeavour 努力

Endor 隐多珥

engine 机械

England 英格兰

Enoch 以诺

enthusiasm 神灵附体

entity 实体

envy 嫉妒

Ephesus 以弗所

ephod 以弗得

Ephors 监察委员会

Ephraim 以法莲

epic 史诗

epigram 讽刺短诗

epilepsy 癫痫

equality 平等

equity 公平

error 错误

Esau 以扫

Esdras 以斯拉

essence 本质

Esther, Book of《以斯帖记》

eternal life 永生

eternal torment 永苦

eternity 永恒

ethics 伦理

eucharist 圣餐礼

Eumenides 欧墨尼得斯

Europe 欧洲

Evangelist 福音传道者

Eve 夏娃

everlasting death 永死

everlasting fire 永火

everlasting torment 永苦

evil 恶

excommunication 绝罚

excuse 脱罪

exhortation 劝勉

exile 放逐

exorcism 驱魔术

experience 经验

extenuation 减罪

Ezekiel 以西结

Ezra 以斯拉

Ezra, apocryphal Books of《以斯
拉记》第三、四书

Ezra，Book of《伊斯拉记》

fact 事实

fairy 妖精

faith 信仰，守信

falsehood 假

fame 名声

fancy 想象、幻象

fasting 禁食

fear 恐惧

felicity 幸福

ferculum 轿

fiction 虚构

fidejussores 担保人

fidelity 忠诚

finis ultimus 终极目的

frst philosophy 第一哲学

fitness 本领

fool 愚蠢人

fortitude 毅勇

France 法国

Frederick I, Emperor 腓特烈一世皇帝

freedom 自由

free-gift 自由赠礼

free man 自由人

free will 自由意志

Furies 弗里斯

Gabriel, Angel 加百列天使

Gadites 迦得支派

Gaius 该犹

Gauls 高卢人

Gehenna 欣嫩谷

generosity 豪气

Genesis, Book of《创世记》

Geneva 日内瓦

Gentile 外邦人

geometry 几何学

Germany/Germans 日耳曼/日耳曼人

ghost 鬼，鬼魂，亡灵

ghostly 幽灵的

Gideon 基甸

Gilead 基列

Gilgal 吉甲

glory 荣耀

God 上帝，神

Godolphin, Francis 弗兰西斯·戈多尔芬

Godolphin, Sidney 西德尼·戈多尔芬

gods 诸神

golden calf 金牛犊

Gomorrah 蛾摩拉

good 善，好

Gordian knot 戈尔迪亚结

Goshen 歌珊地

Gospel《福音书》

government 政府，统治

grace of God 上帝的恩典

gratitude 感恩

Gracchus, Caius Sempronius 盖乌斯·斯克里伯尼乌斯·格拉古

Gracchus, Tiberius Sempronius 提比略·斯克里伯尼乌斯·格拉古

Greeks/Greece 希腊人/希腊

Gregory I, Pope 格里高利一世教宗

Gregory II, Pope 格里高利二世教宗

Gregory XIII, Pope 格里高利十三世教宗

grief 悲伤

gypsy 吉普赛人

Haggai 哈该

Hagiographa 圣录

Hashabiah 哈沙比雅

hate/hatred 恨

heathen 异教徒

Heaven 天堂

Hebrew alphabet 希伯来语字母

Hebrew language 希伯来语

Hebronites 希伯伦族人

Hell 地狱

Henry II 亨利二世

Henry III 亨利三世

Henry VIII 亨利八世

Hercules 赫拉克勒斯

heresy 异端

heretic 异端人

Herod 希律

Hesiod 赫西俄德

Hezekiah 希西家

high priest 大祭司

Hilkiah 希勒家

Hinnon 欣嫩谷

Hobbes, Thomas 托马斯·霍布斯

Holy Ghost/Holy Spirit 圣灵

holy/holiness 神圣

Holy of Holies 至圣所

Holy Scripture 圣经

Holy Spirit 圣灵

holy water 圣水

Homer 荷马

honour 尊敬，荣誉

honorable 光荣的

Horace 贺拉斯

Horeb 何烈山

Hosea 何西阿

hostility 敌意

House of Commons 平民院

House of Lords 英格兰上议院

Hulda 户勒大

humility 谦卑

Hydra 海德拉

hydrophobia 恐水症，狂犬病

Hyperbolus 海帕波罗斯

hypocrisy 伪善

hypostasis 实体

Iconium 以哥念

Iddo 易多

idea 观念

idol 偶像

idol/idolatry 偶像/偶像崇拜

ignominy 羞辱

image 形像

imagination 想象

imitation 效法

immaterial 非物质的

immorality 不死，永生

implicit faith 默信

imposition of hands 按手礼

impostor/imposture 骗子/欺骗

imprisonment 监禁

impudence 无耻

impunity 免于惩罚

inanimate thing 无生命之物

incantation 咒术

incarnation 道成肉身

incorporeal 无形体的

incorporeal substance 无形体的实体

India 印度

Indies, the 西印度群岛

indifferent act 无所谓的行为

indignation 义愤

indulgence 赎罪券

industry 勤劳，实业

inequality 不平等

infidel 不信者，异教徒

infinite 无限

in foro interno/externo 内心法庭/外在法庭

infusion 灌入，灌注

ingratitude 忘恩

iniquity 不公平

injury 侵害

injustice 不义

innocent 无辜

Innocent I, Pope 英诺森一世教宗

Innocent III, Pope 英诺森三世教宗

inspiration 默示

instruction 指教，教导

insult 凌辱

intemperance 放纵无度

intention 意向

intentionality 意向性

invocation 招魂

Isaac 以撒

Isaiah 以赛亚

Israel 以色列

Italy 意大利

Jabesh Gilead 基列雅比

Jacob 雅各

Jairus 睚鲁

Jakeh 雅基

James I 詹姆斯一世

James, St 圣雅各

Japan 日本

Jason 耶孙

jealousy 醋意

Jehoiada 耶何耶大

Jehoshaphat 约沙法

Jehu 耶户

Jephthah 耶弗他

Jeremiah 耶利米

Jeroboam 耶罗波安

Jerome, St 圣哲罗姆

Jerusalem 耶路撒冷

Jesus Christ 耶稣基督

Jethro 叶忒罗

Jews 犹太人

Joanna 约亚拿

Joash, King 约阿施王

Job 约伯

Job, Book of《约伯记》

Joel 约珥

John, King of England 英格兰国王约翰

John the Baptist, St 施洗圣约翰

John the Evangelist, St 福音传道者圣约翰

Jonah 约拿

Jonathan 约拿单

Jordan 约旦河

Joseph 约瑟

Joseph, St 圣约瑟

Joseph the Just 正义者约瑟

Josephus, Flavius 弗拉维奥·约瑟夫斯

Joshua 约书亚

Joshua, Book of《约书亚记》

Josiah, King 约西亚王

joy 愉悦

Judaea 犹大地

Judah, kings of 犹大诸王

Judah, tribe of 犹大支派

Judas Iscariot 加略人犹大

judge 判断者、法官

judgement 判断

Judgement, Day of 审判日

Judges, Book of《士师记》

Judith, Book of《犹迪记》

Julian, Emperor 尤利安皇帝

Jupiter 朱庇特

jurisdiction 管辖权

jury 陪审团

jus naturale 自然法权

justice 正义

justification 称义

Justinian, Emperor 查士丁尼皇帝

Juventius 尤文提乌斯

Keilah 基伊拉

kindness 友善

Kingdom of Chris 基督的国

Kingdom of Darkness 黑暗王国

Kingdom of Fairies 妖精国

Kingdom of Glory 荣耀的国

Kingdom of God 上帝国

Kingdom of Grace 恩典的国

Kingdom of Heaven 天国

Kings, Books of《列王纪》

knowledge 认识，知识

Laban 拉班

Lacedaemonians 拉栖第梦人

laity 平信徒

Laodicea 老底嘉

Lateran 拉特兰

Latin language 拉丁语

laughter 笑

law 法，法律

law-giver/law-maker/legislator 立法者

law of God 神法

law of Moses 摩西的律法

law of nations 万民法

law of nature 自然法

— 573 —

law school 律法学校

laws, civil 国法

laws, unwritten 不成文法

lawyer 法律家

Lazarus 拉撒路

league 联盟

leek 韭葱

leisure 闲暇

Lemuel 利慕伊勒

Leo III, Pope 利奥三世教宗

leprosy 麻风病

letter 文字，文学

letter patent 专利特许状

Leviathan 利维坦

Levites 利未人

lex naturalis 自然法

liberality 慷慨

Libertines 自由人

liberty 自由

liberty of commonwealth 国家
自由

liberty of subject 臣民自由

Libya 利比亚

Littleton, Sir Thomas 托马斯·利
特尔顿爵士

Livy（Titus Livius）李维

logic 逻辑学

London 伦敦

Lord's Prayer 主祷文

Lord's Supper 主的晚餐

Lot 罗得

lot 掣签

love 爱

Lucca 卢卡

Lucius of Cyrene 古利奈人路求

Luke, St 圣路加

lust 情欲

luxury 色欲

Lyceum 吕刻昂

Maccabees, Books of《玛喀比书》

madness 疯狂

Magi 穆护

magic 魔法

magistrate 官长

magnanimity 豪迈

magnifying 颂扬

magnitude 大小，量值

major part/majority 大部分人/
多数

Malachi 玛拉基

malice 恶意

Mammon 玛门，钱财

Manaen 马念

Manasseh, tribe of 玛拿西支派

manner 品行

manufacture 工业品

Marius 马略

Mark, St 圣马可

Martha 马大

martyrdom 殉道

martyr 殉道者

Mary, the Virgin 童贞马利亚

Mass 弥撒

materia prima 第一物质

Matthew, St 圣马太

Matthias, St 圣马提亚

Medea 美狄亚

mediator of peace 和平调解人

medicine, study of 医学

melancholy 抑郁

memory 记忆

Mercury 墨丘里

mercy 宽恕，怜悯

Mercy-Seat 施恩座

merit 应得

Messiah 弥赛亚

metaphorical sense 隐喻意义

metaphor 隐喻

metaphysics 形而上学

meteorology 气象学

method 方法、学术

Micaiah 米该雅

Michael, Angel 米迦勒天使

military service 兵役

militia 军队

minister 臣仆

miracle 奇迹，神迹

Miriam 米利暗

Misenum 米塞努姆

Moab 摩押

modesty 谦虚

Moloch 摩洛

monarchy 君主制，君主国

monopoly 垄断

moral philosophy 道德哲学

Mordechai 末底改

Moses 摩西

motion 运动

mourning 哀悼

Muhammad 穆罕默德

multtude 众人

Muses 缪斯

mutilation 毁伤

mystery 奥秘

Naaman 乃缦

Nadab 拿答

Nahash 拿辖

Nahum 那鸿

name 名称

Nathan 拿单

natural law 自然法

natural philosophy 自然哲学

natural right 自然权利

natural science 自然科学

nature 自然，本性

nature, condition of mere 纯粹自然状态

nature，laws of 自然法

nature，right of 自然权利

nature，state of 自然状态

Navarre, kingdom of 纳瓦拉王国

navigation 航海

Nazareth 拿撒勒

necessity 必然性

Necho 尼哥

negative voice 否定声音

penitence 悔改

Pentateuch 摩西五经

Pentecost 五旬节

Peripatetics 逍遥派

persecution, religious 宗教迫害

Perseus 珀耳修斯

Persia 波斯

Person/personating 人格/扮演，代表

Peru 秘鲁

Peter, St 圣彼得

petitioning 请愿

phantasm 幻影，幽灵，亡灵

Pharaoh 法老

Pharisees 法利赛人

Philippi 腓立比城

Philip, St（Apostle）使徒圣腓力

Philip, St（Deacon）执事圣腓利

Philistines 非利士人

Philo of Alexandria（Judaeus）亚历山大城的斐罗

philosopher 哲学家

philosophy 哲学

Phoebus 福玻斯

Phoenicia 腓尼基

Phormio 福耳弥俄

physics 物理学

Pilate, Pontius 彼拉多

pity 怜悯

plantation 种植园

Plato 柏拉图

Pleas of the Crown 国王之诉

pleasure 快乐

poetry 诗

politics（science of）政治学

pompa 游行队伍

pontifex maximus 大祭司长

poor 贫穷

Pope 教宗

popular government/commonwealth 平民政体/国家

popularity 众望

Portenta 灾异占验术

power 力量，权力

praedes 保证人

praefect, Roman 刺史

praetor, Roman 副执政官

praise 称赞

prayer 祷告

preacher 传道者

preaching 传道

prediction 预测

pre-emption 优先采购权

pre-emptive action 先发制人

premeditation 预谋

prerogative powers 优先采购权

presbyter 长老

presbytery 长老会

president, Roman 总督

presumption 推定

Priapus 普里阿普斯

pride 骄傲

priest 祭司

primogeniture 长子继承

printing 印刷术

privilege 特权

Privy Council, Acts of 枢密院决议

procession 游行

Proculus, Julius 尤利乌斯·普罗
库卢斯

profane/profaneness 凡俗

profession 认信

prognostic 预兆

Prometheus 普罗米修斯

Promised Land 应许之地

promise 承诺，应许

property 财产，财产权

prophecy/prophet 预言/先知

protection 保护

protector of liberty 自由监护人

Protestant 新教徒

Proverbs, Book of《箴言》

providence 神虑

prudence 明智

Psalms, Book of《诗篇》

Ptolemy II Philadelphus "恋姊者"
托勒密二世

Public Pleas 公诉

pulchrum 美

punishment 惩罚

Purgatory 炼狱

pusillanimity 卑怯

Python 蟒蛇，皮同

quarter, giving 饶命

quiddity 实质

Quirinus 奎里努斯

rage 愤怒

ransom 赎金

rashness 鲁莽

ratification 批准

ratiocination 推理

reason/reasoning 理性/推理

rebellion 叛逆

redemption 救赎

Red Sea 红海

Reformation 宗教改革

Regeneration 复兴

Rehoboam, King 罗波安王

religion 宗教

remembrance 回忆

repentance 悔改

representation 代表

reprobate 被摒弃者

reputation 声誉

resistance 抵抗

respice finem 谨始虑终

resurrection 复活

Reubenites 流便支派

revelation 启示

revenge/revengefulness 报复/报
复欲

revolt 叛逆

reward 奖赏

right 权利

righteousness 正直

Rimmon 临门

Rogation Week processions 祈祷周

田野游行

Roman Catholic Church 罗马大公教会

Rome 罗马

Romulus 罗慕路斯

Ruth, Book of《路得记》

Sabbath 安息日

sacerdotal kingdom 祭司的国

sacrament 圣礼

sacrifice 牺牲

Sadducees 撒都该人

saint 圣徒

Salamis 萨拉米斯岛

salus populi 人民安全

salvation 拯救

Samaria 撒马利亚

Samson 参孙

Samuel 撒母耳

Samuel, Books of《撒母耳记》

sanctification 成圣

sanctity 圣洁

Sanctum Sanctorum 至圣所

sapience 智慧

Satan 撒但

Saturn 萨图恩

saturnalia 土星

Saturninus, Lucius Appuleius 卢修斯阿·普列乌斯·萨图尔尼努斯

Saul, King 扫罗王

savage 野人

scandal（stumbling-block）恶表

scapegoat 替罪羊

schola 学校

scholastic theories 经院学说

school divinity 经院神学

science 知识，科学

Scipio Africanus Major 大西庇阿

Scipio, Metellus 梅特卢斯·西庇阿

Scots 苏格兰人

Scribe 文士

sedition 叛乱

seeking 探查力

Selden, John 约翰·塞尔登

self-defence 自卫

self-preservation 自我保全

Senate, Roman 罗马元老院

sense/perception 感觉，感知

sense supernatural 超自然的感觉

Sermon on the Mount 登山宝训

Serveiah 示玛雅

Seven Sages of Greece 希腊七贤

Seventy Elders 七十长老

shame 羞愧

Shiloh 示罗

Shishak 示撒

Sichem 示剑

sign 征象

Simeon Niger 绰号尼结的西面

Simon Peter 西门彼得

Sinai, Mount 西奈山

sincerity 诚笃

singulis majores 大于个体

sin 罪

slander 毁谤

slave 奴隶

sociable 合群

Socrates 苏格拉底

Sodom 索多玛

Solomon, King 所罗门王

Solon 梭伦

Somers Islands 萨默斯群岛

Song of Songs 歌中的雅歌

sonnet 十四行诗

sorcery/sorcerer 法术/术士

soul 灵魂

sovereign 主权者

sovereign power 主权者权力

sovereignty 主权

sovereignty, rights of 主权的权利

Spain 西班牙

Sparta 斯巴达

species 相

speech 言语，言说

spy 间谍

Spirit of God 神的灵

spirit 灵

spiritual authority/power 属灵的权
　威/权力

spiritual/ghostly 属灵的/幽灵的

sponsores 中保

state 国家

state of nature 自然状态

Stephanas (Stephanus) 司提反

Stephen, St 圣司提反

Stoa 柱廊

Stoics 廊下派

stumbling-block 绊脚石

Suarez, Francisco 弗兰切斯科·
　苏亚雷斯

subject/citizen 臣民/公民

submission 臣服

substance 实体

succession 继承

superstition 迷信

summum bonum 至善

supremacy, ecclesiastical 至高权

surety 担保人

Susanna 苏撒拿

Switzer 瑞士卫兵

Sylla 苏拉

syllogism 三段论

Sylvester I 西尔维斯特一世

sympathy/antipathy 同感/反感

synagogues 会堂

Synods 主教会议

Syria 叙利亚

system 组织

Tabernacle 会幕

Tarquin 塔昆

Tartarus 塔耳塔洛斯

tax/taxation 税，课税

teacher 教师

teaching 教导

Temple, the (Jewish) 神殿

temporal 属世的

Ten Commandments 十诫

tennis 网球

thanksgiving 感恩

thaumaturgi 术士

thensa 神车

Theodosius, Emperor 狄奥多西皇帝

theologian 神学家

theology 神学

theorem 定理

Thessalonica 帖撒罗尼迦

Thomas, St 圣多马

thought 思想

timorousness 胆怯

Timothy, St 圣提摩太

tithe 什一税

titles of honour 荣誉封号

Titus, St 圣提多

Tobit, Book of《多比记》

Tophet 陀斐特

torment 苦刑

torture 酷刑

trade 贸易

tradition 传说，传统

train of thoughts (mental discourse) 思想的相续（心灵推衍）

transubstantiation 圣餐变体

treachery 窃国

treason 叛国罪

treasurer 司库

treaty 条约

tree of knowledge 知识树

tree of life 生命树

trial 审判

tribune 保民官

Trinity 三位一体

trust 信任

truth 真，真理

Turks 突厥人

turpe 丑

tyrannicide 诛暴

tyrant/tyranny 僭主/僭主制

understanding 知性

uniformity 一律

unity 统一

universe 宇宙

universis minores 小于全体

university 大学

unjust 不义

unum necessarium 唯一必要

Uriah 乌利亚

Urim/Thummim 乌陵/土明

Ursicinus 乌西济诺

vades 保人

vain-glory 虚荣

vain philosophy 虚空的哲学

Valens, Emperor 瓦伦斯皇帝

valour 英勇

value/valuing 价值/估价

vates 先知

vehiculum deorum 神车

Venice 威尼斯

ventriloquism 腹语

Venus 维纳斯

verb of God 上帝之言

Vergil 维吉尔

vicar of Christ 基督的牧师

vicegerent of God 上帝的代治者

viceroy 副王

vice 恶

violation of chastity 奸污

Virginia 弗吉尼亚

virtue 德性，美德

vision 异象

Viventius 尤文提乌斯

voluntary act 意愿行为

war 战争

wickedness 恶行

William I 威廉一世

William II 威廉二世

will 意志，意愿

will-worship 随意崇拜

wisdom 智慧

Wisdom of Solomon 《所罗门智训》

wit 才智

witchcraft 巫术

witness 见证

wonder 神迹

word of God 上帝之言

words 言辞，词语

worship 崇拜

worthiness 资质

worth 价值

wound 损伤

Zacchaeus 撒该

Zachary, Pope 匝加利亚教宗

Zadok（Zadoc）撒督

zeal 热忱

Zechariah 撒迦利亚

Zedekiah 西底家

Zeno 芝诺

Zephaniah 西番雅

Zeus 宙斯

Zion 锡安

译后记

    《利维坦》（*Leviathan*）是英国著名哲学家、西方现代政治理论奠基者托马斯·霍布斯（Thomas Hobbes，1588—1679）于1651年出版的一部著作。本书系统探讨了人之本性、国家的起源和本质、公共权威与个人自由、政教关系等重要论题，深刻阐述了机械唯物论、自然状态理论、社会契约论、绝对主权学说等核心思想，在西方世界产生深远影响，被奥克肖特誉为"用英语写成的最伟大的、也许是独一无二的政治哲学名著"。

    令人遗憾的是，这样一部经典名著，在汉语学界几经翻译，至今却没有产生一个经得起推敲、精准可读的译本。目前，《利维坦》共有十来个中译本，除了朱敏章译本和黎思复、黎廷弼译本有一定的历史意义和参考价值之外，其余皆不足观。

    朱译本是汉语学界的第一个《利维坦》全译本，商务印书馆1934年出版，后来多次再版发行。译者朱敏章，字志卿，河北大兴人，1916年前后就读于上海圣约翰大学，1920至1922年先后任天津南开学校教员，河北永清存实学校校长，1923—1928年任北京清华学校教务处秘书，1928年任战地政务委员会教育部主任，1929年任国民政府外交部参事，后来参加过"新中国建设学会"和日伪组织"华北棉产改进会"，可谓学优则仕，然误入歧途，不知所终。朱译本使用浅近的文言文，就《利维坦》

在汉语学界的译介和传播来说，朱译本有开创之功，而且至今仍有一定参考价值。不过，由于古汉语缺乏与西方哲学相对应的丰富的术语、概念和语法结构，加上译者对原著理解不精及肆意删节，朱译本与原文在意思上多有出入。

黎译本是时隔五十年后商务印书馆推出的第一个现代汉语译本，收入"汉译世界学术名著丛书"，多次重印、再版，是在汉语学界流行最广、阅读最多、影响最大的《利维坦》中译本。译者黎思复，广东顺德人，1927年广州起义时为中山大学学生，20世纪50、60年代任广州文史馆研究员。另一位译者黎廷弼（？—1990），广东顺德人，法国巴黎大学法学硕士（1933），民国时期曾任广东法学院教授、广东省地方行政干部训练团政治教官、国立商学院教授，著有《法学通论》等。除了对原作理解不精、未能传达原作精义以外，黎译本最大的问题是对专业术语不敏感，译名混乱，例如，把名词"reason"主要译成"推理"，有时译成"推论"（比如"用不着加减法的地方就与推论完全无缘"），"理性"，"理智"（比如"人造的理智"），不一而足。其实，霍布斯笔下的"reason"作为名词，可统一译成"理性"，"reason"作为动词及其动名词"reasoning"，可统一译成"推理"。另外，黎译本有许多从朱译本中承袭而来的译法，比如"权势"、"自然律"等，尽管算不上错译，精审则未必，而像"征记"这样的奇怪表述，则是本于朱译本"徽记"一词，并因形近而致误。总体而言，黎译本为汉语学人理解《利维坦》提供了良好基础，然其错误和缺陷也显而易见。

这里既无必要、也不可能对目前《利维坦》所有中译本的错误或缺陷进行逐一列举和辩正。对众多充满错误的译本的最有效、最直接的批评，就是给出一个替代性的正确译本。有人说，翻译只分坏的翻译和较不坏的翻译。其实不然。翻译更像是解数学题集，有正确和错误之分。对原文的理解，以及相应的汉语表述，在绝大多数情况下有唯一的最优解。

关于本书的翻译，我要在这里表达几份感谢。首先，感谢北京大学政府管理学院教授李强先生，我负笈燕园期间，有幸忝列门墙，并以霍布斯政治思想为题写作硕士学位论文，假如没有这一机缘，或许就不会有今天这项成果。其次，感谢复旦大学哲学学院余云海博士，云海兄专攻霍布斯，博学洽闻，头角峥嵘，组织过为期逾两年的《利维坦》线上读书会，并与我讨论过第十三至十八章、第三十一章、第四十三章的译文初稿，提出许多宝贵建议，令我获益良多，尤其是使我注意到英文版 power 对应着拉丁文版 potentia 和 potestas 二词，并决定把它相应地译成"力量"和"权力"。复次，感谢东方出版中心陈哲泓编辑和所有同仁，哲泓兄毫不犹豫地接受了我的投稿，并就译文提出了实质性的修改建议，帮助我避免了许多可能的错误。最后，感谢爱妻亚琴和爱女美纶，她们的爱和陪伴，使我得以一直平心静气地沉湎于自己热爱的学术事业。至于译本中可能存在的错误，责任均由我一人承担，并切望读者指正。

段保良

2024 年 5 月 15 日于古都西安